城市道路隧道灭火救援对策研究

主编 唐永革 王明华

东北大学出版社

·沈 阳·

ⓒ 唐永革 王明华 2023

图书在版编目（CIP）数据

城市道路隧道灭火救援对策研究 / 唐永革，王明华
主编. —沈阳：东北大学出版社，2023.11
ISBN 978-7-5517-3441-7

Ⅰ. ①城… Ⅱ. ①唐… ②王… Ⅲ. ①城市道路—公
路隧道—灭火—救援 - 研究 Ⅳ. ①U459.2

中国国家版本馆CIP数据核字（2023）第252922号

出 版 者：东北大学出版社
　　　　　地址：沈阳市和平区文化路三号巷 11 号
　　　　　邮编：110819
　　　　　电话：024-83680176（编辑部） 83680267（社务部）
　　　　　传真：024-83687331（市场部） 83687332（社务部）
　　　　　网址：http://www.neupress.com
　　　　　E-mail:neuph@neupress.com
印 刷 者：沈阳市第二市政建设工程公司印刷厂
发 行 者：东北大学出版社
幅面尺寸：185 mm × 260 mm
印　　张：19.5
字　　数：500 千字
出版时间：2023 年 11 月第 1 版
印刷时间：2023 年 11 月第 1 次印刷
策划编辑：刘桉彤
责任编辑：周凯丽
责任校对：白松艳
封面设计：潘正一
责任出版：唐敏志

ISBN 978-7-5517-3441-7　　　　　　　　　　　　　　定 价：98.00 元

《城市道路隧道灭火救援对策研究》
编委会

主　　编：唐永革　王明华

副主编：王　玮　蒋列敏

编　　委：于　建　许维爽　顾邵飞　张羽杨

　　　　　刘国柱　陈沪鑫　林　肯　朱　豪

　　　　　曹　备

前　言

近年来，随着我国城市化进程加快，城市道路隧道的建设里程也随之猛涨。城市道路隧道能极大减轻地面交通压力，对城市环境影响比较小，逐渐受到规划、施工、设计和管理人员的青睐。城市道路隧道在给人们的生活带来便利的同时，也带来了更多的消防安全隐患和火灾事故风险。其作为一种特殊的地下建筑，在事故防范和灾害救援方面都与普通建筑有明显区别。为了在火灾发生后实现对人员安全和财产安全的最大保障，针对城市隧道提出相应的灭火救援方案是十分必要的。

本书以上海城市道路隧道为对象，对城市隧道火灾的基本发展规律进行分析，结合缩尺寸实验和数值模拟结果定量分析其火灾危险性，并提出具体的火灾处置程序和灭火救援预案。

本书共八章，第一章介绍了隧道主要类型和结构特点，阐述了隧道构造的特殊性。第二章介绍了城市隧道主要灾害类型和灾害处置难点，并给出了典型的火灾案例分析。第三章介绍了隧道火灾的基本规律和影响因素，具体分析了各类汽车材料的火灾危险性，最后介绍了隧道内人员的疏散规律。第四章列举了城市交通隧道消防设施，包括疏散通道、灭火设施、防排烟系统、消防联动控制和应急照明与疏散标志。第五章提出了针对城市隧道的火灾应对措施，包括消防人员的快速到达策略、隧道内人员的疏散策略、通风排烟策略及灭火策略。第六章基于前几章对城市道路隧道基本结构、处置难点、消防设施、救援装备的分析研究，根据隧道火灾特点和处置难点，提出了城市隧道火灾处置程序。第七章详细给出了城市隧道灭火救援技术项目操作规程，旨在使参训队员熟练掌握救援过程中可能用到的各种器材的使用方法。第八章提出了针对城市隧道的灭火救援预案，并强调了预案中需要注意的重点内容。

本书主要由唐永革和王明华编写。第一章由唐永革、王明华、王玮、陈沪鑫、朱豪、曹备编写，第二章和第七章由蒋列敏、刘国柱编写，第三章和第六章由于建、张羽杨编写，第四章、第八章和附录由顾邵飞、林肯编写，第五章由许维爽编写。本书得到了中国科学技术大学火灾科学国家重点实验室和同济大学城市风险管理研究院的大力支持和指导，在此一并表示感谢。

由于编者水平有限，书中难免有错误和疏漏之处，恳请广大读者提出宝贵意见。

唐永革　王明华

2023年5月

目　录

第一章　绪　论 ……………………………………………………………… 1

第一节　隧道主要类型 …………………………………………………… 2

一、根据隧道所处的地质条件分类 …………………………………… 2

二、按照隧道的长度分类 ……………………………………………… 3

三、按照隧道所处的地形分类 ………………………………………… 5

四、按照隧道用途分类 ………………………………………………… 7

五、按照隧道建造结构分类 …………………………………………… 8

第二节　隧道结构特点 …………………………………………………… 11

一、隧道结构形式 ……………………………………………………… 11

二、隧道结构组成 ……………………………………………………… 13

三、狭长受限空间 ……………………………………………………… 16

本章小结 …………………………………………………………………… 18

参考文献 …………………………………………………………………… 18

第二章　城市隧道主要灾害类型 …………………………………………… 20

第一节　城市隧道主要灾害类型 ………………………………………… 20

一、火灾 ………………………………………………………………… 20

二、交通事故 …………………………………………………………… 22

三、灾害性气候 ………………………………………………………… 23

四、设备故障 …………………………………………………………… 24

五、恐怖袭击 …………………………………………………………… 25

六、其他灾害 …………………………………………………………… 27

第二节　隧道灾害处置难点 ……………………………………………… 29

一、个人防护装备局限性 ……………………………………………… 30

二、隧道建筑结构耐高温情况 ………………………………………… 31

三、隧道内部电力问题 ………………………………………………… 32

四、隧道内部通信问题 ·······························32
第三节　城市隧道火灾典型案例及分析 ···············33
一、山西晋城段岩后隧道火灾 ·······················33
二、山东威海陶家夼隧道火灾 ·······················34
三、浙江猫狸岭隧道火灾 ···························35
本章小结 ····································37
参考文献 ····································37

第三章　隧道火灾的基本规律 ·······················39
第一节　汽车材料火灾危险性 ·······················39
一、汽车危险性分析 ·····························39
二、汽车材料火灾危险性评价 ·······················40
第二节　隧道火灾的发展 ···························41
第三节　隧道火灾的影响因素 ·······················46
一、火灾规模 ·······························46
二、风机 ··································54
三、排烟车 ·······························57
四、喷淋系统 ·······························59
五、消火栓 ·······························61
第四节　人员疏散规律 ···························66
本章小结 ····································68
参考文献 ····································68

第四章　城市交通隧道消防设施 ·······················70
第一节　疏散通道 ······························70
一、车行横通道 ······························70
二、人行横通道 ······························71
三、其他疏散通道 ·····························73
第二节　灭火设施 ······························73
一、室内消火栓 ······························73
二、灭火器 ·······························76
三、自动灭火系统 ·····························78
第三节　防排烟系统 ···························80
第四节　消防联动控制 ···························85

第五节　应急照明与疏散指示标志 ·· 87

一、应急照明 ··· 87

二、疏散指示标志 ·· 87

第六节　上海市城市隧道基本情况 ·· 88

本章小结 ·· 101

参考文献 ·· 102

第五章　城市隧道火灾应对措施 ·· 103

第一节　快速到达策略 ·· 103

一、快速到达遵循的原则 ·· 103

二、快速到达的一般路线选择 ·· 109

三、快速到达实例分析 ·· 111

第二节　人员疏散策略 ·· 122

一、隧道火灾人员疏散关键因素 ·· 123

二、车辆疏散 ··· 125

三、纵向风对人员疏散的影响 ·· 127

四、隧道火灾人员疏散重点区域 ·· 128

五、城市隧道火灾人员疏散方案实例 ·· 128

第三节　通风排烟策略 ·· 132

一、隧道内的排烟方式 ·· 133

二、机械排烟系统的设置与组成 ·· 135

三、隧道内排烟策略 ·· 136

第四节　灭火策略 ·· 137

一、隧道火灾发生的主要原因 ·· 137

二、隧道火灾灭火的基本原则 ·· 137

三、隧道火灾灭火方法 ·· 138

四、上海城市隧道现有消防灭火系统分析 ·································· 139

五、城市隧道主要移动灭火方式介绍 ·· 140

本章小结 ·· 141

参考文献 ·· 141

第六章　城市隧道火灾处置程序 ·· 142

第一节　隧道火灾力量编成 ·· 142

一、力量编成应遵循的原则 ·· 142

二、隧道编成力量编成原则 ……………………………………143

三、力量编成依据 ……………………………………………144

四、队站力量编成 ……………………………………………149

五、隧道火灾力量阵地选择标准 ……………………………151

六、城市公路隧道火灾的处置对策 …………………………152

七、案例分析 …………………………………………………154

八、隧道火灾编成力量作战注意事项 ………………………156

九、隧道事故通信及编成 ……………………………………159

第二节　隧道处置程序 …………………………………………163

一、力量调集 …………………………………………………163

二、途中决策 …………………………………………………164

三、车辆停靠 …………………………………………………164

四、灾情评估 …………………………………………………165

五、组织指挥 …………………………………………………165

六、单位处置 …………………………………………………166

七、设施应用 …………………………………………………167

八、进攻路线选择 ……………………………………………168

九、火场排烟 …………………………………………………170

十、疏散救人 …………………………………………………170

十一、灭火行动 ………………………………………………171

十二、注意事项 ………………………………………………171

第三节　不同车辆数量对隧道火灾发展的影响 ………………172

本章小结 …………………………………………………………177

参考文献 …………………………………………………………178

第七章　城市隧道灭火救援技术项目操作规程 ……………………179

第一节　个人训练科目 …………………………………………179

一、消防摩托车出泡沫 ………………………………………179

二、隧道灾害事故侦察组织指挥操作 ………………………180

三、隧道灭火救援供水组织指挥操作 ………………………181

四、隧道灾害事故警戒组织指挥操作 ………………………183

五、隧道灭火救援强攻组织指挥操作 ………………………184

六、隧道灭火救援排烟组织指挥操作 ………………………185

七、隧道灾害事故照明组织指挥操作 ………………………186

第二节　班组训练科目 ……………………………………………………188
　　一、隧道灭火救援现场警戒操作 …………………………………………188
　　二、移动炮架设操作 ………………………………………………………188
　　三、环形铺设水幕水带操作 ………………………………………………189
　　四、设置屏风水枪操作 ……………………………………………………190
　　五、中（高）倍数泡沫发生器出泡沫操作 ………………………………190
　　六、破拆车门操作 …………………………………………………………191
　　七、破拆挡风玻璃操作 ……………………………………………………192
　　八、车辆仪表板顶撑操作 …………………………………………………192
　　九、小型车辆侧翻扶正操作 ………………………………………………193
　　十、梯次掩护进攻操作 ……………………………………………………194
　　十一、变换水枪阵地强攻灭火操作 ………………………………………195
　　十二、枪炮协同灭火操作 …………………………………………………196
　　十三、初战快速出水控火操作 ……………………………………………197
　　十四、单车连接消火栓双干线二号操作 …………………………………198
　　十五、连接消火栓拖车四号操作 …………………………………………199
　　十六、连接消火栓长距离（260 m）拖车架设移动炮操作 ……………200
　　十七、泵浦（水罐）车双泵串联供水操作 ………………………………201
　　十八、大功率消防车供水操作 ……………………………………………202
　　十九、平地双干线出水（泡沫）操作 ……………………………………203
第三节　队站训练科目 ……………………………………………………204
　　一、城市公路隧道火灾扑救初战处置程序 ………………………………204
　　二、城市道路隧道车辆火灾扑救初战处置程序 …………………………208
　　三、消防救援站多车接力供水操作 ………………………………………212
　　四、隧道（车辆）火灾扑救初战展开程序 ………………………………214
本章小结 ……………………………………………………………………216

第八章　城市隧道灭火救援预案 ………………………………………217
第一节　隧道运营单位预案介绍 …………………………………………217
　　一、应急处置管理组织体系 ………………………………………………217
　　二、应急处置响应程序 ……………………………………………………219
　　三、应急保障 ………………………………………………………………221
　　四、预案管理 ………………………………………………………………222
第二节　城市隧道灭火救援预案重点内容 ………………………………222

一、城市隧道灭火救援基本原则 ···222

二、城市隧道预案基础信息 ···223

三、灭火救援指挥机制 ··223

四、灭火救援流程 ··225

五、灭火救援响应程序制订 ···228

第三节　城市隧道演练介绍 ··239

一、应急通信保障演练 ··239

二、固定消防设施演练 ··239

三、交通诱导控制演练 ··240

四、火情侦察演练 ··240

五、综合演练 ··241

参考文献 ··243

附录 ··244

附录一　外滩隧道火灾灭火救援预案模板 ····································244

附录二　隧道消防救援装备 ··249

附录三　上海长江隧桥及其他隧道通信信号测试情况报告 ····················293

第一章 绪 论

随着我国城市化的推进，城市公路的建设里程也随之猛涨。为了躲避城市中的障碍和缩短运输距离，大量隧道被建设使用。虽然隧道的建设起源于西方国家，但是目前我国已经是公路隧道数量和里程最长的国家。统计结果显示，2010—2020年，中国已建成公路隧道数量从7284处增加到21316处。如图1.1所示，公路隧道数量在十年间增长了近2倍，而且一直保持高增长的态势。

2010—2020年，公路隧道里程从5123 km 增长到21999 km，如图1.2

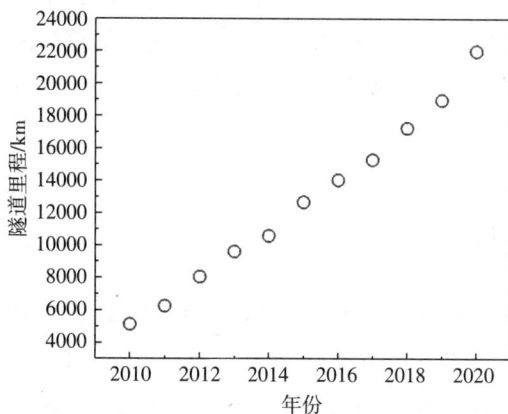

图1.1　2010—2020年中国公路隧道数量统计

（数据来源：中国交通运输部）

（a）所示。十年间公路隧道里程增长了约3.3倍，高于公路隧道数量的增长速度，这表明我国公路隧道的平均长度更长了。如图1.2（b）所示，长度超过10 km的特长隧道数量从265处增长到1394处，数量增长了约4倍。

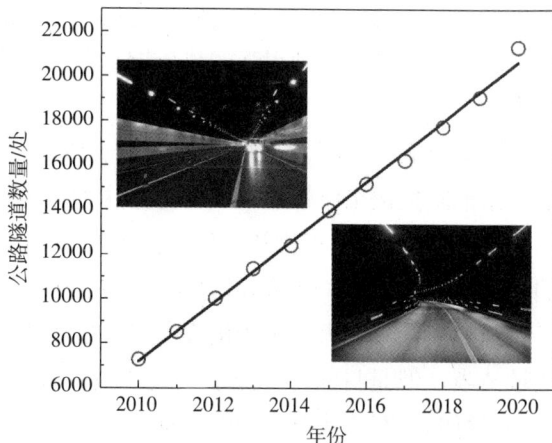

（a）2010—2020年中国公路隧道里程统计

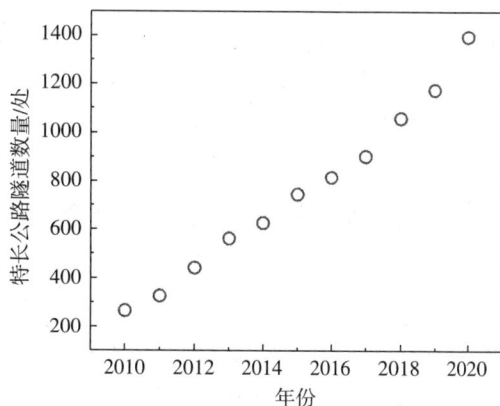

（b）2010—2020年中国特长隧道数量统计

图1.2　2010—2020年中国公路隧道里程及特长隧道数量统计

（数据来源：中国交通运输部）

公路隧道在不断建设和使用的过程中一直有着火灾问题的困扰。车辆在行驶的过程中，车辆发动机、轮胎和电气线路自燃或者交通事故等原因会诱发汽车火灾。根据美国消防协会的统计结果，2018年有490人死于公路上的汽车火灾，车辆在公路上每行驶1.61×10^9 km会发生51起汽车火灾，每行驶1.61×10^{11} km会有15人死于汽车火灾。2016年，中国公路隧道内发生火灾的频率为15次/10^8车次（km）。

公路隧道发生火灾不仅会造成车辆损坏，还会破坏隧道建筑结构并引起大量人员伤亡。重型货车失火燃烧时热释放速率可以达到200 MW，隧道顶棚的温度超过1300 ℃。由于隧道只在两端开口，火灾发生之后烟气在隧道顶棚蔓延的速度非常快，处于隧道中的车辆和行人都会受到很强的热反馈。所以，高温是致人死亡和致隧道结构坍塌的重要因素。

因此，我国日益增长的公路隧道和汽车数量将会导致隧道灾害发生的频率大幅增加，给消防救援工作带来巨大压力。这种压力迫使消防工作人员开展公路隧道火灾方面的研究。20世纪70年代初，仅仅因为在车辆中安装了感烟探测器，美国汽车火灾死亡的人数就从每年约8000人降低到每年约4000人。由此可见公路隧道火灾研究的重要性。

当前，针对隧道火灾的机理已经开展了大量实验研究，隧道火灾的基本规律也已经比较清晰。但是目前许多隧道火灾的救援方法在制定时没有很好地兼顾火灾科学机理，一些现行的方案还缺乏实验的验证。因此，为了提升救援方案的科学性和有效性，需要对此开展专门研究。

第一节　隧道主要类型

随着城市化进程不断加快，开发利用城市地下空间成为必然的发展趋势，大量城市道路隧道应运而生，缓解了城市的交通压力。同时，高速公路、高铁的迅速发展，增加了城市与城市之间的人流量。为了解决地形面貌给交通运输带来的困难，建立隧道是最好的选择。隧道的建设受到所处地质条件、用途、经济成本等多方面因素的影响，故隧道可根据不同方法进行分类。

一、根据隧道所处的地质条件分类

根据隧道所处的地质条件，可以将隧道分为土质隧道和石质隧道，土质隧道通常修建在距离地面较浅的土层中，而石质隧道通常修建在岩层或者山体中，如图1.3和图1.4所示。早在近两千年前的东汉时期，陕西汉中石门隧道就已经修建完成，这是中国最早的穿山石质隧道。

图1.3 土质隧道

图1.4 石质隧道

随着国家经济的快速发展和人民生活水平的日益提高，城市内修建了大量公路隧道和穿越河流的水底隧道，这些隧道为土质隧道。同时，随着近年来城市轨道交通建设的快速发展，城市浅层地表修建了大量地铁隧道，均处于第四纪土层，因此近年来的浅埋土质隧道数量剧增。

土质隧道的修建地点一般在地表浅土层中。土层相对岩石来说强度低很多，抵抗变形能力弱，且土体变形后会很快传递到地表，可能会造成地面沉降、地面建筑物开裂等恶劣后果。基于土质隧道特殊的建造环境，在工程实践中施工风险和变形要求相对更高，施工难度也更大。

二、按照隧道的长度分类

隧道的长度直接影响隧道的防火等级及其他相应的防火设计要求，故当前国内外有关的隧道消防设计规范都综合考虑了运营和施工条件。按照安全、经济、合理的原则，根据隧道的长度将隧道划分为短隧道、中长隧道、长隧道和特长隧道。但具体划分要求又因隧道的用途有所不同。在中华人民共和国行业标准《铁路隧道设计规范》（TB 10003—2016）、《公路隧道设计规范》（JTG D70—2018）及国家交通运输部行业标准《公路工程技术标准》（JTG B01—2014）中，按照下列长度标准分别对铁路隧道和公路隧道进行划分（见表1.1）。

表1.1 铁路隧道和公路隧道的划分

隧道分类		短隧道	中长隧道	长隧道	特长隧道
隧道长度/m	铁路隧道	$L \leq 500$	$500 < L \leq 3000$	$3000 < L \leq 10000$	$L > 10000$
	公路隧道	$L \leq 500$	$500 < L \leq 1000$	$1000 < L \leq 3000$	$L > 3000$

我国地形复杂多样，有平原、高原、山地、丘陵、盆地五种地形，山区面积较广，山峦起伏，约有三分之二的国土都为山岭或丘陵。受限于隧道挖掘技术和造价成本，长期以来山区公路多采用盘山绕行或是高填深挖方法，采用隧道建造车辆通行道路的较

少。短隧道的修建是我国进行隧道建设的初步尝试，到20世纪80年代末，我国修建了甘肃的老七道梁隧道、深圳的梧桐山隧道、珠海的板障山隧道及福建的鼓山隧道和马尾隧道等。近20年来，我国的隧道建设技术不断提高，已修建了不少中长隧道、长隧道及特长隧道。如图1.5所示，以上海为例，上海外滩观光隧道全长646.70 m，属于中长隧道；上海延安东路隧道南线全长2261 m，北线全长2207 m，属于长隧道；上海长江隧道全长8955.26 m，属于特长隧道。

(a) 上海外滩观光隧道　　　(b) 上海延安东路隧道　　　(c) 上海长江隧道

图1.5　上海典型隧道

上海外滩观光隧道于2000年10月开通，是中国第一条越江行人隧道，全长646.70 m。根据《公路隧道设计规范》关于隧道长度的划分标准，上海外滩观光隧道属于中长隧道。该隧道位于上海浦东新区东方明珠广播电视塔和黄浦区南京东路外滩之间，地理位置优越，处于上海黄金地段。外滩观光隧道是隧道建筑史上的一个创举，因为它不仅连接黄浦江的两岸交通，更是一个旅游景点，在5 min的过江时间里，游客会经过8个景色、文化各异的景区。

根据《公路隧道设计规范》关于隧道长度的划分标准，延安东路隧道属于长隧道。延安东路隧道跨越黄浦江，连接浦东与浦西，是上海主要过江隧道之一。延安东路隧道是上海第二条越江隧道，对上海的发展具有举足轻重的意义，可以说其开通奏响了浦东开发与发展的号角。

上海长江隧道于2009年10月31日通车运营，全长8955.26 m，主跨江段全长7470 m。根据《公路隧道设计规范》关于隧道长度的划分标准，上海长江隧道属于特长隧道。上海长江隧道下穿长江南港水域，连接浦东新区与崇明区长兴岛，主要由浦东岸边段、江中段和长兴岛岸边段三部分组成。上海长江隧道工程规模非常大，是目前世界上最长的隧桥结合工程，且其工程科技含量十分高，集桥、隧、轻轨三者于一体，在工程建设中许多工程工艺都是国内外首次使用。上海长江工程创造了四大"世界之最"：目前世界规模最大的隧桥结合工程，世界直径最大的盾构，隧道埋深最深，隧道空间利用率最高。

三、按照隧道所处的地形分类

按照隧道所处的地形，可以将隧道分为山岭隧道、水底隧道和城市隧道。

（一）山岭隧道

山岭隧道是指贯穿山岭或丘陵的隧道。山岭隧道的修建可以大大缩短车辆通行距离和避免大坡道。重庆铁峰山隧道是我国最长的山岭隧道，如图1.6所示。

图1.6 重庆铁峰山隧道

（二）水底隧道

水底隧道是修建在江、河、湖、海下供汽车和火车运输行驶的通道，为交通车辆行驶及市政管道的敷设提供空间。当交通线路跨越江、河、湖、海时，可以选择的方案有架桥、轮渡和隧道等，但桥梁受到横跨长度的限制，轮渡的效率及速度不能满足通行量需求时，水底隧道可以很好地解决这两方面的要求，且能融入观光游览的人文设计。

黄浦江是上海的地标河流，流经上海市区，将上海分成浦西和浦东。上海作为一个国际大都市，其交通压力突出，黄浦江水流给上海黄浦江两岸的交通带来了难题。为了加强浦东与浦西之间的交通与交流，十几条过江隧道在黄浦江底应运而生，这些过江隧道在沟通浦东与浦西两岸交通方面起到了至关重要的作用。目前，黄浦江下已建成16条越江公路隧道，分别是打浦路隧道、延安东路隧道、外环隧道、大连路隧道、复兴东路隧道、翔殷路隧道、上中路隧道、龙耀路隧道、人民路隧道、新建路隧道、西藏南路隧道、军工路隧道、虹梅南路隧道、长江西路隧道、周家嘴路隧道、郊环隧道。此外，江浦路隧道、龙水南路隧道和银都路隧道分布在黄浦江30多千米的江岸线上，几乎平均每两千米就有一条越江隧道，不仅为市民过江带来便利，也加强了黄浦江两岸经济的沟通发展。图1.7展示的是上海长江隧道。

图1.7 上海长江隧道

（三）城市隧道

城市隧道是指为适应铁路通过大城市的需要而在城市地下穿越，修建在地下或水下并铺设铁路供机车车辆通行的建筑物。图1.8和图1.9展示的是常见的城市道路隧道和城市地铁隧道。

图1.8　城市道路隧道

图1.9　城市地铁隧道

1. 城市道路隧道

紫之隧道于2016年8月10日通车运营，是位于浙江省杭州市西湖区境内的地下通道，南起之浦路，下穿西湖风景区，北至紫金港路。紫之隧道由3座特长隧道组成，全长14.4 km，宽21 m，是杭州市"四纵五横"快速路网的重要组成部分，且最靠西边。紫之隧道这"一纵"快速路，对杭州交通发展意义重大。它连通了杭州市的西部和南部，弥补了杭州市快速通道在西南区域的缺失，形成一条城西片区连接南北的快速交通要道，提升了杭州市快速路网的交通效率和经济效益，缓解了景区带来的交通压力。紫之隧道是我国最长的城市隧道，其规模之大在中国市政隧道中数一数二，并且其运用了多种复杂的施工技术，建造难度极大。

2. 城市地铁隧道

随着经济的日益繁荣，都市市区土地资源逐渐紧张，地皮价格十分昂贵，发展城市地铁隧道成为解决这些难题的必然趋势。地下铁路，简称地铁，狭义上专指在地面以下运行的城市铁路系统。将铁路建造于地面之下，不仅可以节省地面空间，还可以大大降低地面噪声。

在上海这一国际大都市，开车通勤往往会遇到行车高峰的困扰，地铁交通可以节省大量通勤时间。同时，地铁作为地下唯一公共交通工具，可以取代大量自驾所消耗的能源，减少环境污染。同时，上海作为中国经济、金融、贸易之地，也是一座热门的旅游城市，对公共交通的需求非常大。上海地铁，是世界范围内线路总长度最长的城市交通轨道。上海于1993年正式运营了第一条地铁线路——上海地铁1号线。

四、按照隧道用途分类

根据隧道用途可将隧道分为矿山隧道、水工隧道、市政隧道和交通隧道。

（一）矿山隧道

为达到矿山开采目的而在矿区附近建造的隧道叫作矿山隧道，矿山隧道主要包括运输巷道、给水隧道和通风隧道三类。

运输巷道是从山体以外通向矿床、并逐步开辟巷道通向各个采掘面的隧道，主巷道是矿区的主要出入口和主要运输道路，分向各个工作面的支道一般用于临时支撑和满足局部开采工作需要。

给水隧道是指采掘过程中干净水源送入和废水、积水排出所需要的通道。

通风隧道是指地下矿区补送新鲜空气和抽排废气、有害气体所需要的通道。

（二）水工隧道

水工隧道是指在山体中或地下开凿的过水洞，是水利枢纽中的重要组成部分。水工隧道主要有引水隧道、尾水隧道、导流隧道、排沙隧道四种。

引水隧道是指将河流或水库中的水引入水电站发电机组中的通道。尾水隧道是指水电站把内部废水排出去的通道。导流隧道也称泄洪隧道，起到疏导水流和泄洪的作用。排沙隧道是用来冲刷水库中沉积的泥沙，用水裹挟泥沙送出水库大坝的通道。

（三）市政隧道

市政隧道是指城市地下敷设各种市政设施地下管线的隧道。在快速的城市化进程中，为满足城市发展和居民生活需要，敷设的市政管线种类越来越多，如自来水、污水、暖气、热水、煤气、通信、供电等。市政隧道与居民的生产生活息息相关，被称为"城市的生命线"。市政隧道主要包括给水隧道、污水隧道、管路隧道、线路隧道和人防隧道等。

给水隧道是为满足城市居民生产生活用水而修建的隧道。污水隧道是排放生活污水和工业废水的主要通道。管路隧道内包括煤气、暖气、热水等管线。线路隧道内主要是输送电力的电缆及通信的电缆。人防隧道是为了战时防空目的而修建的，即在受到空袭威胁时可以躲避的庇护所，人防隧道内也设有排水、通风、照明、通信等设备。这些隧道布置在地下空间，既不占用宝贵的城市地面空间，又能保障市政管线的正常运行，避免人为损坏，也能维护较好的市容市貌。随着城市整体规划加强，以上五种市政隧道可以敷设在一个共用地下空间，即"城市地下综合管廊"。

（四）交通隧道

交通隧道是隧道中最普遍最常见的一种，用于满足交通运输和人员流动需求，一般包括铁路隧道、公路隧道、水底隧道、地下铁道、航运隧道和人行隧道。

航运隧道是航运通道上连接分水岭两边河道的隧道，大大地缩短了航程，改善了航运条件。人行隧道是城市中穿越车辆密集路段的隧道，起到缓解地面交通压力和减少交通事故的作用。

五、按照隧道建造结构分类

按照建造结构，隧道可以分为单洞单层、单洞双层、双洞单层和双洞双层隧道。在通行能力、地质条件和工程造价等多方面因素的制约下，城市隧道在设计建造的过程中通常会选择单洞隧道和双洞隧道两种建造方式。单洞隧道的洞身结构和附属建筑物都在一个隧洞内。如图1.10所示，台湾狮球岭隧道是一个单洞双向隧

图1.10　台湾狮球岭隧道

道，双向通行的车辆通过双黄线分隔。但是在双向隧道中，不同行驶方向的车辆之间的相对速度比较大，很容易诱发交通事故，所以通常车辆的限速比较低。

单洞隧道分为单洞单层隧道和单洞双层隧道。单洞单层隧道往往结构简单，如图1.11所示。澳呖隧道宽15 m，采用双向四车道，设计时速为40 km。

图1.11　澳呖隧道

单洞双层隧道的结构更为复杂，其结构如图1.12所示。2010年，外滩隧道建成通车，全长3.3公里，延安东路以北为单洞双层隧道。外滩隧道装有火灾自动报警系统\自

动喷淋系统\泡沫-水喷雾灭火系统等消防设施;每隔50 m设置1个双波长火焰探测器,用于监测隧道的消防安全;泡沫-水喷雾系统安装在隧道顶部的侧墙;每个月会对消防设施进行1次例行保养。外滩隧道的管理中心每年都会举办消防演习,使用明火检验喷淋设备的灭火能力。

图1.12 单洞双层隧道示意图

在双洞隧道的两个隧洞中车辆都是单向行驶,所以也被称为双洞单向隧道。这种行驶方式不仅提升了汽车单向行驶的速度,也降低了事故发生的可能性。所以为了提升隧道的安全性和通行效率,近年来双洞隧道逐渐取代了单洞隧道。双洞隧道分为双洞单层隧道和双洞双层隧道。图1.13所示的是上海市的虹梅南路隧道及其剖面图。虹梅南路隧道连通闵行区和奉贤区,设计速度为60 km/h,全长5260 m,净宽10.75 m,净高4.5 m。

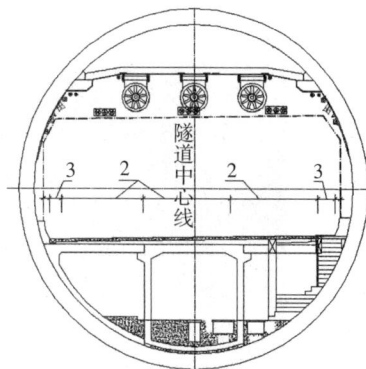

图1.13 虹梅南路隧道及其剖面图

(资料来源:上海市奉贤区融媒体中心)

虹梅南路隧道内采用火灾自动报警系统,灭火设施由市政给水管网供水。隧道内主要消防设施如图1.14所示。在闵行、奉贤工作井地下一层内各设1座消防泵房，每座泵房接入两根DN250进水管，形成环网供水。隧道内设置消火栓灭火系统和泡沫-水喷雾灭火系统。在隧道的车道层中，每隔50 m设置1个消火栓箱和灭火器箱，消火栓箱内有DN65单头、单阀消火栓、25 m水龙带、DN19多功能水枪、消防软管卷盘，灭火器箱内包含4个5 kg装手提式磷酸铵盐干粉灭火器。在虹梅南路隧道的下部逃生通道中，每隔200 m在逃生楼梯旁设置1个消火栓箱，消火栓箱中包含两个DN65单头单阀消火栓、两盘25 m水龙带、两支DN19多功能水枪、1套消防软管卷盘和1只30 L泡沫桶。在隧道车道层的顶部每隔25 m设置一组泡沫-水喷雾控制箱，每组设有5只喷头，渐变段则每组最多设有10只喷头（两侧布置）。除此之外，隧道中还配备了顶部感温光纤、轴流和射流风机、广播系统等消防辅助设施。

图1.14　虹梅南路隧道内的消火栓、轴流风机和感温电缆等消防设施

上海市复兴东路隧道是典型的双洞双层隧道，其隧道结构如图1.15所示。2004年，复兴东路隧道建成通车，总长2.8 km，车辆限速40 km/h。在隧道内每隔1.2 km设置1个车行横洞，每隔430 m设置1个人行横洞。

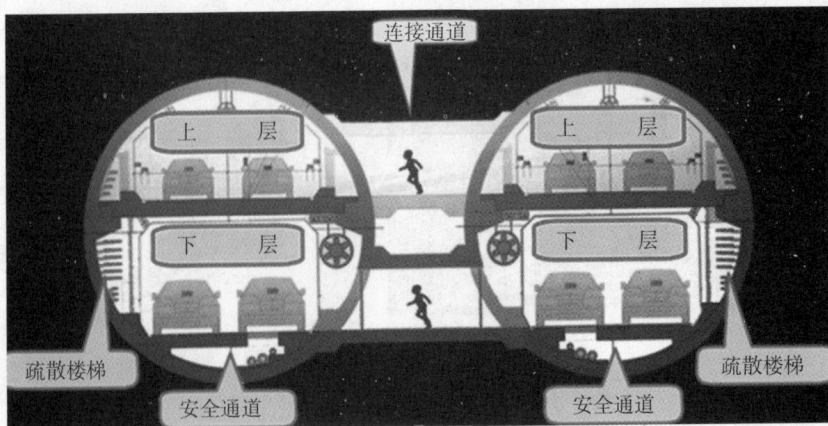

图1.15　复兴东路隧道结构示意图

复兴东路隧道中的消防设施主要有火灾自动报警系统、应急照明系统和机械防排烟系统。隧道中每隔45 m设置1个消火栓箱，箱内包含单头单阀消火栓1个，65 mm×25 m水带1盘，19 mm多功能水枪1支，2个4 kg磷酸铵盐干粉灭火剂。隧道中每隔30 m设置1个防护分区，每个分区内设置一组水喷雾系统。喷头间距2 m，喷水强度8 L/(min·m²)。隧道内设置1.6 km长的感温光纤和4个一氧化碳探测仪。除此之外，隧道内还包含可视报警电话、消防广播、排烟风机等消防设备。

第二节 隧道结构特点

一、隧道结构形式

隧道施工在地下工程中起着举足轻重的作用。按照地层分类、使用功能及结构特点，常用的拱形结构可分为半衬砌结构、厚拱薄墙衬砌结构、直墙拱形衬砌结构、曲墙衬砌结构、复合衬砌结构和连拱隧道结构等形式。

（一）半衬砌结构

在不加边墙的情况下，仅喷一层不少于2 mm厚的水泥砂浆保护的隧道结构为半衬砌结构。半衬砌结构如图1.16所示。半衬砌结构拱圈由三段圆弧组成，最关键部位是拱座。常应用于无坍塌危险的场景。

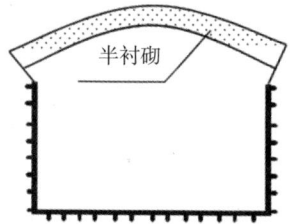

图1.16 半衬砌结构

（二）厚拱薄墙衬砌结构

采用岩层的强度，把承受力通过拱脚传递到岩体上，这种结构叫作厚拱薄墙衬砌结构，适用于低压、不稳定的围岩。厚拱薄墙衬砌结构如图1.17所示。对于大跨度、高边墙洞室的稳定或基本稳定的围岩洞，如果在装备条件有困难，或者喷锚支护结构不能满足要求的情况下，也可以考虑采用。

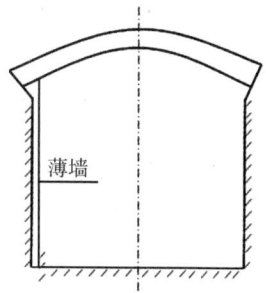

图1.17 厚拱薄墙衬砌结构

（三）直墙拱形衬砌结构

直墙拱形衬砌结构如图1.18所示。

直墙拱形衬砌结构由三部分组成：拱圈、竖直边墙和铺底。在普通或劣质地层中，往往以拱顶和边壁为一体。直墙拱形衬砌是隧道工程中应用最广的一种形式。

图1.18 直墙拱形衬砌结构

（四）曲墙衬砌结构

曲墙衬砌结构包括拱圈与边墙。在条件较差的情况下，岩石容易崩塌，通常由拱圈、弧形侧壁和仰拱底板构成曲墙衬砌结构。这种衬砌结构具有较好的力学性能，对施工工艺要求高，在隧道工程中得到了广泛应用。目前，公路隧道的拱形截面多为单心圆或三心圆。

（五）复合衬砌结构

复合衬砌结构如图1.19所示。

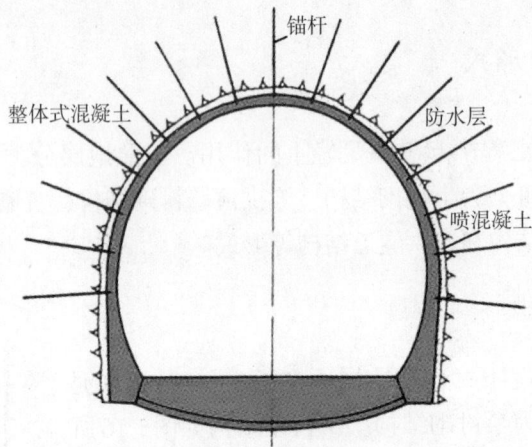

图1.19　复合衬砌结构

复合衬砌结构指的是分内外两层先后施工的隧道衬砌。在坑道开挖后，先及时施加与围岩密贴的外层柔性支护（一般为喷锚支护），也称初期支护，允许在不引起松动压力的情况下，使围岩发生一定的变形。在围岩变形基本稳定后，施加建筑的内衬，又称为二次支护。在两个衬砌之间，可以按照要求加防水层，也可以在不加防水层的情况下进行灌浆。复合衬砌结构的优点是施工进度快，工程造价低，理论先进，技术合理。

（六）连拱隧道结构

连拱隧道是由隧道衬砌结构连接起来的一种特殊的隧道结构，即将隧道的边墙连接起来。连拱隧道结构如图1.20所示。这种隧道结构主要用于地形相对狭窄或桥梁与隧道相连的山区。最大的优点是，两条隧道轴线之间的距离可以非常小，这减少了占地，方便隧道外的布线，同时，施工更加复杂，工程造价更高，工期更长。因此，对于100～500 m长的隧道，特别是在地质条件复杂、土地占用严格的区域，通常采用连拱隧道。

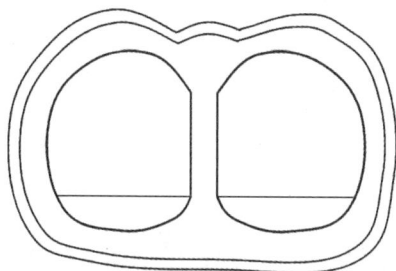

图1.20 连拱隧道结构

二、隧道结构组成

隧道的结构组成如图1.21所示，分为主体建筑物和附属建筑物。

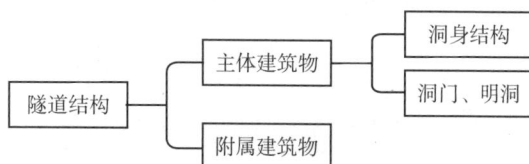

图1.21 隧道的结构组成

（一）主体建筑物

主体建筑物是一种人造的永久性建筑，用以维持隧道的稳定性和行车的安全性，由以下几部分组成：

（1）洞身：隧道结构的主要部位，是供车辆通过的通道，其净空必须满足国家有关的有电和无电化的规定。它的长度取决于两个洞的门的位置。

（2）衬砌：人工修建的一种永久支护结构，以确保隧道的净空和结构的安全。衬砌的主要功能是承担地层的压力，保持岩石的稳定性，防止隧道周边的地层发生变形，如图1.22所示。

衬砌由拱圈、边墙、托梁和仰拱四部分构成。拱圈在隧道顶部，呈半圆形，是承压地层的主体。边墙位于坑道两侧，承受来自拱圈和坑道侧面的土体压力，可分为垂直形和曲线形两种。为了避免拱圈在开挖过程中出现裂缝，在拱壁与侧墙之间

图1.22 衬砌

设置了托梁，用以支撑拱圈。仰拱设在坑底，其外形与普通拱圈类似，但与拱圈的角度相对，以抵御地基滑移，避免地基凸出。

（3）洞门：洞门是隧道门的简称，位于隧道出入口处，也泛指隧道门或明洞门。洞门由端墙、翼墙及端墙背部的排水系统组成，通常砌筑在隧道洞口处，连接衬砌和路堑，它是一种用于稳定洞口土壤和边坡，排除仰坡水流，并进行建筑装饰的支挡结构。隧道洞门如图1.23所示。

图1.23　隧道洞门

（4）明洞：明洞是山岭隧道的一部分，采用明挖施工，主要用于隧道洞口或线路的防护。在发生下列情形时，应进行明洞施工：地质条件差、洞顶厚度较薄，采用暗挖法无法进入；在隧道洞口路堑边坡上，由于塌方、石块、泥石流的危害，影响到施工人员的正常工作；在对生态环境造成严重影响的情况下，必须在隧道内设置明洞，以达到保护生态和美化环境的目的。

（二）附属建筑物

附属建筑物是指在主体结构之外，为保障隧道正常运行所必需的一切辅助设施，如：避让、交通、消防、通信、排水、防灾、救灾设施等。长大隧道还有专门的通风和照明设备。为防止和排除隧道漏水或结冰而设置的排水沟和盲沟，为机车排出尾气的通风设备，电气化铁道的接触网、电缆槽都是隧道的附属建筑结构。

道路隧道附属建筑物可以分为以下四部分：

1. 公路安全避让及消防救援设施

（1）紧急停车带（加宽带）与方向转换场。

根据《公路隧道设计规范》，超过2 km的长、特长隧道应设置车道加宽带或紧急停车带，在长大隧道内，还应该有横向通道和转向的区域。在我国双向行车隧道中，紧急停车带应交叉设置，设置间隔不得超过750 m，一般不得小于150 m。紧急停车带的宽度，包括右侧横向宽度为3.5 m，长度为40 m，有效长度为30 m。

（2）人行横通道和车行横通道。

《建筑设计防火规范》（GB 50016—2014）规定在双洞隧道中，必须设置人行横通道或行人疏散通道。车行横通道和行人横通道是分隔隧道之间的联络通道，其设置一是用于巡查、维修、救援、车辆转向等。二是在发生火灾等意外时，便于车辆和人员的疏散。车行横通道是为了便于车辆在邻近的两个洞口之间的位置变更，而人行横通道则是为了便于行人在两个洞口间的移动。车行横通道的截面大于人行横通道，并且通常与主通道形成一定的夹角，以便于车辆转向。

此外，无论是车行横通道或人行横通道，通道内必须有足够的照明、报警设备和指示性标志，车行横通道内还应有通风设备。

《公路隧道设计细则》（JTG/T D70—2010）规定人行横通道设置间距以 250 m 为宜，不宜超过 500 m。短隧道不布置，500～750 m 长隧道以 1 处为宜，750～1000 m 长隧道以 2 处为宜。在人行横通道布置中，可以考虑布置车行横通道对人行功能的影响。人行横通道限界为宽 2.0 m，高 2.5 m。此外，无论在车行横通道还是人行横通道，在通道中都要设置足够的照明、报警设备和指示标志，同时在车行横通道中也要设置通风设备。

（3）消防设施。

隧道内消防设施主要包括通信、报警设备、灭火设备、疏散指示设备、消防控制设备等。

2. 电力及通信设施

隧道的供电、通信设备对隧道的安全、高效运行有着举足轻重的作用。电力设施通常由如下部分组成：

（1）供配电设施：包括高压输电线路、高压配电系统、低压配电系统、备用电源系统、变电所、电力设备等。

（2）通信设施：包括紧急电话、有线广播、闭路电视和无线通信设备。

（3）交通监视和控制设施：包括交通监控系统、照明监控系统、通风监控系统、消防监控系统和供电监控系统。

（4）交通与环境检测系统：包括温湿度传感器、光线感应器、积水监测仪等。

（5）运营通风系统：包括机房和风井，一般布置于隧道两端。

（6）中央控制设施：包括通信计算机、监视屏、隧道模拟屏等。

3. 内装、顶棚、路基路面

（1）内装。

隧道内装是指隧道内部壁面的铺装。内壁装饰一般结合隧道的位置和需要，具有安全、经济耐用、易于保养的特点，还要适当考虑美观，增强照明效果，便于清洗，起到吸收噪声的作用。

（2）顶棚。

顶棚的反射率对提高照明效果有利。在设计时，应充分考虑洞壁和天花板的反光特性，从而降低对光线的吸收。通过设定适当的光通量分布比例，可以在隧道中形成多次反射，增加道路照明，达到减少隧道能源消耗的目的，这种方法不但简单、经济，而且对隧道的行车安全、照明节能都有很大帮助。

（3）路基路面。

路基是根据公路的设计线（地点）和设计截面（几何尺寸）的要求，在自然表面上开挖或堆砌的岩石结构。路面是由不同的混合料在路基顶部的行车段铺设而成的分层结构。路基应稳定、密实、均匀，以保证道路结构的稳定，在隧道穿越地层时，其埋设条件、地应力条件与洞外路堑段的应力特性有很大差异。

4. 公用设施等其他附属设施

（1）公用隧管。

公用隧管是指用于铺设各类管道的专用隧管。

（2）噪声消减装置。

公路隧道噪声消减装置设计的基本要求：在车流量大、噪声等级高的情况下，噪声应控制在可以用电话与中控室通话的程度，通常不超过80 dB，低于60 dB最佳。

（3）交通标志标线。

根据隧道路段的特殊行车条件和交通管理要求，在设置标志、标线时，应当考虑下列几个方面：

① 入口段需要提示。在通道入口和通道出口之间、出口与出口之间的间距应该大于120 m。

② 隧道出口距离预告标志宜与限制速度标志并设。

③ 对于长、特长隧道，可以采取分车型分车道的管控措施，减少车辆之间的车速差别。

三、狭长受限空间

在建筑物的构造中，隧道的纵向尺寸要比横向尺寸大得多，且都是受限空间，称为狭长受限空间。在通风条件方面，隧道的自然通风口面积占建筑物总面积的比例很低。这一结构形式方便了车辆通行，但也存在一定的安全隐患。

狭长受限空间由于自身构造的特殊性，内部空间较小近似封闭，通风往往较为不利，疏散条件差。隧道一旦发生火灾，火情控制困难。其中空气缺乏，往往会发生不完全燃烧，产生高浓度的灼热烟气，并且难以通过自然排烟排出；同时，由于燃烧过程中产生的热量积聚，导致隧道内气温升高，火灾蔓延速度加快。在完全燃烧时，其温度可以达到1000 ℃。所以，靠近着火点的隧道结构部分很容易被破坏，导致坍塌，加之隧道中灭火困难，极易发生重大事故。在实际中，由于交通事故、车辆着火等原因，在狭长受限空间内发生火灾，导致人员伤亡的事故时有发生。

在隧道中发生火灾或火灾烟气进入隧道时，由于建筑物的构造、通风、排风方式等特点，其烟气传输特性与其他建筑物有很大区别。隧道作为典型的狭长受限空间，烟气运输具有以下三个显著特点：

（1）烟气的纵向输运。

普通房间的火灾烟气输运一般分为三个阶段：① 火羽流阶段；② 顶棚射流阶段；③ 形成烟气层之后的竖向填充阶段。在隧道中，烟气的输运分为四个阶段：① 火羽流撞击顶棚阶段；② 烟气撞击顶棚后的径向蔓延阶段；③ 烟气与壁面相互作用，并向一维蔓延的过渡阶段；④ 在纵向上的一维蔓延阶段。由此可见，烟气的纵向输运是狭长受限空间火灾的一个重要特点。烟气的纵向输运除受到浮力驱动外，还可能受机械风压的驱动。纵向排烟是狭长受限空间的主要排烟模式之一，其形成的强迫气流可能加大烟气在纵向上的蔓延速度。

（2）烟气的分层。

烟气本身具有浮力，建筑物发生火灾时，会出现烟气垂直分层的现象。一般的烟气分层是指温度的分层。然而，火灾烟气本质上是一种含有热量的多组分的混合物，因此，烟气分层的概念也是多元的。目前，人们已经意识到烟气的危害性，将烟气分层分为温度分层、有毒气体成分分层和烟雾颗粒浓度分层。烟气在隧道输送过程中在垂直方向与周围的空气进行了能量、质量交换，使得温度、气体成分浓度等主要流场参数在竖向上发生了变化，并且在垂直方向上也出现了不同的分层现象。

而在狭长受限空间中，由于不同的能量传递和组分传递机理，造成了不同的温度和一氧化碳的分布。机械风压力对烟气的分层性能也有一定的影响。纵向排烟是一种常见的烟气控制方式。机械排风所产生的空气流动会对烟道的能量和组分的转移产生一定的影响，从而使烟气的竖向分层特性发生变化。

（3）烟气层对下层空气的卷吸。

狭长受限空间的烟气层实质上是浮力驱动的分层剪切流，其重要特性表现为分层之间的卷吸会引起烟气质量流率发生变化，这与消防安全工程中排烟量的设计紧密相关。一方面，卷吸量与剪切有密切关系，在正常的建筑物中，烟层的流速较慢，烟层与空气层之间的剪切力较弱，两层之间的区域卷吸能力很低。另一方面，由于一般房间的横向尺寸和层间的接触面面积都比较小，因此累积的总卷吸量也比较小。与一般的房间相比，隧道中的烟气流动速度更快。在水平边界处，由于上、下两层的水平流速不同，产生了较大的剪切力；同时，由于隧道纵向长度大，分层界面面积大，累积总卷吸量会增加。烟气层对下层气体的卷吸是引起隧道火灾扩大蔓延的主要原因。

隧道内烟气输送的特点大大增加了隧道火灾发生时疏散和救援的难度。隧道通常是人员密集场所，是发生火灾时的主要疏散路线。一方面，狭长受限空间的结构特点使得疏散距离更长、疏散口更少、空间更小、疏散难度更大；另一方面，隧道的自然通风口面积相对较小，热毒气很难及时排出。火灾烟气是由浮力推动的，通常会很快地扩散并充满整个通道，使能见度降低，引起惊慌，增加二次灾难的概率。此外，火灾烟雾中所含的一氧化碳、氰化氢、丙烯醛等成分对人体有很强的毒性作用。

根据统计结果显示，在火灾中，超过85%的遇难者死于烟气，大多数遇难者是在烟气和毒气的作用下失去意识后死亡的。烟雾的毒性使人们更难以逃生。一方面，狭长密闭空间出入口少，空间狭小，救援人员无法快速确定和接近火源位置；另一方面，在狭长的密闭空间内，消防员的扑救路线和人员疏散路线容易交叉，救援和疏散的相互干扰增加了救援的难度。由于隧道狭长受限的结构特点，需要重视隧道的消防安全。发生火灾时，需要控制烟雾，疏散人员，让消防员有时间就近迅速灭火。

本章小结

随着中国对城市基建的大规模投入，在未来一段时间内城市公路隧道的里程还会保持高速增长的趋势。由于隧道构造的特殊性，隧道火灾给人员逃生和消防救援带来了很大的挑战。但是，隧道结构的单一也使火灾规律有迹可循，只要科学地制订和执行救援预案就能够将火灾造成的损失降到最低。

参考文献

[1] REN R, ZHOU H, HU Z, et al. Statistical analysis of fire accidents in Chinese highway tunnels 2000—2016[J]. Tunnelling and underground space technology, 2019, 83:452-460.

[2] LÖNNERMARK A, INGASON H. Gas temperatures in heavy goods vehicle fires in tunnels[J]. Fire safety journal, 2005, 40(6):506-527.

[3] QUINTIERE J G. Fundamentals of fire phenomena[M]. New York:John Wiley and Sons Inc.:2006.

[4] 胡隆华. 隧道火灾烟气蔓延的热物理特性研究[D]. 合肥:中国科学技术大学, 2006.

[5] 韩日美. 浅埋土质隧道特性分析及关键技术研究[D]. 西安:长安大学, 2010.

[6] 铁道第二勘察设计院. 铁路隧道设计规范:TB 10003—2005[S]. 北京:中国铁道出版社, 2005.

[7] 浙江省交通设计院. 公路隧道设计规范[M]. 北京:人民交通出版社, 1991.

[8] 交通部公路司中国工程建设标准化协会公路工程委员会. 公路工程技术标准[M]. 北京:人民交通出版社, 2004.

[9] 赵占厂. 黄土公路隧道结构工程性状研究[D]. 西安:长安大学, 2004.

[10] 叶志明. 土木工程概论[M]. 北京:高等教育出版社, 2008.

[11] 谢永利. 隧道工程[M]. 重庆:重庆大学出版社, 2015.

[12] 国内规模最大的城市隧道群:杭州紫之隧道正式开通[J]. 施工技术, 2016, 45(16):38.

[13] 徐则民,黄润秋,王士天.隧道的埋深划分[J].中国地质灾害与防治学报,2000(4):8-13.

[14] 吴家康.山岭隧道设计时的主要洞门与支护形式[J].四川水泥,2017(4):94.

[15] 张敬博,刘愿英.复合衬砌结构设计研究[J].企业技术开发,2015,34(12):141-143.

[16] 郑晟,刘银生,刘红菊.长大公路隧道监控系统设计与实现[J].图书情报导刊,2007,17(5):210-211.

[17] 崔晗晶.公路照明测量方法研究[J].公路交通科技(应用技术版),2010,6(11):239-241.

[18] 阳东.狭长受限空间火灾烟气分层与卷吸特性研究[D].北京:中国科学技术大学,2010.

[19] 许秦坤.狭长通道火灾烟气热分层及运动机制研究[D].北京:中国科学技术大学,2012.

[20] 肖海洋,杜扬,周琳莉.地下狭长组合受限空间不同介质火灾分区现象实验研究[J].热科学与技术,2007,6(2):152-155.

[21] 戴国平.英法海峡隧道火灾事故剖析及其启示[J].铁道建筑,2001(3):6-9.

[22] 黄钊.地下商业街的火灾防护[J].重庆三峡学院学报,2002,18(6):112-117.

[23] 朱春光.狭长受限空间运动地铁列车火灾特性研究[D].天津:天津大学,2019.

[24] DELICHATSIOS M A. The flow of fire gases under a beamed ceiling[J]. Combustion and flame,1981,43(1):1-10.

[25] KUNSCH J P. Critical velocity and range of a fire-gas plume in a ventilated tunnel[J]. Atmospheric environment,1999,33(1):13-24.

[26] STRANG E J,FERNANDO H J S. Entrainment and mixing in stratified shear flows[J]. Journal of fluid mechanics,2001,428:349-386.

[27] PAIZIS S T,SCHWARZ W H. Entrainment rates in turbulent shear flows[J]. Journal of fluid mechanics,1975,68(12):297-308.

[28] PITTS W M. The global equivalence ratio concept and the formation mechanisms of carbon monoxide in enclosure fires[J]. Progress in energy and combustion science,1995,21(3):197-237.

[29] BABRAUSKAS V,GANN R G,LEVIN B C,et al. A methodology for obtaining and using toxic potency data for fire hazard analysis[J]. Fire safety journal,1998,31(4):345-358.

[30] GANN R G,BABRAUSKAS V,PEACOCK R D,et al. Fire conditions for smoke toxicity measurement[J]. Fire and materials,1994,18(3):193-199.

[31] MORIKAWA T,YANAI E. Toxic gases and smoke evolution from foam plastic building materials burning in fire environments[J]. Journal of fire sciences,1989,7(2):131-141.

第二章　城市隧道主要灾害类型

第一节　城市隧道主要灾害类型

随着我国交通运输行业的发展，隧道施工技术日渐成熟，由于其隐蔽性，极大减轻地面交通压力，并且对城市环境影响比较小，城市隧道逐渐受到规划、施工、设计和管理人员的青睐。

然而，隧道是一种地下建筑，其具有密闭、狭长的特点，并且其几何形状、内部环境和使用功能都与普通建筑有明显区别。在事故防范方面，隧道有着与普通建筑不同的特性，一旦发生事故，不仅会对隧道本身造成破坏，还会影响交通运输、威胁人员安全。通过收集整理近年来城市隧道事故案例，分析总结出城市隧道的灾害主要有火灾、交通事故、灾害性气候、设备故障、恐怖袭击和其他灾害。

一、火灾

城市隧道结构具有狭长、密闭、用电设施设备繁多及出入口数量少等特点，火灾危险性很大。由于其空间封闭及散热条件差，一旦发生火灾，扑救十分困难。城市隧道火灾主要包括隧道火灾和汽车引发的火灾。其中，隧道火灾包括隧道电气线路或电气设备短路起火、设备老化起火、维修时明火引发火灾、人为纵火等。汽车引发的火灾包括汽车发动机起火、汽车电气设备火灾、车辆发生交通事故引发火灾、车载可燃物火灾、危险化学品泄漏引发火灾等。

隧道火灾事故发生频率是由诸多因素共同作用的，例如，隧道规模、隧道位置、隧道环境、运营管理、车流量等。因此，不同国家、不同地区发生隧道火灾的频率各不相同。目前，国内还没有关于城市隧道发生火灾频率的官方统计数据。国际道路会议常设协会（Permanent International Association of Road Congresses，PIARC）做过相关数据统计，统计结果表明城市隧道火灾频率比其他隧道高。

2012年7月22日，上海外滩隧道内，一辆小汽车撞壁起火，造成2死2伤，事故造成3.5 h交通拥堵；2017年11月11日，上海西藏北路隧道内，一辆小汽车发动机起火，无人员伤亡，事故造成1.5 h交通拥堵；2019年5月23日，上海上中路隧道内，一辆小汽车线路起火引发火灾，无人员伤亡，事故造成2小时交通拥堵。

国外城市隧道也发生过许多严重的火灾事故。2001年，丹麦古尔堡隧道发生火灾，造成灾难性破坏，事故造成5人死亡；2001年，奥地利安伯格隧道发生火灾，事故造成3人死亡；2001年，奥地利莱恩伯格隧道发生火灾，事故造成2人死亡。

上海虹梅南路（2020年）和延安东路（2021年）隧道也发生了火灾，如图2.1和图2.2所示。

图2.1　上海虹梅南路隧道内车辆自燃

图2.2　上海延安东路隧道火灾

城市隧道火灾不同于一般的火灾，其事故严重程度远高于普通火灾。城市隧道火灾的特点主要有温度高、产生大量烟雾、能见度低、火势蔓延迅速、扑救难度大、社会影响大、人员疏散困难、造成交通拥堵等。隧道发生火灾会对隧道内的设施造成严重破坏，如导致照明设施失效、疏散通道损毁、排烟设施失灵等。温度过高时还会破坏隧道结构，使钢筋与混凝土的黏着力基本丧失，钢筋的抗拉强度下降，降低隧道结构的整体承载力。

二、交通事故

城市隧道结构密闭、狭长且位于地下，隧道内部严重依赖照明设备且大多数只允许单向通行，这些特点使得隧道内容易发生交通事故。我国城市隧道发生交通事故的原因主要有超速行驶、违规变道、违规掉头、跟车过近、非机动车违规行驶、刹车失灵、前方车辆违规停车、操作不当、疲劳驾驶、照明设备损坏等。

统计结果显示，2012—2013 年，我国共发生 469 例城市隧道交通事故，其中 198 例事故有人员死亡，事故死亡率为 42%，高于普通公路交通事故。隧道交通事故更频繁地发生在较长隧道中，这是由于司机长时间处于隧道这一单调的环境中容易产生视觉疲劳。此外，隧道长度增加导致交通量上升，增加了车辆碰撞的风险。

由于隧道特殊的环境及隧道内外光线畸变的影响，隧道入口处发生交通事故的概率要高于隧道内其他地方。当自然光线充足时，车辆由外到内进入隧道时，光线由亮突然变暗，产生"黑洞效应"；当车辆由内到外驶出隧道时，光线会由暗变亮，产生"白洞效应"。这两种现象都会干扰驾驶员的视线，影响驾驶员的应急反应，最终导致事故发生。

2014 年 11 月 10 日，厦门翔安隧道内发生 14 车连环相撞事故，事故起因是一辆小汽车突然变道被后方来车顶翻（见图 2.3）；2017 年 1 月 17 日，在青岛胶州湾隧道内，发生车辆追尾事故，继而引发火灾，事故无人员伤亡，事故造成 0.5 h 交通拥堵。

图 2.3　厦门翔安隧道交通事故

由于城市隧道具有特殊的构造和环境，车辆在隧道内行驶与在隧道外行驶具有很大区别，城市隧道发生交通事故对城市交通产生的影响更大，因此其社会危害性较高。

三、灾害性气候

近年来，自然灾害形势严峻，洪涝、台风、低温冷冻和雪灾等极端天气频发，如果极端天气发生在隧道内部，多种风险隐患叠加，会进一步加大救援难度。

2004年10月，日本中部新潟县发生6.8级强震，在这次地震中，Kizawa隧道严重开裂，东西两侧的混凝土墙出现两对平行的斜裂缝。

2016年4月，日本熊本发生7.3级地震，Tawarayama隧道遭到严重破坏：衬砌裂缝、路面破坏、地下水泄漏。

2021年7月，河南发生暴雨洪灾，造成郑州地铁5号线五龙口停车场及周边地区出现严重积水，积水冲垮挡水墙进入隧道口，造成地铁5号线一列车被洪水围困，事故导致14人不幸遇难（见图2.4）。

图2.4 河南暴雨致郑州地铁5号线被淹

灾害性气候对城市隧道的影响主要体现在以下三个方面：

（1）地震。

地震往往会引发长期的地貌变化，由于城市隧道建设时选择的岩层较稳定，因此，地震强度较小时对地下结构的影响不大。但当地震达到一定强度后，城市隧道结构将遭到破坏甚至坍塌。

（2）洪涝灾害。

城市隧道一般修建在地下或水下，水受重力影响有向下流动的特性，因此洪涝灾害往往会对城市隧道造成影响。地面积水过多会导致隧道结构变形。一旦洪水进入地下通道，就会导致设施被淹，进而出现腐蚀、发霉现象，电路受到洪水影响而失效、短路。

洪水严重时还会导致列车迫停，甚至淹没车厢，造成人员伤亡。

（3）台风。

沿海地区是台风经常侵袭的区域。台风天气带来的强降雨和大风与其他灾害性气候一样会给城市隧道运营带来威胁。恶劣的天气条件加上城市隧道本身通道狭窄、车流量大，很容易造成交通堵塞。强降雨造成地面积水，使得隧道内部积水甚至淹没。

四、设备故障

隧道内的设备故障主要是供电设备故障。供电设备故障将导致隧道内的监控系统、照明系统、通风排烟系统、移动信号系统，以及指示牌和信号灯等众多确保隧道内车辆安全通行的关键功能系统和设备故障或瘫痪。由于隧道内自然光照强度低，自然通风不畅，一旦隧道内的供电设备发生故障，将难以维持隧道的正常使用，造成公共秩序混乱。在供电设备故障期间，更容易发生行车中断、车辆交通事故、人群拥挤踩踏、与外界联系阻断等众多危险情况。这些危险情况直接关系到隧道内人员的人身安全和财产安全，带来不可忽视的经济损失和社会负面影响。运城至灵宝高速公路中条山隧道供电设备如图2.5所示。

图2.5 运城至灵宝高速公路中条山隧道供电设备

近年来，由于隧道中的供电设备故障而引发了多起事故。2008年，湖北恩施"西气东输"工程一在建隧道内由于供电设备故障，导致大面积停电，致1人窒息死亡，8人因缺氧被送入医院抢救。2012年，福建厦门贵新隧道由于供电设备故障，引发连环车祸。一辆大型货车因隧道内照明中断，撞上路基导致侧翻，进而导致后方多辆小型汽车连环追尾，事故发生后冒出的浓烟让隧道后方的人员误以为发生了爆炸，造成恐慌。2014年，福建福州金鸡山隧道供电设备故障后，由于没有配备应急电源，导致五车连续追尾。虽然有部分案例并未导致严重的人员伤亡和财产损失，但其仍然暴露出隧道内供电设备故障发生后可能存在的安全隐患。

确保隧道供电设备的正常运行，是确保隧道内人员通行安全的一大保障。容易影响供电设备正常工作的因素包括潮湿、温度、振动和灰尘。

潮湿环境容易造成供电设备表面结露。结露会降低设备的绝缘性并腐蚀设备的金属外壳，从而缩短供电设备的使用寿命，造成设备故障。低温和昼夜温差较大的环境也容易造成供电设备表面结露，加速供电设备的腐蚀，从而缩短供电设备的使用寿命，造成设备故障。振动是由于隧道自身不断承受过往车辆碾压，尤其是重型车辆通过时引起的冲击。振动会造成供电设备的局部绝缘功能损坏，进而导致绝缘击穿。灰尘则是由于通行车辆排放的废气中包含大量微小颗粒和腐蚀性气体，这些微小颗粒会损坏电气设备的绝缘层，造成绝缘漏电或绝缘短路，导致电力事故的发生。

上述造成隧道供电设备故障的多个原因都涉及绝缘层的破坏。因此，绝缘层作为隧道供电设备非常重要的一大功能部件，需要进行额外的防护和管理。加装绝缘层保护装置，或使用不易被腐蚀的材料制作绝缘层，降低绝缘层被腐蚀和损坏的程度，能够有效地防止因绝缘层失效导致的供电设备故障。同时，可加装识别和探测隧道供电设备绝缘层腐蚀或损坏的报警装置，当绝缘层受到破坏时，该装置及时发出警报，提醒相关检测人员及时维修和更换绝缘层。

另外，隧道内供电设备自身原材料、零部件的选择，设计，制造，实验，管理和维护，以及操作员的技术也会对设备的使用情况造成影响。

隧道供电系统十分庞大且涉及众多相关联的设备，是城市隧道主要灾害类型中需要重点考虑的方面。避免隧道内供电设备故障的主要措施包括设计良好的排水、通风和设备维护方案，防止恶劣的使用环境对设备造成损伤；从多个方面综合评价并选择绝缘性能好、防护水平高的优良设备；在设备周围加装摄像机或安排执勤人员，及时检测，发现和解决供电设备的故障隐患，确保供电设备各项功能正常运作。

五、恐怖袭击

隧道内的恐怖袭击事件大多发生在国外。由于中国国内的法律体系和社会治安较为完善严格，恐怖袭击事件的发生频率较低，且大多数恐怖袭击事件在发生前已被警方布控，并未造成严重的社会影响。但恐怖袭击事件一旦发生，便会造成严重的后果，对于隧道这类人群和车辆密集且密闭的环境，我们仍应提高警惕，切忌掉以轻心。

恐怖袭击是城市隧道面临的又一大挑战。除了恐怖袭击自身的危害以外，隧道内的特殊环境和结构，也使处理恐怖袭击事件变得更棘手。隧道自身的封闭性导致隧道内部火焰和毒气易形成、传播快。除此之外，由于隧道内光照受限，人员疏散逃生困难，消防人员救援难度大。因此，隧道内一旦发生恐怖袭击事件，将会造成不可挽回的人员伤亡、财产损失和恶劣的社会影响。恐怖袭击通常事发突然，袭击手段多变，难以预测，并且恐怖分子通常具有较强的反侦察能力和犯案能力，因此，针对性地制订袭击发生前的预防和准备措施较为困难。在隧道设计之初和隧道正常运营期间，难以对恐怖袭击进行周全、有效的防控。

恐怖袭击的主要目的是造成大量人员伤亡及摧毁公共设施。由于城市公共交通设施（如桥梁、隧道、地铁站、火车站等地点）通常人群密集，因此这类设施通常成为恐怖袭击的首选对象。图2.6为伦敦地铁爆炸事件后，隧道内人员的疏散情况。

图2.6　伦敦地铁爆炸事件后，隧道内人员有序疏散

2006年，美国联邦调查局曾经挫败了一起恐怖分子企图在圣诞节期间炸毁纽约地下隧道，从而水漫曼哈顿的阴谋；2006年，英吉利海峡隧道和连接纽约曼哈顿与新泽西州的铁路隧道受到恐怖袭击的威胁，美国安全管理部门多次在这些隧道附近布设警戒；2017年，莫斯科圣彼得堡地铁隧道内接连发生两起恐怖袭击事件，恐怖分子以自杀引爆简易爆炸装置，共造成16人死亡，50多人受伤；2010年至今，在俄罗斯、日本、加拿大、韩国、西班牙、英国、比利时等多个国家相继发生多起隧道恐怖袭击事件，造成不同程度的人员伤亡。

隧道内的恐怖袭击事件主要可以分为纵火袭击、爆炸袭击、生化袭击、辐射袭击。其中，纵火袭击和爆炸袭击是最为常见的两种袭击方式。恐怖分子通过自制爆炸材料或自带火源，藏匿到隧道内的关键部位或隧道内行驶的车辆内。恐怖分子还会通过劫持汽油或其他易燃材料的运输车辆，在隧道内部引燃。纵火袭击和爆炸袭击的主要危险包括隧道内形成的有毒气体不易及时排出，造成隧道内的人员中毒；爆炸过程中产生的较大压强对隧道结构造成损害，可能导致隧道结构的坍塌和造成人员伤亡；纵火袭击发生后，轰燃阶段的影响效果与爆炸袭击类似，也应引起重视。

对于纵火袭击和爆炸袭击，除了限制火源和爆炸物进入隧道以外，隧道内也应预先安装各类消防设施设备，比如喷淋系统、排烟系统、烟雾探测器、应急联络设备、灭火器、消防栓等。一旦发生火灾和爆炸，可以及时控制火情，将损失降至最小。还应当安排专业人员负责隧道内的人员应急疏散，及时组织和引导人员快速离开隧道。

由于恐怖袭击事件的不可预测性，对于该类型事件的防控更适合利用多层次的安全管理措施，如改进隧道材料、组件、结构的设计，而不是单一地依靠检测和监视技术。主要的改进措施包括使用耐火等级更高和防烟能力更强的隧道材料，减小火焰对隧道结构的破坏，增强隧道结构的稳定性；在隧道内多个节点安装防烟屏障和阻火屏障，控制火势的蔓延，降低对其他区域人员的影响。消防器械管道的布设及各项消防设备的远程监控和联网操作，应在隧道的设计阶段进行合理规划和安装，确保隧道在运营期间具有完备的消防能力；设计专用的消防通道，便于火灾、爆炸或毒气释放事件发生后，消防人员和医护人员及时快速地从专用通道进入执行火灾扑灭和伤员救治任务。

六、其他灾害

除上述提及的隧道内可能存在的各项灾害以外，隧道自身的结构稳定性不足可能会导致隧道塌陷，造成严重的塌方事故，影响城市的正常公共秩序和危及隧道内人员的生命财产安全。隧道坍塌会对隧道本身及隧道周围建筑造成严重破坏，而且事故后的处理过程比较复杂。因此，在隧道的设计、建造、使用和维护过程中，应将提升隧道结构的稳定性作为关键考虑因素之一。图2.7为四川雅安青鼻山隧道坍塌事故。

图2.7　四川雅安青鼻山隧道坍塌事故

与隧道事故相关的调查研究结果表明，结构坍塌是造成隧道事故的一大主要原因。研究人员曾对北京地铁隧道施工造成的多起安全事故的原因进行调查，调查结果显示：因地面塌陷造成的事故所占比例高达36%；如果忽略其中由于施工管理不当引发的事故，地面塌陷造成的事故所占比例高达67%。另外，2017年，在武汉市修建城市轨道交通的某个项目中，当设备穿过二叠系石灰岩地层时，遇到连续发育的大型隐伏岩溶构造，进而引起局部地段突水、涌泥等一系列地质灾害，导致局部隧道发生结构坍塌，虽然没有造成较为严重的人员伤亡，但造成了工期滞后和巨大的经济损失。

隧道坍塌的原因主要可以分为：隧道施工过程中的直接影响，比如施工过程中，机械设备和施工人员在施工地点上方从而造成负荷过重，导致隧道上部地层结构不稳定，形成地面塌陷；隧道施工过程中对周围地面塌陷的间接影响，比如施工破坏了地层中的不良地质体，或埋藏在地层中的管线漏水渗透，导致土层松软，形成地面塌陷；恶劣的使用环境和自然条件对隧道结构的影响，比如暴雨、飓风、地震、洪水等自然灾害的发生，对隧道结构的稳定性造成影响隧道的冻害、震害等，致使隧道发生塌陷。

为了避免隧道结构塌陷对隧道结构及隧道内人员造成安全隐患，可以采取必要的防御机制：事先进行详细周密的地质条件检测，为后续施工提供准确数据；针对不良地质土层进行加固处理，增强其结构稳定性；全面掌握施工区域管线分布情况，安全控制地下管线，制定科学合理的管线保护、加固、监测方案。对于不同功能、不同长度及不同设计使用特性的隧道需要满足的地质条件、管线分布条件等，严格遵守相关法律法规。

为了提高隧道自身结构的稳定性及降低隧道发生塌陷的概率，需要提高隧道内关键结构位置的稳定性。其中，隧道中的部分结构对于隧道整体的稳定性尤为关键，比如对于隧道内的衬砌结构，相关研究结果表明，由于裂隙围岩的时间依赖性行为，可能导致隧道衬砌结构的显著连续收敛，对衬砌结构的稳定性有一定的影响。这种收敛现象还会导致衬砌结构在隧道的施工和运营过程中，受到越来越多的挤压，可能会造成高达70%的隧道总变形，对维持隧道结构的稳定性极为不利。现已经有人提出采用与时间相关的安全系数，用于估算隧道衬砌结构耐久性的分析方法，帮助工程师预测衬砌结构的剩余使用寿命。

除了隧道结构稳定性可能引起的塌陷问题以外，隧道内逃生出口的数量和位置，以及应急和消防设施设备的设置和使用，都是隧道内风险和灾害防控需要重视的问题。主要的预防措施有：在有限且封闭的隧道空间内，设置足够的安全出口和合理高效的安全疏散通道，以供隧道内的人员快速逃生；优化设计和安置隧道内的灭火器、喷淋系统、烟雾报警探测器等消防设备，使其在受限和封闭的隧道区域内发挥最大的消防效能；调节隧道内的应急照明设施、应急出口指引设施和各消防设施的位置指引和使用说明，使消防和疏散相关的信息高效地传送给隧道内的人员，使人员知晓并执行；设计高效科学的隧道应急响应政策，以最大化发挥各相关应急人员的功能。

由于隧道自身的封闭性特点，带来了疏散困难、救援困难、火焰和烟气传播快等多方面灾害防控的不利因素，因此，对于隧道结构内的安全考虑应当格外计议，在隧道设计之初和运营前做好相关对策，确保隧道内人员的安全。

第二节　隧道灾害处置难点

由于城市隧道所处的特殊地理位置和不同于普通建筑的结构设置，其灾害特点有其特殊性。为了更准确地分析事故，更快速地处理事故，更高效率地开展灾害事故应急救援，有必要对隧道灾害的处置难点进行系统性分析整理。根据以往经验和事故统计，一般隧道灾害主要呈现以下五个特点：

（1）人员疏散较为困难。由于隧道是一种狭长受限空间，其施工纵向距离长、横断面直径大、下埋水平较深，因此，在隧道空间中，除了正常通行的机动车道、横洞结构、隧道内人员应急疏散通道外，隧道内几乎没有任何额外的可用空间，从而给发生灾害事故后的应急救援和人员疏散带来了较大的困难。

（2）通风和排烟困难，难以与外部空间交换气体。常见隧道除两个端部与外部空间连通外，其余隧道主体部位与外界相连的开口数量非常有限，且开口结构的面积较小，隧道内的自然通风系统往往难以满足整个隧道内的通风需求，普遍需要增设机械通风系统，发生灾害事故后，通风排烟与其他建筑相比较困难。

（3）消防人员开展救援的路径较长，难以采取及时有效的应急处置措施。隧道种类繁多，部分隧道纵向总长可达几千米。在隧道纵向距离如此长的情况下，消防救援人员在绝大多数情况下只能从隧道两端出入口处进入隧道内部的事故地点。在隧道中应急救援路径单一且距离较长，特别是在火灾情形下应急救援会遭受巨大阻力。

（4）消防救援力量难以深入高温高毒的极限环境。隧道内部燃烧、爆炸等事故发生后，灾害产生的热烟气层快速下降，使隧道内的温度迅速上升到人员难以接受的温度，且内部可能由于燃烧不充分产生大量毒气，有毒物质含量高于人体耐受极限。隧道内部的温度在极短的时间内即可达到1000 ℃以上，一氧化碳浓度则会达到7%以上，可使人快速昏厥甚至死亡。如此高温高毒的恶劣环境使得消防救援人员难以靠近灾害产生的源头，应急救援行动难以开展和深入。

（5）部分设备无法进入和使用。当隧道发生火灾时，若车辆不能及时疏散，极易造成隧道内部拥堵，导致消防救援装备（如消防车、消防水炮、隧道排烟车等）难以第一时间进入隧道内部，造成灾情扩大。

鉴于此，本节将主要从消防救援个人防护装备、隧道本身建筑结构、隧道内部电力、隧道内部通信方面展开，分析常见隧道灾害处置的一些难点。

一、个人防护装备局限性

根据《消防员个人防护装备配备标准》（XF 621—2013）可知，消防员个人防护装备主要是指消防员在灭火救援作业中用于保护自身安全的基本防护装备和特种防护装备。消防员个人防护装备按照防护功能分为消防员躯体防护类装备、呼吸保护类装备和随身携带类装备三大类。消防员的主要装备及其局限性如表2.1所示。

表2.1　消防员个人防护装备及其局限性

装备类别	装备选用	局限性
躯体防护类	消防头盔主要用于头部、面部以及颈部的安全防护。消防员灭火防护服是用于灭火救援时防护身体的装备。消防手套用于防护消防员的手部及腕部。消防安全腰带是消防员登高作业和逃生自救的装备。消防员灭火防护靴是用于小腿和足部防护的装备。消防员隔热防护服是在强热辐射场所使用的全身防护装备。消防员灭火防护头套是消防员灭火救援时防护头面部、颈部的装备。此外还有二级化学防护服、一级化学防护服、核沾染防护服、防蜂服、防爆服、电绝缘装具、防静电服、内置纯棉手套、消防员灭火防护头套、防静电内衣、消防阻燃毛衣、防高温手套、防化手套、抢险救援头盔、抢险救援手套、抢险救援服、抢险救援靴、潜水装具、消防专用救生衣、消防员降温背心等	隧道火灾热辐射强度大，躯体防护装备级别不够，消防人员难以靠近
呼吸保护类	正压式消防氧气呼吸器可用于在高原、地下、隧道以及高层建筑等场所长时间作业的呼吸保护。正压式消防空气呼吸器可以在缺氧或有毒现场作业的时候维护消防员的呼吸防护。此外还有移动供气源、正压式消防氧气呼吸器、强制送风呼吸器、消防过滤式消防防毒面具等	隧道火灾烟气毒性大，空气呼吸器气量有限，难以维持毒烟场所长时间作业。氧气呼吸器价格昂贵，使用频率不高
随身携带类	佩戴式防爆照明灯可以用于消防员的单人作业照明。消防员轻型安全绳可以用于人员的自救和逃生。消防腰斧可以在灭火救援时手动破拆非带电障碍物。手提式强光照明灯可在灭火救援现场作业时用于照明。此外还有消防Ⅰ类安全吊带、消防Ⅱ类安全吊带、消防Ⅲ类安全吊带、消防坠落辅助部件、消防用荧光棒、消防员呼救器后场接收装置、头骨振动式通信装置、防爆手持电台、消防员单兵定位装置等	发生隧道火灾时烟气难以排出，烟雾浓度大，隧道内能见度大大降低，照明灯难以起到有效作用

首先，在消防员躯体防护类个人防护装备方面应该有效选择。消防员从头部到脚部应该配置消防头盔、消防员灭火防护头套、消防员灭火防护服或消防员隔热防护服、消防手套、消防安全腰带、消防员灭火防护靴。其中，消防员灭火防护服是消防员进行灭火救援时穿着的用来对躯干、头颈、手臂和腿部进行防护的专用服装，而消防员隔热防护服是消防员在靠近火焰或弧热辐射区域进行灭火救援时穿着的、用来对其全身进行隔热防护的专用防护服。

其次，在消防员呼吸保护类装备方面，主要有正压式消防氧气呼吸器和正压式消防空气呼吸器两种备选。正压式消防空气呼吸器利用面罩与消防员的面部周边密合，使消防员的呼吸器官、眼睛和面部与外界染毒空气或缺氧环境完全隔离，且应按照人体工学设计正确佩戴。该装置具有自带压缩空气源供给洁净空气，呼出的气体直接排入大气中，面罩在正常呼吸循环过程中的压力均大于环境压力。而正压式消防氧气呼吸器则以高压氧气瓶充填压缩氧气为气源，呼吸时使用氧气瓶内的氧气，不依赖外界环境中的气体，用呼吸舱或者气囊作储气装置，面罩内的气压大于外界大气压。不论是正压式消防空气呼吸器还是正压式消防氧气呼吸器，均可用于隧道紧急救援站的使用，为消防救援人员提供较好的保护。

最后，消防员随身携带的应急救援装备还应包括佩戴式防爆照明灯、消防员轻型安全绳、消防腰斧、手提式强光照明灯等。虽然隧道内自身应有相应的照明设备，但是车辆发生火灾或爆炸后，一方面极可能会破坏内部的照明设备，另一方面则会由于燃烧产生的浓烟而降低内部的能见度，因此推荐使用消防员轻质安全绳、防爆照明灯或强光照明灯，有助于应对其内部的电气照明失效情形。

由于隧道火灾的处理时间比较长，消防员的灭火作业会受到装备限制。例如，空气呼吸器的使用时间通常是30 min，如果佩戴空气呼吸器的消防员高强度作业，使用时间会缩短为15～20 min。城市隧道火灾的处理时间一般较长，再加上排烟困难等不利因素，消防员在灭火救援和撤离现场的时候有窒息的风险。除此之外，隧道火灾产生的热量极高，灭火防护服的隔热效果减弱。消防员在灭火过程中体温升高和电解质消耗的速度都很快。因此，消防员的装备携带策略不应该是一成不变的，应该根据火情减少单人作战时间，提高空气呼吸器和降温背心等防护设备的供给力度。

二、隧道建筑结构耐高温情况

城市公路隧道发生火灾时，火焰与烟气会通过热辐射、热对流、热传导三种方式将热量传递到隧道衬砌结构的表面，而在衬砌结构的内部则主要通过热传导传递。隧道衬砌结构内部为单面受火状态，在温度不断升高的过程中衬砌结构内部将产生分布不均匀的温度场。随着火灾温度的升高，温度场会对衬砌结构的材料产生很大影响，导致混凝土、钢筋性能劣化。此外，衬砌结构温度升高，会使衬砌结构产生膨胀，产生内力重分布，减弱构件的承载能力，在隧道内产生无穷隐患。

通常人们认为混凝土是防火建材，可以经受火焰的烘烤与冲击。然而实际上在高温烘烤下，组成隧道结构的混凝土会出现种种损坏现象，失去其本应有的性能。混凝土内温度梯度剧烈变化将会在混凝土结构内部产生非常大的温度应力。学者研究得出高温下混凝土损伤特征，如表2.2所示。

表 2.2   高温下混凝土损伤特征

损伤类型	现象	原因及特征
表面	劣化、爆裂声、裂缝	100 ℃左右自由水蒸发，540 ℃以上完全脱去结晶水的胶体开始膨胀
裂缝	290 ℃以下产生表面裂缝，540 ℃以上产生较深的裂缝	裂缝一般垂直于表面，类似大范围的表面干缩裂缝
颜色变化	230 ℃以下，颜色不变；290～580 ℃时，颜色转变为粉红、红色或棕色	低温下安定的化学成分转变为高温状态下的化学变化，造成颜色永久改变
骨料	砂质骨料（酸性骨料）超过570～580 ℃时，会产生质变与爆裂现象	骨料与胶体之间的热膨胀、传导系数不同，热传递显著减少
爆裂	发生与表面平行的巨大剥落状况、角隅边缘的崩落等	混凝土中水分受热汽化产生极大的空隙压力，空隙和胶体中的水分被蒸发聚集，造成混凝土力学性质的完全损失、高温下混凝土力学特性受损

三、隧道内部电力问题

隧道内部电力问题是在隧道灾害处置过程中非常需要考虑的重要问题之一，隧道内存在通风系统和照明系统，以及其他安全设施。这些设施在防火及救灾过程中发挥着非常重要的作用，但多数消防设施都需要电力系统正常运行作为维护隧道正常运行的保障。

根据以往事故经验和统计，隧道火灾发生后会对隧道内电力系统产生破坏并造成其内部部分或全部区域中断电力供应，致使部分消防设施无法有效启动，加重事故后果。除此之外，照明系统失效会加重人员在隧道内的恐慌心理，极易造成人员疏散困难和二次伤害事故。此外应注意，隧道内电力电缆燃烧如果不充分，会产生大量有毒有害气体聚集在隧道内部。由于通风系统在电力中断的情况下无法运行，在隧道受限空间有毒有害气体无法及时排出，隧道内的人员呼入此类烟气容易出现晕厥、窒息、中毒等症状。

四、隧道内部通信问题

隧道内部的通信问题是开展隧道救援的基本保障之一。隧道火灾发生后，外界虽然可以快速将隧道内部监控接入通信指挥车，但由于事故点发生火灾容易造成监控受损，加之火灾可能导致隧道大部分区域停电，部分摄像头无法正常工作，无法全面实时掌握隧道内部情况。即使采用350 m或更广范围的对讲机，也只能在隧道出入口两侧800～1000 m范围内使用。常用通信网络对讲机在隧道内部无信号，造成进入隧道内部消防救援队伍无法和指挥部联络，给现场指挥决策带来较大困难。发生突发状况时，消防队员在无法与指挥部联系的状况下，缺乏对灾害事故的有效判断，容易产生错误决策，贸然行动会带来救援人员伤亡等严重后果。

第三节　城市隧道火灾典型案例及分析

隧道的结构特点不利于人员疏散和消防救援工作的展开。严重的隧道火灾还会对隧道结构产生巨大破坏，造成不可估量的直接和间接经济损失。

一、山西晋城段岩后隧道火灾

（1）事故经过。

2014年3月1日14时43分，一辆装载了29.66 t甲醇的铰接列车，在沿晋济高速公路由北向南行驶至岩后隧道右洞入口以北约100 m处时，发现右侧车道上有运煤车辆排队等候，遂从右侧车道变道至左侧车道进入岩后隧道，行驶了40余米后，停在了一辆轻型厢式货车后。14时45分，另外一辆装载了29.14 t甲醇的铰接列车，在沿晋济高速公路由北向南行驶至岩后隧道右洞入口以北约100 m处时，看到右侧车道上有运煤车辆排队缓慢通行，但左侧车道内至隧道口前没有车辆，遂从右侧车道变至左侧车道，驶入岩后隧道后，突然发现前方5～6 m停有前车，该铰接列车的司机虽采取紧急制动措施，但仍与前车追尾。碰撞致使后车前部与前车尾部铰合在一起，造成前车尾部的防撞设施及卸料管断裂、甲醇泄漏，后车前脸损坏。泄漏在地面的甲醇起火燃烧。甲醇形成流淌火迅速引燃了两辆事故车辆和附近的4辆运煤车、货车及面包车。造成40人死亡、12人受伤和42辆车烧毁，直接经济损失8197万元。

（2）事故原因。

事故直接原因：后方铰接列车在隧道内追尾前方铰接列车，造成前车甲醇泄漏，后车发生电气短路，引燃周围可燃物，进而引燃泄漏的甲醇。

车辆起火燃烧的原因：追尾造成牵扯，半挂车的罐体下方主卸料管与罐体焊缝处撕裂，该罐体未按照标准规定安装紧急切断阀，造成甲醇泄漏。后车发动机舱内高压油泵向后位移，启动机正极多股铜芯线绝缘层破损，导线与输油泵输油管管头空心螺栓发生电气短路，引燃该导线绝缘层及周围可燃物，进而引燃泄漏的甲醇。

（3）消防部门应急处置情况。

3月1日14时50分，晋城消防支队指挥中心接警后，先后调派7个公安消防中队、9个专职消防队共400名官兵、44辆消防车赶赴现场，山西省消防总队调集相邻的长治、临汾两市消防支队共29名官兵、5辆消防车到场增援。

15时15分，城区中队（系责任区中队，距离事发地约13.5 km）在高速交警引导下首先到达隧道北口。此时隧道北口有车辆猛烈燃烧，地面形成流淌火；位于下风方向的隧道南口有大量黑色浓烟涌出，浓烟已使人感到烫手。根据现场情况，由晋城市政府及其有关部门组成的现场指挥部决定全力扑救隧道北口火灾，继续对后车罐体实施冷却，在出口处组织停留人员疏散,并协调环保部门对现场环境及可燃有毒气体进行实时监测。18时许,隧道北口处火灾被彻底扑灭。

3月2日0时10分,现场指挥部决定组成攻坚组从人行横洞进入隧道,分别向隧道南、北两侧梯次进攻灭火。3月2日3时30分,后车罐体内甲醇导出转移;9时30分,人行横洞以北隧道内大火被基本扑灭;3月3日18时,隧道内大火被全部扑灭。

二、山东威海陶家夼隧道火灾

(1)事故经过。

2017年5月9日上午,威海中世韩国国际学校幼儿园租用的车辆在环翠区陶家夼隧道发生交通事故并导致车辆起火,事故造成中国籍司机和5名韩国籍、6名中国籍儿童当场遇难,1人重伤。事故中受重伤的中国籍幼儿园女教师,经全力抢救无效,于2017年5月12日下午不幸离世。事故遇难人数共13人。

(2)事故原因。

经勘查检验,该客车为柴油客车,隶属威海公交集团旅游出租分公司,被威海中世韩国国际学校租用接送学生,核载37人,案发时实载13人,客车起火部位位于客舱内左前部、司机座椅后侧地板处,在司机座椅附近燃烧残留物中提取到打火机防风罩1枚,现场多处燃烧残留物检测出汽油残留物成分。排除车内电气短路或交通事故引发火灾。

经侦查调查,威海"5.09"客车起火是一起人为实施的放火案件,该车司机因短时间内加班补助、夜班费接连停发,致使其工资收入骤减而心怀不满,遂从加油站购买汽油并携带上车,于案发当日在车内实施放火行为。

(3)消防部门应急处置情况。

2017年5月9日,消防支队指挥中心在接到110转警和多名群众报警后,第一时间一次性调派青岛路中队、特勤中队和北山路中队共计10车59人赶赴陶家夼隧道两端入口实施双向处置。

9时12分,根据报警信息和首战力量到场情况反馈,指挥中心按照现场指挥部作战要求又调派了吉林路中队、华夏路中队、张村中队和战勤保障大队共12车54人赶赴现场。

特勤中队的2个灭火救援攻坚组由隧道北口到达事故现场开展灭火救援,排烟车布置在隧道北口处,水枪阵地部署在隧道南口,通过水枪阵地的配合,排烟车以逐步推进的方式进入隧道,排除隧道内的浓烟。

9时27分左右,现场火势被控制。9时35分左右,车内明火被扑灭,司令部工程师带领特勤中队官兵进入车体内部搜救,同时现场官兵继续冷却着火车辆,在油箱充分冷却后实施油料输转。

三、浙江猫狸岭隧道火灾

（1）事故经过。

2019年8月27日18时22分，事故货车驶入猫狸岭隧道，18时24分，半挂车左侧第四轴内挡轮胎爆胎，18时25分半挂车底部有明火出现。货车司机在不知情的状况下继续向前行驶，经多个侧方超越车辆的驾驶员提醒后，在18时26分将货车停靠于慢速车道，此时半挂车第五轴右侧轮胎处燃烧，火势快速引燃装载的合成革货物，释放大量有毒浓烟，并迅速向行车方向蔓延。事故共造成5人死亡、31人受伤（其中15人重伤），直接经济损失500余万元。

（2）事故原因。

经过调查分析，确认该事故直接原因为挂号重型低平板半挂车的制动器在行驶过程中处于拖滞、卡滞状态，导致整个车轮温度升高，轮胎受高温传导后起火，引燃车载合成革，以及驾驶人对车辆的日常维护保养不到位，未及时发现并排除车辆安全隐患，事故发生后应急处置不当。

（3）消防部门应急处置情况。

2019年8月27日19时02分，临海消防救援大田中队1车7人到达猫狸岭隧道福建向入口，组成攻坚组，徒步进入隧道展开救援，营救疏散被困群众80余人。19时16分，临海消防救援临海中队2车12人到达猫狸岭隧道宁波方向，通过双向隧道间的人行通道逐个进行侦察，于19时20分判定着火点位置，随即组织攻坚救援，架设2支泡沫枪对着火货车实施灭火，19时30分，火势被控制。

表2.3列举了2012—2020年部分城市隧道火灾实例。

表2.3　2012—2020年部分城市隧道火灾情况

年份	事故地点	事故原因	人员伤亡	经济损失
2012	香港狮子山隧道	车载物料起火	无	60 m内衬剥落钢筋外露
	厦门钟鼓山隧道	隧道电缆起火	无	隧道交通中断1 h
	无锡惠山隧道	车辆自燃	无	隧道交通中断0.5 h
2013	上海外滩隧道	交通事故	3人死亡、1人受伤	隧道结构轻微受损
	广州黄埔大道隧道	车辆自燃	3人受伤	1辆汽车烧毁
	长沙年嘉湖隧道	车辆自燃	无	1辆汽车烧毁
2014	山西晋城段岩后隧道	交通事故	40人死亡、12人受伤	42辆汽车烧毁
	温州天长岭隧道	车辆自燃	无	1辆汽车烧毁、隧道轻微受损
2015	武汉水果湖隧道	车辆自燃	无	隧道交通中断数小时、10 m隔音顶棚烧毁
2016	上海人民路隧道	车辆自燃	无	1辆汽车烧毁

表2.3（续）

年份	事故地点	事故原因	人员伤亡	经济损失
2017	山东威海陶家夼隧道	人为纵火	13人死亡	1辆大客车烧毁
	重庆渝中嘉华隧道	车辆自燃	无	1辆汽车烧毁、隧道交通阻塞0.5 h
2018	重庆涪陵聚云山隧道	车辆自燃	无	1辆汽车烧毁、隧道交通阻塞数小时
	重庆彭水城北隧道	交通事故	无	1辆小型车烧毁、隧道结构轻微受损
2019	浙江猫狸岭隧道	车辆自燃	5人死亡、31人受伤	直接经济损失500余万元
2020	湖南怀化雪峰山隧道	车辆自燃	无	31辆车损坏

从表2.3可知，城市隧道火灾事故的起因有车辆自燃起火、交通事故起火、车辆装载货物起火、隧道设备故障起火、人为纵火等。车辆自燃起火是因车辆本身线路老化、发动机过热或者其他设备故障引起的。交通事故起火是由车辆相撞或者车辆撞击隧道引起的。车辆装载货物起火是由于车辆上装载的货物有易燃性，在外部高温摩擦等作用下燃烧。人为纵火是因人出于某种目的，故意放火引起的。根据对2012—2020年城市隧道火灾的不完全统计，图2.8列出了火灾原因的分布图，其中车辆自燃占比超过一半。由此可以看出，车辆自燃是引发城市隧道火灾的主要原因。

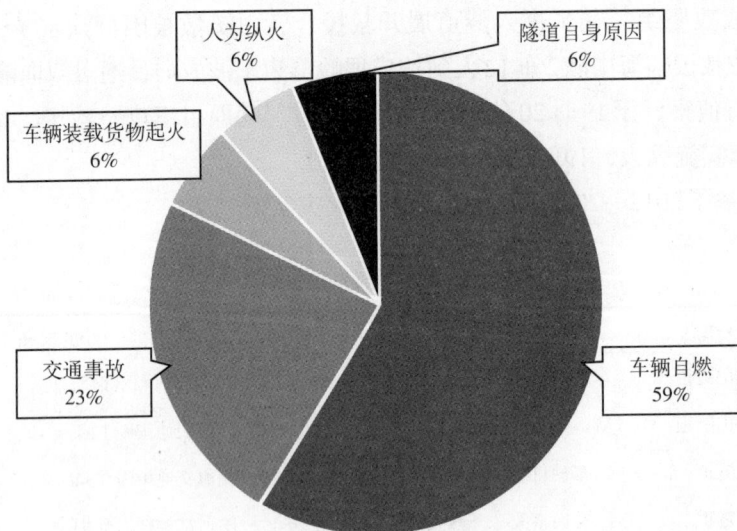

图2.8　城市隧道火灾原因

隧道火灾一旦发生，可能会造成大量的人员伤亡和巨大的经济损失，严重威胁社会公共安全。虽然隧道火灾的发生难以避免，但通过采取一些措施可以使事故发生时的人员疏散、应急救援等工作更好地开展。因此，研究城市隧道火灾的各种火灾特征参量的规律性，对城市隧道的防灾设计和减灾救援活动具有重要意义。

本章小结

　　城市隧道会面临火灾、交通事故、灾害性气候、设备故障、恐怖袭击及其他次生灾害。城市隧道灾害突发性强，影响范围广，在处置过程中也面临电力、通信难以保障的难题。通过对部分城市隧道火灾情况的调研发现，车辆自燃和交通事故是引发城市隧道火灾的主要原因。因此，在消防救援过程中需要及时疏散隧道内的车辆与人群，隧道内的自动灭火报警系统也需要定期检查和维护。

参考文献

［1］　REN R，ZHOU H，HU Z，et al. Statistical analysis of fire accidents in Chinese highway tunnels 2000—2016［J］. Tunnelling and underground space technology，2019，83：452-460.

［2］　LÖNNERMARK A，INGASON H. Gas temperatures in heavy goods vehicle fires in tunnels［J］. Fire safety journal，2005，40（6）：506-527.

［3］　QUINTIERE J G. Fundamentals of fire phenomena［M］. New York：John Wiley and Sons Inc.，2006.

［4］　胡隆华.隧道火灾烟气蔓延的热物理特性研究［D］.合肥：中国科学技术大学，2006.

［5］　韩日美.浅埋土质隧道特性分析及关键技术研究［D］.西安：长安大学，2010.

［6］　铁道第二勘察设计院.铁路隧道设计规范：TB 10003—2005［S］.北京：中国铁道出版社，2005.

［7］　浙江省交通设计院.公路隧道设计规范［M］.北京：人民交通出版社，1991.

［8］　交通部公路司中国工程建设标准化协会公路工程委员会.公路工程技术标准［M］.北京：人民交通出版社，2004.

［9］　赵占厂.黄土公路隧道结构工程性状研究［D］.西安：长安大学，2004.

［10］　叶志明.土木工程概论［M］.北京：高等教育出版社，2008.

［11］　谢永利.隧道工程［M］.重庆：重庆大学出版社，2015.

［12］　国内规模最大的城市隧道群：杭州紫之隧道正式开通［J］.施工技术，2016，45（16）：38.

［13］　徐则民，黄润秋，王士天.隧道的埋深划分［J］.中国地质灾害与防治学报，2000（4）：8-13.

［14］　阳东.狭长受限空间火灾烟气分层与卷吸特性研究［D］.北京：中国科学技术大学，2010.

[15] 许秦坤. 狭长通道火灾烟气热分层及运动机制研究[D]. 北京:中国科学技术大学,2012.

[16] 肖海洋,杜扬,周琳莉. 地下狭长组合受限空间不同介质火灾分区现象实验研究[J]. 热科学与技术,2007,6(2):152-155.

[17] 戴国平. 英法海峡隧道火灾事故剖析及其启示[J]. 铁道建筑,2001(3):6-9.

[18] 黄钊. 地下商业街的火灾防护[J]. 重庆三峡学院学报,2002,18(6):112-117.

[19] 朱春光. 狭长受限空间运动地铁列车火灾特性研究[D]. 天津:天津大学,2017.

[20] DELICHATSIOS M A. The flow of fire gases under a beamed ceiling[J]. Combustion and flame,1981,43(1):1-10.

[21] KUNSCH J P. Critical velocity and range of a fire-gas plume in a ventilated tunnel[J]. Atmospheric environment,1999,33(1):13-24.

[22] STRANG E J,FERNANDO H J S. Entrainment and mixing in stratified shear flows[J]. Journal of fluid mechanics,2001,428:349-386.

[23] PAIZIS S T,SCHWARZ W H. Entrainment rates in turbulent shear flows[J]. Journal of fluid mechanics,1975,68(2):297-308.

[24] PITTS W M. The global equivalence ratio concept and the formation mechanisms of carbon monoxide in enclosure fires[J]. Progress in energy and combustion science,1995,21(3):197-237.

[25] BABRAUSKAS V,GANN R G,LEVIN B C,et al. A methodology for obtaining and using toxic potency data for fire hazard analysis[J]. Fire safety journal,1998,31(4):345-358.

[26] GANN R G,BABRAUSKAS V,PEACOCK R D,et al. Fire conditions for smoke toxicity measurement[J]. Fire and materials,1994,18(3):193-199.

[27] MORIKAWA T,YANAI E. Toxic gases and smoke evolution from foam plastic building materials burning in fire environments[J]. Journal of fire sciences,1989,7(2):131-141.

[28] 邓芸芸. 公路隧道重大危险源灾害风险评估研究[D]. 长沙:中南大学,2007.

[29] 赖金星,周慧,程飞,等. 公路隧道火灾事故统计分析及防灾减灾对策[J]. 隧道建设,2017,37(4):409-415.

[30] 宫伟军. 基于不同火灾场景的城市隧道人员疏散仿真研究[D]. 重庆:重庆交通大学,2019.

[31] 王不凡. 城市道路小半径曲线隧道运营事故特征及火灾风险评估技术研究[D]. 重庆:重庆交通大学,2020.

[32] 黄曦. 城市下穿隧道交通安全分析[D]. 成都:西南交通大学,2013.

第三章　隧道火灾的基本规律

第一节　汽车材料火灾危险性

车辆自燃和汽车发生交通事故引起起火，是隧道火灾事故发生的主要原因。在汽车有限的空间里需要设置油路和电路系统，而随着科技的进步，现代汽车为了提高坐乘体验而变得更加奢华，内容采用了更多木材和塑料，自身更易起火。汽车本身涉及可燃液体（燃油、润滑油）、可燃气体（压缩天然气）、可燃固体（电线绝缘层、内饰件、轮胎）等可燃物，火灾载荷大，一旦起火，经常会很快引起交通堵塞，造成重大人员伤亡，危害性大，社会不良影响广。

汽车火灾早期很难发现，无法遏制；一旦发生燃烧，燃烧剧烈，扩散快；汽车的内饰件和外饰件燃烧易产生大量有毒烟气；隧道火灾发生后，消防部门很难在较短时间内赶到现场进行处理，极易导致群死群伤事故的发生及重大财产损失。

一、汽车危险性分析

客车整体构造分为电池舱、底盘、车身、电气设备四部分，是危险源中的四个火灾危险部位。其中，电池舱、电气设备为火灾发生提供可燃物质（电解液、线路绝缘皮等）及点火源。底盘、车身为火灾发生提供必需的可燃物质（润滑油、内饰可燃材料等）。客车各部位危险源汇总见表3.1。

表3.1　客车火灾危险部位及危险源

客车构造		火灾危险部位	火灾危险源
电池舱	高压电气设备	控制线束	橡胶表皮、扎带、卡扣
		高压电器布置	波纹管、绝缘垫
	动力电池	—	电解液、波纹管、保护层材料
底盘	转向系统	动力转向装置	动力转向液
		方向盘	聚合物材料
	制动系统	制动器	摩擦片、刹车油

表 3.1（续）

客车构造		火灾危险部位	火灾危险源
底盘	行驶系统	车轮	轮胎、挡泥板
		悬挂装置	橡胶座、橡胶座盖板
	冷却系统	冷却液壶	冷却液
		散热器、冷却风扇	聚合物材料
车身		车厢	座椅、地板、仪表台、顶棚
		前板制件	前衬、边嵌板、聚氨酯保险杠
电气设备		线束系统	线束护板（塑料支架）、线束扎带、卡扣、波纹管、热缩管及胶带、橡胶件、接插件
		仪表盘	塑料或橡胶件、聚合物材料

二、汽车材料火灾危险性评价

对汽车可燃材料进行燃烧实验，可以深入了解汽车材料的燃烧特性，为开展隧道火灾数值模拟分析奠定基础，一般基于 Petrella 评价方法对热危险性进行评价，采用 FED 法对毒性和危险性进行评价。

（一）乘员舱内饰材料危险性

乘员舱内饰材料包含坐垫、座椅靠背、座椅套、安全带、头枕、扶手、活动式折叠车顶、所有装饰性衬板（车顶棚里、车内护板等）、窗帘、仪表板、地面覆盖层等，这些内饰材料除 5 mm 铝箔板外，其他材料都属于中等危险性以上材料，其中，薄皮革属于高危险性材料，加速踏板垫、踏步地板革、地板革属于中上等危险性材料。高危险性材料可以用较低危险性材料代替，尽量减少其使用，降低火灾发生概率。对于中上等危险性材料，可以采取相应的措施，从材料本身降低其危害程度。

（二）高压线路火灾危险性

动力系统高压线路在过热、剧烈碰撞等情况下，电路会发生短路，高压线束包覆物及管路会产生熔融自燃现象。将高压线路表皮在辐射强度为 30 kW/m² 的条件下进行实验，综合来看，除波纹套管外，其他三种材料的安全性较好，其峰值热释放速率较低，总热释放量虽然属于中等危险性，但其数值较小，热危害相对较小。

（三）底盘系统火灾危险性

客车底盘系统较为复杂，其由冷却系、转向系、制动系等组成，综合评价这几种材料可以看出，在危险等级上除尼气管外均属于中等危险，尼气管危险性最大，水泵进出水胶管、冷却水软管的危险性相对较大，客车会因底盘系统润滑油泄漏，并遇到火花而被引燃产生火灾。在辐射通量较大时，转向油的危险性较大，处于中上等危险性材料。

（四）锂离子电池火灾危险性

前人开展了60 Ah磷酸铁锂动力电池辐射加热试验，全面分析了单体动力电池在加热过程中温度和质量损失的变化特征，发现在有外界辐射通量的情况下，电解液都处于中上等危险性，表明在外界辐射下，电解液很容易引起客车电池系统火灾，进而引发乘客舱火灾。

（五）汽车油品火灾危险性

汽车经常使用的典型油品有汽油、机油、变速箱油和制动液。当汽车长时间使用并受到撞击、高温作用时，各种液体管路或容器容易受热变形或断裂，或者与其他管件接合处产生间隙，很容易造成液体泄漏。当这些液体泄漏到三元催化装置、涡轮增压器、排气歧管、排气尾管等车内高温部位时，会引起汽车火灾。电火花引燃液体蒸气及烟雾的危险性由大到小为汽油、柴油、轻质润滑油、发动机机油、水性液体。通过实验和结合汽车实际情况综合分析可知，电火花直接引燃具有较高的火灾危险性。

第二节　隧道火灾的发展

碳氢化合物的不完全燃烧和可燃物的燃烧都会产生大量烟气，所以在隧道的入口和出口处能看到浓烟滚滚的景象。汽车在隧道内起火之后，车辆承载的汽油、锂电池和内饰等可燃物燃烧产生的烟气在隧道内扩散。烟气看似无比混乱，但是其基本特征可以通过科学的方法阐述。城市隧道主要有单洞双向、双洞单层单向、双洞双层单向和单洞双层四种类型。由于双层隧道仅通过疏散楼梯进行连通，所以在不同的火灾规模和发展速度下，下层隧道内烟气扩散的基本规律是相同的。图3.1所示为小汽车燃烧时烟气在隧道内扩散的过程。受隧道结构和烟气运动规律影响，火灾发生之后烟气在隧道内的扩散分为羽流上升阶段、横向扩散阶段和烟气回流阶段。

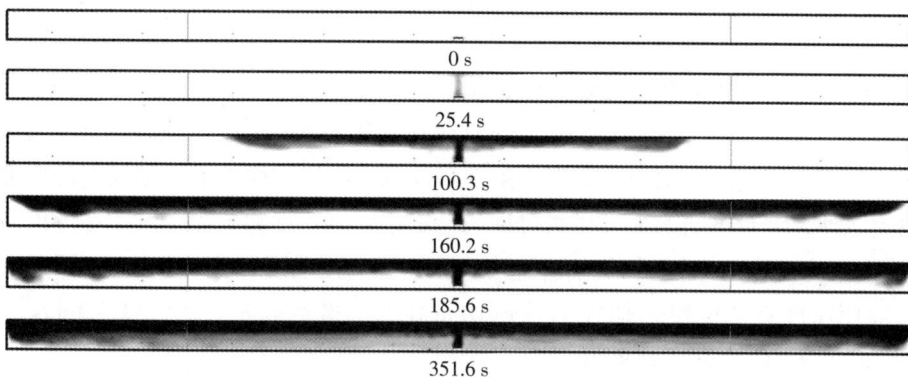

0 s

25.4 s

100.3 s

160.2 s

185.6 s

351.6 s

图3.1　小汽车燃烧时烟气在隧道内扩散的过程

三个阶段的主要特征如下：

（1）羽流上升阶段。这个阶段是火灾发生的初始阶段，也是维持时间最短的阶段。可燃物燃烧产生的热烟气向上运动是由于温度差异产生了热浮力。空气和热烟气的密度可以使用式（3.1）进行估算：

$$\rho = \frac{353}{T} \tag{3.1}$$

式中： ρ ——气体的密度，kg/m^3；

$\quad\quad T$ ——气体的温度，K。

由式（3.1）可知，气体的温度越高，密度越小。例如，在室温20 ℃（293 K）时空气的密度是1.2 kg/m^3，800 ℃的烟气的密度是0.33 kg/m^3。由于密度小的气体会浮在密度大的气体之上，烟气的密度低于空气，所以在产生之后不断地上浮（这也是火灾探测器和喷头通常放置在建筑顶棚的原因）。烟气在上升的过程中会不断地卷吸空气，导致烟气上升的速度变慢。烟气上升速度随高度的变化可以表达为

$$u = 1.94\left(\frac{g}{c_p T_\infty \rho_\infty}\right)^{1/3} \dot{Q}^{1/3} z^{-1/3} \tag{3.2}$$

式中： u ——烟气上升的速度，m/s；

$\quad\quad g$ ——重力加速度，9.8 m/s^2；

$\quad\quad c_p$ ——恒压比热容，1.0 $kJ/(kg\cdot K)$；

$\quad\quad T_\infty$ ——环境温度，293 K；

$\quad\quad \rho_\infty$ ——环境空气的密度，1.2 kg/m^3；

$\quad\quad \dot{Q}$ ——火源的热释放速率，kW；

$\quad\quad z$ ——距离火源的高度，m。

高温烟气卷吸了温度较低的空气之后，烟气的温度会逐步下降。烟气温度的表达方程为

$$\Delta T = 5\left(\frac{T_\infty}{g c_p^2 \rho_\infty^2}\right)^{1/3} \dot{Q}^{2/3} z^{-5/3} \tag{3.3}$$

式中： ΔT ——烟气温度和空气温度的差值，K。

应当注意的是，式（3.2）和式（3.3）存在适用范围，高度 z 应该大于火焰高度。在相同的高度，烟气上升的速度和温度随热释放速率的增加而增加，随高度的增加而降低。除此之外，针对不同的火灾场景可以进行定量计算和预测。当小汽车在隧道内燃烧（热释放速率为5 MW）时，烟气上升速度和温度随高度的变化趋势如图3.2所示。温度衰减远远比速度衰减更快。烟气上升到10 m高的隧道顶棚时，速度从7.3 m/s衰减到4.6 m/s，温度从817 ℃衰减到87 ℃。

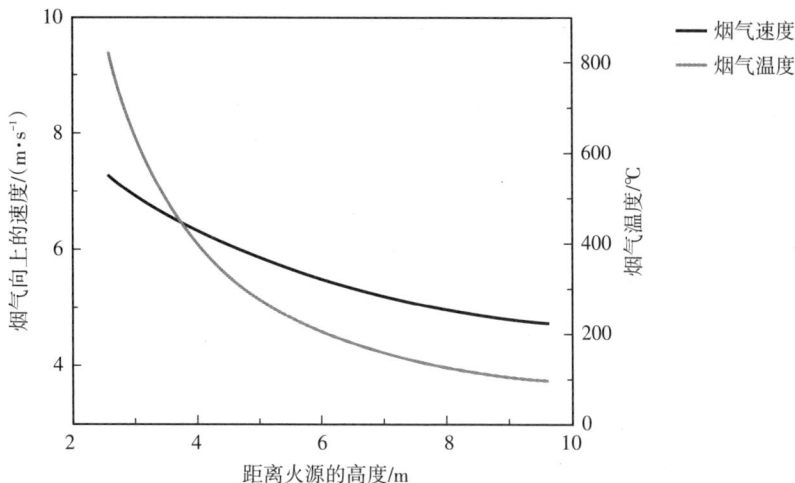

图3.2　烟气上升速度和温度随高度的变化趋势

通过数值模拟可以更加直观和全面地描述羽流特征，如图3.3所示。在羽流上升阶段，烟气集中在火源上方。因此，高温气体、一氧化碳和二氧化碳都集中分布在火源上方。在这个阶段扑灭火源可以有效地避免烟气扩散，最大限度地减少火灾造成的损失。

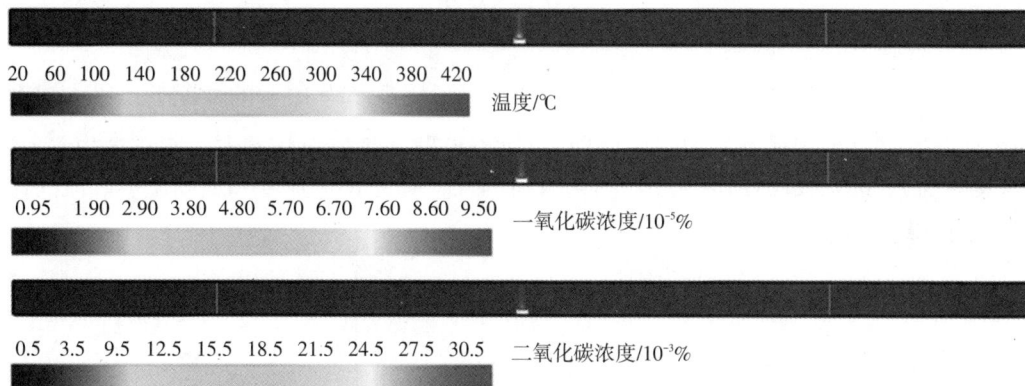

图3.3　羽流上升阶段温度、一氧化碳和二氧化碳的分布

（2）横向扩散阶段。烟气上升到隧道顶棚之后受结构限制沿着顶棚扩散。如图3.4所示，烟气的横向扩散有两个主要特征：第一，火源正上方的顶棚区域内温度和速度基本不变。第二，由于烟气和顶棚之间存在对流换热，贴近顶棚区域的温度和速度不是最大值。

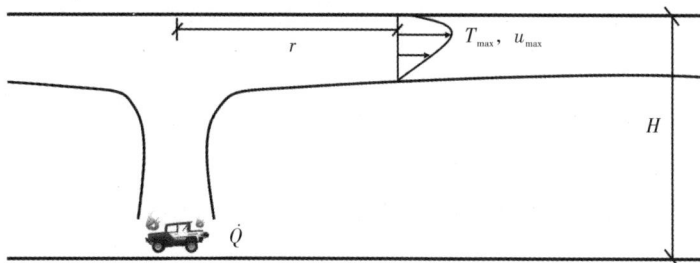

图3.4　烟气在顶棚区域运动的示意图

　　尽管羽流直接撞击隧道顶棚会损失很多动量，但是在水平方向上的扩散速度仍然很大。基于理论推导和实验数据，Alpert 提出了烟气沿着顶棚横向扩散的速度和温度预测模型。当 $r/H < 0.18$ 时，顶棚区域的最大温度由热释放速率和顶棚高度主导，预测模型为

$$T_{max} - T_\infty = \frac{16.9\dot{Q}^{2/3}}{H^{5/3}}$$

当 $r/H < 0.18$ 时，顶棚区域的最大温度开始衰减为

$$T_{max} - T_\infty = \frac{5.35(\dot{Q}/r)^{2/3}}{H}$$

当 $r/H < 0.15$ 时，顶棚区域最大速度的预测模型表示为

$$u_{max} = 0.96\left(\frac{\dot{Q}}{H}\right)^{1/3}$$

当 $r/H < 0.15$ 时，顶棚区域最大速度同样开始衰减为

$$u_{max} = \frac{0.195\dot{Q}^{1/3}H^{1/2}}{r^{5/6}}$$

　　以小汽车火灾为例，当利用预测模型计算出顶棚高度为 10 m 的情况下，最大温度和速度时，烟气沿顶棚的衰减趋势如图 3.5 所示。烟气蔓延到 10 m 时，最大速度从 7.6 m/s 衰减到 1.5 m/s，最高温度从 107 ℃衰减到 34 ℃。但是最大速度和最高温度衰减的速度越来越慢。

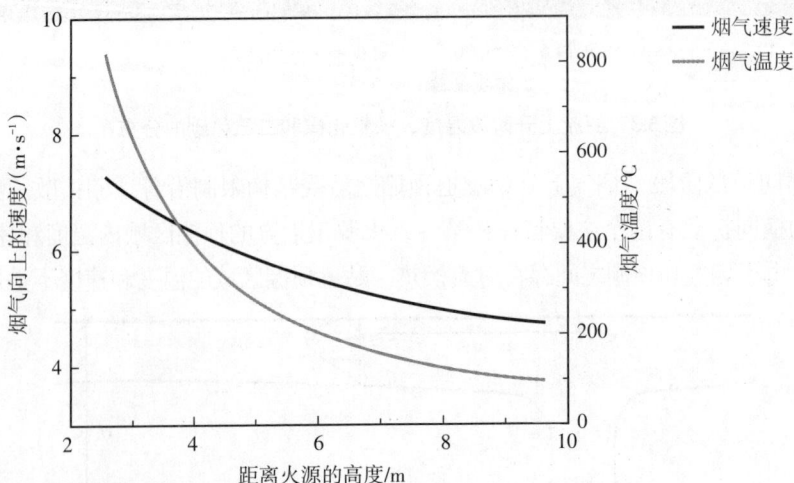

图3.5　最高温度和速度时，烟气沿顶棚的衰减趋势

　　在横向扩散阶段，烟气只分布在火源上方和顶棚下方。如图 3.6 所示，与羽流上升

阶段相同的是，高温区域、一氧化碳和二氧化碳的分布区域仍然比较集中。在这个阶段，烟气已经沿着隧道顶棚扩散，足以威胁到顶棚附近的可燃物。

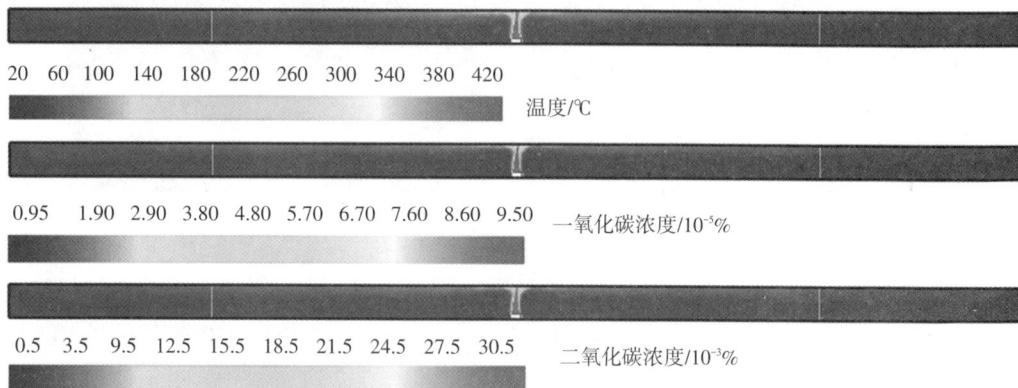

20   60   100   140   180   220   260   300   340   380   420   温度/℃

0.95   1.90   2.90   3.80   4.80   5.70   6.70   7.60   8.60   9.50   一氧化碳浓度/10⁻⁵%

0.5   3.5   9.5   12.5   15.5   18.5   21.5   24.5   27.5   30.5   二氧化碳浓度/10⁻³%

图3.6   横向扩散阶段温度、一氧化碳和二氧化碳的分布

（3）烟气回流阶段。烟气横向扩散到隧道开口之后，空气在流入隧道时会将一部分烟气重新卷回隧道，在这之后，烟气就不仅仅存在于火源上方和顶棚下方。整个隧道空间都将被烟气填充，这给消防救援和人员疏散带来了极大困难。人员窒息死亡主要发生在这个阶段。这一阶段的特征如图3.7所示。

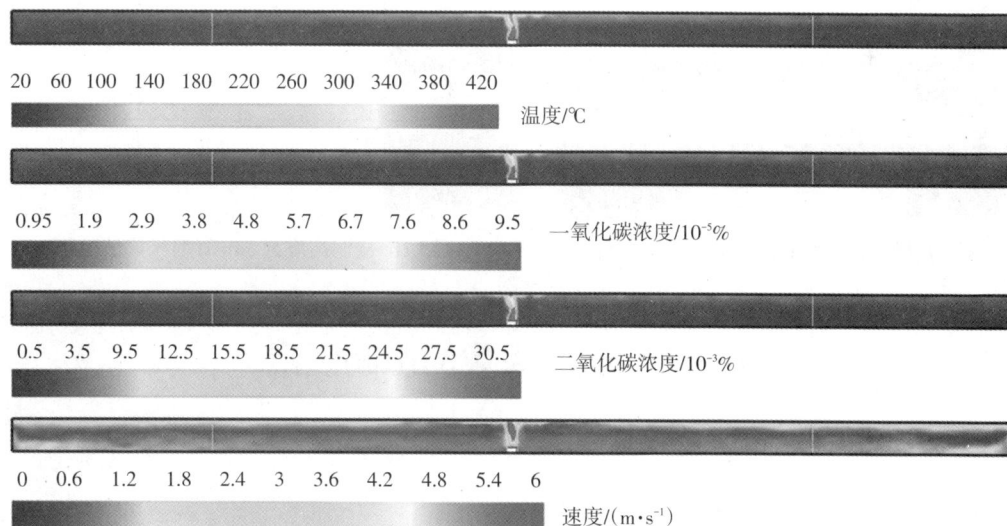

20   60   100   140   180   220   260   300   340   380   420   温度/℃

0.95   1.9   2.9   3.8   4.8   5.7   6.7   7.6   8.6   9.5   一氧化碳浓度/10⁻⁵%

0.5   3.5   9.5   12.5   15.5   18.5   21.5   24.5   27.5   30.5   二氧化碳浓度/10⁻³%

0   0.6   1.2   1.8   2.4   3   3.6   4.2   4.8   5.4   6   速度/(m·s⁻¹)

图3.7   烟气回流阶段温度、一氧化碳和二氧化碳的分布

探测器的触发受温度的影响非常明显。如图3.8所示，由于烟气到达隧道顶棚之后才往四周扩散，所以火源上方的温度最早达到探测器触发温度。以触发温度68 ℃为例，探测器放置在顶棚中心和边缘时，探测器触发的时间相差近1 min。

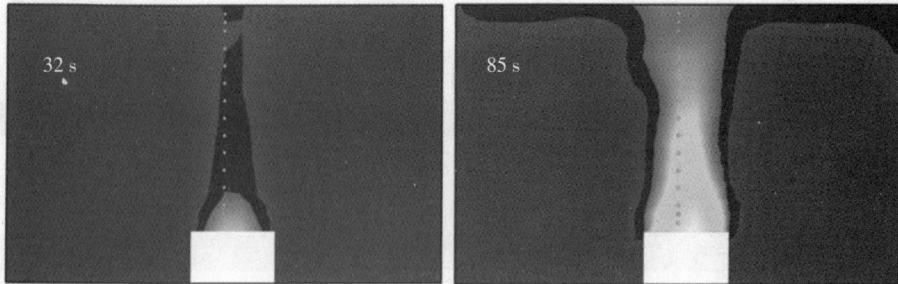

图3.8 温升差异示意图

双管隧道中存在烟气通过横洞向相邻隧道内扩散的情况。如图3.9所示，如果横洞的高度和隧道相同，烟气会沿着横洞扩散到另一个隧道里。右侧隧道内烟气的填充速度虽然比左侧隧道慢，但是经过一段时间之后烟气还是会完全填充右侧隧道。但是，如图3.10所示横洞高度较低时，烟气就无法蔓延到另外一个隧道内。烟气始终在左侧隧道内。

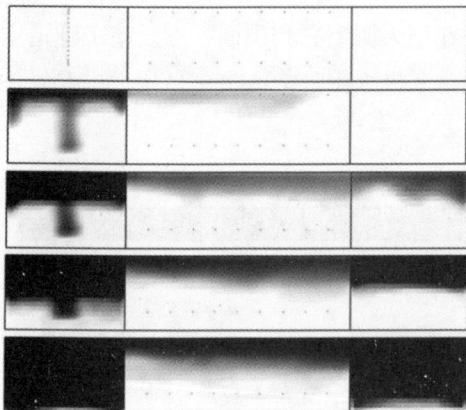

图3.9 横洞高度为6 m时烟气扩散过程

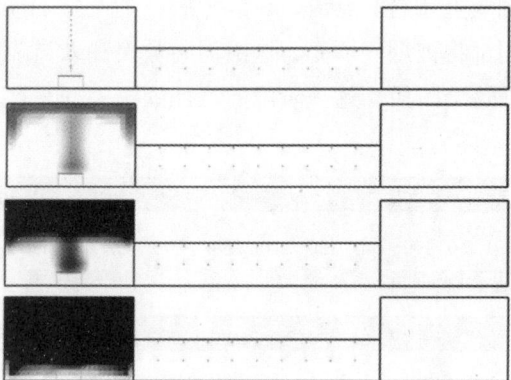

图3.10 横洞高度为3 m时烟气扩散过程

第三节　隧道火灾的影响因素

一、火灾规模

隧道火灾事故大多数是由于汽车在隧道内燃烧导致的。而火灾规模主要通过火灾热释放速率来表示。火灾热释放速率（heat release rate）是指单位时间内火灾燃烧所释放出的热量，是评价火灾的重要参数。对于FDS软件，相关温度场与烟气场的变化都是以火灾热释放速率为基础进行计算得到的。相关研究结果表明，对于不同车辆，不同道路等级、不同隧道长度、不同通行方式等条件下的隧道火灾，其最大热释放速率不同。我国《公路隧道设计规范》给出的不同车辆燃烧的热释放速率如表3.2所示。我国《公路隧道通风设计细则》中给出不同隧道的火灾最大热释放速率如表3.3所示。此外，《上海市道路隧道设计标准》同样给出了国内外不同规范对于车辆火灾热释放速率的相应规定，如表3.4所示。

表3.2　不同车辆燃烧的热释放速率

车型	热释放速率/MW	车型	热释放速率/MW
客车	3~5	长途汽车、公共汽车	20~30
货车	10~15	重型车	30~100

表3.3　不同隧道的火灾最大热释放速率

通行方式	隧道长度	公路等级		
		高速公路	一级公路	二、三、四级公路
单向交通	$L > 5000$ m	30 MW	30 MW	—
	1000 m $< L \leqslant$ 5000 m	20 MW	20 MW	—
双向交通	$L > 4000$ m	—	—	20 MW
	2000 m $< L \leqslant$ 4000 m	—	—	20 MW

表3.4　不同规范对车辆火灾热释放速率的规定

资料来源		《中国消防手册第三卷》(2006版)	世界道路协会(PLARC1999)	《美国公路隧道、桥梁和其他封闭式高速公路标准》NFPA 502(2014版本)	法国隧道研究中心(CETU)建设书1996/1997	英国《公路及桥梁设计手册》第二册第二章第九部分BD78/99公路隧道设计的第八节——火灾安全工程	《澳大利亚公路隧道火灾安全指南》(2001年版)
		热释放速率/MW					
车辆类别	小汽车	—	—	5	—	5	—
	1辆小汽车	2.5	2.5	—	2.5	—	2.5
	1辆大汽车	5	5	—	5	—	5
	2~3辆汽车	5	8	15(多辆汽车)	8	—	8
	面包车、厢式货车	15	15	—	15	15	15
	长途汽车/卡车(中等、重型)	—	—	—	—	20	—
	巴士	20	20	30	20	—	20
	重型货车	20~30	20~30	—	30	30~100	20~30
	危险品车或重型货车(大车)	100~120	100~120	150	—	—	100~120
	油罐车	—	—	300	200	—	—

为研究不同火灾规模下的隧道火灾烟气场及温度场的变化情况，结合目前城市内电动汽车数量快速增加的情况，模拟隧道内单辆电动小汽车火灾和单辆电动公交车火灾，火源热释放速率分别设置为5 MW和25 MW。为考虑火灾发生时最不利于烟气疏散的情况，火源设置在200 m道区段中间位置。为方便得到烟气场和温度场的变化规律，简化计算，火源设置为1 m×1 m的平面正方形火源。由于火灾发展需要一定的时间，火源增长模型设置为t^2火，可燃物热释放速率随时间呈现平方性增长，可用式（3.4）表示。且车辆燃烧是一个迅速发展的过程，火灾增长率按照极快速火0.1876计算，电动汽车和电动公交车火灾火源热释放速率分别在163.2 s和365 s到达最大值。工况设计如表3.5所示。

表 3.5　工况设计表（1）

序号	火源功率/MW	隧道构型
工况1	5	单洞
工况2	5	双洞
工况3	25	单洞
工况4	25	双洞

$$Q = \alpha t^2 \tag{3.4}$$

式中：Q——热释放速率，kW；

　　　α——火灾增长率，kW/s^2；

　　　t——燃烧时间，s。

图3.11和3.12显示了火源功率分别为5 MW和25 MW时，在无环境风情况下的烟气扩散现象。火灾刚开始发生时，烟气便向隧道两端呈对称扩散。由于两种火灾增长率相同，在163.2 s火灾热释放速率达到5 MW之前，烟气呈相同的扩散状态。在300 s和600 s时，可以看出25 MW条件下隧道内烟气层的浓度和厚度相比5 MW条件下明显增加。

90 s

150 s

300 s

600 s

图 3.11　5 MW 火灾烟气扩散

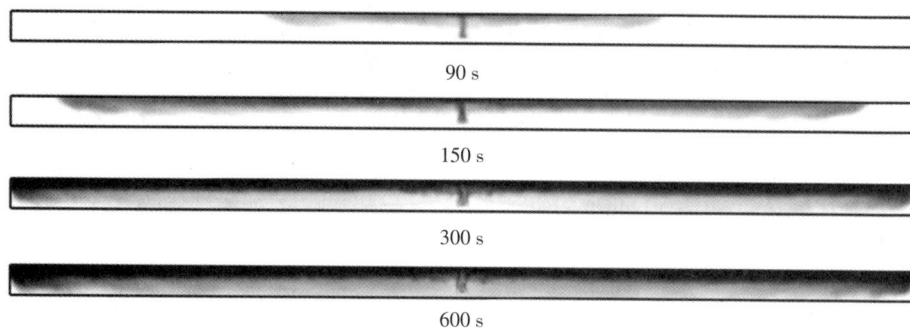

图3.12　25 MW火灾烟气扩散

通过在隧道纵断面 $X = 5.2$ m 处设置温度切片，可得到不同时刻隧道内部的温度分布云图。图3.13显示了在600 s时火源热释放速率分别为5 MW和25 MW条件下隧道中央纵断面的温度分布云图。由图3.13可知，在隧道纵断面上，隧道火灾的温度场主要呈以下特点：由于出现顶棚射流，温度场以火源为中心，温度向隧道两端逐渐降低，呈近似对称分布；距离火源处越远的位置，温度越低。图3.14为600 s时不同火灾功率下的火源附近纵断面温度云图分布，随着火源热释放速率由5 MW转变为25 MW，隧道内的温度明显升高。火源拱顶位置的温度由240 ℃升高至600 ℃以上，此时高温会对隧道衬砌结构造成破坏。从图3.14中可以看出，隧道内的高温区域主要集中在隧道拱顶位置，这是由于高温烟气在热浮力作用下聚集在隧道顶部所致。

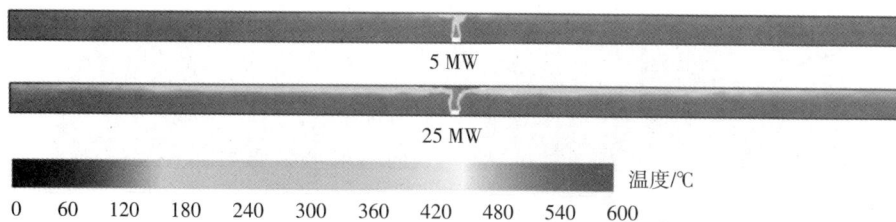

图3.13　600 s时不同火灾功率下的隧道纵断面温度分布云图

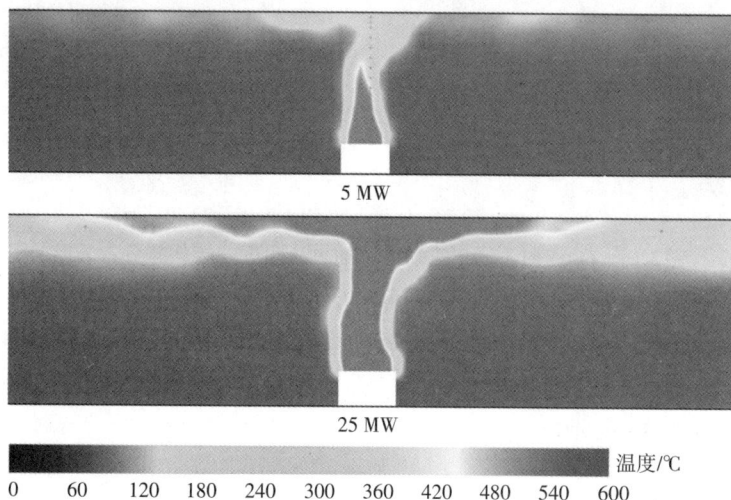

图3.14　600 s时不同火灾功率下的火源附近纵断面温度分布云图

图 3.15 和图 3.16 显示了 600 s 时隧道内部火源附近一氧化碳和二氧化碳浓度分布,可以发现,25 MW 火灾相比于较小规模的 5 MW 火灾,一氧化碳和二氧化碳浓度都有着明显增长。当火源热释放速率为 5 MW 时,拱顶分布的二氧化碳浓度约为 0.5%,一氧化碳浓度约为 15 mg/L;而当火灾规模到达 25 MW 时,拱顶分布的二氧化碳浓度增长到 1.5%,一氧化碳浓度到达 50 mg/L 附近。此外,火源附近处的一氧化碳和二氧化碳浓度更加急剧升高。

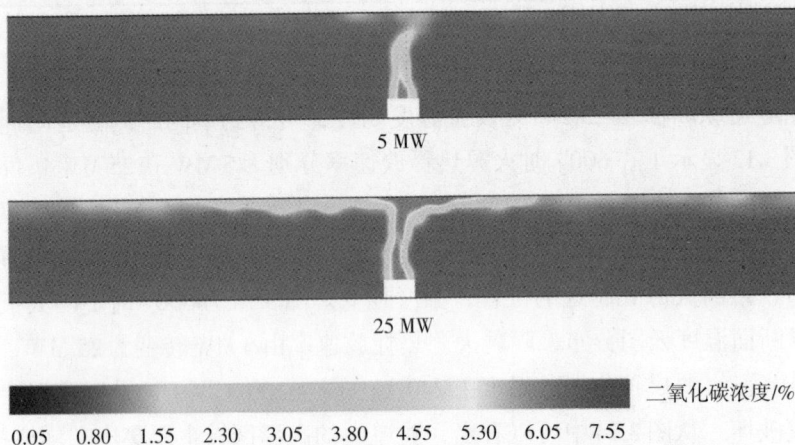

5 MW

25 MW

二氧化碳浓度/%

0.05 0.80 1.55 2.30 3.05 3.80 4.55 5.30 6.05 7.55

图 3.15　600 s 时不同火灾功率下的火源附近二氧化碳分布云图

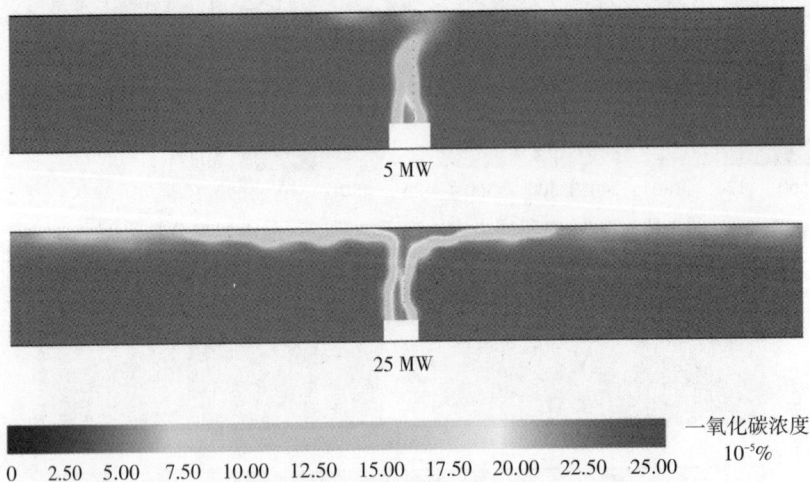

5 MW

25 MW

一氧化碳浓度 10^{-5}%

0 2.50 5.00 7.50 10.00 12.50 15.00 17.50 20.00 22.50 25.00

图 3.16　600 s 时不同火灾功率下的火源附近一氧化碳分布云图

在 1/2 缩尺度隧道中也开展了火灾规模对隧道火灾的影响规律研究,实验隧道与燃烧场景如图 3.17 所示。实验使用了 7 种尺寸的油盘模拟不同的火灾规模。油盘的尺寸为 0.20～0.50 m,如表 3.6 所示。

图3.17 实验隧道与燃烧场景

表3.6 油盘模拟表

序号	油盘边长/m	液面高度/cm	正庚烷/mL	热释放速率/MW
1	0.20	2.00	800	0.027727
2	0.25	2.00	1250	0.052575
3	0.30	2.00	1800	0.088230
4	0.35	2.00	2450	0.136107
5	0.40	2.00	3200	0.197434
6	0.45	2.00	4050	0.273265
7	0.50	2.00	5000	0.364499

从图3.18中可以看出，隧道内部温度分布情况在不同情况下是相似的，只是火灾在更大的火源功率下，以及在稳定阶段，温度会更高，隧道内部的危险性更大。

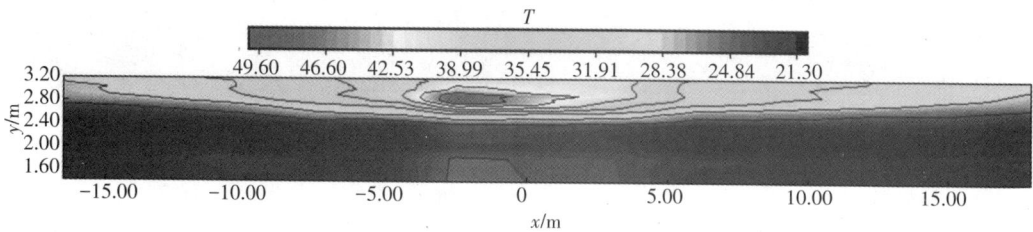

（a）油盘边长 0.20 m 发展阶段

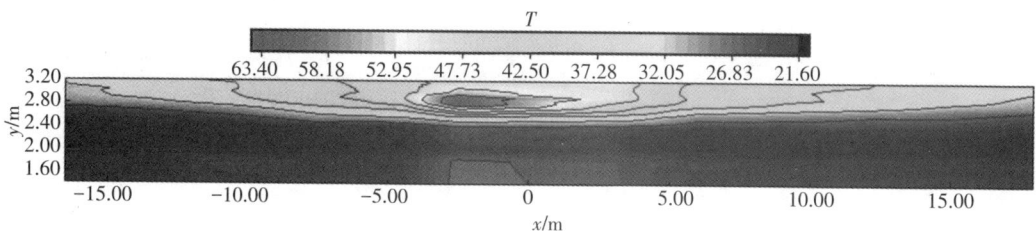

（b）油盘边长 0.20 m 稳定阶段

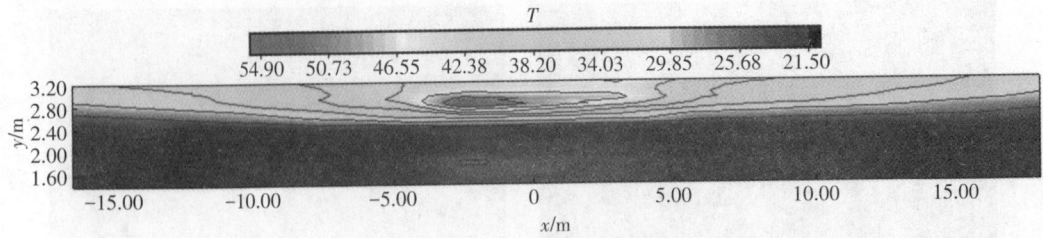

（c）油盘边长0.25 m发展阶段

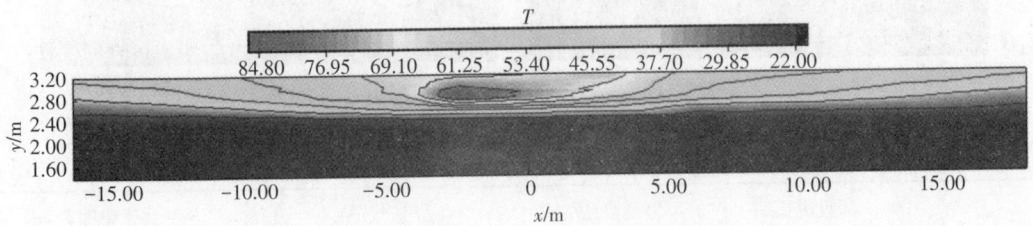

（d）油盘边长0.25 m稳定阶段

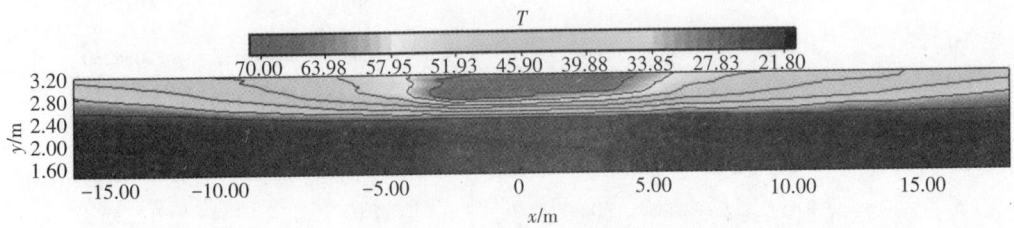

（e）油盘边长0.30 m发展阶段

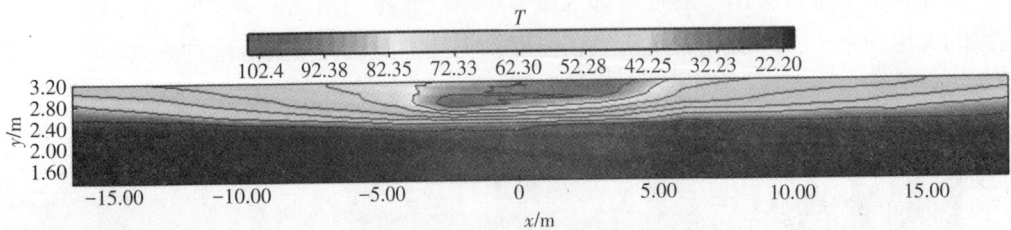

（f）油盘边长0.30 m稳定阶段

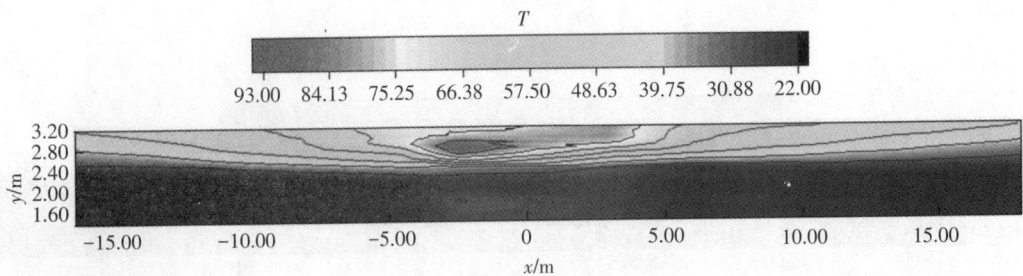

（g）油盘边长0.35 m发展阶段

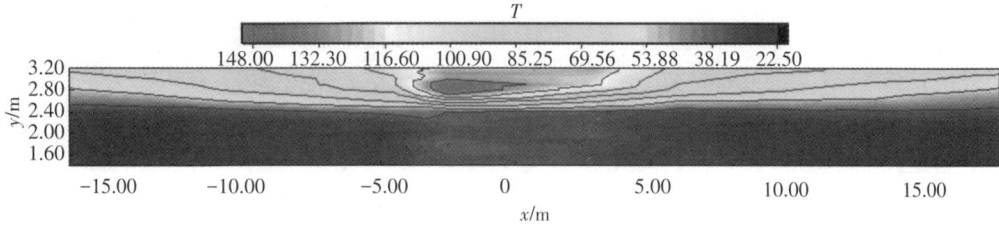

（h）油盘边长 0.35 m 稳定阶段

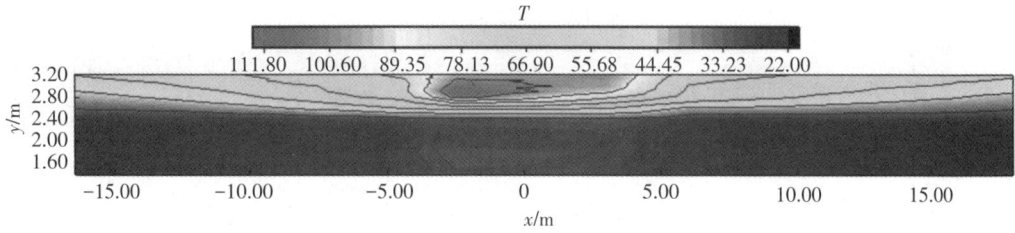

（i）油盘边长 0.40 m 发展阶段

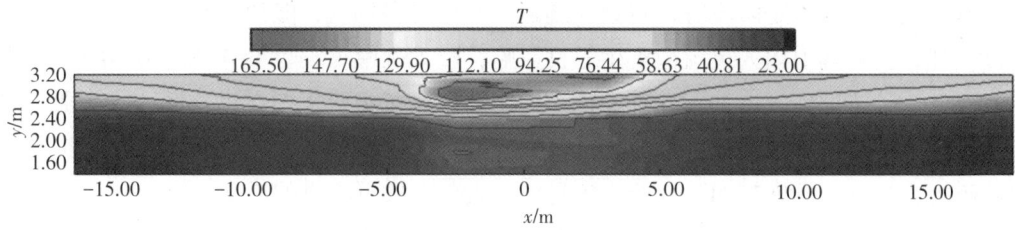

（j）油盘边长 0.40 m 稳定阶段

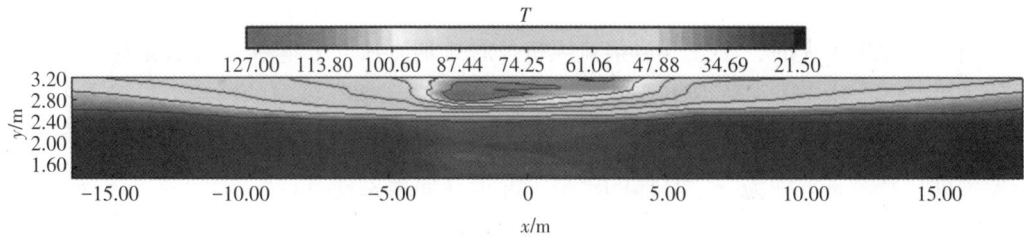

（k）油盘边长 0.45 m 发展阶段

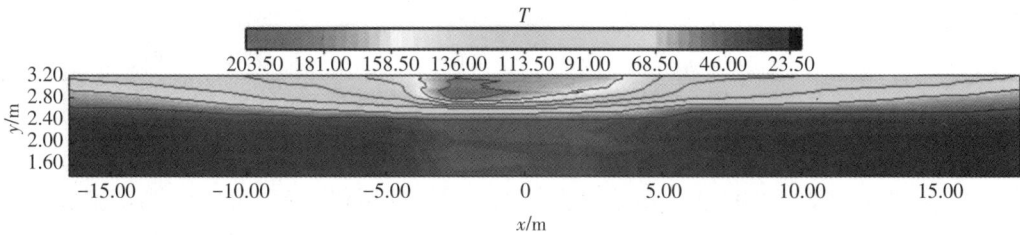

（l）油盘边长 0.45 m 稳定阶段

（m）油盘边长 0.50 m 发展阶段

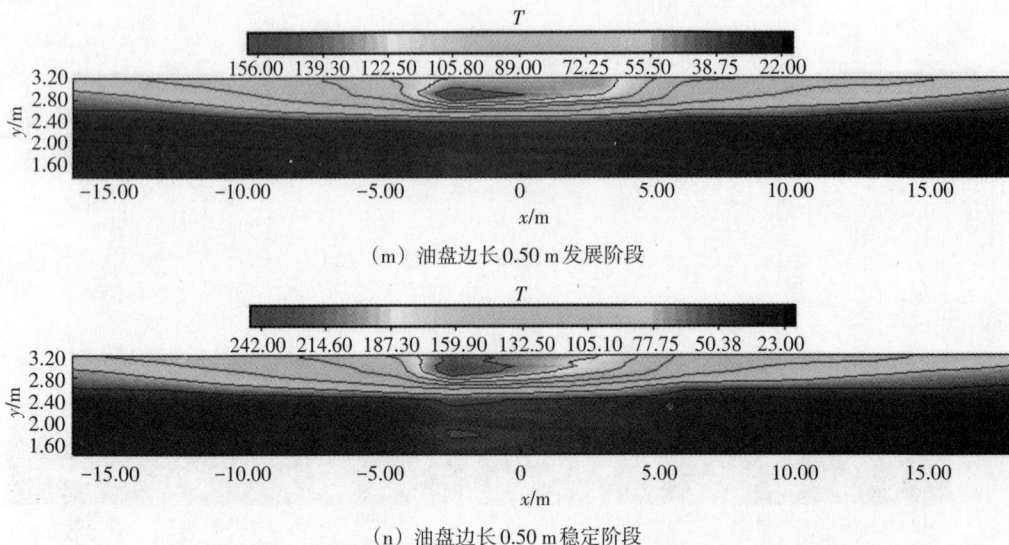

（n）油盘边长 0.50 m 稳定阶段

图3.18　不同火源功率情况下，火灾不同发展阶段隧道剖面温度云图

由实验和模拟结果可以推断出：电动公交车火灾相比电动小汽车由于火灾规模更大，在火灾发展到稳定阶段时，将会在隧道内产生更多烟气，隧道拱顶的烟气层浓度和厚度增加，会对隧道内人员疏散产生不良影响；较大规模火灾也会导致隧道内的一氧化碳和二氧化碳浓度急剧增加。此外，隧道内的高温区域主要集中在拱顶区域，特别是在火灾规模增大时，隧道拱顶温度急剧上升，对隧道衬砌结构造成巨大破坏。因此应及时将隧道火灾控制在发展初期，杜绝火灾规模扩大，导致更严重的后果。

二、风机

当隧道发生火灾时，必须开启射流风机及时排烟，从而降低隧道内部温度，增加人员的逃生时间。本节研究了风机的设置对隧道内温度和烟气分布的影响，设置了3种工况条件，工况1为自然通风，不设置风机；工况2设置风机，其通风方向为$+y$；工况3设置风机，其通风方向为$-y$。具体的模拟工况设计如表3.7所示。

表3.7　工况设计表（2）

序号	火源功率/MW	隧道构型	风机设置
工况1	25	单洞	不设置风机
工况2	25	单洞	设置风机，通风方向$+y$
工况3	25	单洞	设置风机，通风方向$-y$

（一）无风机设置时隧道内温度和烟气分布规律

工况1为在单洞隧道中，火源功率为25 MW时，无风机设置时的空白参照试验，本工况的通风状况为自然通风。设置空白试验是为了研究单洞隧道火灾中的烟气扩散规律和温度等特征参数的分布，以便与其他风机布置工况对比。

图3.19（a）（b）（c）（d）分别是空白参照试验下，隧道内温度、能见度、一氧化碳浓度、二氧化碳浓度分布图。火源设置在隧道中间，测量数据均以火源为中心，在隧道上下游呈对称分布。此工况中无风机设置，从温度切片图可以看出随着与火源距离的增大，烟气温度逐渐降低。烟气温度最高能够达到1241 ℃。从温度切片图和能见度图可以看出，在自然通风条件下，烟气保持了良好的分层现象。

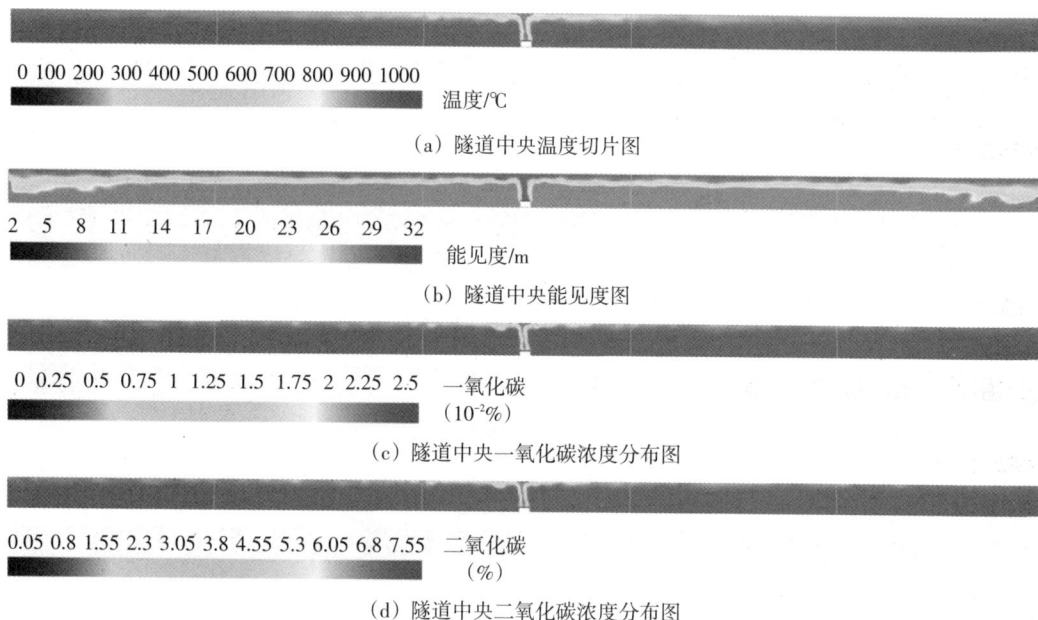

0　100　200　300　400　500　600　700　800　900　1000　　温度/℃

（a）隧道中央温度切片图

2　5　8　11　14　17　20　23　26　29　32　　能见度/m

（b）隧道中央能见度图

0　0.25　0.5　0.75　1　1.25　1.5　1.75　2　2.25　2.5　　一氧化碳（10^{-2}%）

（c）隧道中央一氧化碳浓度分布图

0.05　0.8　1.55　2.3　3.05　3.8　4.55　5.3　6.05　6.8　7.55　　二氧化碳（%）

（d）隧道中央二氧化碳浓度分布图

图3.19　无风机设置（空白对照）时隧道中央各火灾参量切片图

（二）风机单向通风时隧道内温度和烟气分布规律

工况2、工况3分别为单洞隧道中，火源功率为25 MW时，风机为$+y$、$-y$方向送风的情况，具体方向见图3.20。除了送风方向相反以外，这两种工况的其他设置完全一样，风机在火源两侧对称布置，单侧的两个风机又以隧道中线呈对称分布，每个工况共设置4个风机，风速均为30.0 m/s。

图3.21和图3.22分别是风机单向通风，方向分别为$+y$、$-y$时，隧道内温度、能见度、一氧化碳浓度、二氧化碳浓度分布图。此两种工况只是通风方向相反，其各火灾特征参量的分布是以火源为中心，完全对称的。因此，可只对其中一种工况进行分析，这里我们取通风方向为$+y$的工况进行研究。

图3.20　$\pm y$方向示意图

从图3.21（a）可以看出，在风机的纵向通风作用下，隧道整体温度大幅度降低，且由于火焰在风力作用下向通风方向倾斜，最高温度的位置向通风方向偏移。从图3.21（b）可以看出，在纵向通风作用下，原本稳定的烟气分层现象被破坏，烟气不断沉降，随着与火源距离的增大，烟气沉降得越多，能见度越低。这是因为距离火源越远，隧道

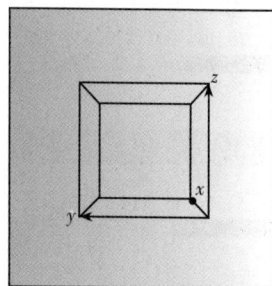

空间内的温度越低，再加上外部风力的作用，烟气的下沉速度更大。观察图3.21（c）（d）可得，风机的开启能有效降低隧道内的一氧化碳和二氧化碳浓度。

综合以上分析可得，纵向通风作为隧道排烟的一种重要方式，能够有效地降低隧道整体的温度和有毒气体的浓度，但同时会加速隧道内烟气的沉降。还需要注意，进行人员疏散时要保证风机通风方向正确，即逆着人员疏散方向进行通风，否则会给人员疏散工作带来更大的困难。

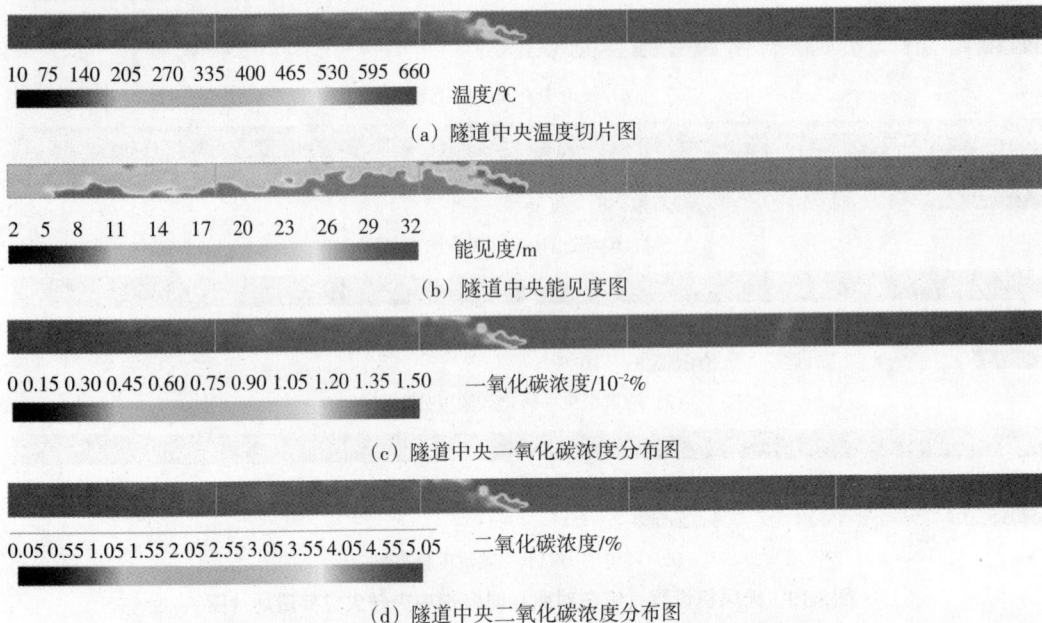

10 75 140 205 270 335 400 465 530 595 660

温度/℃

（a）隧道中央温度切片图

2 5 8 11 14 17 20 23 26 29 32

能见度/m

（b）隧道中央能见度图

0 0.15 0.30 0.45 0.60 0.75 0.90 1.05 1.20 1.35 1.50

一氧化碳浓度/10^{-2}%

（c）隧道中央一氧化碳浓度分布图

0.05 0.55 1.05 1.55 2.05 2.55 3.05 3.55 4.05 4.55 5.05

二氧化碳浓度/%

（d）隧道中央二氧化碳浓度分布图

图3.21　风机单向通风（+y）时隧道中央各火灾参量切片图

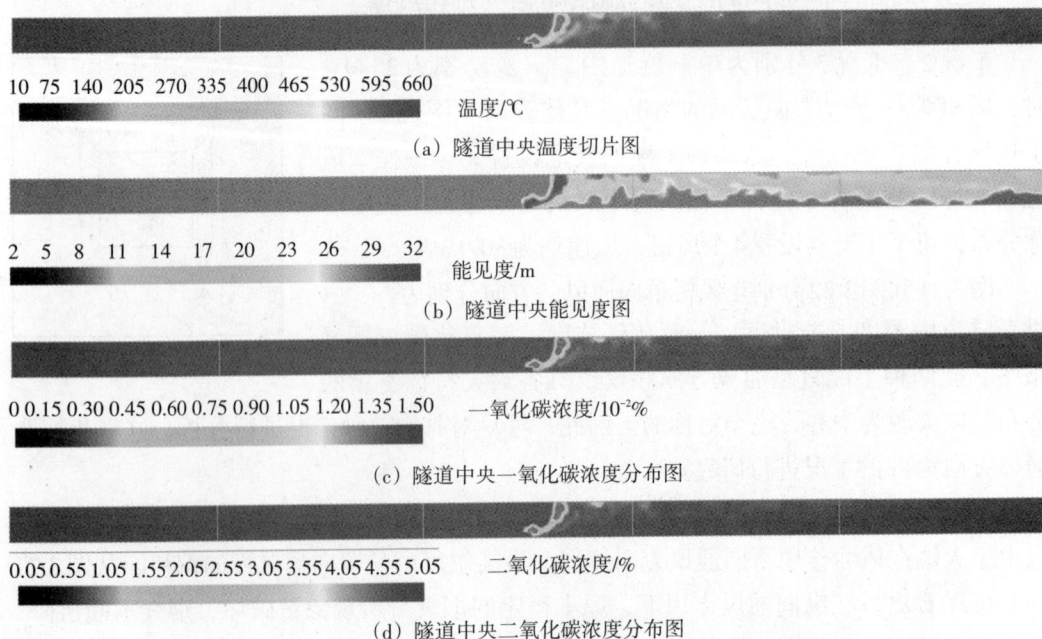

10 75 140 205 270 335 400 465 530 595 660

温度/℃

（a）隧道中央温度切片图

2 5 8 11 14 17 20 23 26 29 32

能见度/m

（b）隧道中央能见度图

0 0.15 0.30 0.45 0.60 0.75 0.90 1.05 1.20 1.35 1.50

一氧化碳浓度/10^{-2}%

（c）隧道中央一氧化碳浓度分布图

0.05 0.55 1.05 1.55 2.05 2.55 3.05 3.55 4.05 4.55 5.05

二氧化碳浓度/%

（d）隧道中央二氧化碳浓度分布图

图3.22　风机单向通风（-y）时隧道中央各火灾参量切片图

三、排烟车

城市道路隧道是狭长结构，当发生火灾时，由于受空间限制，其内部会产生大量烟气。且由于城市车辆密集，火灾规模较大，产生的烟气有时会超出隧道顶部排烟风机的工作载荷，火灾甚至能够将电力系统损坏，导致排烟风机无法正常工作。此时，如何尽快将隧道内部的烟气排出成了一个亟待解决的问题。

近年来，随着消防应急救援设备的不断发展更新，许多城市引进了大型消防排烟车作为救援力量，在诸如隧道火灾等场景下使用。在城市隧道火灾情形中，移动排烟车可在接警后迅速到达指定地点，开展针对性有效排烟，有效缓解排烟风机无法运行或者排烟能力不足的状况。图3.23和图3.24展示了某公司生产的大型移动排烟车及其工作状态。

图3.23　某公司生产的大型移动排烟车

图3.24　某大型移动排烟车工作状态

本节根据移动排烟车的使用场景，模拟风机无法运行时，移动排烟车在5，10，15 min时到达火场附近排烟。根据目前常用大型移动排烟车参数，设置风机断面为2 m × 2 m，工作时的风速为12 m/s，即每小时可以排出172800 m³烟气，距离火场中心的距离为25 m。由于隧道烟气层在顶棚位置，移动排烟风机也可以被举高，因此设计在隧道高度5 m处。工况设计如表3.8所示。

表3.8　工况设计表（3）

序号	火源功率/MW	排烟风机开启时间/min
工况1	5	5
工况2	5	10
工况3	5	15

图3.25展示了移动排烟风机开启前后隧道内部空气流速图，由图可以看出，当移动排烟风机开启时，能够有效地提高隧道内外空气交换量，烟气向外排出的速率明显增加。从图3.26可以看出，由于烟气的大量排出，隧道内部拱顶的温度有着明显降低，由180 ℃左右降低至120 ℃左右。从而可以推断出，在真实火灾场景中，移动排烟车的作用对隧道火灾救援效果显著。

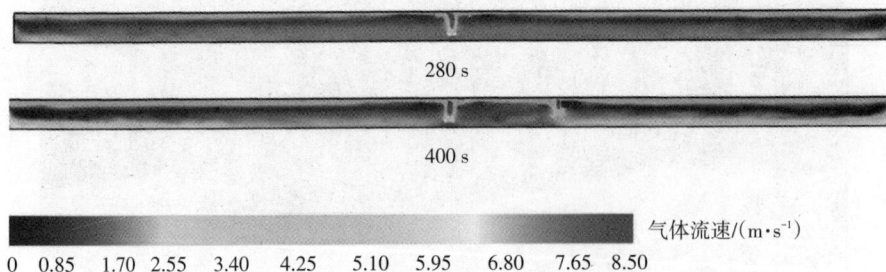

280 s

400 s

气体流速/(m·s⁻¹)

0　0.85　1.70　2.55　3.40　4.25　5.10　5.95　6.80　7.65　8.50

图3.25　移动排烟风机开启前后隧道内部空气流速图

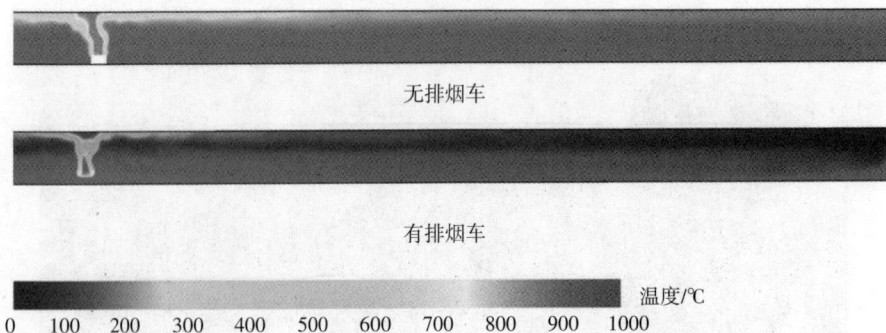

无排烟车

有排烟车

温度/℃

0　100　200　300　400　500　600　700　800　900　1000

图3.26　移动排烟风机开启前后隧道内部温度图

为验证移动排烟车介入时间对隧道内部火灾发展状况的影响，选取了距离火源30 m，顶棚下0.2 m处作为测点，研究其温度随时间变化，结果如图3.27所示。由图中可以看出，当移动排烟车作用后，温度有着明显下降，从240℃降低到180℃左右。且移动排烟车作用时间越早，对隧道内高温烟气的控制越有利，因此，在隧道车辆火灾救援过程中，应尽快将消防力量布置到位，及时控制火情。

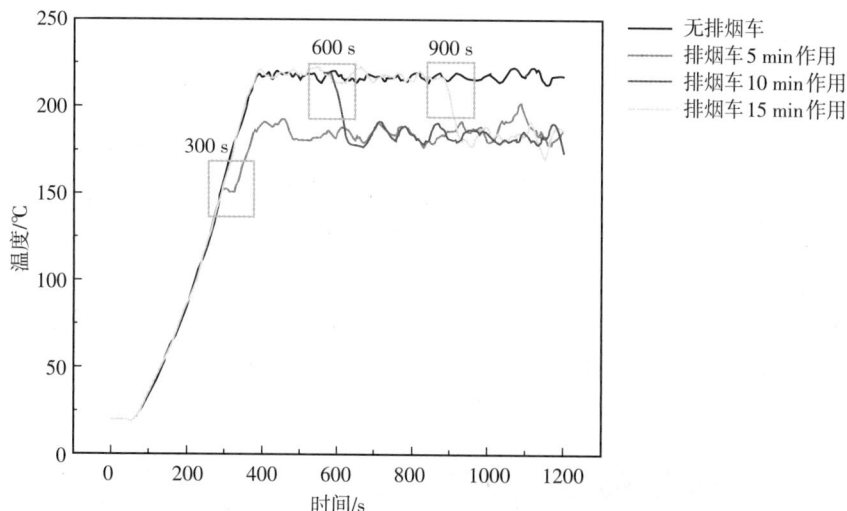

图3.27 距火源30 m处测点温度随时间变化图

四、喷淋系统

喷淋系统可以有效降低隧道内的温度、火灾蔓延风险和火源功率的增长幅度。为了研究隧道内喷淋设置的最佳位置，本节设置了3种工况进行模拟，3种工况均在自然通风条件下进行。工况1无喷淋系统；工况2有喷淋系统，且喷淋系统靠近侧壁设置；工况3有喷淋系统，且喷淋系统设置于隧道中央。具体工况设计如表3.9所示。

表3.9 工况设计表（4）

序号	火源功率/MW	隧道构型	喷淋系统设置
工况1	25	单洞	不设置喷淋系统
工况2	25	单洞	设置喷淋系统，靠近侧壁设置
工况3	25	单洞	设置喷淋系统，设置在隧道中央

（一）无喷淋系统设置时隧道内温度和烟气分布规律

工况1为单洞隧道中，火源功率为25 MW时，无喷淋系统设置的空白参照试验，本工况在自然通风下进行，无喷淋系统开启，用于与其他喷淋系统布置工况对比。

（二）喷淋系统靠近侧壁设置时隧道内温度和烟气分布规律

工况2为单洞隧道中，火源功率为25 MW时，喷淋系统设置在距离隧道侧壁0.5 m

的情况，本工况同样在自然通风下进行，喷淋系统开启温度为74.0 ℃。

图3.28（a）（b）（c）（d）分别是工况2中，隧道内温度、能见度、一氧化碳浓度、二氧化碳浓度分布图。由于是自然通风条件，无外界风力作用，火源两侧的火灾特征参量仍然呈对称分布。在此工况中，在距隧道两侧壁面0.5 m处均设置了喷淋系统，从图3.28（a）可以看出，在喷淋系统开启后，随着与火源距离的增大，烟气的温度逐渐降低，烟气温度最高能够达到1217 ℃。由于喷淋系统的布置位置在纵向上距离火源位置较远且喷淋的作用面积有限，因此在此种布置方式下，喷淋系统的开启对烟气的降温作用不明显。从图3.28（b）可以看到，喷淋系统开启后，整个隧道空间的能见度明显下降，这是因为喷淋系统喷出的水滴的运动方向向下，扰乱了空间内的烟气，烟气的稳定分层被破坏，烟气发生了一定程度的沉降。从图3.28（c）与图3.28（d）的对比可以看出，将喷淋布置在侧壁附近时，喷淋系统开启前后一氧化碳浓度和二氧化碳的浓度变化不大。由以上分析可得，此种将喷淋系统布置在隧道侧壁附近的布置方式无法有效地控制隧道烟气温度，还会使得烟气更快沉降，不利于人员疏散工作的进行。

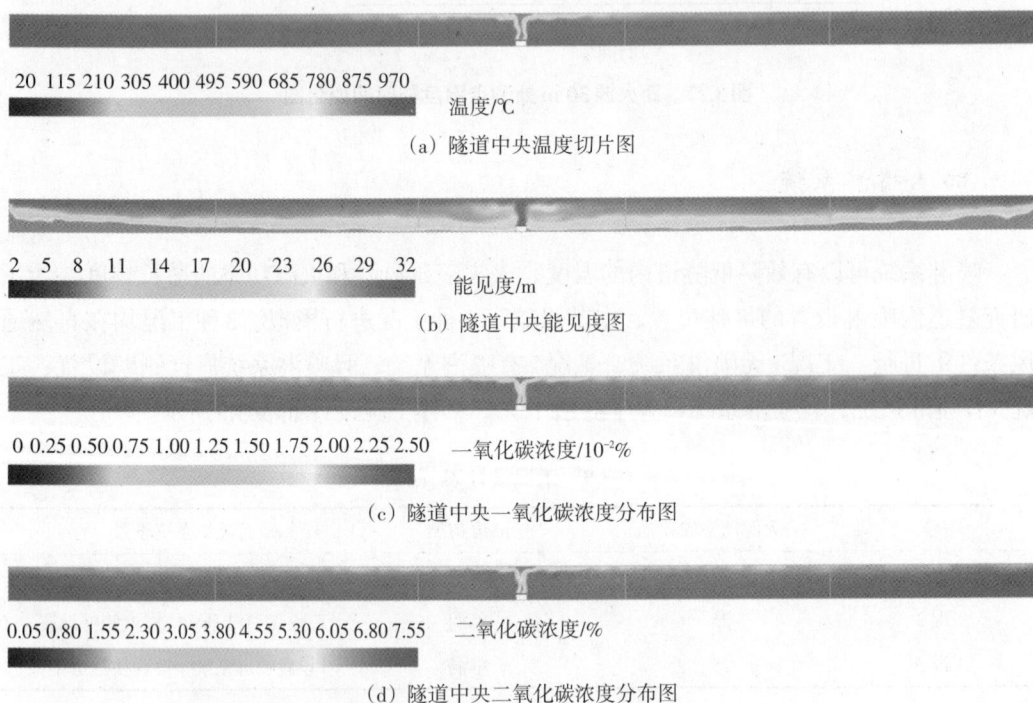

20 115 210 305 400 495 590 685 780 875 970　　温度/℃

（a）隧道中央温度切片图

2　5　8　11　14　17　20　23　26　29　32　　能见度/m

（b）隧道中央能见度图

0 0.25 0.50 0.75 1.00 1.25 1.50 1.75 2.00 2.25 2.50 　一氧化碳浓度/10^{-2}%

（c）隧道中央一氧化碳浓度分布图

0.05 0.80 1.55 2.30 3.05 3.80 4.55 5.30 6.05 6.80 7.55　二氧化碳浓度/%

（d）隧道中央二氧化碳浓度分布图

图3.28　喷淋靠近侧壁设置时隧道中央各火灾参量切片图

（三）喷淋系统设置于隧道中央时隧道内温度和烟气分布规律

工况3为单洞隧道中，火源功率为25 MW时，喷淋设置在隧道中央6.2 m高处的情况，本工况同样在自然通风下进行，喷淋系统的开启温度为74.0 ℃。

图3.29（a）（b）（c）（d）分别是工况3中，隧道内温度、能见度、一氧化碳浓度、二氧化碳浓度分布图。与上述两种工况相同，火源两侧的火灾特征参量仍然呈对称分

布。烟气温度最高能够达到1143℃。从图3.29（a）可以看出，喷淋系统开启后，烟气温度明显降低，在近火源区域，温度分布出现低温—高温—低温的间断分布，这是因为喷淋系统的布置间距较大，其作用面积不能完全覆盖整个隧道截面，导致喷淋系统对烟气的作用不连续。从图3.29（b）可以看出，在喷淋系统开启后，与喷淋系统布置在侧壁附近时相比，喷淋系统设置于中央时隧道空间的能见度下降程度更大，特别是近火源区域，能见度急剧降低。这是因为喷淋系统设置在隧道中央时，水喷淋能有效作用到烟气的范围更广，对烟气的稳定分层破坏作用更强，烟气的沉降也更加严重。由图3.29（c）（d）可以看出，将喷淋系统布置于隧道中央时，一氧化碳浓度和二氧化碳的浓度变化不大，但其扩散范围变大，下沉距离增加。由以上分析可得，此种将喷淋系统布置在隧道中央的布置方式能最有效地控制隧道烟气温度，但会使得烟气沉降速度更快。

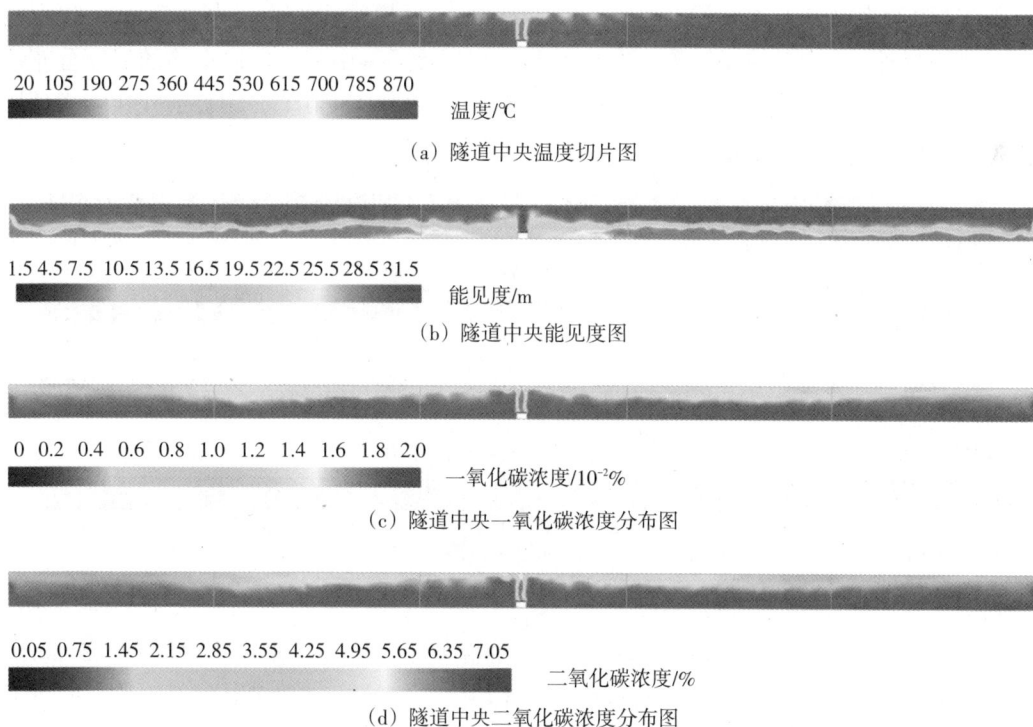

20 105 190 275 360 445 530 615 700 785 870

温度/℃

（a）隧道中央温度切片图

1.5 4.5 7.5 10.5 13.5 16.5 19.5 22.5 25.5 28.5 31.5

能见度/m

（b）隧道中央能见度图

0 0.2 0.4 0.6 0.8 1.0 1.2 1.4 1.6 1.8 2.0

一氧化碳浓度/10^{-2}%

（c）隧道中央一氧化碳浓度分布图

0.05 0.75 1.45 2.15 2.85 3.55 4.25 4.95 5.65 6.35 7.05

二氧化碳浓度/%

（d）隧道中央二氧化碳浓度分布图

图3.29　喷淋设置于中央时隧道中央各火灾参量切片图

五、消火栓

火灾过程中，及时利用消火栓进行灭火作业对早期火势发展有很好的抑制作用。为了模拟消火栓的最佳效果，将消火栓布置在火源正上方6 m处，消火栓流量设置为20 L/s。火源功率均设置为25 MW，模拟电动公交车着火情况下火灾发展情况。本节设置了6种工况进行隧道火灾中消火栓的灭火效果研究，具体工况设计如表3.10所示。

表3.10　消火栓模拟工况表

序号	火源功率/MW	消火栓数量/个	消火栓开启时间/min
工况1	25	0	—
工况2	25	1	5
工况3	25	2	5
工况4	25	3	5
工况5	25	3	10
工况6	25	3	15

（一）消火栓数量对温度、烟气、一氧化碳及二氧化碳分布的影响

工况1~4的消火栓数量分别为0，1，2，3个，开启时间均为起火后5 min，模拟消防救援力量在起火后5 min介入。图3.30展示了工况1~4中消火栓启动前的温度分布情况，各个工况分布相似，火源处温度最高，最高温度可达800 ℃。随着烟气在隧道顶棚扩散，顶棚温度在200 ℃左右，沿着下游呈衰减趋势，且一直高于下层温度。

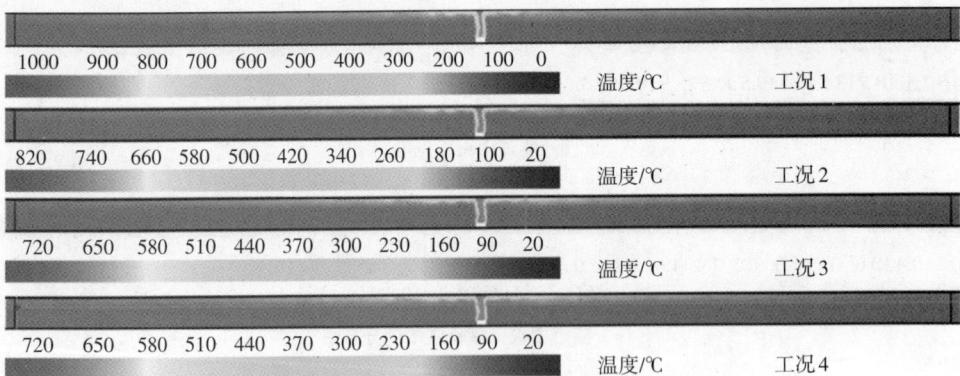

图3.30　工况1～4在$t = 300$ s时的温度分布图

图3.31是工况1～4消火栓启动5 min后的温度分布情况，模拟消火栓介入5 min之后温度变化情况。与没有设置消火栓的工况1相比，工况2～4顶棚处的温度均有明显下

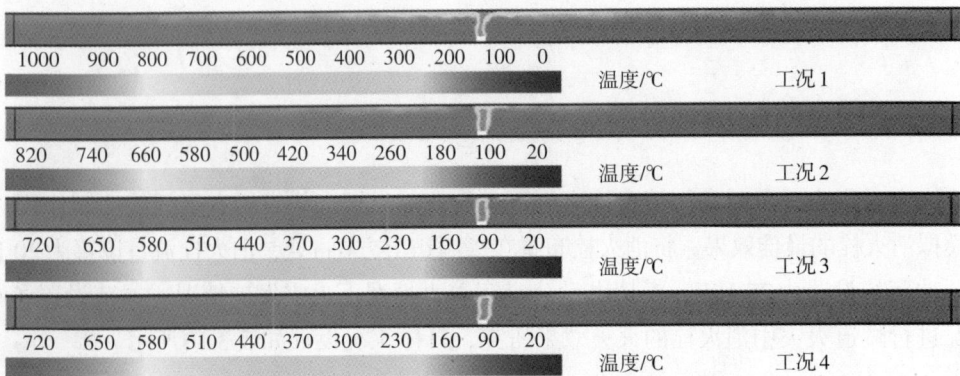

图3.31　工况1～4在$t = 600$ s时的温度分布图

降。工况2~4的消火栓数量分别为1，2，3个，随着消火栓数量的增加，高温层的厚度明显减小。工况1的顶棚温度在170℃左右，工况2的顶棚温度在140℃左右，工况3的顶棚温度在100℃左右。由此可以得知，消火栓对顶棚有很好的降温作用，消火栓数量越多，降温效果越明显。

图3.32是工况1在起火后300 s时的烟气分布情况，因300 s之前未开启消火栓，4个工况设置相同，故只展示工况1。

图3.32　工况1在 $t = 300$ s时的烟气分布图

图3.33展示了360 s时工况1~4的烟气分布情况，即消火栓开启1 min后。与工况1相比，工况2~4的烟气层厚度增加，说明消火栓的介入虽然对温度降低有很好的效果，但是消火栓作用在火源上，会产生更多烟气，给消防人员的扑救工作和人员疏散带来难题。

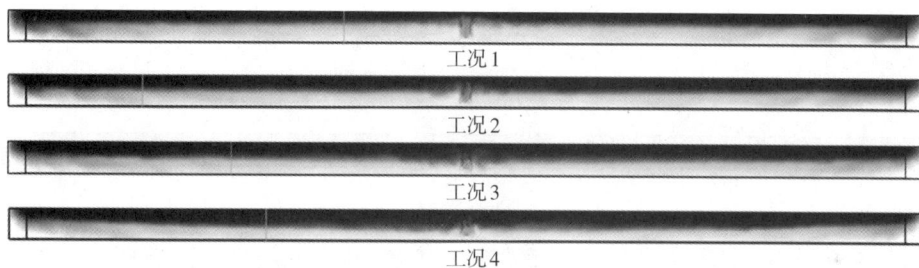

工况1

工况2

工况3

工况4

图3.33　工况1~4在 $t = 360$ s时的烟气分布图

图3.34展示了480 s时工况1~4的烟气分布情况，即消火栓开启3 min后。此时4种工况均有烟气下沉至地面的现象。随着消火栓数量的增多（工况1至工况4），靠近地面的烟气浓度越来越大。在没有消火栓作用的情况下，有少许烟气沉降至地面，而工况4地面附近烟气浓度较大，不利于人员活动。

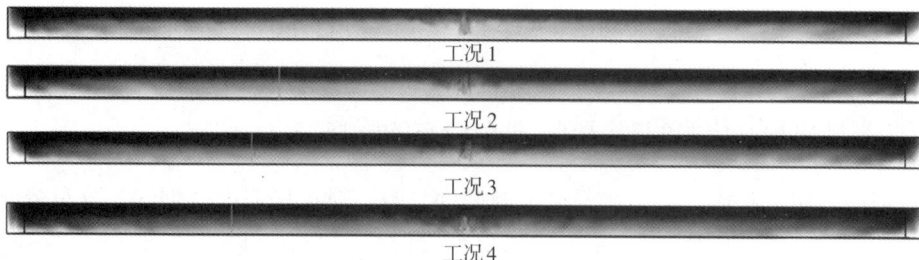

工况1

工况2

工况3

工况4

图3.34　工况1~4在 $t = 480$ s时的烟气分布图

消火栓开启3 min后一氧化碳浓度分布情况如图3.35所示，一氧化碳浓度并没有因消火栓开启而减小，其分布情况也大致不变。故在消防救援过程中，使用消火栓进行灭火作业时，不用考虑消火栓对一氧化碳浓度的特殊影响。

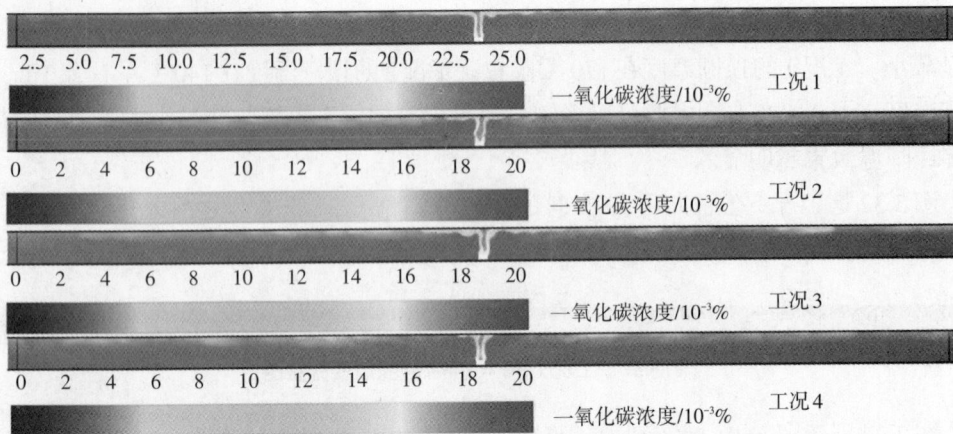

2.5　5.0　7.5　10.0　12.5　15.0　17.5　20.0　22.5　25.0

一氧化碳浓度/10^{-3}%　　工况1

0　2　4　6　8　10　12　14　16　18　20

一氧化碳浓度/10^{-3}%　　工况2

一氧化碳浓度/10^{-3}%　　工况3

0　2　4　6　8　10　12　14　16　18　20

一氧化碳浓度/10^{-3}%　　工况4

图3.35　工况1～4在$t=480$ s时的一氧化碳浓度分布图

消火栓开启3 min后二氧化碳浓度分布情况如图3.36所示，二氧化碳浓度没有受消火栓的影响。工况4中火源附近设置了3个消火栓，较大的总流量可能驱动二氧化碳气体向隧道两侧扩散，使得火源上部顶棚附近的二氧化碳浓度略有降低，但总体分布情况大致不变。

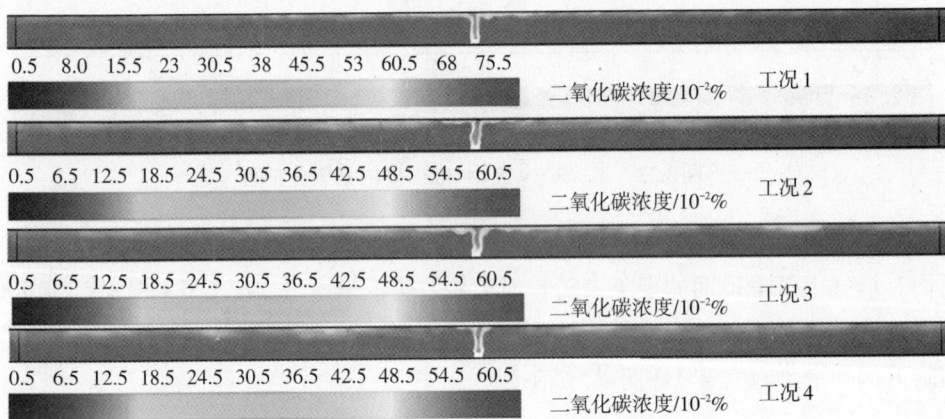

0.5　8.0　15.5　23　30.5　38　45.5　53　60.5　68　75.5

二氧化碳浓度/10^{-2}%　　工况1

0.5　6.5　12.5　18.5　24.5　30.5　36.5　42.5　48.5　54.5　60.5

二氧化碳浓度/10^{-2}%　　工况2

0.5　6.5　12.5　18.5　24.5　30.5　36.5　42.5　48.5　54.5　60.5

二氧化碳浓度/10^{-2}%　　工况3

0.5　6.5　12.5　18.5　24.5　30.5　36.5　42.5　48.5　54.5　60.5

二氧化碳浓度/10^{-2}%　　工况4

图3.36　工况1～4在$t=480$ s时的二氧化碳浓度分布图

（二）消火栓开启时间对温度、烟气分布的影响

在消防救援过程中，消防力量介入时间的早晚，对火场温度、烟气等分布情况的影响很大。工况1和工况4～工况6在360 s时的温度分布情况如图3.37所示。360 s时，工况4消火栓已开启1 min，工况5和工况6的消火栓尚未开启，故其温度分布与工况1未设置消火栓的情况相同。消火栓开启1 min后，隧道温度明显降低，靠近地面的温度均在40 ℃以下，不会对消防救援工作产生很大威胁。

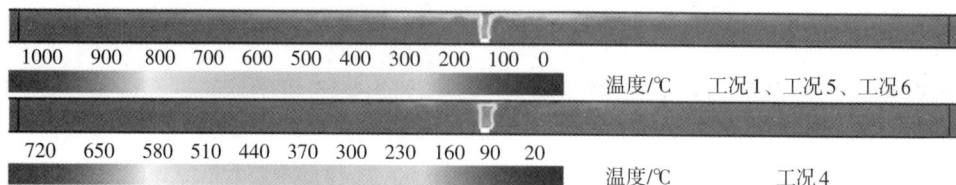

图 3.37 工况 1、工况 4～工况 6 在 $t=360$ s 时的温度分布图

图 3.38、图 3.39 分别展示了 660 s 和 960 s 时工况 1 和工况 4～工况 6 的温度分布情况。660 s 时，工况 1、工况 6 没有消火栓开启，工况 4 的消火栓已开启 6 min，工况 5 的消火栓开启 1 min。960 s 时，工况 1 没有消火栓进行灭火作业，工况 4 的消火栓已开启 11 min，工况 5 的消火栓开启 6 min，工况 6 的消火栓开启 1 min。对比可知，消火栓对温度的衰减作用在刚开启时最明显，但降温效果无差异。

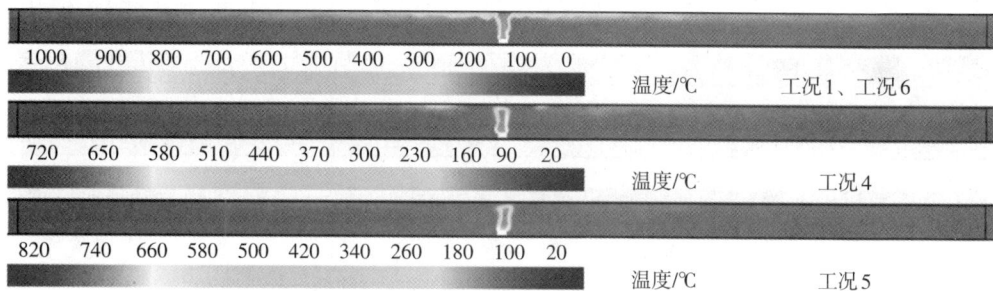

图 3.38 工况 1、工况 4～6 在 $t=660$ s 时的温度分布图

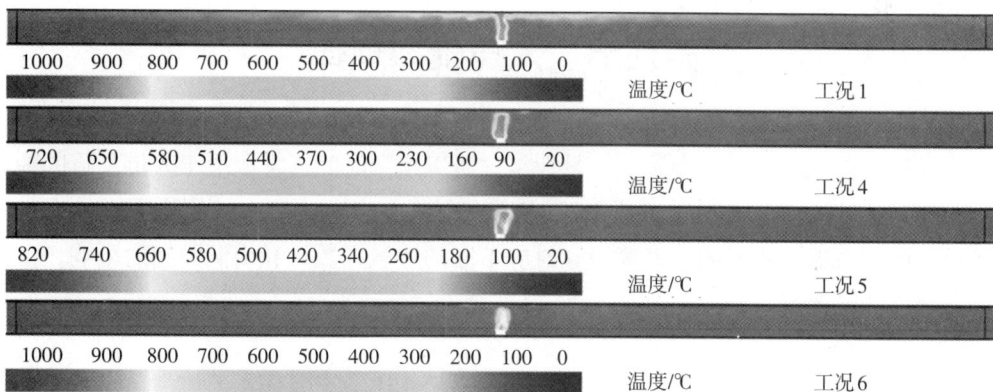

图 3.39 工况 1、工况 4～工况 6 在 $t=960$ s 时的温度分布图

图 3.40 至图 3.42 分别展示了 360 s，660 s，960 s 工况 1 和工况 4～工况 6 的烟气分布情况。消火栓开启后，烟气层结构被干扰，厚度增加、高度下降。消火栓的开启时间对烟气层下降程度没有明显影响。火灾现场烟气高度较低、严重影响人员行动时，需谨慎决定是否开启消火栓，考虑消火栓开启后对烟气层的影响。

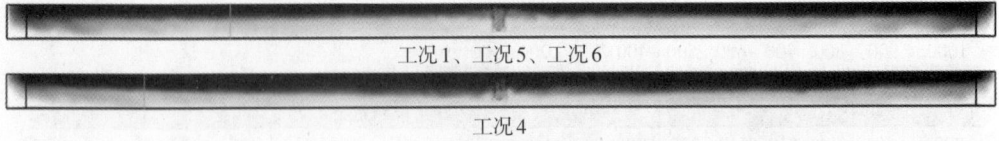

图3.40 工况1、工况4～工况6在 $t=360$ s时的烟气分布情况

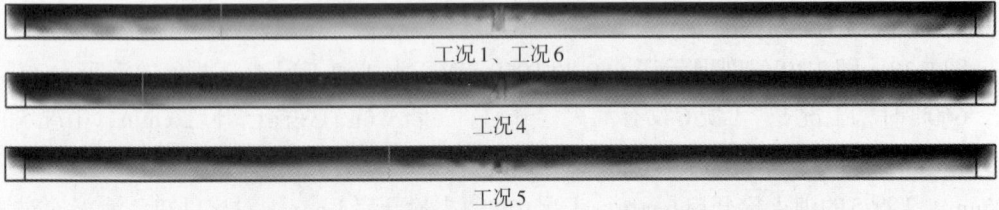

图3.41 工况1、工况4～工况6在 $t=660$ s时的烟气分布情况

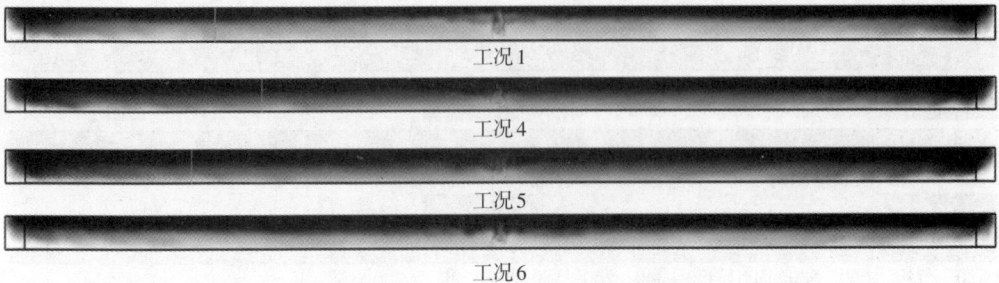

图3.42 工况1、工况4～工况6在 $t=960$ s时的烟气分布情况

第四节　人员疏散规律

由于隧道内比较空旷不会发生人员拥挤，所以疏散时间通常取决于人员和目的地之间的距离。在本节中，使用Pathfinder数值模拟软件模拟了200 m长的隧道中的人员疏散过程。模拟考虑了不同的灾害等级（对应不同的疏散人数）和横洞距离的影响，工况设置如表3.11所示。

表3.11 工况设计表（5）

工况编号	隧道属性	连接横洞属性	疏散车辆数/辆	疏散人数/人	车头距离隧道口/m
1		—	1	5	100
2		—	2	10	96
3	单洞	—	6	30	88
4		—	10	50	80
5		—	20	100	60

表 3.11（续）

工况编号	隧道属性	连接横洞属性	疏散车辆数/辆	疏散人数/人	车头距离隧道口/m
6			1	5	100
7			2	10	96
8		位于 1/2 处	6	30	88
9			10	50	80
10			20	100	60
11	双洞		1	5	100
12			2	10	96
13		位于 1/4 处（横洞中心距离隧道边缘 50 m）	6	30	88
14			10	50	80
15			20	100	60

在模拟中，隧道长 200 m，宽 10.4 m，高 6.4 m。车辆长 4 m，宽 2 m，两个车门的宽度设置为 3 m。车辆依次均匀排列，不考虑车辆之间的距离。行人的疏散速度设置为 1.0～1.27 m/s 的随机数。在疏散开始时，行人按照隧道内的指示可以选择的出口有隧道两端和隧道连接横洞。隧道设置如图 3.43 所示。

图 3.44 展示了人员疏散的过程，在模拟开始时，被困人员第一选择是寻找离自己最近的出口。因此，单洞隧道中人员疏散总时间取决于离出口最远的人。如图 3.45 所示，由于不存在人员拥挤在单洞隧道中的情况，不同疏散人数条件下，疏散用时基本相同。

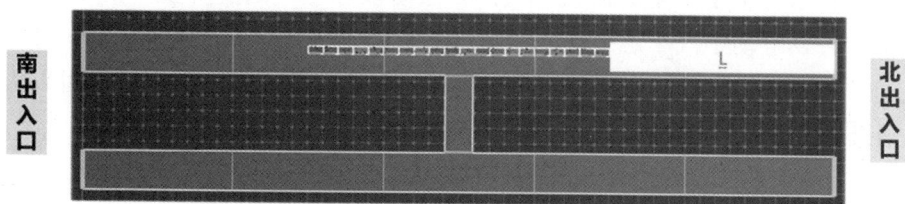

图 3.43　隧道设置示意图

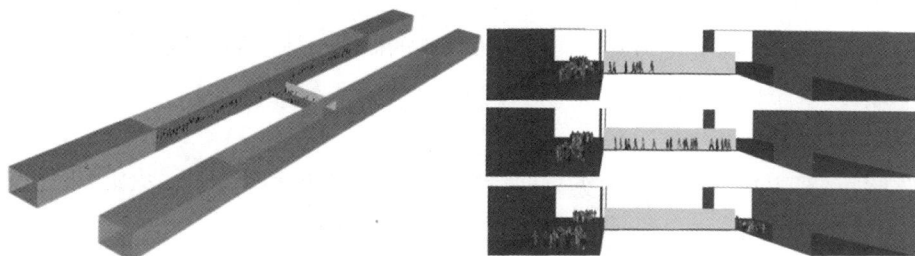

图 3.44　人员疏散过程

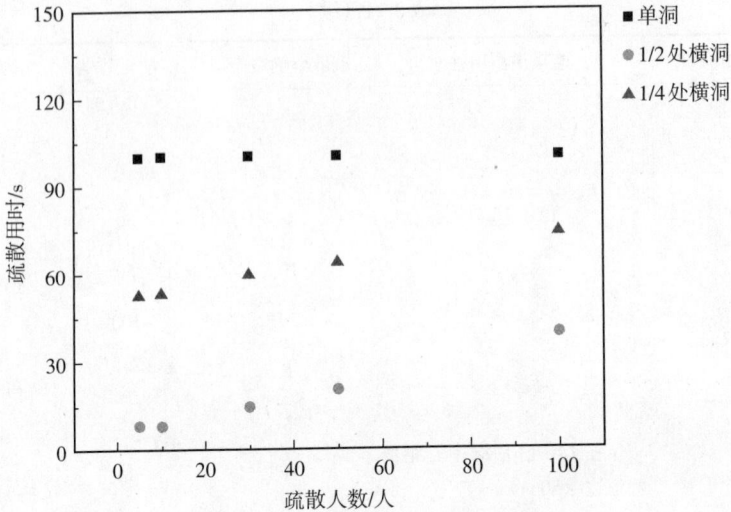

图 3.45 不同隧道条件下疏散用时

当横洞处在隧道 1/2 处时，人员疏散时间最短，大部分人可以通过横洞快速离开隧道。当横洞处在隧道 1/4 处时，由于人员和横洞之间的距离增加，很多人面临出口的选择，所以疏散时间减小的幅度没有横洞处在隧道 1/2 处时大。

本章小结

在汽车中，电池舱、电气设备部位通常是火灾发生的源头。火灾发生之后，烟气在隧道内的扩散分为羽流上升阶段、横向扩散阶段和烟气回流阶段。在隧道层高 6 m 的情况下，一辆电动小汽车燃烧产生的烟气通常为 25 m³/s，一辆电动公交车燃烧产生的烟气通常为 42 m³/s。风机和排烟车可以有效地改变烟气分布。隧道横洞可以极大地缩短人员疏散时间。

参考文献

[1] 陈琳. 地下室车库火灾蔓延规律及灭火措施的研究[D]. 武汉：武汉理工大学，2014.

[2] 毛亚岐. 基于火灾危险性分析的客车防火开发体系研究[D]. 北京：中国科学技术大学，2019.

[3] 陈晓军，邓志华，杨立中. 火灾早期特性试验台的设计和概况[J]. 火灾科学，2000，9（2）：55-60.

[4] SCHARTEL B, BRAUN U, SCHWARZ U, et al. Fire retardancy of polypropylene/flax

blends[J]. Polymer,2003,44(20):6241-6250.

[5]　李劼,袁长福,张治安,等.锂离子电池非水有机电解液研究现状与进展[J].电源技术,2012,36(9):1401-1404.

[6]　邓震宇,刘振刚,梁国福,等.汽车常用液体接触热表面火灾危险性的研究[J].消防科学与技术,2006(3):405-407.

第四章　城市交通隧道消防设施

　　随着城市道路隧道建设的快速发展，长隧道通车运行给消防救援带来了巨大挑战。学习掌握城市道路隧道灭火设施、防排烟设施、疏散通道等设施的实战应用，对于科学高效地处置隧道火灾具有重要意义。本章将对室内消火栓、灭火器、自动灭火系统和机械排烟设施等排烟灭火设施，以及横通道、专用疏散通道等疏散通道进行重点介绍。

第一节　疏散通道

　　火灾发生之后，隧道内的车辆和行人疏散主要依靠隧道内的车行横通道、人行横通道、工作井、救援专用通道等通道。不同的疏散通道有不同的用途，在相关的标准规范中也有不同的要求。

一、车行横通道

　　发生紧急情况时，车辆的疏散通道有车行横通道和专用车行疏散通道。由于车行横通道的工程量相对较小，造价也较低，所以工程中普遍应用车行横通道，如图4.1所示。虽然专用车行疏散通道可靠性更好，安全性也相对更高，但由于造价高，在工程实际中应用较少。这两种疏散结构不仅可以用于紧急情况时隧道中的车辆撤离疏散，也可以用于日常工作时的巡查、维修、救援及车辆转向等。目前，上海市多数隧道均按照规范要求设置车行横通道，如长江隧道、新建路隧道，只有少数隧道设置了专用车行疏散通道，如虹梅南路隧道。

图4.1　车行横通道示意图

　　《建筑设计防火规范》对隧道中车行横通道的设置进行了规定。了解这些规定有利于在抢险救灾过程中快速找到车行横通道。主要的规定有：

　　（1）水底隧道宜设置车行横通道或专用车行疏散通道。车行横通道的间隔和隧道通向专用车行疏散通道入口的间隔宜为1000~1500 m。

（2）非水底隧道应设置车行横通道或专用车行疏散通道。车行横通道的间隔和隧道通向专用车行疏散通道入口的间隔不宜大于1000 m。

（3）车行横通道应沿垂直隧道长度方向布置，专用车行疏散通道应沿隧道长度方向布置在双孔中间，并直通隧道外。

（4）双洞隧道内车行横通道设置间距宜为1500 m，当符合下列全部条件时，其间距不限：

① 单洞车道数不小于3条；

② 设有泡沫水喷雾联用灭火系统；

③ 设有重点排烟系统。

非水底隧道车行横通道设置通常比水底隧道设置要求高，这是因为在穿越江、河、湖泊等水底隧道时，一般采用盾构、沉管等方法施工，但在隧道两洞之间设置车行横通道的危险性很大，而且不能很好地实现。

隧道救援人员应熟悉并掌握出入口车行横通道及专用车行疏散通道位置、设置间隔、高度、宽度等基础数据，了解车行横通道及专用车行疏散通道开启方式和可通行消防车种类等。在实战过程中，如遇需要通过车行横通道疏散车辆、消防救援车辆掉头等情形时，及时现场或远程开启车行横通道卷帘门，同时手动或遥控启动机械防烟设施，防止着火隧道内烟雾流入疏散通道内部或非着火隧道。

二、人行横通道

人行横通道是隧道事故中人员疏散常用结构之一，《建筑设计防火规范》对隧道中人行横通道的设置做了如下规定：

双洞隧道应设人行横通道或车行疏散通道，并符合下列要求：

（1）人行横通道的间隔和隧道通向人行疏散通道入口的间隔，宜为250~300 m。

（2）人行横通道应沿垂直双洞隧道长度方向设置，并应通向相邻隧道。人行疏散通道应沿隧道长度方向设置在双洞中间，并应直通隧道外。

（3）人行横通道可利用车行横通道。

（4）人行横通道及人行疏散通道净宽度不应小于1.2 m，净高度不应小于2.1 m。

短隧道以外的隧道，应设置人行疏散通道或两洞间的人行横通道，但符合下列两个条件的双层隧道可不设置人行横通道和人行疏散通道：

① 上、下层车道之间设置封闭楼梯间，楼梯间距不大于120 m、宽度不小于0.8 m，楼梯坡度不大于60°。

② 设有泡沫-水喷雾联用灭火系统。

双洞隧道设置的人行横通道的间距或隧道通向人行疏散通道的安全出口距离，不宜大于250 m，满足以下要求时可适当增加：

① 设有符合要求的辅助疏散措施和泡沫-水喷雾联用灭火系统（一级隧道）、水喷雾系统（二级及二级以下隧道）时，其人行横通道间距不宜大于500 m。

② 设有辅助疏散设施、泡沫-水喷雾联用灭火系统、重点排烟系统的盾构段，其人行横通道间距不宜大于800 m。

隧道中逃生避难方式多样，可以采用横通道、疏散专用道、竖井、平行导坑、盾构隧道的纵向管廊等多种逃生避难方式。在现行的隧道设计中，比较常用的是人行横通道和人行疏散专用通道。在设计过程中，人行横通道的入口间距要能有效确保人员在较短的时间内通过横通道或疏散通道。在欧洲进行的一系列模拟仿真实验结果表明，在火灾初期，当烟雾没有对隧道中的人员产生更大影响时，250 m是最大的逃生距离。不同国家不同标准对此具有不同规定，如美国消防协会《公路隧道、桥梁及其他限行公路标准》规定人行横通道距离不大于300 m，我国行业标准《公路隧道设计规范》中规定山岭公路隧道的人行横通道设置为250～500 m，上海市《道路隧道设计规范》明确规定，具备其他辅助疏散措施、自动灭火系统、排烟系统的隧道可延长设置距离，或上下层隧道满足相关条件可延长设置距离。

隧道救援人员应熟悉掌握人行横通道及人行疏散专用通道位置、设置间隔、高度、宽度等基础数据，了解典型的辅助疏散设施（如图4.2所示）。同时，救援人员应了解人行横通道及人行疏散专用通道开启方式和可通行消防车种类等，例如虹梅南路隧道人行横通道入口设置于隧道中间墙壁，人行疏散专用通道入口设置于地面，并交叉设置。

(a) 车道层救援盖板　　　(b) 下层逃生通道救援楼梯　　　(c) 智能疏散诱导灯

(d) 车道层逃生盖板　　　(e) 逃生通道逃生楼梯

图4.2　典型辅助疏散设施

在实战应用中，如遇紧急情况需对被困人员进行疏散时，要第一时间找到并开启通道防火门或盖板。利用人行横通道进行疏散时，要确保相邻隧道已封闭，以免车辆通行发生冲撞危险，且需确保通道内部防烟设施已动作形成正压，防止隧道内烟气进入疏散通道内部。在疏散过程中，积极利用荧光棒、照明灯、广播等引导人员从上风向最近横通道及疏散专用通道入口进行疏散逃生。疏散人员时，要维持好入口秩序，防止发生拥挤踩踏，对于行动不便的人员要及时搀扶，利用担架等进行疏散。

三、其他疏散通道

纵向管廊也是隧道疏散过程中常用的通道之一，其设计规定如下：

（1）利用盾构隧道路面下的纵向管廊进行疏散时，应确保在不同疏散方向上有两个不同的直通隧道外的安全出口。

（2）连接通道的入口设置在路面上时，严禁设置在行车道上。入口处应设置能够承受行车荷载的常闭式防烟盖板。

（3）疏散通道的下部逃生通道口应采用常闭式盖板，耐火期限不低于1 h。逃生口侧的墙壁上应设置应急照明灯具和指示标志，并应有开启盖板的指示标志。

分层隧道是上海的隧道中常见的一种隧道结构，其疏散通道与其他隧道相比较特殊，分层隧道的上下层互为疏散通道。分层隧道中上、下层行车的隧道可以作为人员安全疏散通道，一层发生紧急情况时，另一层可用于人员安全疏散。楼梯间的上、下两个开口应分别设有常闭式防烟盖板和常闭式甲级防火门。图4.3展示了复兴东路隧道疏散通道示意图。

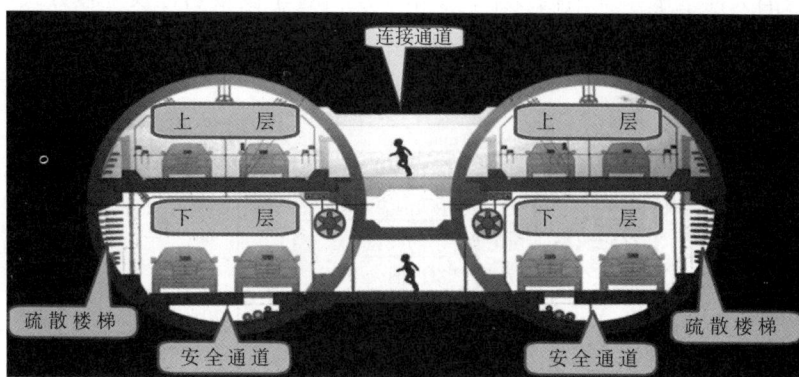

图4.3　复兴东路隧道疏散通道示意图

第二节　灭火设施

一、室内消火栓

室内消火栓是隧道内最常用的固定消防设施，是隧道内管网向火源供水的主要通

道,《建筑灭火器配置设计规范》(GB 50140—2005)对室内消火栓作出如下规定:

(1)隧道内消火栓用水量不应小于20 L/s,对于长度小于1000 m的三类隧道,隧道内消火栓用水量可为10 L/s。

(2)隧道内消火栓间距不应大于50 m,消火栓的栓口距地面宜为1.1 m。

(3)设置消火栓水泵供水设施的隧道,应在消火栓箱内设置消防水泵启动按钮。

(4)应在隧道单侧设置室内消火栓箱,消火栓箱内应配置1支喷嘴口径19 mm的水枪、1盘25 m直径65 mm的水带,并宜配置消防软管卷盘。

(5)在隧道消防泵房附近和隧道出入口处应设置水泵接合器,并在接合器15~40 m内设置室外消火栓。

(6)隧道内消火栓间距不应大于50 m,双向同行车道或单向通行但大于3车道时,应双面间隔设置。

隧道内消火栓用水量不应小于20 L/s,按照每支水枪5 L/s流量计算,可同时出4支水枪。当隧道内室内消火栓水枪压力不足时,可利用水泵接合器向管网内供水或者通过铺设移动供水线路供水,同时应与监控中心联系,确认消防泵是否启动,如未启动可远程或现场启动消防泵供水。

隧道救援人员应提前熟悉室内消火栓设置间隔、开启方式、各组件完好情况。定期对消防泵进行系统测试,将消防泵控制柜设置为自动状态,按下室内消火栓启动按钮,查看室内消火栓栓口能否出水,并派人前往查看设备能否正常启动,确保消防泵正常运行。隧道内消火栓给水系统结构复杂,了解系统内各个设备名称及连接方式可以为实战操作提供良好的基础,消火栓设备洞立面及给水系统如图4.4和图4.5所示。

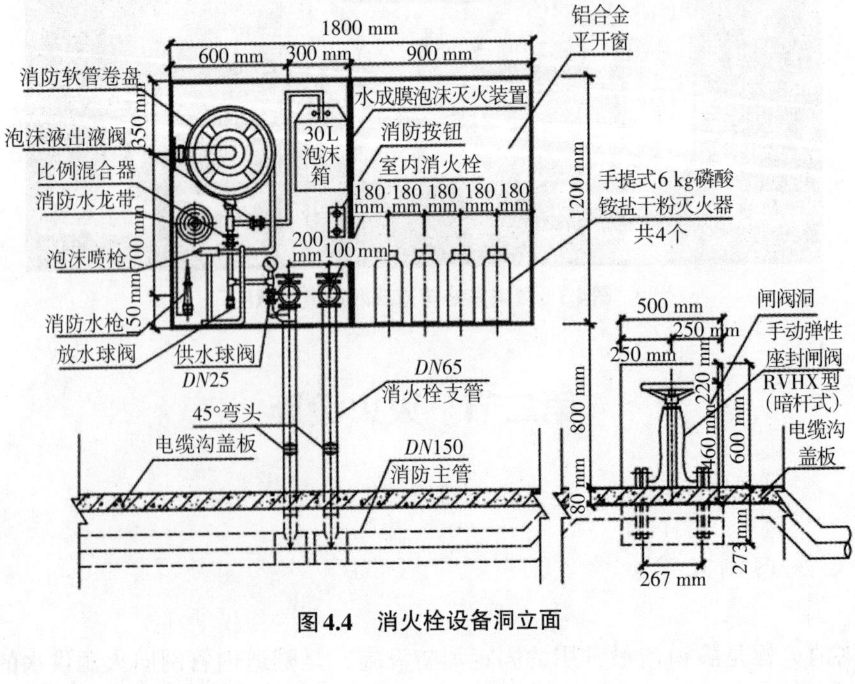

图4.4 消火栓设备洞立面

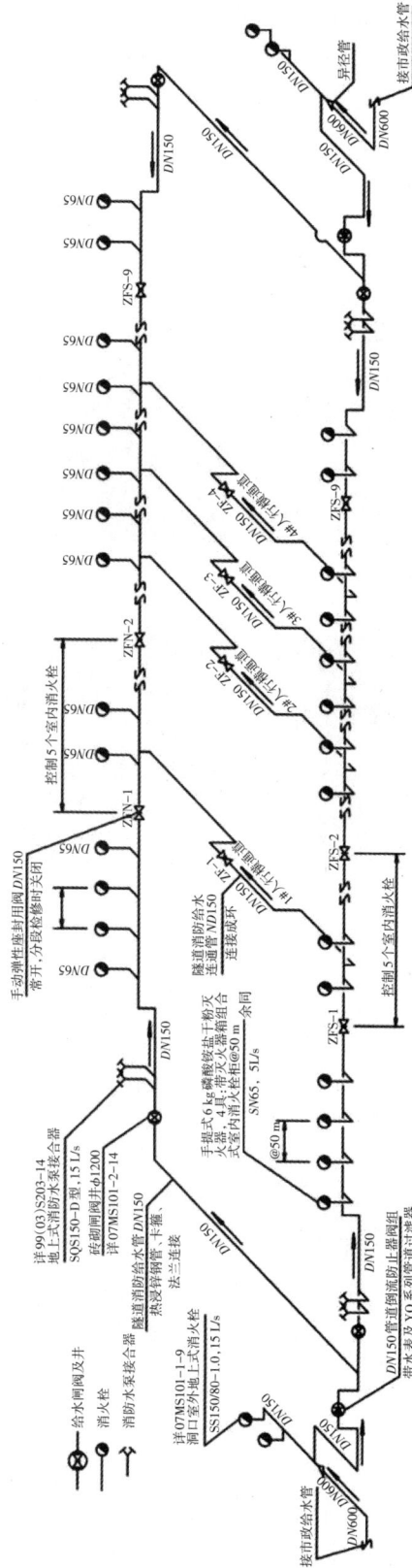

图 4.5　双洞单向隧道消火栓给水系统

在实战应用中，室内消火栓应由两名消防员负责，其中一名（1号）消防员就近打开消火栓的门，按下内部的启泵按钮，并将水带和阀门口相连接。另一名（2号）消防员将消防水带驱车，连接好枪头和水带，到达战斗位置，做好射水准备。2号消防员做好射水准备后，1号消防员逆时针打开阀门。室内消火栓需要应急加压时，将2根支线水带接到水泵接合器上，然后消防车加压供水，到达一定压力后（超过水泵接合器内水压），就可以给管道内部供水。图4.6展示了室内消火栓的相关设备。

(a) 水喷雾泵接合器

(b) 消火栓泵接合器

(c) 车道层消火栓箱

(d) 逃生通道消火栓箱

图4.6　室内消火栓的相关设备示意图

二、灭火器

《建筑灭火器配置设计规范》（GB 50140—2005）对隧道内设置的灭火器种类、数量和设置间距作出如下要求：

（1）隧道内应设A，B，C类灭火器，通行机动车的一、二类隧道和通行机动车设置3条及以上车道的三类隧道，在隧道两侧均应设置灭火器，每个设置点不应少于4个。其他隧道可在一侧设置灭火器，每个设置点不少于2个。

（2）超长、特长、长隧道内应在隧道两侧设置A，B，C类灭火器，每个点不应少于4个，灭火器设置点的间距不应大于100 m，两侧交错布置。

（3）中、短隧道应在隧道一侧设置A，B，C类灭火器，每个设置点不应少于2个，间距不宜大于50 m。

引发隧道内火灾的车辆起火位置主要有：汽车油箱、行李或货物、车内装饰等，部分火灾的起火原因可能是隧道内的电路老化、电气设备损坏等，隧道内A，B，C，E类火灾的可能性都存在。根据国家标准《建筑灭火器配置设计规范》（GB 50140—2005），隧道内适合配备A，B，C类干粉灭火器和其他适用于扑救A，B，C类火灾的通用灭火器。

目前上海市隧道内配备的灭火器主要是磷酸铵盐干粉灭火器，另外还备有泡沫灭火器。比如延安东路、复兴东路、军工路隧道均配置磷酸铵盐干粉灭火器和泡沫灭火器，虹梅南路隧道配置磷酸铵盐干粉灭火器。其中，磷酸铵盐干粉灭火器的流动性较好、存储时间较长、不易受空气中的水分影响而受潮结块，且其绝缘性能也相对较好，能扑灭各种油类火灾和易燃液体、易燃气体引起的火灾，以及电气设备引起的初期火灾等，并且能够有效地扑救A类火灾。泡沫灭火器适用于扑救一般B类火灾，如油制品、油脂等火灾，也可适用于A，F类火灾，但不能扑救C，D，E类火灾。图4.7展示了较为常见的灭火器。

图4.7　灭火器示意图

消防救援人员应提前熟悉灭火器类型、设置间隔、使用方法、使用范围等内容。定期检查灭火器生产日期、外表面、导管等，实地测试灭火器以确保灭火器的正常使用。

灭火器主要适用于初期火灾扑救，消防人员到场后，如发现火势处于初期阶段且火势较小，可取灭火器进行灭火。隧道内的灭火器嵌装在隧道侧墙内。当灭火器布置在隧道两侧时，考虑到消防人员取用的距离，尽量与消火栓设备洞交错布置。灭火器双侧间错布置示意图和灭火器设备洞剖面及立面示意图如图4.8和图4.9所示。

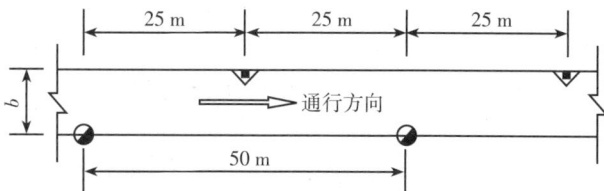

图4.8　灭火器双侧间错布置示意图

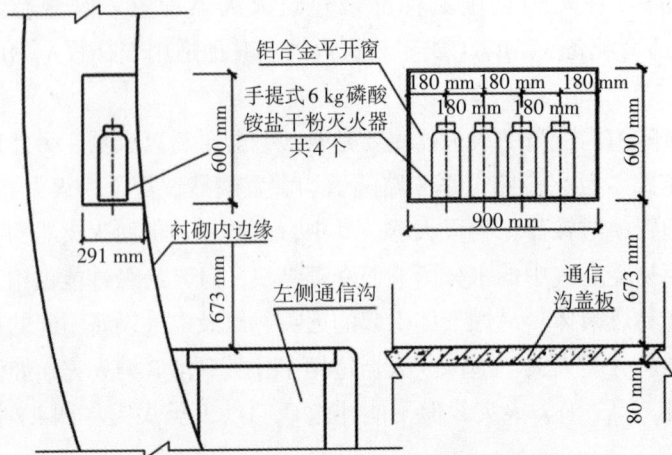

图4.9 灭火器设备洞剖面及立面示意图

三、自动灭火系统

（一）水喷雾系统

水喷雾系统在隧道内一般用于防护冷却，设计应满足下列规定：

（1）水喷雾强度不应小于6.5 L/(min·m²)，最不利点处喷头的工作压力不应小于0.2 MPa，持续喷射时间不应小于4 h。

（2）系统的作用面积不宜大于600 m²。

（3）水喷雾系统应设有水雾喷头、雨淋阀组、放气阀、过滤器、供水管道、供水设施等。

（4）每个水喷雾系统保护区应与火灾报警系统探测报警区一一对应，消防作业时应开启任意相邻2~3个保护区。

（5）喷头宜采用侧式安装的隧道专用远近射程喷头。

（6）水喷雾系统用于防护冷却时，响应时间不应大于300 s。

上海市外环隧道采用了"消火栓系统+灭火器+水喷雾灭火系统"的消防设施组合方式。

（二）泡沫-水喷雾系统

泡沫–水喷雾联用灭火系统设计应满足下列规定：

（1）喷雾强度不应小于6.5 L/(min·m²)，最不利点处喷头的工作压力不应小于0.35 MPa，泡沫混合液持续喷射时间不应小于20 min，喷雾持续时间不应小于60 min。

（2）泡沫–水喷雾联用灭火系统应设有泡沫–水喷雾两用喷头、雨淋阀组、比例混合器、电池阀、放气阀、过滤器、供水管道、供水设施，以及泡沫液管道、泡沫液供给设施等。

（3）泡沫–水喷雾联用系统用于灭火时，响应时间不应大于45 s。

上海市长江隧道等新建隧道采用了"消火栓系统+灭火器+泡沫–水喷雾灭火系统"的消防设施组合方式。图4.10展示的是泡沫–水喷雾灭火系统的阀组及喷头示意图。

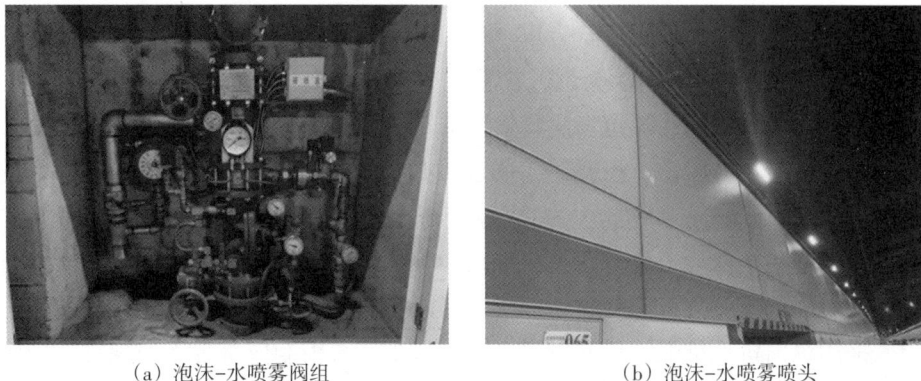

（a）泡沫–水喷雾阀组　　　　　　　（b）泡沫–水喷雾喷头

图4.10　泡沫–水喷雾灭火系统阀组及喷头示意图

以上海市虹梅南路隧道为例：每隔25 m设置1套雨淋阀组，消防作业时同时启动相邻两组系统，一次消防保护距离50 m。控制方式为双波长火焰探测器发现有火情时，会将报警点两侧的雨淋阀联动打开，压力开关开启信号会联动泵组自动开启。隧道内火灾现场可以手动开启雨淋阀组、放气阀组和泵组，停止操作需要人工操作。

（三）水喷雾系统与泡沫–水喷雾系统优缺点分析

水喷雾灭火系统具有冷却、窒息、乳化及稀释作用，适用于A，B类火灾和电气火灾，也可以对其他火灾进行暴露位置的防护和冷却作用。

泡沫–水喷雾系统主要是利用泡沫层的隔断作用，在燃烧物质和附近可燃物之间形成一个屏障，同时使得燃烧物表面与空气隔绝。此外，泡沫析出的水分可以冷却燃烧物表面，水分受热蒸发形成的水蒸气也可以降低附近氧浓度，亦可起到窒息灭火的作用。

泡沫–水喷雾系统适用于泡沫比水具有更好灭火效果的场景，比如使用水喷雾系统扑救某些水溶性液体造成的火灾，即单独使用水作为灭火剂，虽然可以达到控火目的且效果较好，但是灭火时间可能会比较长，灭火造成的水渍会产生较大损失。而单独使用泡沫灭火剂时，系统运行维护成本较高。此时，使用泡沫–水喷雾灭火系统较为合适。泡沫–水喷雾系统也适用于火灾后需要进行冷却防止复燃的火灾场景。另外，当发生金属火灾后，金属可燃物温度较高，有火灾复燃的危险性，此时可优先选择泡沫–水喷雾灭火系统。

灭火系统有自动控制、手动控制和应急操作三种控制方式。自动控制是指灭火系统的火灾探测器感知到火情后，自动联动供水设备、喷头等部件，自行感知运行的控制方式。手动控制是指人为地远程控制供水设备、雨淋阀组等部件开启的控制方式。应急方式是指操作人员在现场操作相关系统组件的控制方式。

第三节　防排烟系统

隧道内机械排烟系统设置应符合以下规定：

（1）长度不大于3000 m的隧道宜采用纵向排烟方式，长度大于3000 m时宜采用纵向分段排烟或重点排烟。当隧道发生日常阻滞工况时，宜采用重点排烟。

（2）隧道内应结合匝道、风井等布局进行必要的排烟分区，并分别对各区域进行烟气控制设计。

（3）隧道专用疏散通道应设置独立的机械加压送风防烟设施，隧道专用安全通道与隧道行车道之间的压差为30～50 Pa。

（4）采用纵向机械排烟的单向隧道，机械排烟系统控制应符合下列规定：采用全射流风机时，须首先关闭起火点附近风机，控制纵向排烟速度为1～2 m/s，至人员疏散完毕后启动下游风机进行排烟排热，纵向排烟速度不应小于火灾临界风速。纵向排烟方向应与机动车行驶方向相同，且不应随意改变。烟气应就近排入排烟口、排烟竖（斜）井或由隧道洞口排出。采用纵向排烟的隧道，起火点沿隧道排烟方向下风向的防火卷帘或防火门应关闭，以防止烟气流入。

（5）采用重点排烟、半横向排烟、全横向排烟的隧道，排烟控制应符合下列规定：确认火灾发生位置后立即开启火灾点所在区域排烟风机，并开启火灾报警区域相邻的排烟口；应采取措施防止隧道内出现烟气回流；通过排烟系统控制沿交通方向的纵向气流，烟气扩散长度不宜大于300 m。

（6）采用组合式排烟的隧道，排烟控制应符合下列规定：风机开启方式及排烟口开启组合应通过计算进行优化，并应根据起火点位置的不同进行分区域控制；应采用就近原则将隧道内烟气从隧道口、排烟口、排烟竖（斜）井等及时排出；烟气扩散长度不宜大于300 m。

由于隧道内的散热条件较差，隧道内起火后，内部温度急剧升高，升温速率较快，大型车辆起火后5～10 min，顶板附近的温度最高可升至800～1200 ℃。隧道火灾蔓延和烟气流动会受到自然通风的影响，且影响程度与隧道长度有一定关系。隧道越短，自然通风影响越显著，其火灾蔓延和烟气流动规律越接近于地面建筑自然通风下的火灾发展态势。在火灾初期阶段，自然风速较小时，烟气随着火羽流上升，在隧道顶部形成高温烟气层，一定时间内隧道下部的新鲜空气没有受到明显干扰，仍然是稳定的冷空气层，整个隧道在火灾初期形成明显的烟气-空气分层结构。隧道内采用射流风机通风方式进行排烟时，纵向通风气流流速因射流风机排烟而增大，烟气-空气分层结构被破坏，使隧道全断面被烟气弥漫。

隧道的机械排烟模式主要可分为纵向排烟和横向排烟，还有由这两种基本方式改进及各种组合的排烟模式。火灾现场选择排烟模式时应考虑事故隧道的种类和正常运行情况下隧道的通风方式。排烟方式的选择应尽量控制烟气的扩散范围，防止烟气扩散到人员疏散路径和灭火救援路径上，以确保满足逃生环境要求和灭火救援要求。根据隧道条件，可以采用一种或多种排烟方式组合构成更合理的排烟方式。目前，我国隧道运营排烟以各种纵向排烟方式及其各种组合为主。利用现有排烟技术进行组合，达到最佳的排烟效果。如在隧道进口段和出口段采用纵向式排烟，中间段采用集中式排烟的组合模式。可有纵向组合式、分段纵向式、纵向/半横向组合式、纵向/重点排烟组合式、通风井送排式/纵向组合式等。下文将简要介绍典型排烟方式。

纵向排烟是从一个洞口引入新鲜空气，并从另一个洞口将烟气排出的方式（见图4.11）。纵向排烟的工程造价相对较低，是目前公路隧道中使用较多的一种排烟方式，在实际隧道灭火过程中一般采用射流风机进行纵向排烟。

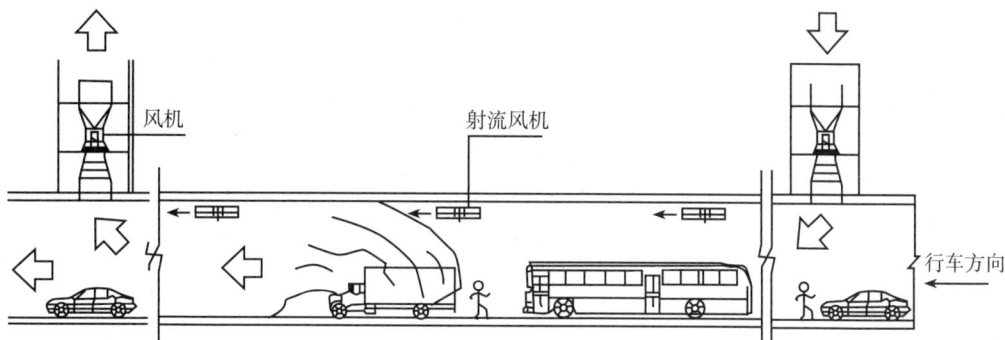

图4.11 纵向排烟示意图

发生火灾时，迫使隧道内的烟气沿隧道纵深方向流动的排烟形式为纵向排烟模式，在单向交通隧道火灾事故中较为常用。该模式可通过射流风机等送排风设施实现。利用纵向通风进行排烟，且气流方向与车行方向一致时，以火源点为界，火源下游为烟气区，火源上游为非烟气区，人员应向非烟气区，即火源上游进行安全疏散。由于高温烟气沿坡度向上扩散速度很快，当坡道上发生火灾，并采用纵向排烟控制烟流，排烟气流逆坡向时，必须使纵向气流的流速高于临界风速。试验结果证明，纵向排烟控制烟气的效果较好。国际道路协会（PIARC）的相关报告，以及美国纪念隧道试验（1993—1995年）结果均表明，对于火灾功率低于100 MW的火灾、隧道坡度不高于4%时，3 m/s的气流速度可以控制烟气回流。

纵向排烟方式不适合在双向隧道内采用，因为在这种情况下，火源其中一侧的车辆无法撤离火场，且纵向排烟方式扰乱了烟气结构，整个横断面都充斥着有毒烟气，对人员生命安全产生巨大威胁。在这种情况下，相对于纵向排烟方式，可以采用纵向分段、重点排烟或半横向式排烟等方式对隧道局部区域进行优化通风排烟。

全横向式排烟方式的特点是迫使气流在隧道的横断面方向流动（如图4.12所示），

通常情况下不会影响隧道纵向气流，尽可能减少对疏散人员的伤害。这种方法可以缩短一氧化碳等有害气体的排出距离，同时能够充分利用新鲜空气。全横向式排烟对隧道内纵向气流的影响不大，因此发生火灾时，火势在纵向上的蔓延速率较慢，有利于灭火救援和排烟疏散等工作，但隧道内需设置送、排风管道，增加了建设费用和运营费用。

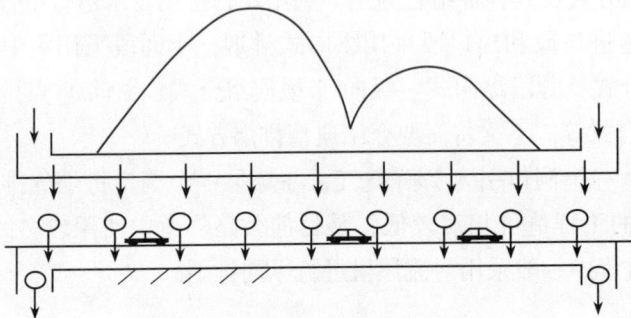

图4.12　全横向式排烟示意图

半横向式排烟是通过送风管道将新鲜空气直接吹到靠近车辆的排气口所处高度，直接稀释排气，使污染空气在隧道上部扩散，然后通过两端的洞门排出洞外（如图4.13所示）。采用这种排烟方式的隧道因其仅需设置一种烟道，所以较为经济。相对而言，半横向式排烟系统的要求没有那么苛刻，虽然其排烟效果会受到洞口最大风速的限制，但还是可以在交通拥挤和双向运行的长隧道中使用，为了降低洞口的风速，可以在隧道两端使用半横向式排烟系统，而在隧道中部使用全横向式排烟系统。

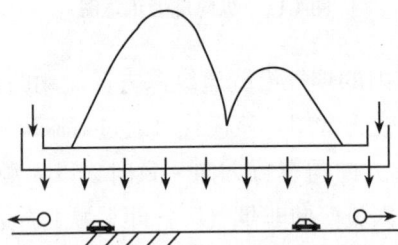

图4.13　半横向式排烟示意图

重点排烟是一种特殊的横向排烟方式（如图4.14所示），它是在隧道的纵向上设置一个专用排烟风道，并设置若干个排烟口，当发生火灾时，仅打开靠近火源或火源所在设计排烟区的排烟口，使烟雾能迅速、高效地从火源处排出，并从两端洞口自然补充空气，从而形成一定的纵向风速。该排烟系统适合在双向交通通道和交通堵塞频繁的隧道中使用。对于经常堵车的隧道，当高峰时段发生火灾时，火源一侧的车辆行驶方向与疏散方向相反，无法快速撤离隧道，故采用纵向排烟不能保障这一侧人员的疏散环境，因此，需采用重点排烟方式，以尽可能同时保障火源两侧人员撤离环境。

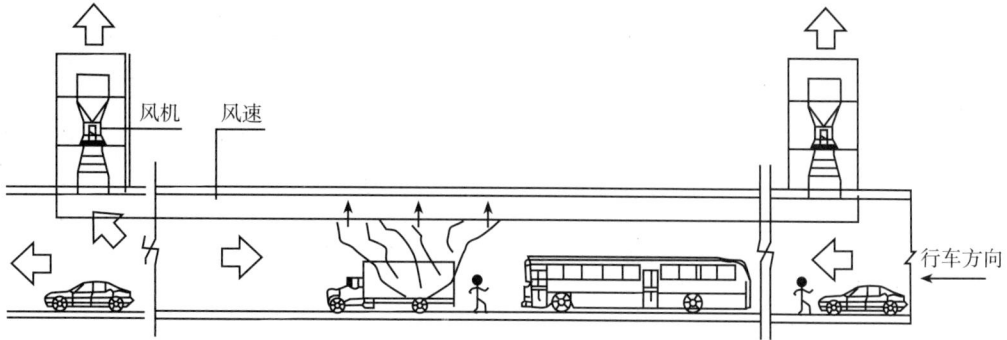

图4.14　重点排烟示意图

隧道试验结果表明，火源位置对全横向或半横向排烟系统的排烟效果影响较大，对于双向通行的城市隧道火灾，尽量采用重点排烟方式，并根据火灾规模、隧道空间形状等确定排烟量，且不应小于火灾的产烟量。

临界风速是指隧道内发生火灾时能阻止烟气发生逆流的最小风速，是隧道排烟系统设计的关键参数之一，受到火灾强度、燃料类型、隧道坡度、断面形状、送风温度等因素的影响。

发生火灾时，当隧道内风速大于火灾临界风速时，烟气沿隧道纵向气流流向呈单向流动，烟气流向下风方向的温度远远高于上风方向的温度。为保证安全疏散阶段内不破坏烟气-空气分层结构，起火点附近的气流流动速度不宜过大。为此，隧道发生火灾后，首先应进行人员疏散，控制排烟速度，以确保安全疏散时间内，隧道内的烟气-空气分层结构尽量不被破坏。

对于采用纵向排烟的交通隧道，利用排烟系统将烟雾由距起火点最近的一端隧道洞口或排烟口排出。安全疏散阶段，为保证排烟风速不破坏隧道内烟气结构，火源周围的气流速度不宜过大，根据我国火灾科学国家重点实验室开展的公路隧道全尺寸现场火灾实验和理论分析，当隧道内纵向风速较小（0.5 m/s 以下）时，烟气层在整个隧道内有较为稳定的分层结构；而当隧道内纵向风速较大（2.5 m/s）时，纵向通风气流与烟气层发生强烈的剪切扰动和掺混，烟气层在较短的区域内（200~400 m）迅速弥散，失去稳定分层结构，严重影响人员疏散，故应综合考虑维持烟气分层结构和尽可能控制烟气逆流。

在单向交通隧道火灾中，排烟方向与车流方向相同。起火隧道安全疏散阶段的纵向排烟速度以不破坏烟气层为原则（如图4.15所示），宜控制在1~2 m/s，起火点附近的风机停止工作，其他部位的风机根据排烟速度调整运行速度。人员疏散完毕后启动排烟。当无法确定人员疏散情况时，排烟系统开启时间应按照人员从最不利部位至其最近紧急出口（含人行横通道、车行横通道）步行所需时间的1.5倍确定，步行计算速度应不大于60 m/min。

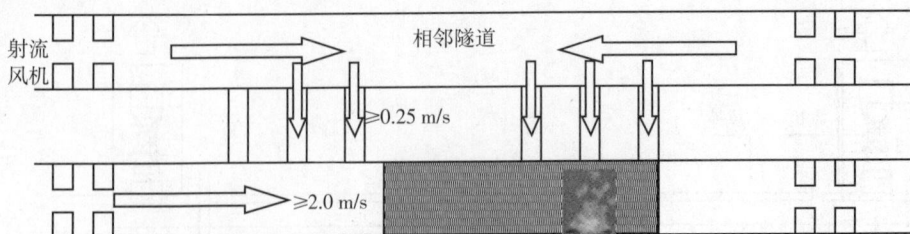

图4.15　单向隧道火灾事故排烟（人员疏散）

在灭火救援时，所有风机应全速运行，纵向排烟速度可以大于隧道火灾临界风速。严格控制高温烟气向其他区域的扩散，确保相邻的未起火隧道、横通道及隧道内设置的附属用房不受烟气侵扰，起火隧道横通道洞口应保持正压或采取其他必要的防烟措施（如图4.16所示）。

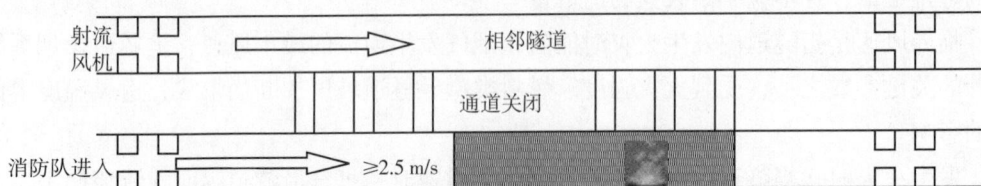

图4.16　单向隧道火灾事故排烟（灭火救援）

采用横向或半横向排烟及组合式排烟的隧道，应依据火灾发生初期不破坏烟气-空气分层结构原则，根据起火点位置的不同进行分区域控制，并应与报警区域对应，风机开启方式及排烟口开启组合应通过计算进行优化。排烟时，应尽量使隧道内不出现烟气回流。

排烟风机的开启方式有以下两种：① 自动控制，是指两个独立的火灾探测器（感温探测器或者感烟探测器）感知到火灾后，自动联动开启排烟口，排烟口开启后，该信号触发开启排烟风机。② 手动控制，是指人为开启排烟口，连锁启动排烟风机。控制人员也可通过现场风机控制箱现场手动开启排烟风机。

隧道救援人员应掌握隧道射流风机、轴流风机、排烟风道、排烟口等排烟设施的位置、结构、工作原理等内容，以及排烟风机手动开启方法。提前熟悉隧道排烟方式、火灾排烟分区控制系统情况，重点掌握不同着火位置排烟形式。如虹梅南路隧道共分成8个排烟区段，预设在联动程序中。

火灾情况下隧道的防排烟控制不仅仅是启动排烟风机进行有效排烟，还应该与相应的隧道火灾报警系统、闭路电视监视系统、交通监控系统等隧道其他监控系统联合使用，形成综合可靠的系统方案。火灾情况下，如何快速、准确地启动防烟、排烟设施是公路隧道火灾烟气治理的核心问题。就控制模式而言，现场控制比远程控制能更好地解决烟气控制问题。现场消防救援人员对火灾情况、交通状况等实际情况的了解更直接、详细，依据实际情况所确定的通风排烟控制方案也更适用于实际情况，因此相比于远程控制，应优先考虑现场控制。救援人员到达现场后，指挥员通过现场侦察、监控中心侦察等方式，确认现场着火位置、风机启动情况、隧道内烟气区人员被困情况。与监控中心保持不间断联系，根据隧道排烟方式、着火区域排烟系统设置，以及人员疏散阶段、灭火救援阶段采取不同的排烟策略，及时通过远程启动、现场启动排烟风机等方式，确保排烟工作为人员疏散和灭火救援服务。在人员疏散阶段，关闭着火区域附近的排烟风机，其他部位的风机根据排烟速度调整运行速度，尽量不破坏烟气分层结构。在灭火救援时，纵向排烟速度应大于临界风速，所有风机应全速运行。

第四节　消防联动控制

隧道的消防联动控制应符合下列规定：

（1）火灾探测器、手动报警按钮、消防电话、视频监控和一氧化碳监控设备等报警时，消防控制室应立即进行火警及部位确认。

（2）火灾确认后，应立即启动同属隧道一个报警区域的全部火灾警报器，并联动同属隧道一个报警区域的所有照明灯具开启至最大程度。

（3）火灾确认后，应立即联动交通控制与诱导设施进行交通管制，并启动消防应急广播进行疏导。

（4）火灾确认后，应立即联动关闭隧道排烟段的横洞防火卷帘（门）、开启隧道疏散段的横洞防火卷帘（门）。

（5）火灾确认后，应立即联动启动隧道防烟模式，人员疏散结束应联动启动隧道排烟模式。

（6）火灾确认后，应立即启动着火部位对应的自动灭火系统灭火分区，必要时可启动相邻的两个灭火分区。

（7）火灾确认后或接收到消火栓按钮动作信号后，应立即启动消火栓系统消防水泵。

（8）横洞防火卷帘（门）的启闭、防烟与排烟设施设备的启停、泡沫-水喷雾联用等自动灭火系统的启停、消防给水泵的启停等应采用自动或手动触发的程控方式控制，且应为现场手动优先。

（9）消防控制室的远程联动控制宜为手动触发。确需自动触发时，防火卷帘（门）、防烟与排烟设施设备、泡沫-水喷雾联用等自动灭火系统应由来自隧道同一探测区域或隧道相邻探测区域的两个火灾报警信号按照与逻辑触发，消防给水泵应由一个消火栓按钮动作信号和隧道内一个火灾报警信号按照与逻辑触发。

（10）隧道火灾报警时，不应立即切断隧道内一级负荷及特别重要负荷的供电；切断供电需根据现场救援情况确定。

消防联动控制设备应按照相关规范要求设计疏散、防排烟、自动灭火等控制程序，实现发生火灾时能够确保人员疏散逃生要求和灭火要求，最大限度保障人员生命财产安全，最大限度保障隧道消防安全。比如，从隧道消防安全角度考虑，车行横通道门在隧道火灾时的使用准则如下：当明确隧道发生火灾时，行车方向上火源位置上游的车行横通道门应匹配隧道内的交通管制与诱导指示同步开闭。打开靠近起火点上游的车行横通道洞口的防火卷帘（门），疏散车辆可以避开起火区域直接安全疏散到隧道外，车辆疏散完成立即关闭防火卷帘（门）。采用行车隧道排烟时，排烟路径上的车行横通道门应关闭以防止高温烟气渗入横通道和相邻未起火隧道。

消防救援人员应掌握室内消火栓、防排烟设施、安全疏散通道等消防联动控制系统设计情况、启动方法、动作原理等内容。调研时结合隧道消防设施维保等合适时机，对室内消火栓、防排烟等相关系统进行现场手动、远程手动等模拟测试，确保其完整适用。

在火情侦察过程中，要第一时间掌握联动控制系统动作情况，结合灭火、排烟、疏散灾情处置需要，视情况手动或指导监控中心远程启动消防泵、正压通风、排烟机和横通道防火卷帘（门）等相关消防设施，为灭火救援工作服务。图4.17展示了某隧道综合监控系统。

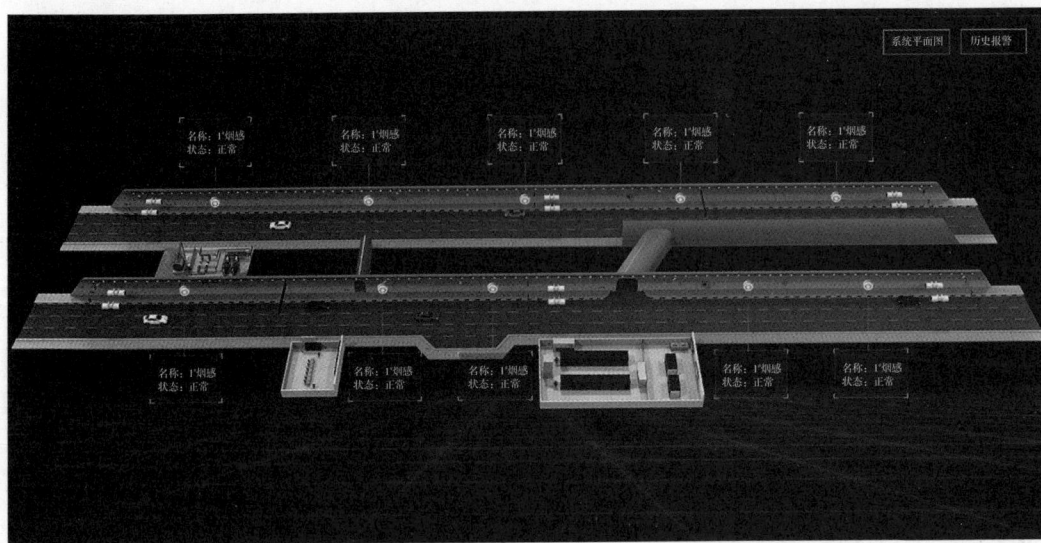

图4.17　某隧道综合监控系统

第五节　应急照明与疏散指示标志

一、应急照明

应急照明是普通照明因电源失效发生故障后而开启的照明设施，可分为备用照明、疏散照明和安全照明三种类型。当隧道发生火灾时，电源往往会因火灾中断，此时应急照明会自动开启，对火灾扑救、消防救援、人员疏散等具有重要意义，是隧道救援及疏散过程中极为重要的安全设施。图4.18为典型的应急照明指示灯。

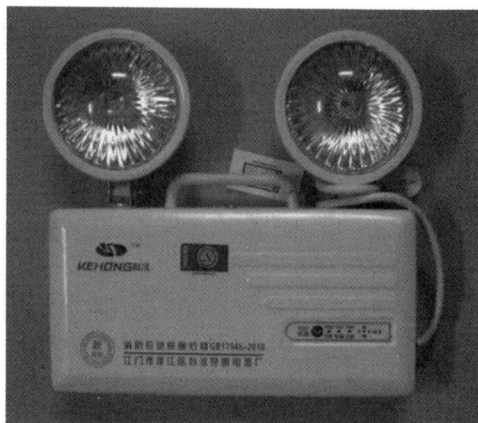

图4.18　应急照明指示灯

二、疏散指示标志

疏散指示标志是隧道中用于指示疏散方向和位置，并引导人员疏散的标志，由疏散通道方向标志、疏散出口标志组成。火灾发生时，大量浓烟会阻碍疏散人员的视野。图4.19为典型的疏散指示标志，指示了安全出口方向，便于隧道发生火灾后，疏散人员能在浓烟之中清晰地找到安全出口的方向。

图4.19　疏散指示标志

第六节　上海市城市隧道基本情况

表4.1～表4.4展示了上海市城市隧道的基本消防设施配备情况。

表4.1　上海市城市隧道的基本情况

隧道名称	隧道形式	车行道间距	隧道长度	隧道净高隧道净宽	消防设施	疏散形式	疏散通道	防排烟系统	通信设施
人民路隧道	双向四车道	中线间距23 m	3090 m	4.5 m/7.5 m	每50 m设置一个室内消火栓箱	两侧疏散	每隔100 m设置一条安全通道	轴流集中排风机:250 kW共4台专用轴流排风机:400 kW共4台	隧道内350 M,800 M通信正常
延安东路隧道	双向四车道	中线间距19.97 m	北2230.5 m南2207.4 m	4.5 m/7.9 m	隔50 m设置一个室内消火栓箱	两侧疏散	每隔100 m设置一条安全通道	轴流集中排风机:250 kW共4台专用轴流排风机:400 kW共4台	隧道内350 M,800 M通信正常
复兴东路隧道	双孔双层	3 m	1214 m	上层净高2.4 m，上层净宽6.25 m，下层净高3.8 m,下层净宽7.6 m	上下层车道各设有28组消火栓,40组水喷雾	上下层疏散	每隔60 m设置一条安全通道	排风机采用轴流风机共4台，送风机采用轴流风机共2台,下层设10台直径1 m射流风机	隧道内350 M,800 M通信正常
外滩隧道	单孔双层	3.3 m	3500 m	3 m/11 m	上下层隧道内每50 m设置一处室内消火栓箱	上下层疏散	每隔100 m有一个上下层相通的逃生通道，共有3个通往地面的逃生通道	射流风机上层18.5 kW共92台下层18.5 kW共402台	隧道内装有800 M集群频点,应急电话43部
打浦路隧道	双向四车道	7 m	2761 m	4.4 m/8.8 m	每隔50 m设置一处室内消火栓箱	两侧疏散	每隔100 m设置一条安全通道	隧道采用横向风机，共16台鼓风机	隧道内350 M,800 M通信正常,应急电话每15 m设置1部
外环越江隧道	双向单管八车道	11 m	1860 m	5 m/11 m	隧道的两侧每隔4 m设一个灭火器箱(2个干粉灭火器),交错布置	上下层疏散	有112道安全门可相互穿越。管廊分2层,上层为电缆通道层,下层为排水通道兼安全(逃生)通道	5套轴流风机(含风门)、58台射流风机、8台混流风机	隧道内350 M,800 M通信正常,有应急电话系统

0

表4.1（续）

隧道名称	隧道形式	车行道间距	隧道长度	隧道净高隧道净宽	消防设施	疏散形式	疏散通道	防排烟系统	通信设施
大连路越江隧道	双向双管六车道	2 m	2500 m	4.5 m/8 m	车行隧道内单侧每隔50 m设置一个消火栓箱,合计84个。每个箱内设单出口DN65消火栓1个,φ19多功能水枪1支,消防软管卷盘1个,φ65 m×25 m水带1盘,消火栓泵启动按钮1个	上下层疏散	安全通道每隔60 m设安全门。圆形隧道的双车道中间每隔60 m设一个安全口,同时两条隧道之间每隔400 m设连接通道	隧道采用横向风机,共12台鼓风机	隧道内350 M,800 M通信正常,有应急电话系统
翔殷路越江隧道	双向双管四车道	3 m	南2606.32 m,北2597 m	4 m/10.4 m	单侧每隔50 m设置一个消火栓箱,每个箱内设单出口DN65消火栓1个,φ19多功能水枪1支,消防软管卷盘1个,φ65 m×25 m水带1盘,消火栓泵启动按钮和火灾报警按钮各1个	上下层疏散	安全通道每隔60 m设安全门	隧道采用横向风机,共12台鼓风机	隧道内350 M,800 M通信正常
上中路越江隧道	双向两层八车道	4 m	2800 m	4.5 m/8 m	每隔50 m设置上下两个消火栓箱,每个箱内设单头单阀消火栓1个,φ65 m×25 m水龙带1盘,φ19多功能水枪1支,自救式灭火喉一套,消火栓泵启动按钮一个。两条隧道共设消火栓箱188个	上下层疏散	安全通道每隔60 m设安全门	4套风速风向测定仪,间隔1500 m放置1套	隧道内350 M,800 M通信较差
新建路越江隧道	双向双管四车道	3 m	2200 m	4.5 m/7.5 m	单侧每隔50 m设置1个消火栓箱,共95个。每个箱内设单出口DN65消火栓1个,φ19多功能水枪1支,消防软管卷盘1个,φ65 m×25 m水带1盘,消火栓泵启动按钮1个	上下层疏散	圆形隧道车道板下设置安全通道,行车方向车道右侧每隔100 m设置一个逃生口,东、西线各10个,共计20个逃生口。逃生滑道口采用翻开式构造,长度均约为1040 m	排烟机26组	隧道内350 M,800 M通信正常,应急电话22台

表4.1（续）

隧道名称	隧道形式	车行道间距	隧道长度	隧道净高隧道净宽	消防设施	疏散形式	疏散通道	防排烟系统	通信设施
西藏南路越江隧道	双向双管四车道	3 m	2670 m	4.5 m/7.5 m	每隔50 m设置消火栓箱	上下层疏散	车道旁设置安全通道，行车方向车道右侧每100 m设置一个逃生口	采用射流风机纵向通风，横断面布置中（圆断面和矩形断面）设置了半横向排烟风道，利用设在车道板下部的排烟道集中排烟	隧道内350 M，800 M通信正常
龙耀路越江隧道	双向双管四车道	4 m	4040 m	4.5 m/10 m	每隔50 m设置消火栓箱	上下层疏散	在圆形隧道左侧设有进入联络通道的安全门，车道板下布置电缆通道、救援通道和逃生滑道	车道顶上布置射流风机	隧道内350 M，800 M通信正常
军工路越江隧道	双层双管四车道	3 m	3050 m	4.5 m/8.9 m	单侧每隔50 m设置一个消火栓箱，四孔合计211个。每个箱内设单出口DN65消火栓1个，φ19多功能水枪1支，消防软管卷盘1个，φ65 mm×25 m水带1盘，消火栓泵启动按钮1个，每隔25 m设置1套雨淋阀组，消防时同时启动相邻两组系统，一次消防保护距离50 m	上下层疏散	逃生通道连接相邻两管车道，盾构段内的逃生通道连接上、下两层车道。东线上、下层各有16座逃生通道，西线上、下层各有15座逃生通道	车道顶上布置射流风机	隧道内350 M，800 M通信正常
长江路隧道	双向六车道	5 m	2860 m	5 m/11 m	在每孔隧道的一侧，每隔约30 m设置1个消火栓箱，消火栓总管上每隔5组消火栓设1个蝶阀，共有墙式消火栓204个，箱内设一个65 mm的出水口，一根25 m长的水带，一支多功能水枪，并配有自救式软管卷盘和应急启动按钮一个	上下层疏散	安全通道每隔60 m设安全门	3套风速风向测定仪，间隔1500 m	隧道内装有公安800 M集群频点、公路可视报警电话

表4.1（续）

隧道名称	隧道形式	车行道间距	隧道长度	隧道净高隧道净宽	消防设施	疏散形式	疏散通道	防排烟系统	通信设施
					消火栓系统延续时间2 h 每隔约30 m设置一个消火栓箱，交错布置（南线100个，北线104个）共816个灭火器（408个清水泡沫灭火器、408个磷酸铵盐干粉灭火器）				
虹梅南路越江隧道	双向六车道	3.5 m	5260 m	4.5 m/10 m	上部车道层的一侧每隔50 m设1个消火栓箱，箱内设DN65单头、单阀消火栓1个，25 m水龙带1盘，DN19多功能水枪1支，消防软管卷盘1套，整条隧道共设213个消火栓箱。 下部逃生通道消火栓箱间距200 m，设于逃生楼梯旁，与固定水成膜泡沫灭火装置结合，每个箱内设DN65单头、单阀消火栓2个、25 m水龙带2盘，DN19多功能水枪2支，消防软管卷盘1套、30 L泡沫桶1个	上下层疏散	隧道盾构段内每隔100 m设有1处逃生盖板，盖板下为逃生楼梯，通向下层逃生通道，整条隧道盾构段共设67处逃生盖板。另外，盾构段每隔200 m设1处救援盖板，盖板下的救援楼梯在逃生通道内，供消防救援使用。而与逃生通道相邻的下层救援通道可供小车行驶，便于救援力量及时到达。整条隧道盾构段共设34处救援盖板。隧道车道层两侧每隔20 m设1个智能逃生诱导指示灯	隧道内共设有148台射流风机。在剑川路风机房、闵行工作井、奉贤工作井内共设有7台大型轴流风机，其中5台参与隧道火灾工况排烟。隧道火灾时根据火灾具体位置分段排烟。隧道共分成8个排烟区段，预设在联动程序中	隧道内350 M，800 M通信正常
周家嘴路越江隧道	双向单管四车道	3 m	4450 m	4 m/10 m	在每孔隧道的一侧，每隔约80 m设置1个消火栓箱	上下层疏散	安全通道每隔60 m设安全门	3套风速风向测定仪	隧道内350 M，800 M通信正常
江浦路越江隧道	双向单管四车道	3 m	2280 m	5 m/10 m	在隧道的一侧，每隔约60 m设置一个消火栓箱	上下层疏散	安全通道每隔40 m设安全门	3套风速风向测定仪	隧道内350 M，800 M通信正常

表 4.1（续）

隧道名称	隧道形式	车行道间距	隧道长度	隧道净高隧道净宽	消防设施	疏散形式	疏散通道	防排烟系统	通信设施
北横通道	双向单管六车道	3 m	西 7790 m 东 6900 m	3.3 m/ 13.7 m	双波长火灾探测器，线式火灾探测器，在隧道的两侧，每隔 100 m 设置 1 个消火栓箱	上下层疏散	安全通道每隔 90 m 设安全门	上层顶部设置排烟道，排烟道面积约 9 m²	隧道内 350 M，800 M 通信正常，应急电话每 200 m 设置 1 部
郊环隧道	双向双管六车道	3 m	6520 m	5 m/11 m	在隧道车道层每隔 50 m 设 1 个消火栓箱，整条隧道共设 249 个消火栓箱，车道层间距 100 m 双侧交错设置 1 个灭火器箱，箱内配置 2 个手提式 4 kg 磷酸铵盐干粉灭火器和 2 个 6 L 装水成膜泡沫灭火器，全线共设 238 个灭火器箱。逃生通道内每隔 50 m 设置一个灭火器箱，每个箱内设 2 个 5 kg 装手提式磷酸铵盐干粉灭火器，整条隧道共设 211 个灭火器箱	上下层疏散	每隔 250 m 设有 1 处逃生盖板，盖板下为逃生楼梯，通向逃生通道，整条隧道盾构段共设 42 处逃生盖板。隧道盾构段车道层两侧每隔 50 m 设 1 个智能逃生诱导指示灯	设有 180 台射流风机和 174 台电动组合风阀，在浦东、浦西工作井内共设 8 台大型轴流风机和 16 台电动组合风阀，在浦东工作井和浦西工作井各设置一处排烟风塔	隧道内 350 M，800 M 通信正常，应急电话每 100 m 设置 1 部
上海长江隧道	双向单管四车道	3.75 m	东 7471.65 m 西 7469.36 m	5.2 m/ 12.7 m	全线共设消火栓箱 350 个。在消火栓总管上每隔 5 组消火栓设 1 只阀门，在总管每个高点设放气阀，每处低洼点设放水阀。隧道内以 25 m 为一个喷区间，灭火时任意相邻两组系统同时作用，每组水喷淋系统由一组雨淋阀组控制，	上下层疏散	圆形隧道段之间每隔 830 m 设置横向连接通道 1 条，共 8 条。灾情发生时，可用于人员向相邻隧道疏散和消防抢险人员进入抢险，隧道每隔 275 m 在车层道与下层安全通道之间设置逃生疏散楼梯，上、下行共有 27 处。发生灾情	3 套风速风向测定仪，间隔 1500 m	隧道内 350 M，800 M 通信正常

表4.1（续）

隧道名称	隧道形式	车行道间距	隧道长度	隧道净高隧道净宽	消防设施	疏散形式	疏散通道	防排烟系统	通信设施
					并与消防报警系统一一对应。每组雨淋阀系统在隧道车道左侧上方分别设置5只远近射程的水喷淋头，每只喷头间距5 m雨淋阀组上下行全线共600组		时，下层车道的乘客可迅速通过机械弹起装置向上层车道或再通过连接通道向相邻隧道疏散。同时隧道管理部门备有牵引急救、车辆检修等特种车辆，灾情发生时，将迅速进入隧道救援、维修		

表4.2　上海市地道基本情况

地道名称	地道形式	车行道间距	隧道长度	隧道净高隧道净宽	消防设施	疏散通道	防排烟系统	通信设施
仙霞西路地道	双管单层四车道	3 m	1040 m	3.3 m/7 m	消火栓箱	有	无	地道内350 M，800 M通信正常
诸光路地道	双向四车道	3 m	2800 m	5 m/7 m	消火栓箱	有	有	地道内350 M，800 M通信正常
杨高路地道	双向六车道	3.5 m	1975 m	5 m/12 m	消火栓箱	有	有	地道内350 M，800 M通信正常
大统路地道	双向二车道	3 m	860 m	3.3 m/6 m	消火栓箱	有	有	地道内350 M，800 M通信正常
田林路地道	双向三快两慢	3 m	1032 m	3.2 m/16 m	消火栓箱	有	有	地道内350 M，800 M通信正常
阿克苏路地道	双向四车道	4 m	600 m	4.7 m/21.5 m	消火栓箱	有	无	地道内350 M，800 M通信正常
银城中路地道	双向六车道	3.5 m	180 m	4 m/11 m 作为新建路隧道、人民路隧道的接线工程	消火栓箱	有	无	地道内350 M，80 0M通信正常
北虹路地道	双向八车道	3.5 m	126 m	7.85 m/34.2 m	消火栓箱	有	无	地道内350 M，800 M通信正常
迎宾三路地道	双向四车道	3 m	2680 m	4 m/12 m	消火栓箱	有	有	地道内350 M，800 M通信正常

表4.2（续）

地道名称	地道形式	车行道间距	隧道长度	隧道净高隧道净宽	消防设施	疏散通道	防排烟系统	通信设施
万荣路地道	双向二车道	3 m	524 m	3.5 m/7 m	消火栓箱	有	无	地道内350 M，800 M 通信正常
宜山路地道	双向八车道	4 m	283 m	5 m/33 m	消火栓箱	有	无	地道内350 M，800 M 通信正常
吴中路地道	双向八车道	4 m	660 m	5 m/33 m	消火栓箱	有	有	地道内350 M，800 M 通信正常
古浪路地道	双向四车道	3 m	305 m	4 m/13 m	消火栓箱	有	无	地道内350 M，800 M 通信正常
北翟路地道	双向六快两慢车	3 m	2300 m	4 m/24 m	消火栓箱	有	有	地道内350 M，800 M 通信正常
三泉路地道	双向四车道	3 m	321 m	4 m/13 m	消火栓箱	有	无	地道内350 M，800 M 通信正常
衡山路地道	双向四车道	3 m	102 m	3.3 m/13 m	消火栓箱	有	无	地道内350 M，800 M 通信正常
虹梅路地道	自行车	2 m	412 m	2.5 m/5 m	消火栓箱	有	无	地道内350 M，800 M 通信正常
金沙江路地道	双向八车道	4 m	162 m	5 m/33 m	消火栓箱	有	有	地道内350 M，800 M 通信正常
广中路地道	双向四车道	3.5 m	612 m	4 m/14 m	消火栓箱	有	有	地道内350 M，800 M 通信正常
真华路地道	双向四车道	3 m	250 m	3.3 m/12 m	消火栓箱	有	无	地道内350 M，800 M 通信正常
陈翔公路地道	双向六车道	3 m	610 m	3.5 m/18 m	消火栓箱	有	无	地道内350 M，800 M 通信正常
邯郸路地道	双向八车道	4 m	912 m	5 m/33 m	消火栓箱	有	有	地道内350 M，800 M 通信正常
徐家汇路地道	双向四车道	2.5 m	245 m	3.3 m/5 m	消火栓箱	有	无	地道内350 M，800 M 通信正常
南奉公路地道	双向四车道	3 m	450 m	3.5 m/12 m	消火栓箱	有	有	地道内350 M，800 M 通信正常
合作路地道	双向四车道	3 m	120 m	3.5 m/12 m	消火栓箱	有	无	地道内350 M，800 M 通信正常
复兴东路地道	双向四车道	3 m	125 m	4 m/12 m	消火栓箱	有	有	地道内350 M，800 M 通信正常
中山南路地道	双向六车道	3 m	1250 m	4 m/18 m	消火栓箱	有	有	地道内350 M，800 M 通信正常

表4.3　隧道周边站点力量

隧道名称		周边站点		
人民路隧道	消防车	外滩站（浦西），1.57 km，大概 3 min	河南站（浦西），2.3 km，大概 4 min	铜山站（浦东），2.819 km，大概 6 min
	摩托车	外滩站（浦西）	河南站（浦西）	
延安东路隧道	消防车	河南站（浦西），1.03 km，大概 2 min	嵩山站（浦西），1.12 km，大概 2 min	铜山站（浦东），3.23 km，大概 7 min
	摩托车	河南（浦西）	嵩山（浦西）	
复兴东路隧道	消防车	外滩站（浦西），0.5 km，大概 1 min	复兴站（浦西），1.77 km，大概 3 min	铜山站（浦东），3.93m，大概 8 min
	摩托车	外滩站（浦西）	复兴站（浦西）	
外滩隧道	消防车	河南站（黄浦），1.2 km，大概 2 min	虹口站（浦西），0.7 km，大概 1 min	
	摩托车	河南站（黄浦）		
打浦路隧道	消防车	卢湾站（黄浦）1.4 km，大概 3 min	周渡站（浦东）0.4 km，大概 1 min	
	摩托车	卢湾站（黄浦）		
外环越江隧道	消防车	吴淞站（宝山），4.38 km，大概 10 min	高桥站（浦东），8.16 km，大概 15 min	
	摩托车			
大连路越江隧道	消防车	北外滩站（虹口），0.9 km，大概 2 min	江浦站（虹口），1.77 km，大概 3 min	铜山站（浦东），2.61 km，大概 4 min
	摩托车			
翔殷路越江隧道	消防车	五洲站（浦东），1.07 km，大概 2 min	民星站（杨浦），0.21 km，大概 1 min	
	摩托车			
上中路越江隧道	消防车	梅隆站（徐汇），3.8 km，大概 11 min	前滩站（浦东），2.03 km，大概 4 min	
	摩托车	前滩站（浦东）		
新建路越江隧道	消防车	虹口站（虹口），1.72 km，大概 3 min	北外滩（虹口），2.04 km，大概 4 min	铜山站（浦东），2.68 km，大概 5 min
	摩托车			
西藏南路越江隧道	消防车	车站站（黄浦），1.01 km，大概 2 min	卢湾站（黄浦），1.56 km，大概 3 min	周渡站（浦东），2.13 km，大概 4 min
	摩托车	车站站（黄浦）	卢湾站（黄浦）	
龙耀路越江隧道	消防车	南站站（徐汇），1.72 km，大概 3 min	周渡站（浦东），2.40 km，大概 5 min	
	摩托车			
军工路越江隧道	消防车	庆宁站（浦东），0.41 km，大概 1 min	内江站（杨浦），2.45 km，大概 5 min	

表4.3（续）

隧道名称		周边站点		
军工路越江隧道	摩托车	内江站（杨浦）		
长江路隧道	消防车	吴淞站（宝山），3.4 km，大概 10 min	高桥站（浦东），7.13 km，大概 15 min	
	摩托车			
虹梅南路越江隧道	消防车	金汇站（金海公路出口），4.78 km，大概 8 min	吴淞站（剑川路出口），2.36 km，大概 5 min	
	摩托车			
周家嘴路越江隧道	消防车	内江站（杨浦），1.53 km，大概 3 min	五洲站（浦东），2.66 km，大概 5 min	
	摩托车	内江站（杨浦）		
江浦路越江隧道	消防车	杨浦站（杨浦），0.5 km，大概 2 min	铜山站（浦东），1.29 km，大概 3 min	庆宁站（浦东），5.02 km，大概 13 min
	摩托车			
北横通道	消防车	天山站（北翟路出口），3.21 km，大概 7 min	新泾站（北翟路出口），2.70 km，大概 6 min	长宁站（华阳路出入口），1.98 km，大概 4 min
		恒丰站（天目西路出口），1.62 km，大概 3 min		
	摩托车			
郊环隧道	消防车	宝山站（宝山），0.1 km，大概 1 min	高桥站（浦东），7.24 km，大概 15 min	
	摩托车			
上海长江隧道	消防车	曹路站（浦东），6.5 km，大概 10 min	长兴站（崇明），1.8 km，大概 8 min	
	摩托车			

表4.4　隧道图片、管理部门

隧道名称	通车时间	管理单位
打浦路隧道	2009 年 10 月 31 日	上海浦江桥隧道管理有限公司

表4.4（续）

隧道名称	通车时间	管理单位
延安东路隧道 	1989年5月1日	上海浦江桥隧运营管理有限公司
上海外环越江隧道 	2003年6月21日	上海浦江桥隧运营管理有限公司
大连路越江隧道 	2003年9月29日	上海大连路隧道建设发展有限公司
复兴东路隧道 	2004年9月29日	上海中兴双诚隧道养护管理有限公司

表4.4（续）

隧道名称	通车时间	管理单位
翔殷路越江隧道 	2005年12月31日	上海浦江桥隧运营管理有限公司
上中路越江隧道 	2009年5月1日	上海中兴双诚隧道养护管理有限公司
人民路越江隧道 	2009年3月1日	上海浦江桥隧运营管理有限公司
新建路越江隧道 	2009年6月中旬	上海浦江桥隧运营管理有限公司

表4.4（续）

隧道名称	通车时间	管理单位
西藏南路越江隧道 	2010年4月	上海中兴双诚隧道养护管理有限公司
龙耀路越江隧道 	2020年8月30日	上海浦江桥隧道管理有限公司
军工路越江隧道 	2011年1月28日	上海市政养护管理有限公司
 长江路隧道	2016年9月10日	上海中兴双诚隧道养护管理有限公司

表 4.4（续）

隧道名称	通车时间	管理单位
虹梅南路越江隧道	2015 年 12 月 30 日	上海浦江桥隧运营管理有限公司
周家嘴路隧道	2019 年 10 月 31 日	上海市政养护管理有限公司
江浦路隧道	2021 年 9 月 30 日	上海浦江桥隧运营管理有限公司
北横通道	2021 年 6 月 18 日	上海市交通运输局

表4.4（续）

隧道名称	通车时间	管理单位
郊环隧道	2019年12月28日	上海浦江桥隧运营管理有限公司
外滩隧道	2010年3月28日	上海市政养护管理有限公司
上海长江隧道	2008年9月5日	上海兆亿隧桥养护管理有限公司

本章小结

　　本章主要介绍了城市交通隧道内的消防设施。本章分别针对疏散通道、灭火设施、防排烟系统、消防联动控制、应急照明与疏散指示标志这五种主要的消防设施展开，从规范要求、规范解析、调研熟悉和实战应用等方面进行了介绍。疏散通道是消防救援和人员及车辆疏散撤离的主要通道，关系着人民的生命和财产安全。隧道内设置的灭火设施种类丰富，对早期火灾有很好的抑制和预警作用。防排烟系统的使用直接影响火灾过程中的排烟效率和效果，其操作需要专业知识与现场实际相结合，具有较大的灵活性。

消防联动控制实现了消防报警设备、灭火设施的远程操作，应急照明与疏散指示标志为人员疏散提供了清晰的疏散信息。这五种消防设施都在城市交通隧道火灾中起到了至关重要的作用。

参考文献

［1］ 中华人民共和国公安部. 建筑设计防火规范:GB 50016-2014(2018年版)［S］.北京:中国计划出版社,2018.

［2］ 杨华仙. 交通隧道消防设施配置策略研究［J］.给水排水,2013,49(12):76-79.

［3］ 公安部消防局. 消防安全技术实务［M］.北京:机械工业出版社,2014.

［4］ 注册消防工程师资格考试命题研究中心.消防安全技术实务［M］.北京:北京理工大学出版社,2016.

［5］ 杨超,王志伟. 公路隧道通风技术现状及发展趋势［J］.地下空间与工程学报,2011,7(4):819-224.

［6］ 徐志胜. 防排烟工程［M］.北京:机械工业出版社,2011.

［7］ 胡自林,铁道科学与工程学报 苏J.地铁长区间中间风井设置探讨［J］.2018,15(6):8.

［8］ 武丽珍. 从岩后隧道事故谈公路隧道的消防设计［J］.消防科学与技术,2014,33(11):1284-1287.

第五章 城市隧道火灾应对措施

第一节 快速到达策略

在城市公路隧道发生突发事故时，救援人员携带装备快速到达现场是抢救人民生命财产的前提。上海的越江（黄浦江）隧道有近二十条之多，这些隧道大都属于特长隧道和长隧道，特长隧道和长隧道内发生事故后，停留在隧道内的车辆较多，隧道内火灾产生的热量难以散失并快速积聚，大大加快火势的发展，救援力量出动路线一旦选择不当，容易贻误时机，这就要求消防队伍加强第一出动，快速到达，快速处置。因此，本节从快速到达遵循的原则、快速到达的一般路线选择等方面研究消防救援队伍在城市道路隧道灾害事故中快速到达的策略。

一、快速到达遵循的原则

城市道路隧道灾害事故中人员和装备的快速到达是建立在合乎隧道特点、遵循消防救援规程相应的准则的前提下的。因此，在快速到达的全过程中，要始终遵循科学性、协同性、安全性的原则，对不同隧道缜密研判，分析难点要点，从而做出准确判断。

（一）科学性原则

科学性原则是指决策活动必须在决策科学理论的指导下，遵循科学决策的程序，运用科学思维方法来进行决策的决策行为准则，是消防救援人员携带装备快速到达首要遵循的原则，也是解决快速到达实际问题的方法和基础。下面围绕隧道的特点进一步探究在快速到达过程中存在的客观因素。

1. 隧道长度

如表5.1所示，城市公路隧道按长度划分为四类：特长隧道（$> 3000\,\mathrm{m}$）、长隧道（$1000\,\mathrm{m} \leqslant L \leqslant 3000\,\mathrm{m}$）、中隧道（$250\,\mathrm{m} < L < 1000\,\mathrm{m}$）、短隧道（$L \leqslant 250\,\mathrm{m}$）。

表5.1　隧道长度分类表　　　　　　　　　　　　　　　　　　　　单位：m

隧道分类	隧道长度	隧道分类	隧道长度
特长隧道	> 3000	中隧道	250 ~ 1000
长隧道	1000 ~ 3000	短隧道	≤250

上海城市公路隧道大都为特长隧道和长隧道如表5.2所示。如图5.1所示，特长隧道内设计车速一般为60 ~ 100 km/h，长隧道内设计车速一般为40 ~ 60 km/h。根据图5.1的数据统计，可以看出隧道长度与快速到达时间存在一定关系。即随着隧道长度的增长，快速到达的难度随之增加，成正相关，如图5.2所示。

表5.2　上海城市公路隧道长度及其通过时间统计表

序号	隧道名称	隧道长度/m	从隧道一端到另一端所用时间（按隧道限速）
1	人民路隧道	3090	50 km/h，大概4 min
2	延安东路隧道	北线2230.5 南线2207.4	40 ~ 50 km/h，大概3 min
3	复兴东路隧道	1214	60 km/h，大概1.5 min
4	外滩隧道	3500	40 km/h，大概5 min
5	打浦路隧道	2761	40 km/h，大概4 min
6	外环越江隧道	1860	60 km/h，大概2 min
7	大连路越江隧道	2500	40 km/h，大概4 min
8	翔殷路越江隧道	南线2606.32 北线2597	80 km/h，大概2 min
9	上中路越江隧道	2800	60 km/h，大概3 min
10	新建路越江隧道	2200	40 km/h，大概3 min
11	西藏南路越江隧道	2670	40 km/h，大概4 min
12	龙耀路越江隧道	4040	80 km/h，大概2 min
13	军工路越江隧道	3050	80 km/h，大概2 min
14	长江路隧道	2860	60 km/h，大概3 min
15	虹梅南路越江隧道	5260	60 km/h，大概5 min
16	周家嘴路越江隧道	4450	60 km/h，大概4 min
17	江浦路越江隧道	2280	40 km/h，大概4 min
18	北横通道	西段7790 东段6900	60 km/h，大概8 min
19	郊环隧道	6520	80 km/h，大概5 min
20	上海长江隧道	东线7471.65 西线7469.36	60 km/h，大概7 min

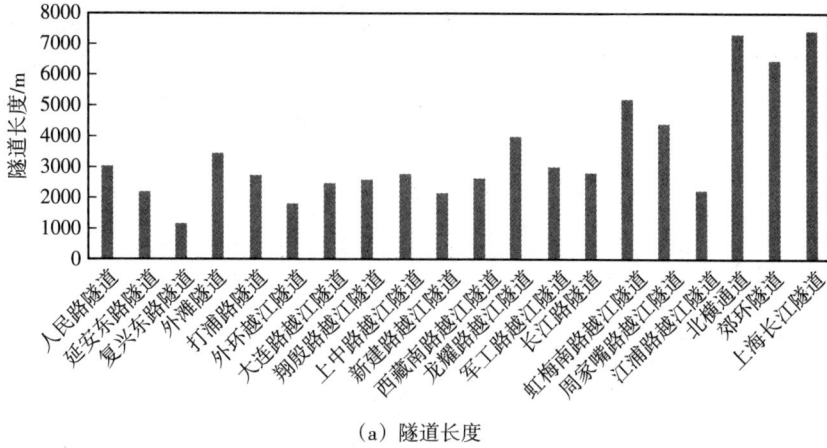

（a）隧道长度

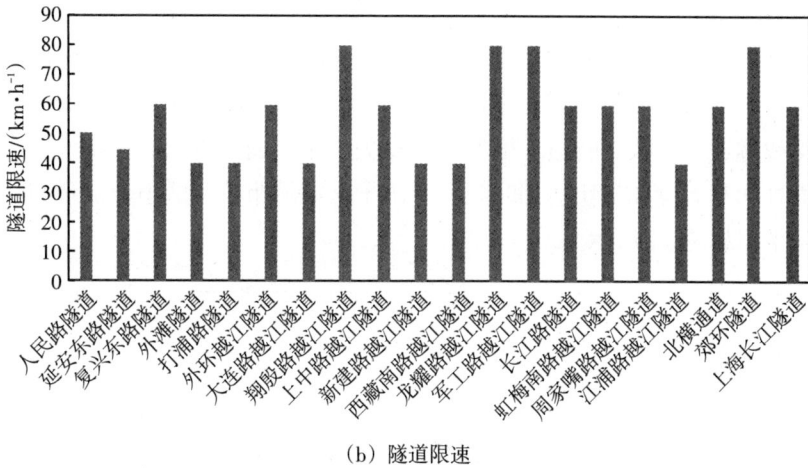

（b）隧道限速

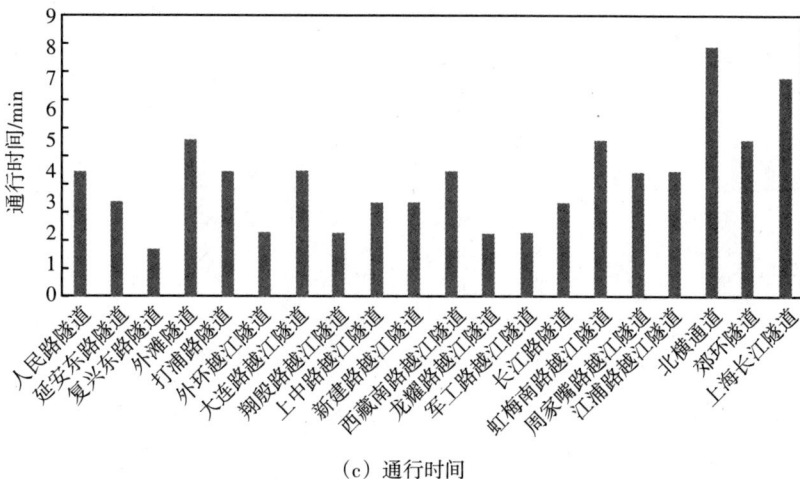

（c）通行时间

图5.1　上海城市公路隧道长度及车辆通过时间统计图

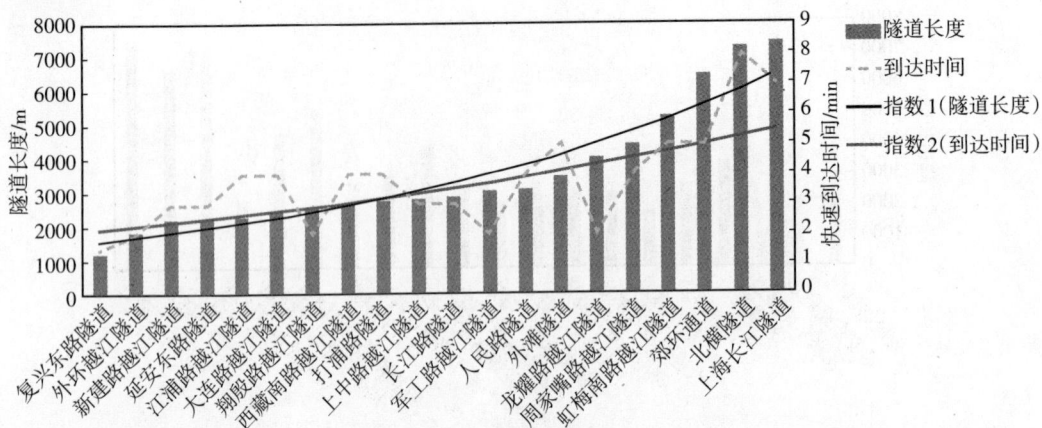

图5.2　隧道长度与快速到达时间拟合图

2. 隧道车流量

车流量是指单位时间内通过某路段的车辆数，隧道车流量即为单位时间内某条隧道上所通过的车辆数，车流量公式：车流量=通过车辆数/时间，这里统计的车流量为日均车流量，其和隧道车道数、隧道长度等成正相关。本书通过地图软件统计了上海部分城市公路隧道日均车流量和最快达到时间，得出了上海城市公路隧道车流量与快速到达时间之间的关系，如图5.3所示。

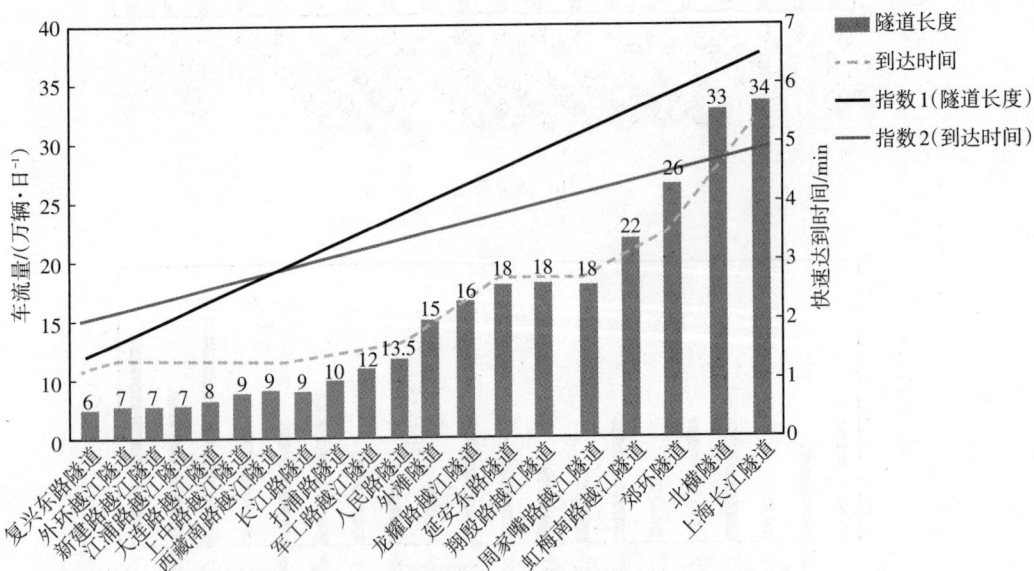

图5.3　隧道车流量与快速到达时间拟合图

从图5.3可以看出日均车流量和车辆快速到达时间成正相关。因此，一旦发生较大规模的火灾，或有抢险救援任务，在第一时间交通无法疏导的情况下，车流量较大的隧道容易出现拥堵，对辖区隧道车日均流量情况的掌握是十分必要的。

3. 隧道高峰时间段

高峰时间段，一般来说是指一日中出现大交通量的时间段。根据高峰时间段和发生灾情的位置，指挥中心可以合理地选择调派力量（如消防摩托车），加强近事故站点的第一出动，确保首战力量充足。本书通过地图软件统计了上海各个隧道的高峰时间段，如图5.4所示。

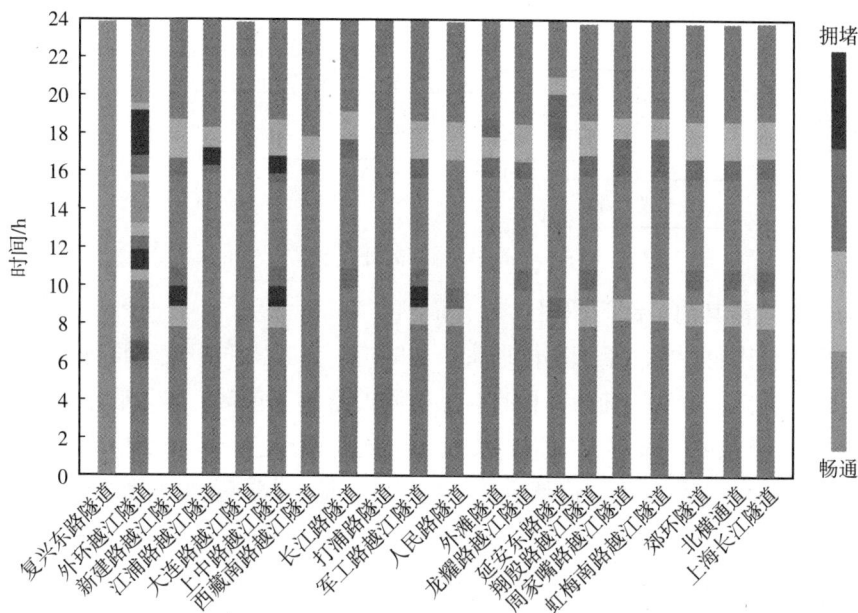

图5.4　隧道拥堵情况示意图

从图5.4可以看出，大多数隧道的拥堵时间段为8～12 h和16～20 h这两个时间段，因此在上述时间段出动时，辖区消防站应当及时联系交警部门、隧道相关部门开辟救援通道，避免因为堵车而延误时机。

综上所述，隧道长度、隧道车流量、隧道高峰时间段能够作为评判消防车辆及装备能否快速到达的数据标准，在一定程度上具有指导作用，也是判断能否快速到达的科学依据。辖区消防救援站要做好调研，针对性开展出动演练，才能在确保科学性的前提下做到快速到达。

（二）协同性原则

在发生灾害事故时，要有良好的社会协同，需要消防、交警、医疗等单位分工合作、协同作战，发挥好专业力量的作用。特别是消防人员携带装备快速到达期间，多部门联动是非常重要的一环。在了解各个部门的职责、清楚消防队伍自身职责的前提下，才能为消防加强第一出动打下更好的基础。

1. 消防处置前的多部门联动

消防处置前的多部门联动可理解为事故的多渠道传递模式，具体体现为事故可通过紧急电话、119及110指挥中心、交警及隧道运营集团巡逻车、闭路电视、检测器等渠道传递至隧道监控中心或高速公路指挥中心。公路隧道事故处置全局如图5.5所示。

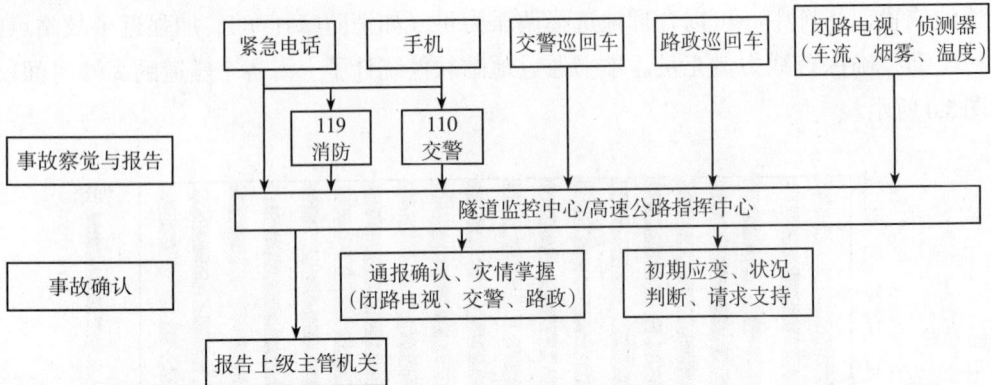

图 5.5　公路隧道事故处置全局图

2. 消防处置前其他各部门职责

消防处置前其他各部门承担不同职责,如隧道管理站需向报案人详细询问报警内容以确认情况,进行危险事故确认,检查自动监测设备是否正常,确认联动系统是否动作(闭路电视、应急照明、避难方向指向及通风系统由正常运转模式切换为应急状况的逃生运转模式),确认事故发生,启动应急广播等。具体各部门职责如图 5.6 所示。

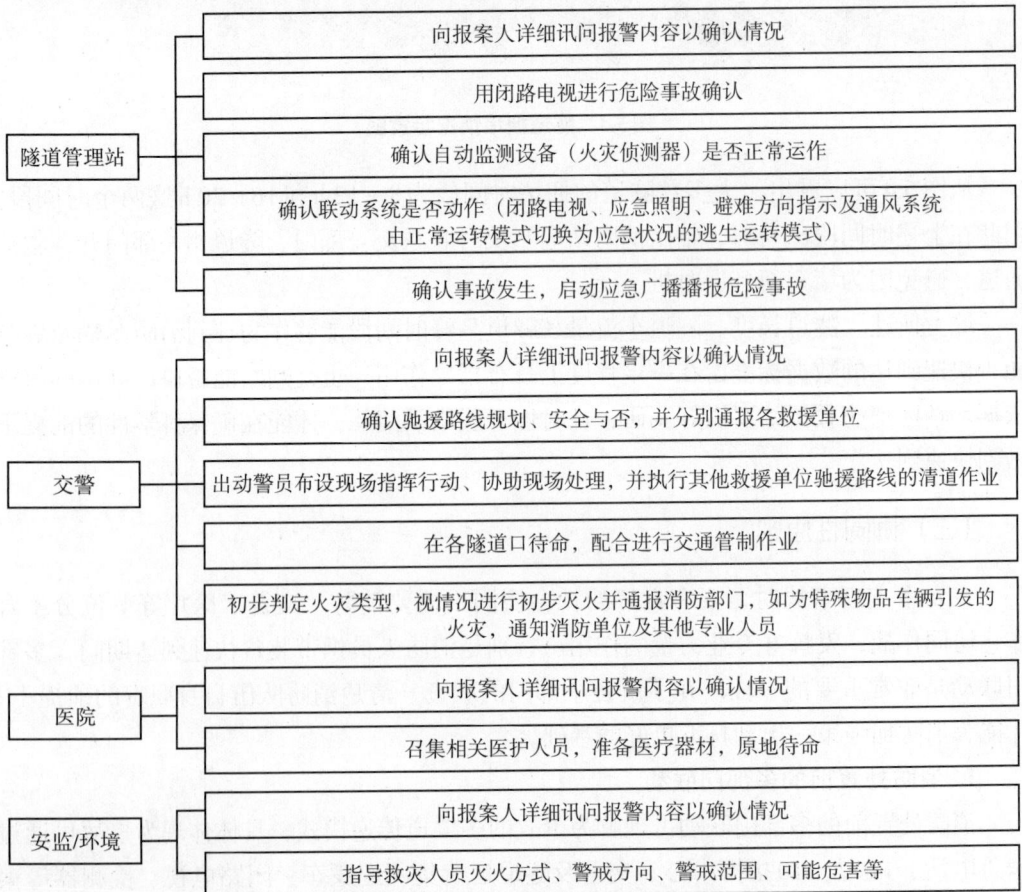

图 5.6　消防处置前其他各部门职责简介图

3. 快速到达期间消防部门的职责

快速到达期间消防部门的职责如图5.7所示。

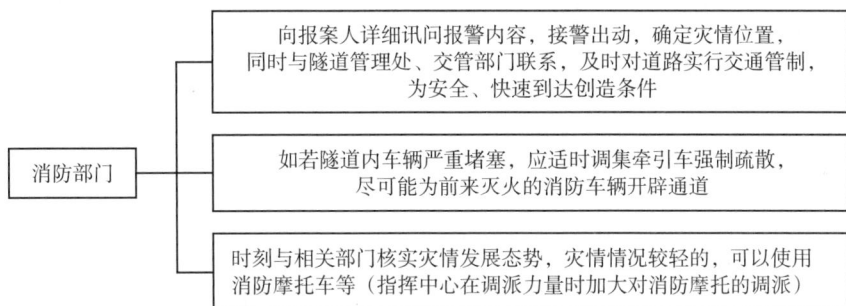

图5.7 快速到达期间消防部门的职责

（三）安全性原则

在行车过程中，既要做到快，也要做到不发生安全事故，这就要求严格遵守交通法规和作战安全行动要则，对行车过程、停靠车辆过程中可能存在的危险有预判、有预防。

当消防车在隧道正向行驶时，隧道内的环境（包括行车交通环境、交通设施布置及周围景观）容易给驾驶员造成不适应的视觉感知和不良心理影响。同时，隧道内环境亮度低，所以行车能见度差，容易造成行车安全问题。逆向行驶时，行驶在事故路段的消防车辆往往处于下风或是侧下风方向，容易受到热烟的影响，导致视线不清，车辆和人员受到火势威胁。行驶在非事故路段的车辆必须和交管部门进行联系，在得到交通管制的确切信息后方可减慢速度行驶，因此，一定要在了解实时灾害情况的条件下，采取合理的逆向行驶方案。

车辆停靠安全在消防队伍印发的《消防救援队伍作战训练安全手册》中有明确规定：消防车不能随意停靠，应停靠在马路一侧（近车行、人行横通道的道路）并设立好警戒。其中，一般道路警戒距离不少于200 m，遇雨、雪、雾等天气或夜间，警戒距离均应扩大1.5倍。在高速公路上，救援区域前、后方500 m处设置发光或反光的警戒和事故警示标志。在处理城市隧道灾害的过程中，车辆的停靠也应对照执行。

综合上述原则，城市公路隧道灾害事故中人员和装备的快速到达应当在符合原则的前提下进行规划，从而选择合适的策略开展快速出动。

二、快速到达的一般路线选择

在选择救援路线时，可以选择与正常运行的隧道上游的车辆一同行驶，使救援车辆尽可能快速安全地进行紧急救援。也可以以救援时间最短为目标，在事故路段或非事故路段逆向行驶。救援的策略也可遵照以上原则对救援路径进行分类。大概分为非事故正向（利用车行横通道顺向救援）、事故正向、非事故逆向（利用车行横通道逆向救援）、事故逆向。对于高速公路隧道单车快速到达相应的救援策略主要分为以下4种：① 如图5.8所示，顺向行驶到达灾害地点后方；② 如图5.9所示，逆向行驶到达灾害地点前方；③ 如图5.10所示，顺向行驶，通过车行横通道顺向行驶到达灾害地点后方；④ 如图5.11所示，顺向行驶，通过车行横通道逆向行驶到达灾害地点前方。在实际前往救援的过程中，需要因地制宜，通过选择正确的救援路线缩短到达事故现场的时间。

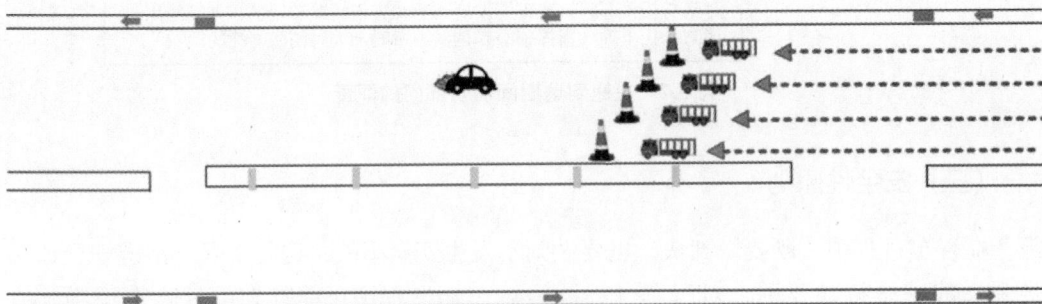

图5.8　顺向行驶到达灾害地点后方

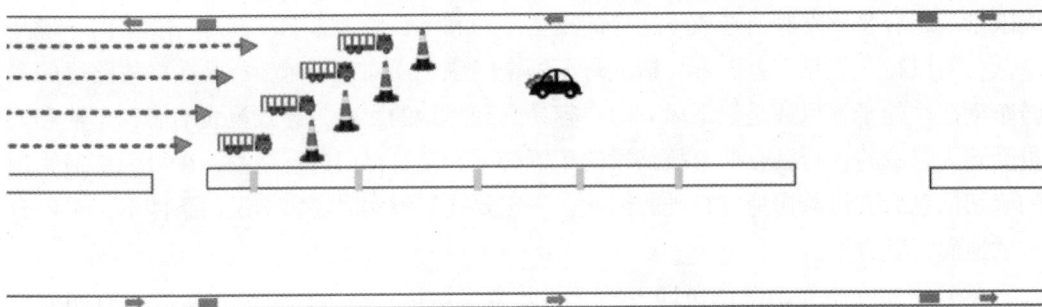

图5.9　逆向行驶到达灾害地点前方

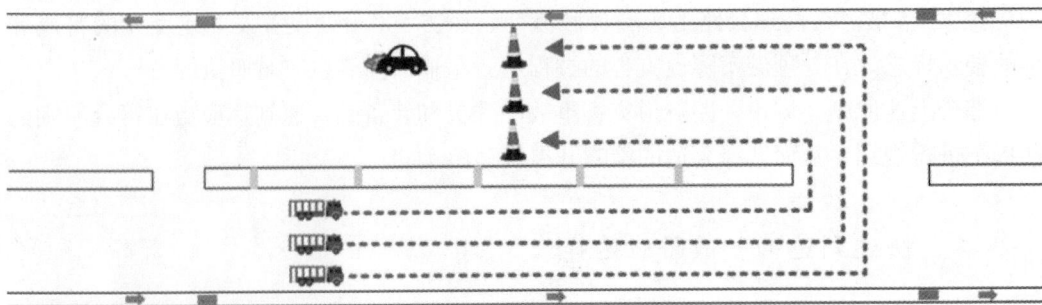

图5.10　顺向行驶，通过车行横通道顺向行驶到达灾害地点后方

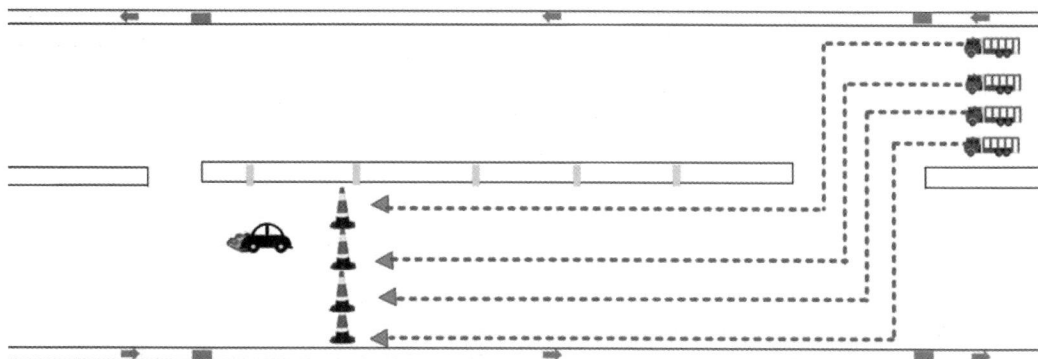

图5.11　顺向行驶，通过车行横通道逆向行驶到达灾害地点前方

三、快速到达实例分析

在发生较大火灾的情况下，消防力量会应派尽派。因此，消防车辆需要根据隧道周边消防力量配备，及其到达时间选择相应的快速到达策略。

（1）以人民路隧道中浦西向浦东江中心发生的火灾为例，对消防力量快速到达策略进行实例分析，消防力量分配如表5.3所示，消防力量快速到达示意图，如图5.12所示。

表5.3　消防力量分配（1）

浦西向浦东江中心发生火灾	辖区力量快速到达	力量1	河南站压缩空气泡沫消防车	从浦西入口进入，顺向行驶到达灾害地点后方
		力量2	河南站雷诺多功能登高灭火消防车	从浦西入口进入，顺向行驶到达灾害地点后方
		力量3	河南站四轮消防摩托车	从浦西入口进入，顺向行驶到达灾害地点后方
		力量4	铜山站压缩空气泡沫车	从浦东出口进入，逆向行驶到达灾害地点前方
		力量5	铜山站AT车	从浦东出口进入，逆向行驶到达灾害地点
		力量6	铜山站大力水罐车	从浦东出口进入，逆向行驶到达灾害地点
	增援力量快速到达	力量1	外滩站一七式低平车	从浦西入口进入，顺向行驶到达灾害地点后方
		力量2	外滩站AT车	从浦西入口进入，顺向行驶到达灾害地点后方
		力量3	外滩站组泡沫车	从浦西入口进入，顺向行驶到达灾害地点后方
		力量4	外滩站消防摩托车	从浦西入口进入，顺向行驶到达灾害地点后方
		力量5	复兴站一七车	从浦西入口进入，顺向行驶到达灾害地点后方
		力量6	复兴站高供车	从浦西入口进入，顺向行驶到达灾害地点后方
		力量7	复兴站照明车	从浦西入口进入，顺向行驶到达灾害地点后方
		力量8	复兴站消防摩托车	从浦西入口进入，顺向行驶到达灾害地点后方
		力量9	临沂站一七组泡沫车	从浦东入口进入，顺向行驶至车行横通道，通过车行横通道，再顺向行驶到达灾害地点后方
		力量10	临沂站组泡沫车	从浦东入口进入，顺向行驶至车行横通道，通过车行横通道，再顺向行驶到达灾害地点后方
		力量11	嵩山站抢险车	从浦西入口进入，顺向行驶到达灾害地点后方
		力量12	嵩山站装备车	从浦西入口进入，顺向行驶到达灾害地点后方
		力量13	嵩山站消防摩托车	从浦西入口进入，顺向行驶到达灾害地点后方

表5.3（续）

浦西向浦东江中心发生火灾	增援力量快速到达	力量14	车站站抢险车	从浦西入口进入，顺向行驶到达灾害地点后方
		力量15	车站站消防摩托车	从浦西入口进入，顺向行驶到达灾害地点后方
		力量16	江杨站照明车	从浦西入口进入，顺向行驶到达灾害地点后方
		力量17	龙阳站装备车	从浦东入口进入，顺向行驶至车行横通道，通过车行横通道，再逆向行驶到达灾害地点前方

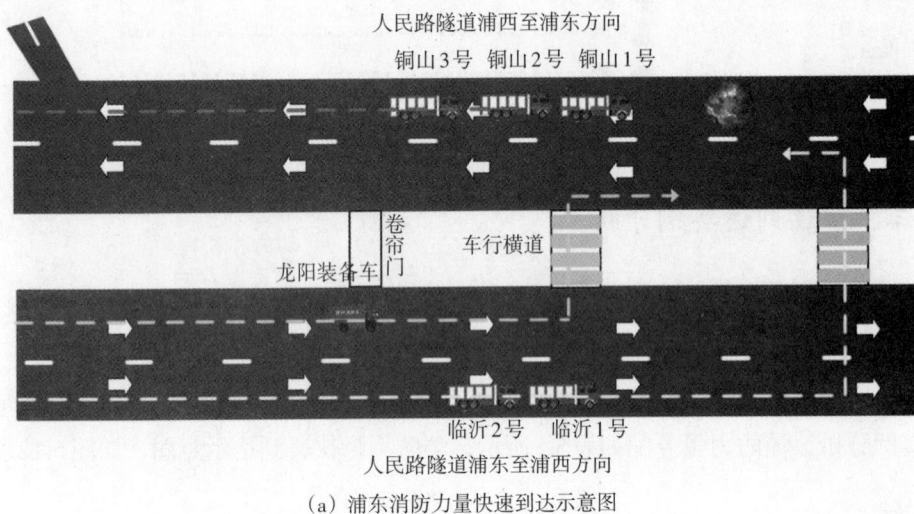

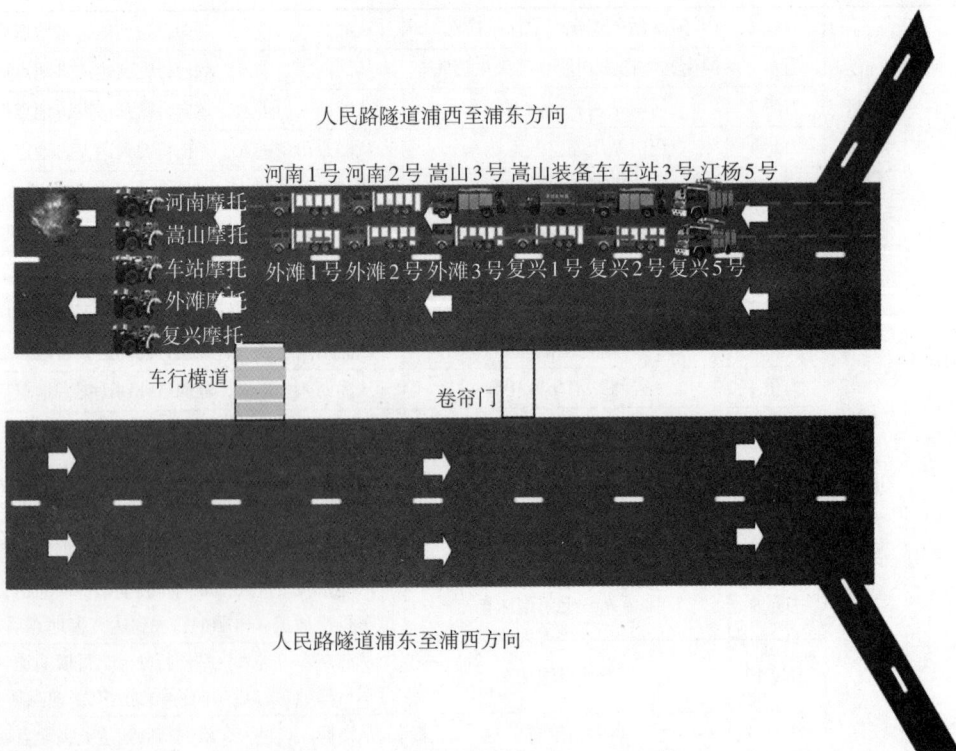

人民路隧道浦西至浦东方向

铜山3号　铜山2号　铜山1号

龙阳装备车　　卷帘门　　车行横道

临沂2号　临沂1号

人民路隧道浦东至浦西方向

（a）浦东消防力量快速到达示意图

人民路隧道浦西至浦东方向

河南1号 河南2号 嵩山3号 嵩山装备车 车站3号 江杨5号

河南摩托
嵩山摩托
车站摩托　外滩1号 外滩2号 外滩3号 复兴1号 复兴2号 复兴5号
外滩摩托
复兴摩托

车行横道　　　卷帘门

人民路隧道浦东至浦西方向

（b）浦西消防力量快速到达示意图

图5.12　消防力量快速到达示意图（1）

（2）以人民路隧道中浦东向浦西江中心发生火灾为例，对消防力量快速到达策略进行实例分析，消防力量分配如表5.4所示，消防力量快速到达示意图如图5.13所示。

表5.4　消防力量分配（2）

浦东向浦西江中心发生火灾	辖区力量快速到达	力量1	河南站压缩空气泡沫消防车	从浦西出口进入，逆向行驶到达灾害地点前方
		力量2	河南站雷诺多功能登高灭火消防车	从浦西出口进入，逆向行驶到达灾害地点前方
		力量3	河南站四轮消防摩托车	从浦西出口进入，逆向行驶到达灾害地点前方
		力量4	铜山站压缩空气泡沫车	从浦东入口进入，顺向行驶到达灾害地点后方
		力量5	铜山站AT车	从浦东入口进入，顺向行驶到达灾害地点后方
		力量6	铜山站大力水罐车	从浦东入口进入，顺向行驶到达灾害地点后方
	增援力量快速到达	力量1	外滩站一七式低平车	从浦西入口进入，顺向行驶至车行横通道，通过车行横通道，再逆向行驶到达灾害地点前方
		力量2	外滩站AT车	从浦西入口进入，顺向行驶至车行横通道，通过车行横通道，再逆向行驶到达灾害地点前方
		力量3	外滩站组泡沫车	从浦西入口进入，顺向行驶至车行横通道，通过车行横通道，再逆向行驶到达灾害地点前方
		力量4	外滩站消防摩托车	从浦西入口进入，顺向行驶至车行横通道，通过车行横通道，再逆向行驶到达灾害地点前方
		力量5	复兴站一七车	从浦西入口进入，顺向行驶至车行横通道，通过车行横通道，再顺向行驶到达灾害地点后方
		力量6	复兴站高供车	从浦西入口进入，顺向行驶至车行横通道，通过车行横通道，再顺向行驶到达灾害地点后方
		力量7	复兴站照明车	从浦西入口进入，顺向行驶至车行横通道，通过车行横通道，再顺向行驶到达灾害地点后方
		力量8	复兴站消防摩托车	从浦西入口进入，顺向行驶至车行横通道，通过车行横通道，再顺向行驶到达灾害地点后方
		力量9	车站站抢险车	从浦西入口进入，顺向行驶至车行横通道，通过车行横通道，再顺向行驶到达灾害地点后方
		力量10	车站站消防摩托车	从浦西入口进入，顺向行驶至车行横通道，通过车行横通道，再顺向行驶到达灾害地点后方
		力量11	嵩山站抢险车	从浦西出口进入，逆向行驶到达灾害地点前方
		力量12	嵩山站装备车	从浦西出口进入，逆向行驶到达灾害地点前方
		力量13	嵩山站消防摩托车	从浦西出口进入，逆向行驶到达灾害地点前方
		力量14	临沂站一七组泡沫车	从浦东入口进入，顺向行驶到达灾害地点后方
		力量15	临沂站组泡沫车	从浦东入口进入，顺向行驶到达灾害地点后方
		力量16	江扬站照明车	从浦西出口进入，逆向行驶到达灾害地点前方
		力量17	龙阳站装备车	从浦东入口进入，顺向行驶到达灾害地点后方

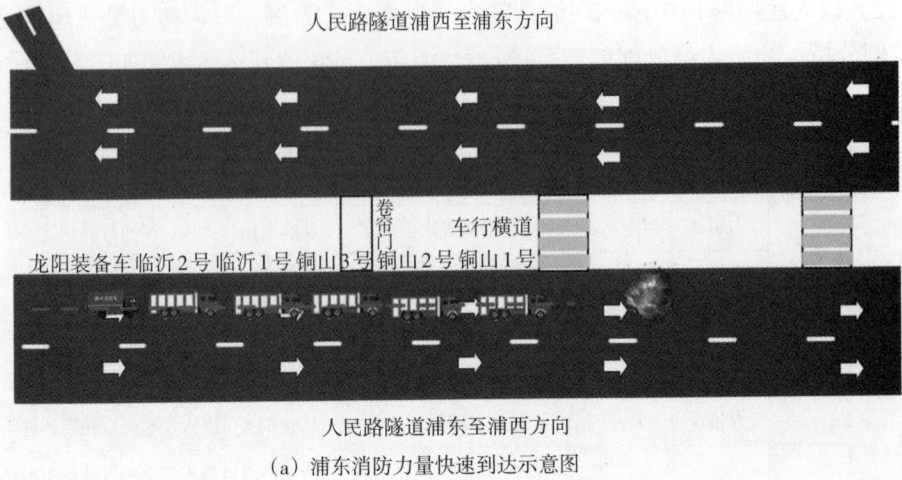

人民路隧道浦西至浦东方向

车行横道

龙阳装备车 临沂2号 临沂1号 铜山3号 铜山2号 铜山1号

人民路隧道浦东至浦西方向

(a) 浦东消防力量快速到达示意图

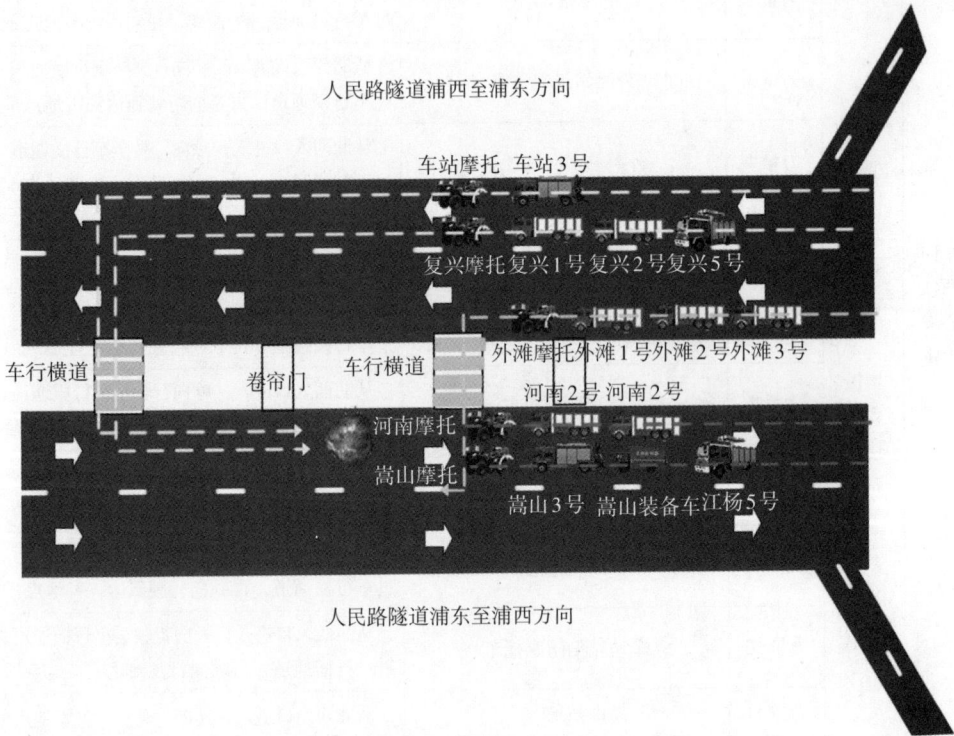

人民路隧道浦西至浦东方向

车站摩托　车站3号

复兴摩托 复兴1号 复兴2号 复兴5号

车行横道　　　　　车行横道

外滩摩托 外滩1号 外滩2号 外滩3号

卷帘门

河南2号 河南2号

河南摩托

嵩山摩托

嵩山3号　嵩山装备车 江杨5号

人民路隧道浦东至浦西方向

(b) 浦西消防力量快速到达示意图

图5.13　消防力量快速到达示意图（2）

（3）以人民路隧道中浦西向浦东入口发生火灾为例，对消防力量快速到达策略进行实例分析，消防力量分配如表5.5所示，消防力量快速到达示意图如图5.14所示。

表5.5 消防力量分配（3）

		力量1	河南站压缩空气泡沫消防车	从浦西入口进入，顺向行驶到达灾害地点后方
	辖区力量快速到达	力量2	河南站雷诺多功能登高灭火消防车	从浦西入口进入，顺向行驶到达灾害地点后方
		力量3	河南站四轮消防摩托车	从浦西入口进入，顺向行驶到达灾害地点后方
		力量4	铜山站压缩空气泡沫车	从浦东出口进入，逆向行驶到达灾害地点前方
		力量5	铜山站AT车	从浦西入口进入，顺向行驶到达灾害地点后方
		力量6	铜山站大力水罐车	从浦东入口进入，顺向行驶至车行横通道，通过车行横通道，再逆向行驶到达灾害地点前方
浦西向浦东入口发生火灾时	增援力量快速到达	力量1	外滩站一七式低平车	从浦西入口进入，顺向行驶到达灾害地点后方
		力量2	外滩站AT车	从浦西入口进入，顺向行驶到达灾害地点后方
		力量3	外滩站组泡沫车	从浦西入口进入，顺向行驶到达灾害地点后方
		力量4	外滩站消防摩托车	从浦西入口进入，顺向行驶到达灾害地点后方
		力量5	复兴站一七车	从浦西出口进入，逆向行驶至车行横通道，通过车行横通道，再逆向行驶到达灾害地点前方
		力量6	复兴站高供车	从浦西出口进入，逆向行驶至车行横通道，通过车行横通道，再逆向行驶到达灾害地点前方
		力量7	复兴站照明车	从浦西出口进入，逆向行驶至车行横通道，通过车行横通道，再逆向行驶到达灾害地点前方
		力量8	复兴站消防摩托车	从浦西出口进入，逆向行驶至车行横通道，通过车行横通道，再逆向行驶到达灾害地点前方
		力量9	临沂站一七组泡沫车	从浦东入口进入，顺向行驶至车行横通道，通过车行横通道，再逆向行驶到达灾害地点前方
		力量10	临沂站组泡沫车	从浦东入口进入，顺向行驶至车行横通道，通过车行横通道，再逆向行驶到达灾害地点前方
		力量11	嵩山站抢险车	从浦西入口进入，顺向行驶到达灾害地点后方
		力量12	嵩山站装备车	从浦西入口进入，顺向行驶到达灾害地点后方
		力量13	嵩山站消防摩托车	从浦西入口进入，顺向行驶到达灾害地点后方
		力量14	车站站抢险车	从浦西出口进入，逆向行驶至车行横通道，通过车行横通道，再逆向行驶到达灾害地点前方
		力量15	车站站消防摩托车	从浦西出口进入，逆向行驶至车行横通道，通过车行横通道，再逆向行驶到达灾害地点前方
		力量16	江扬站照明车	从浦西入口进入，顺向行驶到达灾害地点后方
		力量17	龙阳站装备车	从浦东入口进入，顺向行驶至车行横通道，通过车行横通道，再逆向行驶到达灾害地点前方

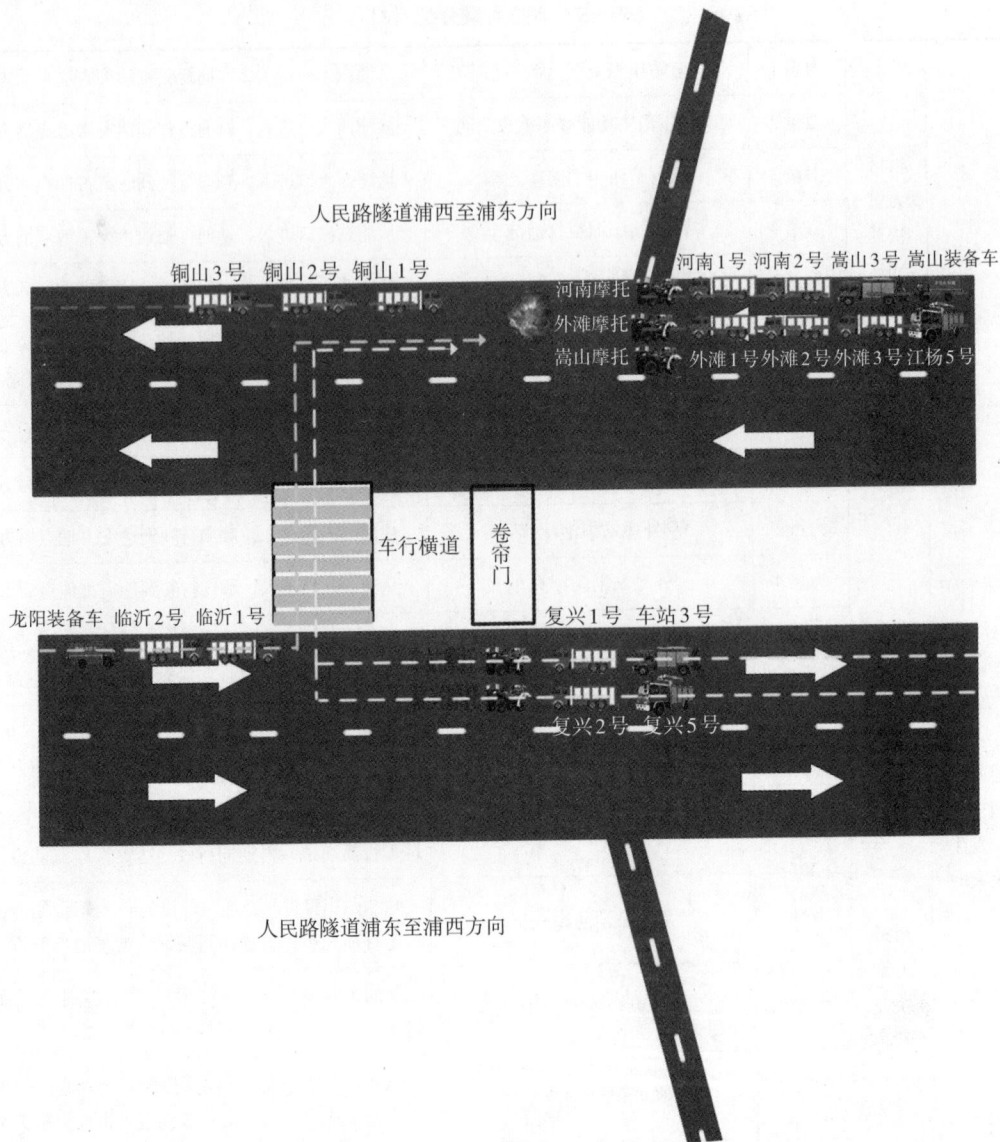

图5.14　消防力量快速到达示意图（3）

（4）以人民路隧道中浦东向浦西入口发生火灾为例，对消防力量快速到达策略进行实例分析，消防力量分配如表5.6所示，消防力量快速到达示意图如图5.15所示。

表5.6　消防力量分配（4）

浦东向浦西入口发生火灾时	辖区力量快速到达	力量1	河南站压缩空气泡沫消防车	从浦西出口进入，逆向行驶到达灾害地点前方
		力量2	河南站雷诺多功能登高灭火消防车	从浦西出口进入，逆向行驶到达灾害地点前方
		力量3	河南站四轮消防摩托车	从浦西出口进入，逆向行驶到达灾害地点前方
		力量4	铜山站压缩空气泡沫车	从浦东入口进入，顺向行驶到达灾害地点后方

表5.6（续）

		力量5	铜山站AT车	从浦东入口进入，顺向行驶到达灾害地点后方
		力量6	铜山站大力水罐车	从浦东入口进入，顺向行驶到达灾害地点后方
浦东向浦西入口发生火灾时	增援力量快速到达	力量1	外滩站一七式低平车	从浦西入口进入，顺向行驶至车行横通道，通过车行横通道，再逆向行驶到达灾害地点前方
		力量2	外滩站AT车	从浦西入口进入，顺向行驶至车行横通道，通过车行横通道，再逆向行驶到达灾害地点前方
		力量3	外滩站组泡沫车	从浦西入口进入，顺向行驶至车行横通道，通过车行横通道，再逆向行驶到达灾害地点前方
		力量4	外滩站消防摩托车	从浦西入口进入，顺向行驶至车行横通道，通过车行横通道，再逆向行驶到达灾害地点前方
		力量5	复兴站一七车	从浦西入口进入，顺向行驶至车行横通道，通过车行横通道，再逆向行驶到达灾害地点前方
		力量6	复兴站高供车	从浦西入口进入，顺向行驶至车行横通道，通过车行横通道，再逆向行驶到达灾害地点前方
		力量7	复兴站照明车	从浦西出口进入，逆向行驶到达灾害地点前方
		力量8	复兴站消防摩托车	从浦西出口进入，逆向行驶到达灾害地点前方
		力量9	临沂站一七组泡沫车	从浦东入口进入，顺向行驶到达灾害地点后方
		力量10	临沂站组泡沫车	从浦东入口进入，顺向行驶到达灾害地点后方
		力量11	嵩山站抢险车	从浦西出口进入，逆向行驶到达灾害地点前方
		力量12	嵩山站装备车	从浦西出口进入，逆向行驶到达灾害地点前方
		力量13	嵩山站消防摩托车	从浦西出口进入，逆向行驶到达灾害地点前方
		力量14	车站站抢险车	从浦西出口进入，逆向行驶到达灾害地点前方
		力量15	车站站消防摩托车	从浦西出口进入，逆向行驶到达灾害地点前方
		力量16	江扬站照明车	从浦西出口进入，逆向行驶到达灾害地点前方
		力量17	龙阳站装备车	从浦东入口进入，顺向行驶到达灾害地点后方

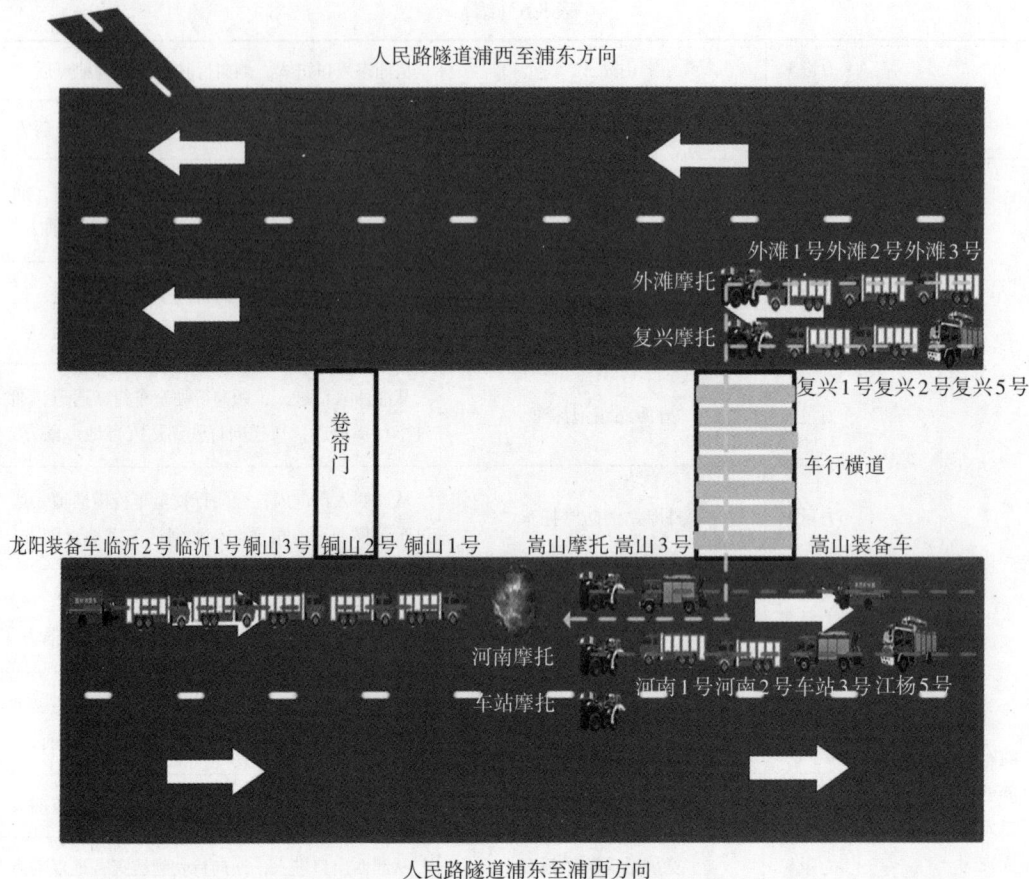

人民路隧道浦西至浦东方向

人民路隧道浦东至浦西方向

图5.15 消防力量快速到达示意图（4）

（5）以人民路隧道中浦东向浦西出口发生火灾为例，对消防力量快速到达策略进行实例分析，消防力量分配如表5.7所示。

表5.7 消防力量分配（5）

浦东向浦西出口发生火灾时	辖区力量快速到达	力量1	河南站压缩空气泡沫消防车	从浦西出口进入，逆向行驶到达灾害地点前方
		力量2	河南站雷诺多功能登高灭火消防车	从浦西出口进入，逆向行驶到达灾害地点前方
		力量3	河南站四轮消防摩托车	从浦西出口进入，逆向行驶到达灾害地点前方
		力量4	铜山站压缩空气泡沫车	从浦东入口进入，顺向行驶到达灾害地点后方
		力量5	铜山站AT车	从浦东入口进入，顺向行驶到达灾害地点后方
		力量6	铜山站大力水罐车	从浦东入口进入，顺向行驶到达灾害地点后方
	增援力量快速到达	力量1	外滩站一七式低平车	从浦西出口进入，逆向行驶到达灾害地点前方
		力量2	外滩站AT车	从浦西出口进入，逆向行驶到达灾害地点前方
		力量3	外滩站组泡沫车	从浦西出口进入，逆向行驶到达灾害地点前方
		力量4	外滩站消防摩托车	从浦西出口进入，逆向行驶到达灾害地点前方
		力量5	复兴站一七车	从浦西入口进入，顺向行驶至车行横通道，通过车行横通道，再顺向行驶到达灾害地点后方

表5.7（续）

		力量6	复兴站高供车	从浦西入口进入，顺向行驶至车行横通道，通过车行横通道，再顺向行驶到达灾害地点后方
浦东向浦西出口发生火灾时	增援力量快速到达	力量7	复兴站照明车	从浦西入口进入，顺向行驶至车行横通道，通过车行横通道，再顺向行驶到达灾害地点后方
		力量8	复兴站消防摩托车	从浦西入口进入，顺向行驶至车行横通道，通过车行横通道，再顺向行驶到达灾害地点后方
		力量9	临沂站一七组泡沫车	从浦东入口进入，顺向行驶到达灾害地点后方
		力量10	临沂站组泡沫车	从浦东入口进入，顺向行驶到达灾害地点后方
		力量11	嵩山站抢险车	从浦西出口进入，逆向行驶到达灾害地点前方
		力量12	嵩山站装备车	从浦西出口进入，逆向行驶到达灾害地点前方
		力量13	嵩山站消防摩托车	从浦西出口进入，逆向行驶到达灾害地点前方
		力量14	车站站抢险车	从浦西入口进入，顺向行驶至车行横通道，通过车行横通道，再顺向行驶到达灾害地点后方
		力量15	车站站消防摩托车	从浦西入口进入，顺向行驶至车行横通道，通过车行横通道，再顺向行驶到达灾害地点后方
		力量16	江扬站照明车	从浦西出口进入，逆向行驶到达灾害地点前方
		力量17	龙阳站装备车	从浦东入口进入，顺向行驶到达灾害地点后方

（6）以人民路隧道中浦西向浦东出口发生火灾为例，对消防力量快速到达策略进行实例分析，消防力量分配如表5.8所示，消防力量快速到达示意图如图5.16所示。

表5.8　消防力量分配（6）

		力量1	河南站压缩空气泡沫消防车	从浦西入口进入，顺向行驶到达灾害地点后方
浦西向浦东出口发生火灾时	辖区力量快速到达	力量2	河南站雷诺多功能登高灭火消防车	从浦西入口进入，顺向行驶到达灾害地点后方
		力量3	河南站四轮消防摩托车	从浦西入口进入，顺向行驶到达灾害地点后方
		力量4	铜山站压缩空气泡沫车	从浦东出口进入，逆向行驶到达灾害地点前方
		力量5	铜山站AT车	从浦东出口进入，逆向行驶到达灾害地点前方
		力量6	铜山站大力水罐车	从浦东出口进入，逆向行驶到达灾害地点前方
	增援力量快速到达	力量1	外滩站一七式低平车	从浦西入口进入，顺向行驶到达灾害地点后方
		力量2	外滩站AT车	从浦西入口进入，顺向行驶到达灾害地点后方
		力量3	外滩站组泡沫车	从浦西入口进入，顺向行驶到达灾害地点后方
		力量4	外滩站消防摩托车	从浦西入口进入，顺向行驶到达灾害地点后方
		力量5	复兴站一七车	从浦西入口进入，顺向行驶到达灾害地点后方
		力量6	复兴站高供车	从浦西入口进入，顺向行驶到达灾害地点后方
		力量7	复兴站照明车	从浦西入口进入，顺向行驶到达灾害地点后方
		力量8	复兴站消防摩托车	从浦西入口进入，顺向行驶到达灾害地点后方

表5.8（续）

		力量9	临沂站一七组泡沫车	从浦西入口进入，顺向行驶至车行横通道，通过车行横通道，再顺向行驶到达灾害地点后方
浦西向浦东出口发生火灾时	增援力量快速到达	力量10	临沂站组泡沫车	从浦西入口进入，顺向行驶至车行横通道，通过车行横通道，再顺向行驶到达灾害地点后方
		力量11	嵩山站抢险车	从浦西入口进入，顺向行驶到达灾害地点后方
		力量12	嵩山站装备车	从浦西入口进入，顺向行驶到达灾害地点后方
		力量13	嵩山站消防摩托车	从浦西入口进入，顺向行驶到达灾害地点后方
		力量14	车站站抢险车	从浦西入口进入，顺向行驶到达灾害地点后方
		力量15	车站站消防摩托车	从浦西入口进入，顺向行驶到达灾害地点后方
		力量16	江扬站照明车	从浦西入口进入，顺向行驶到达灾害地点后方
		力量17	龙阳站装备车	从浦西入口进入，顺向行驶至车行横通道，通过车行横通道，再顺向行驶到达灾害地点后方

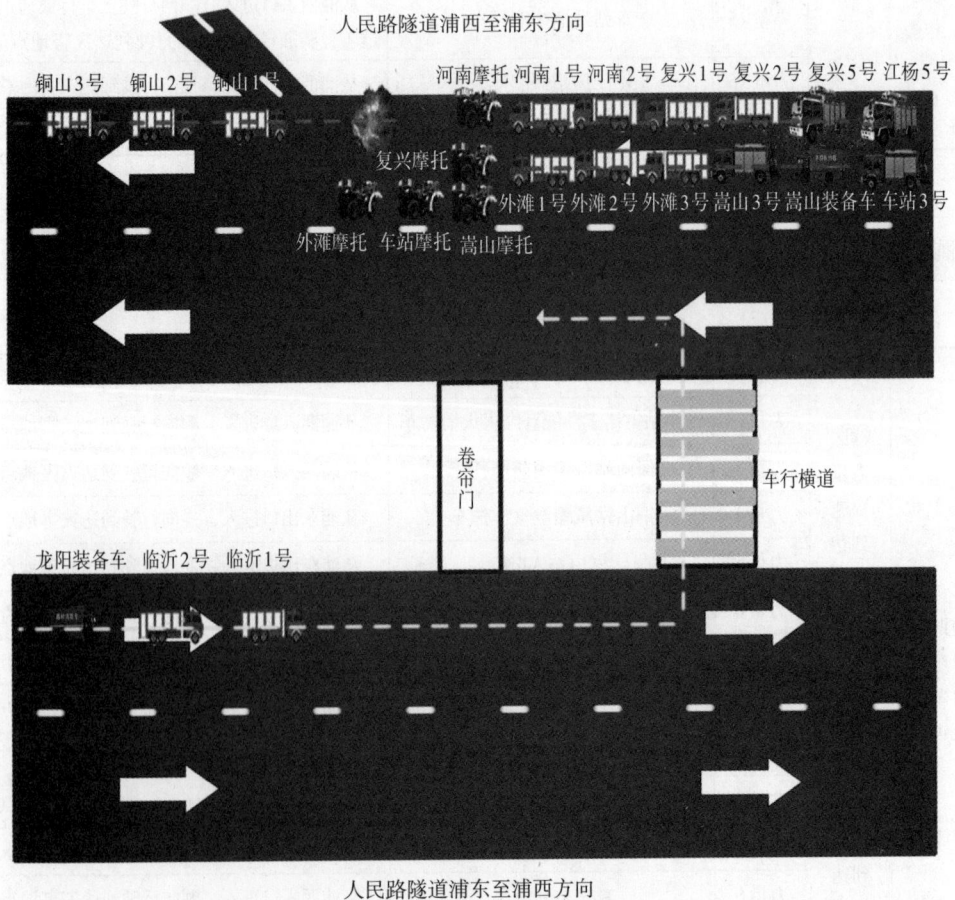

图5.16 消防力量快速到达示意图（5）

表5.9是通过预案收集后，上海部分隧道周边消防力量及其到达时间的统计表。

表 5.9　上海城市隧道周边消防力量配备及其到达时间（截至 2021 年）

隧道名称		周边站点距隧道口距离及到达时间		
人民路隧道	消防车	外滩站（浦西） 1.57 km，大概 3 min	河南站（浦西） 2.3 km，大概 4 min	铜山站（浦东） 2.82 km，大概 6 min
	摩托车	外滩站（浦西）	河南站（浦西）	
延安东路隧道	消防车	河南站（浦西） 1.03 km，大概 2 min	嵩山站（浦西） 1.12 km，大概 2 min	铜山站（浦东） 3.23 km，大概 7 min
	摩托车	河南（浦西）	嵩山（浦西）	
复兴东路隧道	消防车	外滩站（浦西） 0.5 km，大概 1 min	复兴站（浦西） 1.77 km，大概 3 min	铜山站（浦东） 3.93m，大概 8 min
	摩托车	外滩站（浦西）	复兴站（浦西）	
外滩隧道	消防车	河南站（黄浦） 1.2 km，大概 2 min	虹口站（浦西） 0.7 km，大概 1 min	
	摩托车	河南站（黄浦）		
打浦路隧道	消防车	卢湾站（黄浦） 1.4 km，大概 3 min	周渡站（浦东） 0.4 km，大概 1 min	
	摩托车	卢湾站（黄浦）		
外环越江隧道	消防车	吴淞站（宝山） 4.38 km，大概 10 min	高桥站（浦东） 8.16 km，大概 15 min	
	摩托车			
大连路越江隧道	消防车	北外滩站（虹口） 0.9 km，大概 2 min	江浦站（虹口） 1.77 km，大概 3 min	铜山站（浦东） 2.61 km，大概 4 min
	摩托车			
翔殷路越江隧道	消防车	五洲站（浦东） 1.07 km，大概 2 min	民星站（杨浦） 0.21 km，大概 1 min	
	摩托车			
上中路越江隧道	消防车	梅隆站（徐汇） 3.8 km，大概 11 min	前滩站（浦东） 2.03 km，大概 4 min	
	摩托车	前滩站（浦东）		
新建路越江隧道	消防车	虹口站（虹口） 1.72 km，大概 3 min	北外滩（虹口） 2.04 km，大概 4 min	铜山站（浦东） 2.68 km，大概 5 min
	摩托车			
西藏南路越江隧道	消防车	车站站（黄浦） 1.01 km，大概 2 min	卢湾站（黄浦） 1.56 km，大概 3 min	周渡站（浦东） 2.13 km，大概 4 min
	摩托车	车站站（黄浦）	卢湾站（黄浦）	
龙耀路越江隧道	消防车	南站站（徐汇） 1.72 km，大概 3 min	周渡站（浦东） 2.40 km，大概 5 min	
	摩托车			

表 5.9（续）

隧道名称		周边站点距隧道口距离及到达时间		
军工路越江隧道	消防车	庆宁站（浦东）0.41 km，大概 1 min	内江站（杨浦）2.45 km，大概 5 min	
	摩托车	内江站（杨浦）		
长江路隧道	消防车	吴淞站（宝山）3.4 km，大概 10 min	高桥站（浦东）7.13 km，大概 15 min	
	摩托车			
虹梅南路越江隧道	消防车	金汇站（金海公路出口）4.78 km，大概 8 min	吴淞站（剑川路出口）2.36 km，大概 5 min	
	摩托车			
周家嘴路越江隧道	消防车	内江站（杨浦）1.53 km，大概 3 min	五洲站（浦东）2.66 km，大概 5 min	
	摩托车	内江站（杨浦）		
江浦路越江隧道	消防车	杨浦站（杨浦）0.5 km，大概 2 min	铜山站（浦东）1.29 km，大概 3 min	庆宁站（浦东）5.02 km，大概 13 min
	摩托车			
北横通道	消防车	天山站（北翟路出口）3.21 km，大概 7 min 恒丰站（天目西路出口）1.62 km，大概 3 min	新泾站（北翟路出口）2.70 km，大概 6 min	长宁站（华阳路出入口）1.98 km，大概 4 min
	摩托车			
郊环隧道	消防车	宝山站（宝山）0.1 km，大概 1 min	高桥站（浦东）7.24 km，大概 15 min	
	摩托车			
上海长江隧道	消防车	曹路站（浦东）6.5 km，大概 10 min	长兴站（崇明）1.8 km，大概 8 min	
	摩托车			

第二节 人员疏散策略

城市道路隧道的功能及设计需求限制了空间，具有狭长与封闭等空间特性，使整个隧道火灾在空间的蔓延和烟气的垂直扩散及传播速度等方面完全不同于城市其他一般地上建筑物，疏散更加复杂困难。对火灾隧道中人员的快速安全控制、制定疏散避难预案，以及安全逃生疏散方案进行较为全面地分析归纳及试验研究，对于人员安全快速逃生疏散和应急逃生避险疏散至关重要。

一、隧道火灾人员疏散关键因素

（一）人员疏散原则

当驾乘人员处于发生火灾的隧道中时，其身体心理机能与思想行为状态均会因多种环境因素相互作用而发生复杂变化。相关研究结果表明，当撤离人员发现前方区域发生较大火灾时，其年龄、性别、文化程度与以往是否接受过相关火灾应急安全避险教育会直接影响人员对于火灾逃生安全路径方案的最终选择。人员的疏散路线特征具体呈现出如下特征：

从性别上来讲，虽然目前在火灾情境中超过70%的人员心理素质相对较差，但是相比之下，女性更容易因为在车辆中不知所措而导致无法自主安全逃生，这一现象发生概率远大于男性。面临逃生疏散路径的选择时，女性更倾向于选择听从专业救援指挥，相比之下更多比例的男性则会自主选择逃生疏散路线。在发现疏散通道有拥堵情形时，部分人员无法耐心等待。

文化程度较高的待救人员对于火灾爆炸的扑救难易程度与造成严重灾难后果程度有更高的认识，故比文化程度较低的人更容易感到恐慌。且文化程度较高的人员采取的重返行为较少，因而通常不会主动采取灭火自救行动，因为他们更了解采取这些自卫行为带来的危险。在实际逃生救助过程中，他们比文化程度较低的社会人员更了解如何对潜在伤亡被困人员进行应急救助，除此之外，他们更加善于自行寻找合适的紧急逃生路径，主动听从专业救援团队指挥，而非一味盲目从众。

火灾自救疏散演习安全逃生教育对火灾事故现场人员安全避险和紧急疏散有较为显著的效果，接受过人员疏散应急安全避险常识教育和培训的疏散人员在临场状况下表现得比未接受过的人员更理智和耐心，也能更迅速有效地选择合理的安全逃生路径。但是一些国内学者的研究和调查结果显示，接受过专业安全应急警示培训教育的人员在面临真实火灾的紧急情况下仍然可能做出错误选择，比如开车或紧急掉头等，这种错误选择会导致道路大面积拥堵、交通事故持续多发等多种隧道火灾衍生事故，从而对人们逃生与疏散产生消极影响。这都说明隧道火灾的安全疏散有着其独特的技术性，不同于其他类型的建筑物火灾，进行有针对性的安全自救逃生训练指导讲解与相关的消防灭火逃生实战模拟演习等都对隧道火灾人员迅速安全转移和逃生有极大帮助。

（二）安全疏散准则

（1）火灾过程大致包括以下三个阶段。

① 初始阶段：初始阶段火灾中室内明火的燃烧区域内火焰的温度波动不大，且高温仅出现在室内主要燃烧目标区域内，其他区域的温度一般较低，燃烧所产生的室内可燃有毒、刺激性有害气体等危险物质的含量相对较低，火势发展较缓慢，人员相对安全。因此，初始火灾燃烧阶段是组织进行火灾现场扑救和人员疏散处置的最佳时机。

② 全面发展阶段：经历初始阶段之后，火势明显迅速扩大，这必然会导致现场火灾范围迅速扩大，建筑物区域内温度迅速升高，氧气含量迅速降低，有毒及有害可燃物质开始大量产生并急剧扩散。并且，由于持续性高温的综合作用，建筑物的总承载负荷能力逐渐下降，导致整体建筑物出现局部性损坏乃至整体性坍塌。若该建筑物内含有易燃易爆品，可能会发生剧烈轰燃火灾与爆炸。若人员未能及时在轰燃大火与强烈爆炸事件发生之前安全撤离，将很难幸存。

③ 熄灭阶段：在建筑火灾全面发展阶段结束后，火灾会进入熄灭阶段。熄灭阶段的前期燃烧依然会显得较为猛烈，此时，应特别注意，建筑物内部可能因长时间承受局部高温作用，加上受到灭火排烟设备的局部瞬间冷却，出现强度突然下降，屋顶突然崩裂、倾斜或瞬间倒塌等灾害情况。而后随着建筑物内的燃烧更深入地发展，建筑物内的总可燃物量与其中的氧气含量也在逐渐地减少，升温速度随之减慢，火势渐渐地恢复至平稳状态直至最终彻底熄灭。

（2）人员紧急疏散过程主要包含两个关键时间概念 ASET 和 RSET。

安全疏散就是要做到尽快地在火灾爆炸危害扩大甚至发展到严重危害现场其他人员生命安全与身体安全情况之前，迅速完成对该建筑物范围内的所有人员撤离，关键一点还在于其所必需的安全疏散时间（REST）必须要小于实际可用的安全疏散时间（ASET），这两个疏散时间具体指：

① 实际可用安全疏散时间是指火灾从火源发生燃烧开始发展到火灾可能对个人生命与安全健康造成极大威胁所需经历的时间。在隧道火灾扑救中可能对人员安全疏散造成巨大威胁的主要是高温烟气，通过判断人员面部高度的烟气温度、一氧化碳浓度、氧气浓度、能见度等初步判断隧道火灾发生对人身安全的可能威胁作用程度。通常选取高度为 1.2～1.8 m。火灾情况下的安全疏散状态的基本判断参考标准如下：

● 当烟气温度高于 80 ℃时，会对人体器官产生灼烧伤害，因此需保证人眼高度处的烟气温度低于 80 ℃。

● 当空气中一氧化碳浓度超过 8×10^{-4} mL/m³时，健康的成年人会在 45 min 内发生恶心、痉挛的现象，2 h 内丧失知觉，3 h 内死亡。因此需保证人眼高度处的一氧化碳浓度低于 8×10^{-4} mL/m³。

● 正常环境下大气中的氧含量为 20.9%。当处于氧含量低于 18%的环境时，人体会由于摄氧不足而出现缺氧症状，甚至丧失行动能力。因此需保证人眼高度处的氧气浓度高于 18%。

● 人员逃生需要在照明度足够的环境中才能顺利进行，而当燃烧产生的烟雾增多，能见度小于 10 m 时，会严重影响人员行动能力，对疏散极为不利。因此需保证人眼高度处的能见度大于 10 m。

② 必需的安全疏散时间是指火灾从火源燃烧开始到消防员把所有被困人员全部撤离至指定目标区域的时间。人员的疏散过程由以下三个阶段构成：

●觉察阶段：觉察阶段是指从火源发生燃烧开始到建筑物中的人员察觉到异样的时间段，其时长通常用 Td 表示。觉察阶段时长的长短与建筑物内警报设备、人员的观察敏捷度、管理系统的完备程度等因素密切相关。在隧道这种特殊的狭长形建筑中，距离火源近的人员的觉察阶段要比距离火源远的短。

●响应阶段：响应阶段是指从人员发觉异常现象到开始采取行动进行撤离的阶段，其时长通常用 Tr 表示。该阶段主要受人员特性影响，比如接受过火灾安全教育的人员会比缺乏火灾安全教育相关知识的人员对于异常现象反应更快，所需响应时间更短。

●行动阶段：行动阶段是指从人员采取行动撤离开始到成功疏散至安全区域的阶段，其时长通常用 Tm 表示。该阶段主要受隧道内部结构与人员疏散速度的影响，也是进行火灾疏散数值模拟实验时模拟的阶段。

综上，必需安全疏散时间计算公式：RSET = Td + Tr + Tm。

安全疏散准则可表示为：RSET < ASET

一般地，隧道在设计阶段，要通过模拟软件或火灾实验进行数值模拟研究或实验论证，设定不同疏散通道间距、不同通风模式，以及火灾燃烧强度等内容，模拟最不利点火灾情况，综合模拟人员疏散情形，确保各项防火设计符合安全疏散要求，满足隧道火灾安全疏散需要。

二、车辆疏散

针对城市隧道突发事故，引导车辆及时疏散至安全区域，对于加速人员疏散进程、为救援车辆开辟救援通道具有重要意义。下面以双洞单向双车道行车隧道单次单点事故为例进行讨论，依据其对车道的影响程度分为单车道事故（事故发生后，仅占用内侧车道或外侧车道）、双车道事故（事故发生后，占用双车道）分别加以探讨。

（一）单车道事故疏散方案

单车道事故疏散有"未受阻车道疏散""利用车行横通道顺向疏散""利用车行横通道逆向疏散"三种疏散路线。

（1）事故车辆上游车辆于事故点前汇入非事故车道，待通过事故点后恢复正常通行。

（2）事故车道上游车辆在事故点前通过车行横通道疏散至非事故隧道，通过事故点后逆向行驶，再由车行横通道转移至原隧道继续行驶。

（3）事故车道上游车辆在事故点前通过车行横通道疏散至非事故隧道，顺向行驶由非事故隧道驶离隧道。

（二）双车道事故疏散方案

1. 非火灾工况下

双车道事故疏散路线有"利用车行横通道顺向救援""利用车行横通道逆向救援"两种疏散路线。

（1）事故上游车辆经由车行横通道与对向调拨车道顺向疏散。

（2）事故上游车辆经由车行横通道与对向调拨车道逆向疏散。

2. 火灾工况下

火灾工况下，通常会向事故地点下游送风，以防止烟气回流，利于事故上游人员逃生，对双车道火灾事故，内部车辆疏散路径需考虑避免位于排烟气流的流动途径上，尽量在事故地点上风处进行疏散，以避免遭受浓烟及高温热气的伤害。因此，车辆疏散路线为经车行横通道由调拨车道逆向驶离隧道。

一般情况下，疏散行车组织原则如下：

火区附近（即火源上游至车行横洞区域），弃车逃生。

火区较远处（入口至车行横通道区域），在确认非火灾隧道车流完全驶离后，组织火灾上游车流由车行横通道进入非火灾隧道逆向逃生。

特长隧道车辆疏散除以上疏散形式外，还可以从车行专用疏散通道和匝道口进行疏散（见图5.17和图5.18），如虹梅南路隧道。

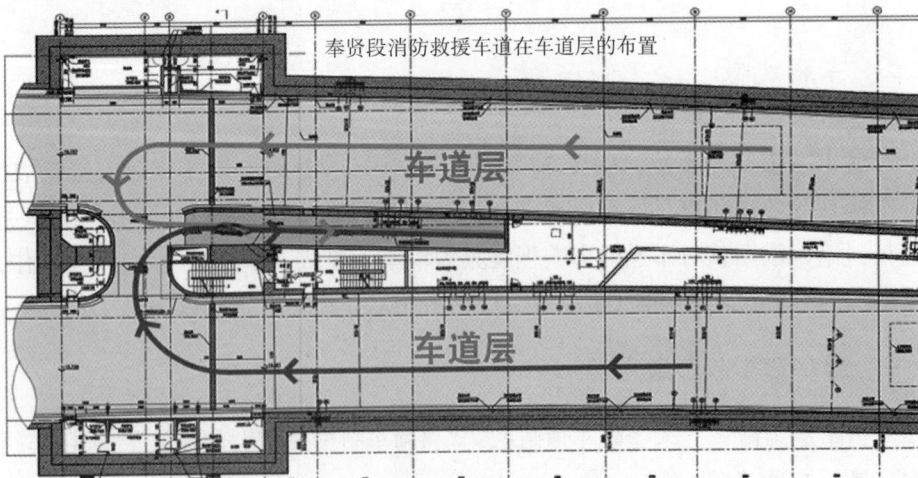

图5.17　车行疏散通道疏散图

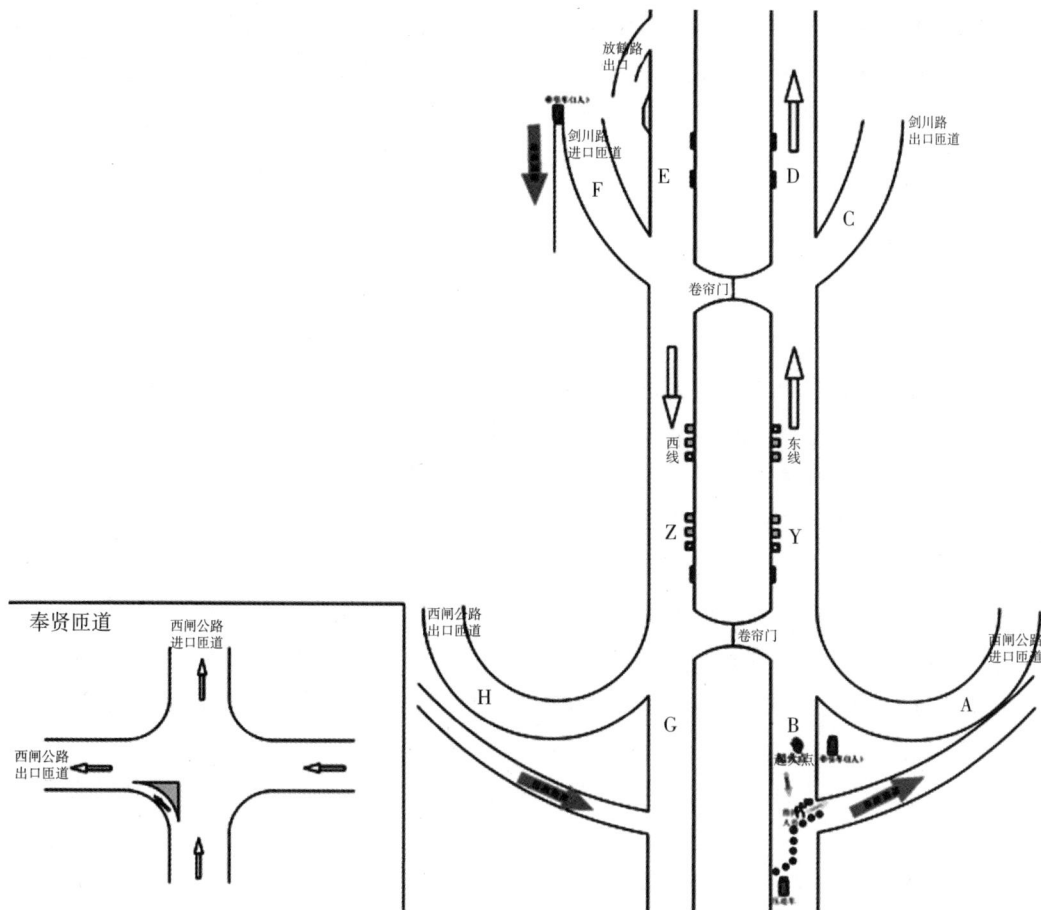

图5.18　由匝道口疏散示意图

三、纵向风对人员疏散的影响

在上海城市道路隧道中，最为普遍的隧道结构类型为双孔单向隧道。火灾发生后，射流风机启动产生的纵向通风，可有效抑制高温烟气向火源上游移动，大大增加了火灾上游的可用安全疏散时间。

但由于上海城市道路隧道车流量大，尤其早晚高峰时段时常发生拥堵，若拥堵时段发生火灾事故，将会对隧道火灾抢险扑救和遇险人员应急疏散及救助带来更严峻的挑战。虽然当通风进入临界风级以后，火灾中下游人员的处境显得更为危险，但火灾上游能进入相对长时间安全、能见度足够清晰的状态，这就会为消防人员及专业救护人员等的提前介入救助提供可行条件。因此，可设法在上游消防部门及专业救助人员尚未到来救援之前先关闭风机或逐渐减小纵向风速，火灾下游人员在引导下快速疏散至安全区域，在人员基本撤离现场后可再增大纵向风速进行灭火。

在具备自然对流通风能力的条件下，离火源处距离越远，人员的相对位置及可用安全疏散时间越多，当安全疏散出口通道内发生交通拥堵事件时，火源附近滞留的相关人员都应当被先移动至离火源距离相对较远的安全通道口等待救援；在通入风速为临界风速的纵向风以后，火源上游仍保持在安全疏散范围内，火源下游离火源越远的位置可用安全疏散时间越多，下游人员仍可安全移动至火源下游更远的位置进行疏散。

四、隧道火灾人员疏散重点区域

隧道发生火灾后，隧道管理人员会启动预案，采取封堵措施禁止隧道入口进入车辆。一般情况下，火灾下游车辆继续前行，从隧道出口离开隧道，火灾上游车辆（隧道入口至距离火源最近的车行横通道的车辆）通过车行横通道到达安全区域。另外，由于纵向风作用，隧道火灾烟气逆流情况被有效控制，火灾上游一般为安全区域。但以下区域将被救援人员重点关注：

（1）车辆处于车流量较大、高峰时段的城市隧道，发生火灾后，火灾下游车辆难以立即撤离隧道，火灾下游靠近火源区域的车辆、人员所在区域被判定为重点区域。

（2）因交通事故造成的车辆火灾事故，火灾下游部分车辆被事故车辆阻挡，不能及时驶离隧道，此时火源至阻挡事故车辆区域内的车辆、人员所在区域被判定为重点区域。

（3）当火灾发生在某处车行横通道附近时，该车行横通道因距离火源过近容易发生危险，所以不能用于人员和车辆疏散，该车行横通道与其后方相邻车行横通道之间区域的车辆停止前行，人员下车通过人行横通道、纵向疏散通道等逃生通道疏散，因该区域疏散人员较多、疏散通道可能发生拥挤、烟气逆流等，此区域被判定为重点区域。

综合上述情况，消防救援人员到场后，要综合研判火场形势，通过侦察掌握隧道封闭、排烟设施启动、引导疏散等情况，组织攻坚力量关注以上重点区域，进行疏散引导和搜索，确保人员全部疏散。

五、城市隧道火灾人员疏散方案实例

结合上海城市隧道多为双洞单向结构类型的实际，主要对双洞单向隧道火灾人员疏散方案进行研究。双洞单向隧道人员疏散主要依靠相邻隧道进行，即在火灾工况时，切断非火灾隧道的交通，通过两洞间的横通道，将非火灾隧道作为逃生救援通道，是目前公路隧道、城市隧道最常用的逃生救援通道方案。下面以人民路隧道为例，介绍隧道火灾人员疏散方案，供参考借鉴。

（一）人民路隧道情况

人民路越江隧道工程是上海市总体规划中确定的黄浦江越江工程之一。工程连接浦江两岸的城市核心区域，属干路性质的区域性越江通道。工程起点在人民路—淮海东路交叉口西侧，终点在浦东东昌路—浦东南路交叉口西侧，工程总长3090 m，其中隧道主线总长2325 m。根据规划，本工程按照城市次干路、双向4车道标准进行建设。隧道主线浦西自福建南路、人民路交叉口开始，沿人民路向东，在人民路—丽水路口设置浦西工作井；以盾构法隧道下穿中山东二路—十六铺码头、黄浦江—浦东，在东昌路—浦明路东侧设浦东工作井；在浦城路—东昌路交叉口以西接地。浦西设置一对进出口匝道，浦东设置至浦城路的左转出口匝道。以南线线路中心线计，盾构段长1470 m。盾构段与暗埋段接口处设浦西、浦东工作井，浦西井长20 m，浦东井长20 m，人民路隧道采用竖井排风加射流风机诱导型纵向通风方式。全线共设置射流风机32台，直接悬挂在隧道顶部下方，2台1组构成串、并运行。在浦东排风机房和浦西排风机房内各设置轴流排风机2台，进行集中高空扩散排风。

（二）人民路隧道火灾工况下排烟设备运行模式

火灾状态下，开启射流风机纵向排烟，烟气从排风塔和隧道出入口排出。

（1）浦西—浦东车道：若火灾点距浦西入口不足60 m，烟气逆向从浦西入口排出；若火灾点距入口60 m以上且在浦西集中排烟口之前，烟气从浦西排风塔排出；若火灾点位于浦西集中排烟口与浦东集中排风口之间，烟气从浦东排风塔排出，剩余路段烟气从浦东出口排出。

（2）浦东—浦西车道：若火灾点距浦东入口不足60 m，烟气逆向从浦东入口排出；若火灾点距入口60 m以上且在浦西集中排风口之前，烟气从浦西排风塔排出，剩余路段烟气从浦西出口排出。

（3）浦东、浦西匝道：若火灾点位于浦东或浦西匝道，烟气从匝道入口或出口排出。

（三）人民路隧道人员疏散方案

火灾时，由于隧道内车辆的行驶方向为固定方向，通风系统将火灾产生的烟雾沿车行方向从隧道出口排出。由于烟雾扩散的速度要小于车行速度，火灾下游车辆可不受火灾的阻塞迅速向前疏散，火灾后方的人员在通风系统控制下的无烟环境中安全撤离。基于上述原则，结合人民路隧道消防设施设置及火灾工况下排烟模式等因素，将人民路隧道火灾点按照隧道或匝道入口、浦西排烟口至浦东排烟口、浦东排烟口至出口3片区域探讨人员疏散方案。

事故点前方车辆驶出隧道，发生事故的车辆亮起警示灯。发生事故车辆的司乘人员或发现事故的现场管理人员，通过紧急电话或手动报警器向隧道管理所监控值班室报警。监控值班室通过监控系统确定事故发生点，经隧道内广播系统、可变情报板、交通信号灯告知司乘人员隧道内发生紧急事故，隧道进入紧急通风阶段。

消防到场后要重点关注人员疏散重点时段、重点区域、极端情况下人员疏散问题，专门成立疏散组，在严密个人防护的基础上，携带热成像仪等装备，到达重点区域，协助引导被困人员疏散。

（1）方案一：隧道中心位置发生火灾（浦西工作井安全门和浦东工作井安全门中间）。

如图 5.19 所示，当火灾发生在隧道中心位置时，值班室通过监控系统确定火灾发生点，开启交通信号禁止通行指示灯，利用警戒锥封堵两侧隧道入口，防止后续车辆进入事故隧道，经隧道内广播系统、可变情报板告知司乘人员隧道内发生火灾事故。

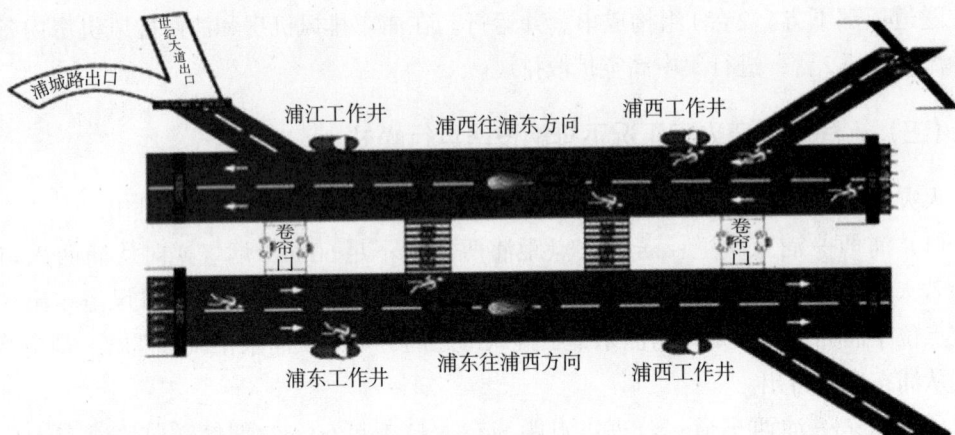

图 5.19　方案一示意图

确认开启火灾事故点两个区域泡沫-水喷雾系统控制火势；确认排烟风机已启动，防止烟气逆流威胁上游疏散人员安全；确认横通道内机械防烟设施已启动，防止事故隧道烟气扩散至横通道和非事故隧道内。

利用隧道内有线广播系统及信号灯指引火灾下游所有车辆立即加速从隧道出口或匝道口驶离隧道，上游车辆就地靠隧道一侧停车，以便给消防救援车辆提供行车空间，从入口至车行横通道的车辆可视情况从横通道疏散至非事故隧道，火灾发生点至车行横通道被困人员立即弃车前往入口处、工作井、横通道等最近逃生通道逃生（火灾下游横通道应关闭，防止烟气进入非事故隧道）。

消防人员到场后要重点关注火灾上游靠近火灾发生点区域、拥堵时段火灾下游靠近火灾发生点区域（重点标注）人员疏散情况，成立疏散组，在严密个人防护的基础上，携带热成像仪等装备，利用泛光灯、荧光棒到达疏散通道入口，协助和引导被困人员逃生。

（2）方案二：东向西入口处、西向东主线及匝道入口处发生火灾。

如图 5.20 所示，当火灾发生在东向西入口处、西向东主线及匝道入口处时，值班室通过监控系统确定火灾发生点，开启交通信号禁止通行指示灯，利用警戒锥封堵事故隧道及匝道入口，防止后续车辆进入事故隧道，经隧道内广播系统、可变情报板告知司乘人员隧道或匝道内入口处发生火灾事故。

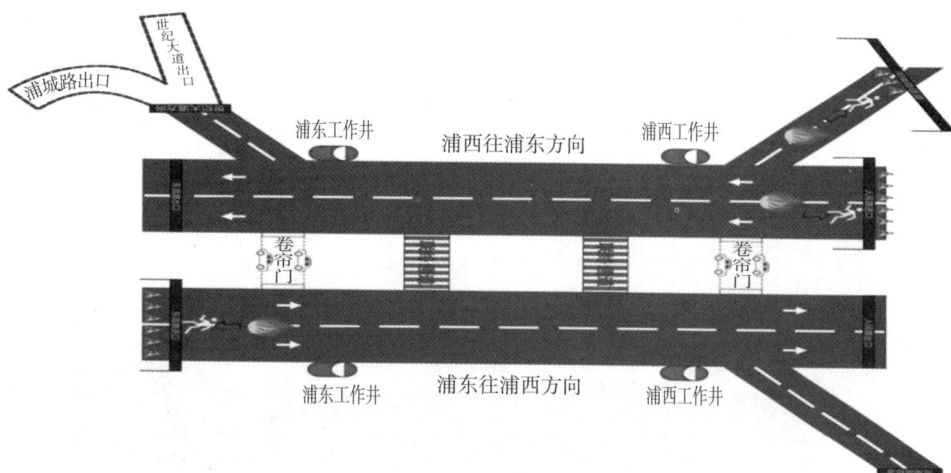

图5.20 方案二示意图

确认开启火灾事故点两个区域泡沫–水喷雾系统控制火势；火灾发生地距入口不超过60 m时，暂不启动排烟设施，待人员疏散完毕后，再启动排烟设施将烟气从入口排出；火灾发生地为60 m至集中排烟口时，确认排烟风机已启动，防止烟气逆流威胁上游疏散人员安全；确认横通道内机械防烟设施已启动，防止事故隧道烟气扩散至横通道和非事故隧道内。

利用隧道内有线广播系统及信号灯指引火灾下游所有车辆立即加速从隧道出口或匝道口驶离隧道，上游车辆就地靠隧道一侧停车，以便给消防救援车辆提供行车空间，并且立即弃车从入口处逃生。

消防人员到场后要重点关注火灾上游靠近火灾发生点区域（重点标注）人员疏散情况，成立疏散组，在严密个人防护的基础上，携带热成像仪等装备，利用泛光灯、荧光棒到达疏散通道入口，协助和引导被困人员逃生。

（3）方案三：东向西出口或匝道处、西向东主线或匝道出口处发生火灾。

如图5.21所示，当火灾发生在隧道出口或匝道位置时，值班室通过监控系统确定火灾发生点，开启交通信号禁止通行指示灯，利用警戒锥封堵两侧隧道及匝道入口，防止后续车辆进入事故隧道，经隧道内广播系统、可变情报板告知司乘人员隧道内发生火灾事故。

确认开启火灾事故点区域泡沫–水喷雾系统控制火势；确认排烟风机已启动，防止烟气逆流威胁上游疏散人员安全；确认横通道内机械防烟设施已启动，防止事故隧道烟气蔓延至横通道和非事故隧道内。

利用隧道内有线广播系统及信号灯指引火灾下游出口所有车辆立即加速从隧道出口或匝道口驶离隧道，上游车辆就地靠隧道一侧停车，以便给消防救援车辆提供行车空间，从入口至第一车行横通道的车辆可视情况从横通道疏散至非事故隧道，第一车行横通道至火灾发生点被困人员立即弃车前往入口处、工作井、横通道，以及匝道或出口等最近逃生通道逃生。

消防到场后要重点关注火灾上游靠近火点区域、拥堵时段火灾下游靠近火灾发生点以及距离火灾发生点最近疏散通道区域（易发生拥堵）（重点标注）人员疏散情况，成立疏散组，在严密个人防护的基础上，携带热成像仪等装备，利用泛光灯、荧光棒到达疏散通道入口，协助引导被困人员。

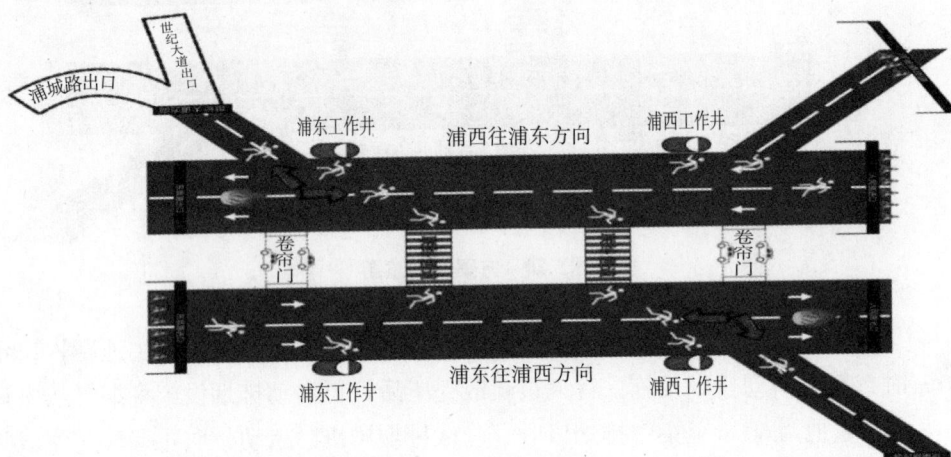

图5.21　方案三示意图

另外，针对如北横通道、虹梅南路越江隧道这类多匝道、多排烟井超长隧道，以上疏散方法明显会造成较大范围的交通阻滞，带来较大的社会影响。鉴于超长城市道路隧道的危险性，消防部门需根据隧道运营制订的火灾事故专项应急救援方案内防火分区、排烟形式（纵向分段、重点排烟等）等内容，合理确定灭火救援及人员疏散预案。通过对火灾规模、蔓延范围的模拟分析研究，细化不同事故点火灾封控方案、救援方案和疏散方案，尽可能缩小封控范围，未受影响的隧道区域可不进行交通管制，可将城市隧道内的火灾负面影响降至较小范围内。

第三节　通风排烟策略

在隧道火灾中，通风排烟是一种有效降低火灾损失的手段。将烟气排出隧道有利于人员疏散，并可减少高温对隧道结构的损坏。《建筑设计防火规范》（以下简称《建规》）对隧道的排烟方式、排烟系统和排烟策略等进行了强制性规定。本节将结合《建规》和上海城市隧道的实际情况对隧道火灾中的通风排烟策略展开讨论。

一、隧道内的排烟方式

隧道内的排烟方式有两种，分别是自然排烟和机械排烟。自然排烟是指依靠烟气和空气之间的温度差产生的热浮力将烟气排出隧道的方法。在图5.22中，烟气从隧道洞口流出就是一种典型的自然排烟方法。除此之外，在隧道顶部开设通风口进行排烟也是一种常见的自然排烟方法。如图5.22所示，上海北翟路地道利用绿化带每隔10 m设置1个天窗作为通风口。

图5.22　上海北翟路地道施工断面图
（资料来源：腾讯网、上观新闻）

被誉为"广州最美隧道公路"的黄埔大道隧道也采用了自然排烟的方法，如图5.23所示。自然排烟可以排出汽车尾气，保障隧道内的空气质量，在火灾时也能有效地排出隧道内的烟气。因此，在一些对排烟需求较小的隧道中，通常使用自然排烟的方法。

图5.23　黄埔大道隧道
（资料来源：广州日报）

但是，有些城市隧道没有开"天窗"自然排烟的条件，比如越江隧道。这时候就需要借助机械排烟的手段将烟气排出隧道。机械排烟有横向排烟和纵向排烟两种基本类型。纵向排烟通过射流风机和风机送排风设施等强迫烟气沿着隧道纵深方向流动，其基本原理如图5.24所示。

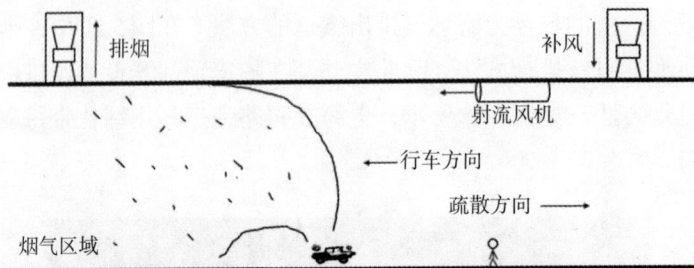

图5.24　纵向排烟示意图

排烟设施和火源之间，以及火源的下游都被高温烟气覆盖，而排烟设施的上游则没有烟气。在单向行驶的隧道中使用纵向排烟方式时，下游没有着火的汽车可以快速驶离隧道，上游的人群在疏散过程中也不会受到烟气的干扰。

但是在双向行驶的隧道中，纵向排烟的方法将不再适用。无论烟气被吹向哪一侧，进入隧道的车辆都会被高温烟气覆盖。通常，在双向隧道或者长大隧道中使用横向排烟的方式控制烟气扩散。横向排烟是指先利用排烟风机将隧道内的烟气吸入风道，再将烟气排放到外界的排烟方式。横向排烟可以将汽车燃烧产生的烟气固定在一个区域内，减小烟气扩散的范围。除此之外，半横向排烟也是一种常用的排烟方式。半横向排烟与横向排烟都是通过风道均匀排风。两者在补风方面存在差异，横向排烟通过风机均匀补风，而半横向排烟使用集中补风或者不补风。横向排烟和半横向排烟的排烟过程如图5.25所示。

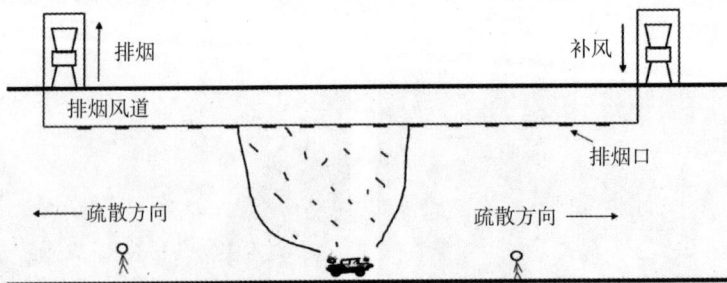

图5.25　横向（半横向）排烟工作过程示意图

在双向行驶的隧道和交通量大容易堵塞的隧道中，采用重点排烟的方法。重点排烟是将烟气从火源附近快速排出的排烟方式，工作过程如图5.26所示。排烟时只开启火源附近的排烟口。重点排烟不设置机械补风，只依靠隧道洞口的自然补风来维持隧道内的压力平衡。

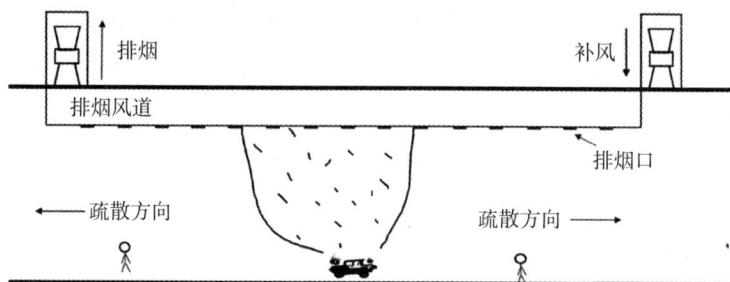

图5.26　重点排烟工作过程示意图

二、机械排烟系统的设置与组成

《建规》按照隧道封闭段长度和交通情况将单洞隧道和双洞隧道划分为一、二、三、四类隧道，划分方法如表5.10所示。按照此划分方法，在上海已经建成的13条越江隧道中军工路隧道（3.05 km）、人民路隧道（3.10 km）、龙耀路隧道（4.00 km）上海长江隧道（8.90 km）属于一类隧道，翔殷路隧道（2.60 km）、新建路隧道（2.40 km）、延安东路隧道（2.30 km）、复兴东路隧道（2.80 km）、西藏南路隧道（2.70 km）、打浦路隧道（2.70 km）、上中路隧道（2.80 km）、大连路隧道（2.50 km）和上海外环隧道（2.00 km）属于二类隧道。

表5.10　隧道等级划分表。

用途	一类	二类	三类	四类
	隧道封闭段长度 L/m			
可通行危险化学品等机动车	L > 1500	500 < L ≤ 1500	L ≤ 500	—
仅限通行非危险化学品等机动车	L > 3000	1500 < L ≤ 3000	500 < L ≤ 1500	L ≤ 500
仅限人行或通行非机动车	—	—	L > 1500	L ≤ 1500

隧道封闭段的长度越长，火灾中对排烟设施的要求就越高，所以《建规》中规定"通行机动车的一、二、三类隧道应设置排烟设施"。四类隧道的长度较短，火灾危险性也比较小，所以在发生火灾时使用自然排烟的方法。对于长度不超过3000 m的单洞单向交通隧道，《建规》中推荐使用纵向排烟方式。隧道长度超过3000 m时，"宜采用纵向分段排烟方式或重点排烟方式"。这是因为隧道长度超过3000 m之后，如果不将烟气控制在一定的范围内，火灾会有极大的破坏范围。在单洞双向隧道中，最好采用重点排烟的方式将烟气控制在火源附近，减小火灾的影响范围。隧道内的机械排烟系统应该和通风系统分开设置。如果两个系统合用，在火灾中通风系统需要具备快速转换为排烟系统的功能。隧道内采用纵向排烟时，排烟的风速应该根据隧道内的最不利火灾规模确定。隧道内纵向气流速度不小于2 m/s，且大于临界风速（能控制烟气的最小速度）。

隧道内机械排烟系统主要包含排烟风机、排烟防火阀、排烟阀、排烟管道和排烟口等部件。排烟管道承担了连接排烟系统各个部分的作用。《建筑防烟排烟系统技术标准》（GB 51251—2017）中规定排烟管道应采用不燃材料制作且内壁应光滑。当排烟管道内壁为金属时，管道设计风速不应大于20 m/s。当排烟管道内壁为非金属时，管道设计风速不应大于15 m/s。排烟管道的耐火极限不应低于1.0 h，且应能在280 ℃时连续30 min保证其结构完整性。

排烟管道中的排烟口在没有火灾时保持关闭。在火灾中，排烟口具有火灾自动报警系统自动开启、消防控制室手动开启和现场手动开启功能，其开启信号与排烟风机联动。排烟口的开启通过排烟阀控制。火灾发生后，控制中心输出DC24 V直流电信号远程开启排烟阀和排烟口进行排烟。

虽然排烟管道具备一定的耐高温功能，但是为了防止高温烟气引燃其他区域的可燃物，排烟管道中还会安装排烟防火阀。排烟防火阀在火灾初期的动作和功能与排烟阀相同，但是管道内的温度达到208℃的时候，排烟防火阀中的易熔金属在高温的作用下熔断，切断排烟管道内的气流。

排烟风机和烟气流经的风阀、消声器、软接等辅助设备，应能承受设计的隧道火灾烟气排放温度，并应能在250 ℃下连续正常运行不小于1.0 h。隧道内用于火灾排烟的射流风机，应至少备用一组。除此之外，隧道的避难设施内应设置独立的机械加压送风系统，其送风的余压值应为30～50 Pa。图5.27所示的是虹梅南路越江隧道中用以纵向排烟的射流风机。

图5.27 虹梅南路越江隧道中用以纵向排烟的射流风机

三、隧道内排烟策略

本节以纵向排烟和横向排烟两种排烟方式为例介绍排烟策略。上海市人民路隧道使用纵向排烟的方式控制烟气，隧道顶棚下方设置了32台射流风机。火灾发生时，对不同的路段采取不同的排烟策略。

（1）浦西至浦东车道路段。若火灾点距浦西入口不足60 m，烟气逆向从浦西入口排出；火灾点距入口60 m以上且在浦西集中排烟口之前，烟气从浦西排风塔排出；火灾点位于浦西集中排烟口与浦东集中排风口之间，烟气从浦东排风塔排出，剩余路段烟气从浦东出口排出。

（2）浦东至浦西车道路段。若火灾点距浦东入口不足60 m，烟气逆向从浦东入口排出；火灾点距入口60 m以上且在浦西集中排风口之前，烟气从浦西排风塔排出，剩余路段烟气从浦西出口排出。

（3）浦东和浦西匝道。若火灾点位于浦东或浦西匝道，烟气从匝道入口或出口排出。

在火灾扑救过程中，机械排烟在应急处置、初战处置和支队全勤指挥部处置阶段都发挥着非常关键的作用。在上海市黄浦区325延安东路隧道车辆火灾中，车辆起火3 min之后排烟风机开启。在排烟风机的作用下，隧道内虽然有烟雾，但是消防员拥有良好的作战环境。车辆明火被扑灭之后，机械排烟设施持续将隧道内的烟气排出，为隧道恢复通行创造了良好环境。

上海市的虹梅南路—金海路越江隧道共设有148台射流风机。在剑川路风机房、闵行、奉贤工作井内共设有7台大型轴流风机，其中5台参与隧道火灾工况排烟。隧道火灾时根据火灾具体位置分段排烟。隧道共分成8个排烟区段，预设在联动程序中。

尽管机械排烟系统可以自动控制，但是不同类型的隧道中有不同的排烟方式，消防指战员们应该在前往事故发生地点时积极联系隧道监控中心进行灾情侦查，在进入隧道之前了解隧道内排烟系统运作情况。如果隧道内烟雾过多影响消防员作战，需要及时调配排烟装备。在作战过程中，考虑到隧道内人员安全，不能贸然改变排烟的风向。

第四节　灭火策略

一、隧道火灾发生的主要原因

（1）车辆发生追尾、碰撞等事故而引发火灾。
（2）车辆轮胎、发动机等自身事故引发自燃导致火灾。
（3）载运物品自燃产生火灾。

二、隧道火灾灭火的基本原则

目前，上海市隧道根据《建规》和《上海市道路隧道设计标准》，均设置消火栓系统、水喷淋系统或泡沫-水喷雾系统、灭火器等消防给水及灭火设施，可基本满足隧道内发生一次火灾灭火需求。另外，因隧道火灾发生位置不确定，以及灾害发生后隧道容易发生拥堵，消防车辆不能第一时间到达火灾地点，从入口铺设移动供水线路需要花费大量人力物力，效率极低。因此，隧道火灾扑救必须贯彻"以固为主、固移结合"的作战原则。

一是充分利用隧道内部消防给水系统。根据《建规》要求，城市隧道根据隧道长度，消防用水量按照同一时间发生一起火灾计算，一般设定为20 L/s，开启室内消火栓系统出水灭火，可满足4支水枪同时出水灭火要求。同时，通过停靠隧道出入口处的消防车为水泵接合器补水，可满足一定规模火灾消防用水要求，这是扑救隧道火灾最有效最直接的供水方法。

二是采用消防车（装备）接力供水，保证不间断供水。根据火灾发生位置（入口、中间段、出口），按照最短距离、最快铺设供水线路的要求，可选择在非事故隧道就近通道（人行、车行横通道，双层隧道上下层楼梯）至着火点或者在事故隧道上风方向，通过消防车、灭火机器人、手抬泵等装备铺设水带向事故现场供水，尽可能利用最短线路、最快速度完成供水线路铺设，保证火场供水不间断。如扑救上海越江隧道大规模火灾时，可调集远程供水系统，停靠有利位置，利用黄浦江或苏州河等天然水源，最大限度保障火灾供水强度。

三、隧道火灾灭火方法

（1）直接灭火法。当隧道内着火车辆火势较小或处于阴燃状态，火灾处于初始阶段时，驾乘人员、隧道应急救援人员，可视情况利用隧道内部手提式灭火器、室内消火栓直接灭火。隧道运营人员如通过视频监控、火灾报警系统发现确认火灾事故后，可远程开启水喷淋、泡沫-水喷雾系统进行灭火。消防人员到场后，可利用隧道内部灭火器、室内消火栓或利用消防摩托车出泡沫等方式开展灭火，迅速扑灭火灾。

（2）转移处置法。当事故车辆位于隧道深处，灭火救援行动无法有效展开（事故车辆前方无拥堵），且存在爆炸、爆燃、中毒等潜在风险时，可采取利用牵引车、拖车将正在燃烧或泄漏的车辆在消防车（炮）出水掩护下牵引至露天安全区域，而后再采取灭火、堵漏等措施。

（3）封洞窒息法。当隧道内发生火灾，内部人员已全部撤出，且因存在高温、爆炸、中毒等风险，消防人员无法进入隧道内部或将事故车辆牵引出隧道进行灭火处置时，可采取封堵隧道进出口及其他相关孔洞的方法，隔绝空气，窒息灭火。湖南消防根据公路隧道火灾经验，设计隧道断面封堵装置进行窒息灭火，可以为城市隧道火灾处置提供参考。该断面封堵装置使用耐高温不燃材料制作，在事故隧道事故点上风和下风方向适当位置打开，向装置内充气，直至完全封堵隧道口断面。隧道双洞之间的车行或人行横洞破损后，也可以事先制作固定规格尺寸的封堵装置进行封堵。

四、上海城市隧道现有消防灭火系统分析

上海城市隧道消防设施的基本配置模式为消火栓给水系统、泡沫-水喷雾灭火系统、灭火器和火灾探测报警系统等。

1. 水喷淋灭火系统

隧道发生火灾后，水喷淋灭火系统可以通过喷射水流，抑制火势，控制起火范围，阻止火灾蔓延，并且起到对隧道结构降温的作用，降低隧道结构在火灾中造成的损伤。同时，水喷淋灭火系统存在以下缺点：当火灾位于汽车内部时，由于车体的阻隔，导致水喷淋灭火系统的灭火效果并不明显；若着火物质为一些能够与水发生反应的物质，施加水喷淋灭火系统容易造成二次事故；若着火物质为油类物品，开启水喷淋灭火系统容易造成着火区域扩散；水喷淋灭火系统会对隧道顶板下方烟气层的稳定性造成影响，扰乱烟气分层，对人员疏散造成威胁。目前，上海只有外环隧道采用水喷淋灭火系统。

2. 消火栓系统

消火栓是隧道内最基本、最直接的灭火设施，一般以市政管网或消防水池作为水源，上海城市隧道市政管网可满足城市隧道火灾消防用水要求，全部以市政管网作为消防水源，能够及时有效地扑灭火灾。消火栓系统与一般消防人员灭火设施设置在一起，广泛用于各类消防灭火场所。目前，消火栓已成为隧道必备的固定式灭火系统，国外长大隧道均要求必须设置消火栓系统。

3. 灭火器

灭火器具有轻便灵活、操作简单、价格低廉等优点，应用广泛，主要适用于初期火灾和小型火灾的扑救。灭火器的种类很多，根据移动方式可以分为手提式灭火器和推车式灭火器；根据存储灭火剂可分为泡沫灭火器、干粉灭火器、卤代烷灭火器、二氧化碳灭火器等。上海城市隧道主要使用磷酸铵盐灭火器和轻水泡沫灭火器。

4. 泡沫-水喷雾系统

为研究泡沫-水喷雾联用灭火系统在城市交通隧道中的控灭火效果，天津消防科学研究所黄益良等人采用不同类型的燃烧物模拟隧道火灾，研究泡沫-水喷雾联用灭火系统对隧道中可能出现的典型油类火、固体火及实际燃烧物的控灭火效果。对油盘火的研究结果表明，由于泡沫可在油品表面形成覆盖层，油品表面与空气隔绝，泡沫能快速将油盘火扑灭。对A类火（木垛）及实际燃烧物（汽车）的控灭火效果试验结果表明，泡沫-水喷雾灭火系统对典型A类火即木垛燃烧可以起到明显的控火作用，但由于木垛充分燃烧后形成立体燃烧，难以将其完全扑灭；对于汽车火，前期喷射泡沫可将油类火灾扑灭，但当火灾引燃车体底部等隐蔽位置后，无论是喷射泡沫还是喷射水喷雾，由于受到遮挡均难以到达着火部位，故难以有效扑灭火灾，但能较好地控制火灾的蔓延和发展。

五、城市隧道主要移动灭火方式介绍

1. 利用消防摩托车出水（泡沫）灭火

消防摩托车具有机动快速、小巧灵活、不受交通情况影响等特点，在城市隧道火灾扑救中能够实现出动快、到场快、处置快，切实发挥出灭早、灭小、灭初期的效果。在城市隧道火灾处置中，应执行消防摩托车0号车出动响应模式，捆绑消防救援站1号车同步调派，利用摩托车灵活机动优势快速到场，第一时间到场侦察并开展简单的初战动作，当主战车到场后，摩托车可投入车辆编程作战，发挥最大作战效能。

上海市消防摩托车分为二轮、四轮两种，主要配备泡沫灭火系统、破拆工具、侦检装备等灭火救援装备。以上海市黄浦消防救援支队消防摩托车配备情况为例，二轮摩托车配备50 L "轻水"泡沫混合液，由空气呼吸器钢瓶驱动喷射，可按照1 L/s的流量喷射泡沫混合液。四轮摩托车配备25 L "轻水"泡沫和150 L水，由空气呼吸器钢瓶驱动喷射，可按照23 L/min流量喷射泡沫混合液。

"轻水"泡沫是水成膜泡沫灭火剂，用AFFF表示，通过泡沫和水膜的双重作用实现灭火，它可以形成薄膜覆盖燃料表面，将其与氧气隔绝，并使火焰或点火源与燃料表面隔开，从而抑制燃烧。大量灭火试验结果表明，不论小面积、中等面积还是大面积烃类燃烧火，水成膜泡沫灭火剂是在目前低倍数泡沫灭火剂中灭火效率较高、灭火速度较快的一种灭火剂。它既可以扑救液体燃料火灾，也可以扑救固体物质火灾，对于隧道火灾中常见的A，B类火灾具有良好的灭火效果。

2. 利用消防车铺设移动供水线路出水（泡沫）灭火

利用消防车铺设移动供水线路保障隧道火灾火场供水是利用隧道内消防设施灭火的有效补充，在火灾规模较大，内部灭火设施不能满足灭火需要时，要考虑利用铺设移动供水线路确保供水。城市隧道狭长空间的结构特点，要求消防救援人员在铺设移动供水线路时要坚持快速、高效、协同的原则。

（1）快速原则。铺设移动供水线路时，要结合隧道火灾起火位置、隧道封控、隧道内（人员）车辆疏散等情况，选择最有利停靠位置，选择最优、最短水带铺设路线。参照本章第一节快速到达策略，移动供水线路可参照消防车停靠位置、进攻路线进行铺设，满足快速形成供水线路要求。

（2）高效原则。因拥堵、充烟等原因，消防车不能靠近着火区域或只能停靠在隧道出入口时，为破解长距离水带铺设难题，可采取消防车串联供水，利用消防车和手抬泵串联供水，以及铺设支线代替干线供水线路等方法，提高水带铺设效率。

（3）协同原则。隧道火灾扑救需要在消防救援力量为主的各方协同配合下共同实施，消防力量到场前，要第一时间与隧道、公安、交通等部门信息共享和协同配合，侦查掌握火灾起火部位、最优到达路线、道路封控等情况，提出封闭隧道、交通管制、车辆疏散等明确指令，确保消防力量能够第一时间到达现场，展开战斗，快速扑灭火灾。

本章小结

　　本章主要从快速到达策略、人员疏散策略、通风排烟策略，以及灭火策略四个方面阐述城市隧道火灾的应对措施。在城市公路隧道发生突发事故时，救援人员携带装备快速到达现场是抢救人民生命财产安全、共同创造绿色生命通道的前提。在快速到达策略中应遵守科学性原则、协同性原则和安全性原则。因城市交通隧道本身特有的空间高度和狭长与封闭性等空间特性，发生火灾时的人员、车辆隧道间的相互控制与疏散都更加复杂困难。本章提出了隧道火灾人员疏散关键因素和不同场景下的人员车辆疏散方案。另外在隧道火灾中，通风排烟是一种有效降低火灾损失的手段。本章结合规范和上海城市隧道的实际情况对隧道火灾中的通风排烟策略展开了讨论。最后总结了隧道火灾的相关灭火策略，提出了隧道火灾灭火的基本原则和灭火方法，并对城市隧道现有消防灭火系统和主要移动灭火方式进行了介绍和分析。

参考文献

[1]　杨勇截.城市地下交通隧道火灾人员疏散研究[D].郑州:郑州大学,2020.

[2]　李浩.单洞单向特长公路隧道火灾工况人员疏散方案研究[D].西安:长安大学,2016.

[3]　汪雄平.上海人民路越江隧道通风系统设计[J].中国市政工程,2010(S1):22-23.

[4]　姜学鹏.特长公路隧道事故灾害与应急救援研究[D].长沙:中南大学,2008.

第六章　城市隧道火灾处置程序

第一节　隧道火灾力量编成

一、力量编成应遵循的原则

力量编成的原则，是通过对灭火救援战斗经验不断认识、不断总结，经过理论概括、抽象，提出具有普遍指导意义的力量编成理论，作为灭火救援战斗力量编成指导规律的集中反映。力量编成原则来源于灭火救援战斗实践，服务于灭火救援战斗实践，从理论的更高层次上指导灭火救援战斗实践，是制定力量编成的准则。灭火救援战斗力量编成的原则具有独特的本质属性、丰富的理论内容，是实践运用中应遵循的基本法则。研究力量编成原则，目的在于系统地了解其基本内涵，掌握其实质，在战斗实践中正确运用和不断地注入新的思想和内容。

为了科学合理地制定和应用力量编成，解决编成工作存在的一些问题，充分发挥编成在灭火救援战斗中的重要作用，提出以下三项基本原则：

（一）基于险情，分类编成

力量编成是灭火救援战斗展开和进行的力量组合协同模式，脱离灭火救援实际的力量编成不仅不能发挥其提升战斗效能的作用，反而会使灭火战斗陷入严重混乱的困境，使灭火力量毫无战斗力可言。

对于战斗对象，也就是各类火灾的特点、发展规律、危害等的研究，是扑救各类火灾的立足点，是对人员及车辆器材装备进行科学合理编成的客观条件。军事方法论首要的原则是客观性方法原则。灭火救援战斗同其他社会活动一样，都是由人来进行的，但它的存在与发展变化，却是客观的。不同类型火灾的特点和发展规律不同，可能产生的险情不同，灭火救援战斗任务的侧重点就会不同，灭火战斗的展开方式、组织指挥、战斗任务、人员分工、车辆分配、战术方法等各方面都会有很大差异，只运用一种编成显然无法满足灭火救援战斗需求。因此，根据不同类型火灾的不同险情和战斗任务进行分类编成是十分必要的。

（二）细化任务，融合战法

根据火场实际，火灾扑救过程是由一系列战斗任务组成的，不同战斗任务需要采用不同战术方法。灭火救援战斗的任务行动是灭火战斗组织指挥中所实施战术方法的具体体现，力量编成中的人员、车辆是战术方法的具体实施者。

灭火救援战斗力量编成应根据战术方法的需要制定，为各类战术方法的实施创造更为便利的条件。为灵活运用堵截、突破、夹攻、合击、分割、围歼、排烟、破拆、封堵、监护、撤离等战术方法，科学有序地开展火灾扑救行动，应对灭火救援战斗任务进行深入细化，对完成不同任务的车辆人员装备进行科学合理的分配，并深刻领会所采用的各类战术方法，提高执行任务的能力。

（三）编成演练，实战检验

力量编成要发挥应有的战斗力作用，必须贯彻"以练为战"的原则，加强合成演练，不断磨合完善。不同类型火灾使用力量编成各不相同，同类火灾不同现场使用的力量编成也不相同，参战力量的不同、发生火灾地点的不同，所形成的力量编成更不相同。要想真正发挥力量编成在实战中的特殊功效，就必须加强合成演练，提高指战员按照力量编成作战的意识，加强不同编成的演练，提升编成力量之间的配合度。

编成理论是否科学合理、适用实战，最终还是要放到火场上去衡量、检验。火场情况瞬息万变，影响因素复杂繁多，灭火救援力量必须按照火场实际需要进行编成和展开，以适应火场情况和灭火战术的变化。要大胆地将力量编成应用于灭火救援实战，并在战斗结束后，对编成的使用情况进行总结、梳理，对可行之处传承发扬，对不足之处加以修正，不断完善力量编成的编制工作，使之更加贴近实际，适用实战。

二、隧道编成力量编成原则

平时强化多组成协同演练，战时实时力量分级调派，重点加强第一出动力量，实施双向调派，强化第一时间救人疏散灭火处置，全面把握初战处置时机，隧道编成力量应遵循以下原则：

（1）就近原则：根据灾害发生隧道和灭火救援队伍的相对位置、灭火救援队伍的专业能力和执勤力量，按照属地管理权限，就近并多点调派灭火救援力量到场。

（2）双向原则：第一出动力量着重靠近隧道两端出口的灭火救援队伍，充分利用隧道横通道，确保救援力量迅速到达灾害事故现场，充分把握初期处置时机。

（3）优先原则：优先保障前方主战单元、通信保障单元、供水保障单元、其他单元的优先顺序调派力量，每个作战单元尽可能由1个或较少数量队站组成。同等条件下，优先调派城市隧道灭火救援专业队相关车辆人员作为攻坚力量，充分发挥专业优势。

（4）极限原则：在防止出现力量真空前提下调派作战力量，一般规模现场发生后，辖区队站和邻近1~2个增援队站可全员调派；本地增援力量调派原则上至少保证队站1/3以上作战力量留守；跨区域增援原则上至少保证2/3作战力量留守。

城市隧道灾害处置力量编成是对参战人员和装备进行优化组合，在遵循灾害处置基本原则的前提下，结合城市隧道基本特点，明确不同情况下的力量构成，形成配套的作战单元，提高力量调动的针对性和有效性，从而实现作战力量发挥最大效能。

三、力量编成依据

力量调度应坚持"辖区优先、就近调派、力量适度、增援迅速"的原则，按照不同的灾害事故类型和掌握的现场信息要素，对照火警和应急救援分级标准，根据预先制定的调度编成，实施不同级别的力量调度。

城市隧道灾害处置力量的编成，在遵循"科学编配、专业精准、高效运行"的基本原则下，应结合城市隧道的形式、功能、方位、长度，灾害事故特点，灾害事故等级和规模，现有应急力量和作战能力，灾害处置中所承担的任务，并充分汲取城市隧道灾害处置典型战例的经验教训。

（一）火警调度等级

根据五级火警分级，火警调度等级共分为九级，依次为0级、1级、2级、3-级、3级、3+级、4级、4+级和5级。其中，火警0级和1级调度等级适用于一级火警，火警2级调度等级适用于二级火警，火警3-级、3级和3+级调度等级适用于三级火警，火警4级和4+级调度等级适用于四级火警，火警5级调度等级适用于五级火警。

（1）火警0级调度等级主要用于：

① 室外无毗邻的火警，如助动车、电瓶车、摩托车、小型客货车辆火警，城市绿化、田间农作物，露天摊位、邮筒、快递箱，零星垃圾、垃圾桶（箱、房）火警，供电系统中的送电途径和变压、配电及用电设施等其他室外杂物火警。

② 未经确认核实且无报警电话的城市远程自动报警系统（FAS）火警。

③ 报警人明确表示不会蔓延或产生其他危害的火警。

④ 遇大量警情积压（如台风、暴雨、洪涝等灾害性气候等原因），启动大话务量接处警模式期间的无明显成灾迹象的火警。

（2）火警1级调度等级主要用于：

① 报警电话少，无明显成灾迹象的低层（1至3层）、多层（4至6层）建筑火警。

② 高峰时段封闭道路（高速公路、城市快速路、高架、桥梁、隧道等）车辆火警等。

（3）火警2级调度等级主要用于：

① 有成灾迹象的低层、多层建筑火警。

②无明显成灾迹象的高层建筑、厂房建筑、地下空间、人员密集场所、公众聚集场所、公共娱乐场所火警。

③室外独立的变压、配电及用电设备房火警。

④成片的农副产品养殖大棚火警，废品回收和垃圾堆放点火警，对周围毗邻有影响的室外杂物火警。

⑤满载的大、中型货车（箱式、集卡）火警，地上停车场（库）车辆火警，有人员被困的小型客货车辆火警，非机动车车库火警，100吨位以下的小型船舶火警。

（4）火警3-级调度等级主要用于：

①无明显成灾迹象的寺庙、古迹、古镇等保护性建筑、城市综合体火警。

②在建建筑工地脚手架火警。

③地上轨道交通站台（厅）及配套设施火警。

④室外大型堆垛、传送带、废品回收站、垃圾堆场火警，燃烧面积较大的室外火警。

⑤多车燃烧火警，运营中的大、中型客运车辆火警，100吨位以上、500吨位以下的船舶火警，停泊的航空器火警。

⑥特殊情况下需要加强第一出动的二级火警。

⑦火警0级和1级调度等级力量不能全面控制，需升级为3-级调度等级的火警。

（5）火警3级调度等级主要用于：

①有明显成灾迹象的石库门、棚户区、城中村等老旧成片居民房屋火警，居民住宅建筑改建工程火警。

②人员密集场所火警（医院的门诊楼、病房楼，学校的教学楼、图书馆、食堂和集体宿舍，养老院，福利院，托儿所，幼儿园，公共图书馆的阅览室，公共展览馆、博物馆的展示厅，劳动密集型企业的生产加工车间和员工集体宿舍，旅游、宗教活动场所，等等）。

③公众聚集场所火警（宾馆、饭店、商场、集贸市场、客运车站候车室、客运码头候船厅、民用机场航站楼、体育场馆、会堂等）。

④公共娱乐场所火警（影剧院、录像厅、礼堂等演出放映场所，舞厅、KTV等歌舞娱乐场所，具有娱乐功能的夜总会、音乐茶座和餐饮场所，游艺、游乐场所，保龄球馆、旱冰场、桑拿浴室等营业性健身、休闲场所等）。

⑤有明显成灾迹象的高层建筑，大跨度、大空间建筑，危险品厂房，冷库，粮食仓库，棉花仓库火警，集装箱堆场等露天仓储火警。

⑥地下轨道交通站台（厅）及配套设施，机动车停车场（库），输变电站（设施），城市电缆、燃气管线等地下空间火警。

⑦加油（氢）站，石油化工装置、管线，2000 t（m^3）以下单个储罐火警。

⑧危化品运输车辆火警，普通客货列车火警，500吨位以上、1000吨位以下的船舶火警。

⑨ 火警2级调度等级力量不能全面控制，需升级为3级调度等级的火警等。

（6）火警3+级调度等级主要用于：

① 有明显成灾迹象的超高层建筑、城市综合体火警。

② 石油化工装置、管线、2000 t（m³）以下单个储罐发生爆炸燃烧火警。

③ 危化品集装箱堆场火警。

④ 有明显成灾迹象的地上轨道交通、磁悬浮、高铁等列车火警，1000 吨位以上、3000 吨位以下的船舶火警，危险化学品类船舶火警，小型航空器坠毁火警。

⑤ 火警3-级调度等级力量不能全面控制，需升级为3+级调度等级的火警等。

（7）火警4级调度等级主要用于：

① 燃烧面积达800 m²以上的建筑火警。

② 石油化工2000 吨（m³）以上、5000 t（m³）以下单个储罐火警。

③ 地下轨道交通运行区间、隧道内火警。

④ 3000 吨位以上船舶火警。

⑤ 火警3级调度等级力量不能全面控制，需升级为4级调度等级的火警等。

（8）火警4+级调度等级主要用于：

① 石油化工5000 t（m³）以上、1万 t（m³）以下单个储罐火警，多个储罐火警。

② 大、中型航空器坠毁火警。

③ 火警3+级调度等级力量不能全面控制，需升级为4+级调度等级的火警等。

（9）火警5级调度等级主要用于：

① 石油化工1万 t（m³）以上储罐火警。

② 火警4级和4+级调度等级力量不能全面控制，需升级为5级调度等级的火警等。

火警处置力量编成各等级具体内容如表6.1所示。

表6.1 火警处置力量编成

等级	具体分类	力量编成	具体任务
一级	0级：垃圾火警、带电设备/线路火警、单体轿车火警、其他一级火警； 1级：受灾人数3人以下高峰时段隧道内单体轿车火灾	辖区队站作战单元或根据现场情况由指挥中心视情调派	初战主战单元：由指挥侦察组、搜救疏散组、快速控火组、供水警戒组等组成，每组3~4名战斗员。 供水保障单元：根据隧道长度等情况选择合理供水方式，保障火场不间断供水。
二级	2级：满载的大、中型货车（箱式、集卡）火警，受灾人数10人以下小型客货车辆火警	2个初战主战单元、1个供水保障单元	通信指挥单元：发挥全勤指挥部功能，保障隧道内战斗网络通信，实现现场指挥部与各级指挥中心联络。
三级	3-级：受灾人数30人以下多辆轿车燃烧火警，运营中的大、中型客运车辆火警	4个初战主战单元、2个供水保障单元、1个通信指挥单元	安全管控单元：全面掌握内攻人员情况，当出现危险情况，根据指挥部要求进行

表6.1（续）

等级	具体分类	力量编成	具体任务
三级	3级：受灾人数50人以下多辆运营中大、中型客运车辆火警 3+级：3级力量编成不能全面控制，需要升级为3+级的火警	4个初战主战单元、3个供水保障单元、1个通信指挥单元、1个安全管控单元	快速营救，小组人员应实战经验丰富，心理素质过硬，且经过救援应急处置专业培训。 战勤保障单元：负责现场油料和灭火剂供给、气瓶充气、提供照明、装备更换、人员休整等方面保障。 工程机械单元：由现场指挥部根据情况视情调派
四级	4级：受灾人数50人以上的车辆火警	6个初战主战单元、3个供水保障单元、1个通信指挥单元、1个安全管控单元、1个战勤保障单元	
四级	4+级：极端天气下（暴雨、台风、洪涝、地震等）车辆火警	8个初战主战单元、6个供水保障单元、1个通信指挥单元、1个安全管控单元、1个战勤保障单元	
五级	5级：受灾人数100人以上的车辆火灾；4级和4+级力量编成不能全面控制，需要升级为5级的火警	10个初战主战单元、8个供水保障单元、1个通信指挥单元、2个安全管控单元、2个战勤保障单元	

（二）应急救援调度等级

根据四级应急救援分级，应急救援调度等级共分为七级。依次为0级、1级、2级、3-级、3级、3+级和4级。其中，应急救援0级和1级调度等级适用于一级应急救援，应急救援2级调度等级适用于二级应急救援，应急救援3-级、3级和3+级调度等级适用于三级应急救援，应急救援4级调度等级适用于四级应急救援。

（1）应急救援0级调度等级主要用于：

① 居民住宅室内燃气泄漏。

② 出现不明异味。

③ 危险化学品运输车辆交通事故（未发生泄漏）处置期间的监护。

④ 道路交通事故人员被困救援。

⑤ 内河船舶闷顶、碰撞等事故救援。

⑥ 人员肢体被夹（卡、压）事故救援。

⑦ 电梯事故中被困人员出现紧急情况救援。

⑧ 扬言纵火、自焚事件救援。

⑨ 市政消火栓损毁断裂、供水管网爆裂应急处置。

⑩ 其他紧急情况下的报警求助。

（2）应急救援1级调度等级主要适用于：

① 井坑、罐体、装置、高空、水域等人员遇险事故救援。

② 扬言跳楼（塔、桥，江、河、湖、海）等扬言自杀事件救援等。

（3）应急救援2级调度等级主要适用于：

① 室外燃气管线泄漏。

② 成品包装（封装）的危化品（桶装、罐装、袋装等形式）发生少量泄漏。

③ 连环道路交通事故多人被困救援。

④ 小型建（构）筑物、工程机械设备等发生倒塌的人员被困救援等。

（4）应急救援3-级调度等级主要适用于：

① 特殊情况需要加强第一出动的二级应急救援。

② 应急救援0级和1级调度等级力量不能全面控制，需升级为3-级调度等级的应急救援等。

（5）应急救援3级调度等级主要适用于：

① 石油化工装置、管线、储罐等泄漏事故。

② 成品包装（封装）的危险化学品（桶装、罐装、袋装等形式）发生大量泄漏。

③ 危化品运输车辆（货车、槽罐车等）泄漏事故。

④ 大型建（构）筑物、工程机械设备等发生倒塌有人员被困或失踪救援。

⑤ 应急救援2级调度等级力量不能全面控制，需升级为3级调度等级的应急救援等。

（6）应急救援3+级调度等级主要适用于：

① 危险化学品列车、船舶等泄漏事故。

② 应急救援3-级调度等级力量不能全面控制，需升级为3+级调度等级的应急救援等。

（7）应急救援4级调度等级主要适用于：

① 列车脱轨、相撞等事故救援。

② 航空器迫降、坠落等事故救援。

③ 应急救援3级和3+级调度等级力量不能全面控制，需升级为4级调度等级的应急救援等。

（三）等级调度编成

（1）0级调度等级调派1辆主战消防车。

（2）1级调度等级调派2至4辆主战消防车。

（3）2级调度等级调派5至7辆主战消防车。

（4）3-级调度等级调派8至11辆主战消防车。

（5）3级调度等级调派12至17辆主战消防车。

（6）3+级调度等级调派18至25辆主战消防车。

（7）4级调度等级调派26至35辆主战消防车。

（8）4+级调度等级调派36至51辆主战消防车。

（9）5级调度等级调派52辆及以上主战消防车。

（10）举高、照明、排烟、防化等特种车辆根据灾害类型和任务需要进行调派。

应急救援处置力量编成各等级具体内容如表6.2所示。

表6.2　应急救援处置力量编成

等级	具体分类	力量编成	具体任务
一级	0级：隧道内群众救助； 1级：受灾人数3人（含）以下的交通事故	辖区队站作战单元或根据现场情况由指挥中心视情调派	初战主战单元：由指挥侦察组、搜救疏散组、快速控火组、供水警戒组等组成，每组3~4名战斗员。
二级	2级：隧道内群众遇险，受灾人数10人（含）以下的交通事故或自然灾害	2个初战主战单元或根据上级命令调派	供水保障单元：根据隧道长度等情况选择合理供水方式，保障火场不间断供水。
三级	3-级：受灾人数30人（含）以下的交通事故或自然灾害	4个初战主战单元、1个供水保障单元、1个通信指挥单元、1个战勤保障单元或根据上级命令调派	通信指挥单元：发挥全勤指挥部功能，保障隧道内战斗网络通信，实现现场指挥部与各级指挥中心联络。
三级	3级：受灾人数50人（含）以下的交通事故或自然灾害	5个初战主战单元、2个供水保障单元、1个通信指挥单元、1个安全管控单元、2个战勤保障单元或根据上级命令调派	安全管控单元：全面掌握内攻人员情况，当出现危险情况，根据指挥部要求进行快速营救，小组人员应实战经验丰富心理素质过硬，且经过救援应急处置专业培训。
三级	3+级：受灾人数100人（含）以下的交通事故或自然灾害	8个初战主战单元、2个供水保障单元、1个通信指挥单元、1个安全管控单元、3个战勤保障单元或根据上级命令调派	战勤保障单元：负责现场油料和灭火剂供给、气瓶充气、提供照明、装备更换、人员休整等方面保障。
四级	4级：受灾人数100人（含）以上的交通事故或自然灾害	10个初战主战单元、3个供水保障单元、2个通信指挥单元、2个安全管控单元、4个战勤保障单元或根据上级命令调派	工程机械单元：由现场指挥部视情调派

四、队站力量编成

根据队站力量进行分组，主要包括初战主战单元、供水保障单元、通信指挥单元、战勤保障单元、安全管控单元、工程机械单元。

（1）初战主战单元：负责初战主战任务，通常包括疏散搜救、灭火冷却、破拆排烟、危化品处置等具体任务。单元最低配备2车1摩托15人。具体内容如表6.3所示。

表6.3　队站力量编成

作战单元	车辆编号	车辆类型	车辆数量/辆	出动人数/人	人员构成
疏散救人快速灭火	1号	低频隧道消防车或压缩空气泡沫车（主战车）	1	8	指挥员1人 战斗员5人 通信员1人 驾驶员1人

表6.3（续）

作战单元	车辆编号	车辆类型	车辆数量/辆	出动人数/人	人员构成	主要配备器材
疏散救人快速灭火	2号	抢险救援车（疏散救人）	1	8	指挥员1人 战斗员6人 驾驶员1人	多功能水枪、照明手电、止水器、分水器、热成像仪、水带、破拆工具组、消火栓接口、他救面罩、简易逃生面罩、安全绳、担架、警戒桶、警戒带等
	3号	消防摩托车（快速处置）	1	1	驾驶员1人	

（2）供水保障单元：负责为主阵地供水或利用水泵接合器向隧道管网供水。单元最低配备2车4人。具体内容如表6.4所示。

表6.4　供水保障单元编成

作战单元	车辆编号	车辆类型	车辆数量/辆	出动人数/人	人员构成	车辆性能
供水保障	4号	重型水罐车（远程供水系统）	2	2	指挥员1人 驾驶员1人	为前方主战单元车辆进行火场供水，载水量不低于15 t，水泵流量不小于100 L/s

（3）通信指挥单元：主要负责现场指挥和通信保障。单元配备2车12人。具体内容如表6.5所示。

表6.5　通信指挥单元编成

作战单元	车辆类型	车辆数量/辆	出动人数/人	人员构成	车辆器材
通信指挥	通信保障车	1	5	指挥员1人 操作员3人 驾驶员1人	单兵图传、布控球、无人机、防爆手持台及备用电池、卫星电话、无线中继电台、卫星通信设备、车载电台、指挥视频终端
	救援指挥车	1	7	指挥长1人 指挥助理5人 驾驶员1人	配备齐全的通信设备，集发电、照明、无线通信、扩音指挥等功能于一体

（4）战勤保障单元：主要负责为作战单元提供各类保障。具体内容如表6.6所示。

表6.6　战勤保障单元编成

作战单元	车辆类型	车辆数量/辆	出动人数/人	车辆器材性能
战勤保障	照明车	1	2	主灯功率至少8000 W，主要配备4组移动照明灯组

表 6.6 （续）

作战单元	车辆类型	车辆数量/辆	出动人数/人	车辆器材性能
战勤保障	油槽车	1	2	单仓设计，装载柴油不少于5 t，配有一台车载加油机及一只加油枪，可随时提供油料补给
	泡沫液供给车	1	2	主要用于运输各类泡沫液
	供气车	1	2	至少可以同时给8个气瓶充气，主要配备不少于60个备用气瓶
	器材消防车	1	2	满足常用器材维修保养，易损器材补充和个人防护更换需要，随车配备小型运输器材平板车，应配备攻坚氧气呼吸器

（5）安全管控单元：负责协助安全助理开展现场安全管控，同时承担预备队及快速营救任务，利用特种设备进行攻坚救援。单元配备1车8人。具体内容如表6.7所示。

表 6.7 安全管控单元编成

作战单元	车辆编号	车辆类型	车辆数量/辆	出动人数/人	人员构成	主要配备器材
安全管控	5号	抢险救援车	1	8	指挥员1人 紧急救助一组3人 紧急救助二组3人 驾驶员1人	热成像仪、照明手电、救生照明线、发光导向绳、安全绳、担架等

（6）工程机械单元：主要负责在灾害处置中对影响灭火救援行动的隧道构件或部位进行工程作业（如破拆或封堵），需配备工程机械车。

五、隧道火灾力量阵地选择标准

隧道结构承重性和耐火性相对较好，由于其相对封闭的特点，对于消防员来说火灾风险主要来自烟和热，这也是作为灭火阵地选择的重要依据。为便于现场指战员直观简易判断，选取火场温度、火场能见度及火场烟气层高度火灾持续时间几个具体参数作为定量标准。

（一）火场温度

火场温度包括对流热和辐射热。对流热是以温度作为测量参数，主要考察火场空气温度，而辐射热是以热流值作为测量参数，主要考察上层的热烟气层。国外试验结果表明，人员对于充满饱和水蒸气的空气的耐受极限是60 ℃。

新西兰消防工程设计指南基于SFPE手册所采用的判定标准中，有关热量的危险判定标准如表6.8所示。

表6.8　对流热、辐射热容忍极限

条件类型	容忍极限
对流热	热空气温度不高于65℃（可忍受时间30 min）
辐射热	来自上层烟气的辐射热通量 ≤ 2.5kw/m² （大致相当于上层温度200℃），大于此，忍受时间不超过20 s

（二）火场能见度及火场烟气层高度

火场烟气层高度的危险判定标准就是确定在灭火行动过程中，烟气层保持在消防员头部以上多少高度可避免人从烟气中穿过或受到热烟气流的辐射热威胁。同时，烟气层的高低也决定了火场能见度的高低，火场充烟越厉害，烟气层越低，能见度越小，反之亦然。在美国NFPA防火设计手册中，对烟气层的高度要求是6 ft（1.83 m），认为烟气层高于1.83 m，且能见度不能小于10 m时，绝大多数人员的行动不受烟气层的影响。

（三）火灾持续时间

统计结果显示，上海市95%的隧道火灾在"15 min消防"标准内燃烧车辆在2辆以下或区域小于30 m²，辖区消防站到场出水直至火灾发生30 min内火势可以得到有效控制乃至熄灭。当火灾从初期过渡到发展阶段时，在没有水枪冷却保护的前提下，火灾发生30 min至1 h，火势可以突破着火单元或蔓延至整个防火分区。

当火灾发生时间小于30 min，隧道温度小于60℃，能见度大于10 m，隧道就近灾害点可作为灭火阵地首选区域。任何火灾最理想的状态是被消灭在初期阶段，正所谓"打早、打小、灭初期"。

当火灾时间超过1 h，准安全区内温度超过60℃，能见度小于10 m，烟气层低于成人高度时，此时只能选择安全区作为灭火阵地。消防员需要选择安全区为灭火阵地，合理调度灭火力量，协同作战编成，根据现场情况采取进攻策略，最大限度降低人员财产损失和可能会对社会造成的负面影响，确保消防员无伤亡。

六、城市公路隧道火灾的处置对策

在城市公路隧道火灾扑救中，要根据火场情况周密部署，调集精兵强将，实施跨区域增援，积极疏散、抢救被困人员，隔离或封洞灭火，有效控制火势，消灭火灾。同时，要加强应急救援相关部门的联勤联动，做好充分的人力物力准备。

（一）加强第一出动，搞好火情侦察

当公路隧道发生火灾时，消防部队应加强第一出动力量，一次性调集足够的抢险救援、火场照明、火场通信、火场供水和个人防护等装备器材赶赴现场。到达现场后，首先必须进行交通管制，严禁车辆继续驶入，对洞口附近的车辆进行疏散。根据火场情

况，立即组织火情侦察，侦察人员必须佩戴空气呼吸器，着防火隔热服，携带强光照明灯、导向绳、呼救器、生命探测仪、热成像仪等器材，通过正常的出入口、紧急疏散通道或维修洞口等，深入隧道内部查明起火燃烧的物质、起火部位。要尽快确定被困人员数量、伤亡情况、所处位置、疏散抢救措施及方式，及时明确隧道内堵塞车辆情况和燃烧物燃烧状态及有无爆炸可能性等情况（如果是车辆起火，还要查清是车辆燃烧还是货物燃烧，是否有危险化学品等），为展开救人和灭火行动提供正确依据。

（二）组织优势兵力，强攻灭火救人

坚持"救人第一、科学施救"的指导思想，正确处理救人与灭火的关系。将力量编成若干个救人和强攻灭火攻坚组，佩戴空气呼吸器，携带必要器材深入隧道内部作战，梯次掩护进攻，形成救人时相互配合、遇险时相互救护的战斗整体。同时，尽量就近使用隧道内部的固定消防设施扑救，通过强攻近战，尽快控制局面，掌握火场主动权。

（三）根据现场情况，灵活采用战术

扑救隧道火灾，一般应选择上风方向或靠近事故点一端的隧道出入口、紧急疏散通道、维修洞口等作为主攻方向并建立进攻起点。当隧道内火势猛烈、出口处有外焰喷出、隧道已成为"大火筒"，消防人员无法深入隧道组织灭火时，或对于距离短的隧道，里面人员已全部撤离，可组织优势力量，在靠近燃烧区域较近的出入口、紧急疏散通道、维修洞口等地方，逐步推进，交替掩护直攻火点。在隧道距离较长，或没有足够的高倍泡沫时，可采取封闭窒息的灭火方法，首先利用水枪射水，降低隧道口周围的温度，扑灭隧道口的火焰，然后在水炮和喷雾水枪的掩护下，利用沙袋、干水泥包等由下至上对出入口和其他一切孔洞实施封堵，使内部火势因缺氧而窒息熄灭。另外，在条件允许的情况下，应尽量牵引事故车辆至隧道外，而后实施处置。若是起火车辆距隧道口较远、火势猛烈或前方有车辆阻拦而无法进行牵引时，可将着火车辆与其他车辆分隔，阻止火势蔓延扩大。

（四）搞好火场排烟，缩短灭火时间

发生火灾后，隧道会变成浓烟的通道，由于出入口少，烟雾不易疏散，为尽快排除烟雾对灭火救援行动的不利影响，缩短灭火救援时间，可迅速打开通风口、预备出口、紧急疏散通道、维修洞口等进行自然排烟，还要充分利用隧道的固定消防设施进行排烟，也可利用移动排烟设备在下风隧道口排烟。值得注意的是，在采取排烟的同时一定要防止火势蔓延。

（五）做好火场不间断供水

在扑救隧道火灾过程中，相当部分隧道附近无天然水源，人工水源也较缺乏，火场供水困难。供水组到场后，要由近及远通过观察、询问知情人寻找河浜等天然水源。尽量使用车辆吸水供水，如车辆不能靠近，一方面应调集具有大型工程车、潜水泵等设备的社会抢险力量直接参与火场供水或为供水创造条件；另一方面应使用手抬泵靠近水源供水，对距火场较远、落差较高的情况，可采取接力供水，保证火场不间断供水。在水源紧缺的情况下，应使有限的水源发挥最大限度的灭火效能，除冷却降温或掩护救人、疏散车辆和进攻外，水枪手要尽量节约用水；也可在隧道下方低洼处阶梯式筑坝蓄水，收集灭火废水，待滤清、去除杂物和冷却后，利用浮艇泵等取水设备吸水，实现复式循环使用，缓解火场供水紧缺的问题。

七、案例分析

（一）案例情况介绍

2015年，上海地铁2号线因设施设备故障引发列车失电，迫停隧道区间轨行区，经排故无效后实施隧道内紧急疏散，未造成人员伤亡。因其事发时段及处置过程较为典型，所以本书简要说明案例的一些基本情况，其中显现的一些特征，对今后处置此类事故深具借鉴意义。

（二）基本情况

2015年3月10日11时32分，上海市应急联动指挥中心接报，地铁2号线张江高科站往浦东机场方向的列车车厢内着火，已经在隧道内停下。后经单位核实，实为列车受电弓因老化断裂，脱离牵引动力电源失电所致，受电弓断裂后与隧道壁发生碰撞产生火花及焦味，与此同时控制此区域的主变电站控制柜保护跳闸，243号列车失电停运在距张江高科站约70 m处的隧道区间内。11时45分消防救援力量到场，11时55分报现场没有火光，列车是因停电造成停驶，市联动指挥中心立即要求现场指挥员听从车站站长指令。12时04分在确认列车的确无法通过其他方式进入站台处置后，启动紧急疏散程序。此时指挥员下达指令，救援力量携带装备进入隧道轨行区内的列车，打开车头紧急疏散门，开始疏散被困乘客，紧急疏散于12时44分全部完成，无人员伤亡，13时18分现场移交单位，整个救援过程历时1 h 48 min，其中接警到启动疏散指令耗时32 min，紧急疏散耗时40 min，疏散距离约70 m，疏散乘客560人。

（三）案例启示

（1）故障停驶不是启动紧急疏散的必要条件。地铁是一个多系统高度集成的区域，科技含量及自动化程度较高。在地铁运营过程中，因人为因素、设施设备故障等引起的各类突发情况在一般情况下基本通过集控手段予以解决，从而保障整个地铁系统的正常运营。2015年3月，上海市启动的城市公共安全消防高风险专项调研中，轨道交通地铁被单列分类，作为一个专项课题开展研究。通过近四个月的调研，并对比北京、广州、南京等省市的地铁运营事故处置的有关规定和做法，结果表明在一般事故和险性事故的处置中都基本遵从一个原则，即排故复运或到站处置的原则。从案例中可以看出，从事发到紧急疏散启动的时间为32 min（一般允许滞停时间不超过20 min），在30多分钟的时间里就是运营单位按照既定原则实施处置恢复运营或为紧急疏散所做的系统准备时间。因此，地铁故障或因故障造成停驶在规定时间内且在无其他致灾因素影响的情况下，并不必然触发紧急疏散这一程序，所以对这一程序性原则的正确认识，是消防救援力量从指挥中心到各级指挥员科学处置地铁停运隧道区间事故作战指导思想的重要依据。

（2）发挥联动机制系统优势的重要环节是衔接。联动机制在救援过程中能否发挥系统性优势达到"1＋1＞2"的效果，既是对机制科学性的重要考量，也是消防救援力量依托机制实现成功处置此类事故的主要依据。案例显示，在事发当日11时26分，公安网监发现有人（乘客）在网上发布地铁2号线往浦东方向的列车在隧道里停驶的信息，11时32分市应急联动指挥中心接到乘客的报警，地铁中央控制室（COCC）则在11时35分接获故障信息。从公安网监预警到消防处警平台力量预热再到事发单位反馈联动，单位间完整的信息链使得列车故障停运的客观事实及基本情况被迅速确认，为先期部署赢得了宝贵的时间和有力的信息支撑。但是在具体处置过程中，各力量在内外的衔接上仍显生硬，使得联动机制的系统性优势受到限制。所以要实现联动机制的最大效能就需要"润滑剂"即衔接程序，来保障这种机制的高效运转。从几起同类事故处置的情况来看，联动机制更多的是解决层面上的问题，而衔接程序则是要解决点对点或一点对多点的力量对接问题。如前所述，从公安到消防再到事发单位的信息联动在事故确认、力量调集等环节机制的作用是较为明显的，但是在具体的处置实施过程中因缺乏必要的衔接，给救援处置带来的压力与障碍也不容忽视。

从时间上测算和几起案例分析来看，这一时间恰与首批力量集结及先期处置行动是重叠的，即在力量集结、现场侦查、力量部署等环节会受到大流量人群、车辆等因素的严重干扰。因此，如果在衔接上不足就会对消防救援整个战斗行动的诸多环节造成极大影响，从而影响消防救援进程，同时会给现场的安全带来较大压力。值得注意的是，此类影响救援工作的因素较多，其主要原因在于地方的处置方案中条件设定过于理想化，且在制定过程中与消防部门沟通协调不足。因此，对这一问题的解决在增强机制协调的前提下，还需进一步通过对实例的分析研究和演练评估来逐步完善处置程序，从而提升处置此类事故的科学化水平。

（3）战斗编组（队）是科学处置此类事故的重要环节。地铁灾害事故救援兼具人员密集场所、地下空间、隧道交通等类型灾害的处置难点，而且更有其区域所处位置的特殊性及多系统集成的复杂性所显现出的其他不利特征。例如：一般来说在地下建筑火灾中的烟气会从顶部聚集再沿墙体慢慢下降，初期影响烟气迁移的条件较少，其迁移轨迹基本不会发生较大变化；但是地铁隧道是一个动态场所，其烟气的迁移会因运营期间各类工况模式而发生急剧变化，而这一变化对救援处置工作有着极其重要的影响。因此，基于对这些特征显现的不利因素，在日益完善类型灾害力量编成的基础上，更应重视对现场力量的战斗编组（队）问题，一方面能切实提高现场的指挥效能，避免无序，同时能强化对作战行动的控制，有效规避潜在的安全风险。在列车停运隧道区间事故中，各种显现的或潜在的风险性因素是战斗编组（队）的重要依据，特别是在心理干预、疏散控制、医护救助、通信保障、地面引导及预备后援等方面必须保有一定量的战斗小组（队），按照处置、交接、引导及地面四个区域分配组（队）力量，从而形成区域清晰、层次明显、任务明确的作战链，最大化发挥现有力量的作战效能。

八、隧道火灾编成力量作战注意事项

隧道火灾编成力量作战主要针对隧道内列车、机动车火灾及抢险救援事故，需要特别提醒相关注意事项。

（一）隧道汽车火灾扑救

（1）在扑救道路汽车火灾时，消防车到场后应在着火汽车后方，车头一侧靠近着火车辆，车尾一侧对着来车方向，并与着火车辆保持不少于20 m的安全距离。

（2）车内有人员被困时，应首先使用喷雾水保护被困人员，掩护破拆救援人员。

（3）全程加强对油箱、轮胎等重点部位的冷却保护，防止发生爆燃、爆炸，并在条件允许时切断蓄电池连接线。

（4）轮胎着火时使用喷雾射流全覆盖直接予以扑灭，油箱着火时应使用泡沫覆盖灭火。

（5）扑救小型汽车火灾要及时打开车门或引擎盖板，一般采用喷雾射流或泡沫灭火剂灭火。

（6）扑救货车火灾时，应注意控制火势蔓延，若车载货物着火，应对车头部分进行冷却保护，按照车载货物性质采取针对性扑救措施；若车头部分着火应在车头与车厢连接处设置水枪控制火势引燃车载货物。

（7）新能源电动汽车火灾有中毒和爆炸危险，第一时间断开电闸或按照车身提示实施断电作业，优先使用高压雾化射流或干粉等灭火剂扑灭火势，并强化个人防护，防止吸入或皮肤沾染化学物质。

（8）扑救停车场车辆火灾时应首先对周边车辆进行冷却保护或疏散撤离。

（二）隧道汽车抢险事故处置

（1）观察来车和行人情况，确认安全后开门下车。

（2）选择较为安全的位置，安全观察员携带电台、警戒桶等进行观察、示警。

（3）根据指令检查车辆制动、电路关闭、车身变形、人员遇险及伤情、油路受损，以及车辆载运等情况。

（4）对车辆采取制动、固定措施，切断电路油路，对燃油泄漏采用泡沫或沙土覆盖。

（5）安抚被困人员情绪，实施必要的出水掩护或遮盖保护措施。

（6）人员被困车内时，根据车辆变形严重程度，可选用强行拉门、使用撬棒开启车门、使用液压工具等方法救助。

（7）人员被座椅、方向盘、仪表盘等卡住时，可调节或拆卸座椅和方向盘，或用液压工具扩开空隙。

（8）人员被卡在车辆、墙壁或栏杆之间时，对于小型车辆，可将车头（尾）移向道路另一侧救助，对其他车辆，可对轮胎放气扩大缝隙、使用液压工具扩张或使用车辆牵引事故车辆。

（9）人员被压轮下时，集中人员搬开小型车辆，用液压工具抬高车辆，对大型车辆使用吊车起吊。

（10）车辆严重相撞交缠在一起影响救援时，待拖车分离事故车辆后实施救援。

（11）采取平托等方式移送人员，禁止生拉硬拽造成二次伤害，视情况实施包扎救护，移交医疗救护处置。

（三）轨道交通隧道事故

（1）事故状态下地铁运行模式。

地铁站点或线路发生事故后，根据具体灾害事故类型和严重程度，地铁采取延长行车间隔、车辆跳站运行、线路停运（区分上行、下行线）、关闭站点等不同运行模式。处置地铁灾害事故时，应了解地铁线路在事故状态下的运行模式，并根据运行模式实施战斗行动。

（2）地铁列车应急疏散门。

地铁列车应急疏散门位于前后两端的驾驶室内，并根据不同车辆型号分为上开门、下开门等不同类型，通过操作驾驶室内应急疏散门开关，可开启应急疏散门，有的车辆还需手动放下人员进入轨行区的踏板。对设置纵向疏散平台的隧道，可打开疏散平台一侧车厢门的操作盖板，人工开启车厢门实施应急疏散。

（3）进入地铁隧道的途径。

站外直接进入隧道：沿地铁维保基地车间轨道进入隧道、通过风井悬吊进入隧道、通过站台层的应急疏散通道直接进入站台继而进入隧道。

站内进入隧道：从站台顶端沿台阶进入隧道、架设梯子从站台下到轨行区进入隧道。

（四）隧道安全疏散设施

（1）矩形双孔（或多孔）加管廊的隧道可使用管廊内的安全通道撤离。

（2）圆形隧道内可通过两孔之间设置的连接通道撤离。

（3）圆形隧道内可通过两孔之间的中间安全门直接进入另一条隧道。

（4）圆形断面隧道可使用车道下方的安全通道撤离。

（5）双层隧道内可利用上下层之间的疏散楼梯撤离。

（五）隧道次生灾害处置

公路隧道火灾发生后，排烟与散热条件差、温度高且上升快、烟雾浓度大、能见度低，对建筑物的损坏相当严重，结构的承载力降低或完全丧失，极有可能导致局部坍塌，危及救援人员的生命，在没有被困人员的情况下，不可贸然深入进攻，可以考虑使用消防机器人。

指挥中心接警后应将照明车、具有移动排风机的主战车、发电车列入调度范围，主要是增加隧道内部光照度，向隧道内输入新鲜空气并驱散烟雾，可对供电设施进行抢修或者提供备用电源。

攻坚组人员应考虑穿着隔热服内攻。纵向气流速度为 $2 \sim 4$ m/s 时，人体皮肤烧伤的极限热荷载温度高于 300 ℃，而在静止空气条件下则为 100 ℃。

防止隧道火灾时有毒气体和缺氧对人体的伤害。一是高温烟气在移动过程中对人员、结构造成损伤，火风压使隧道内通风紊乱。救援人员依据现场情况确定是否利用送风设备向隧道内送风或排烟。二是烟气中含有大量有毒有害气体，救援人员应尽量从上风或者侧上风方向接近事故地点，并根据现场情况确定是否佩戴空气呼吸器。

（六）隧道火灾扑救方法

1. 直接灭火法

当隧道内失事汽车火势较小或处于阴燃状态，且隧道内无爆炸、倒塌危险时，灭火人员可在做好个人防护、照明、通信联络等各项准备工作后，用喷雾水冷却车辆油箱，用泡沫覆盖地面流淌的燃油，消除潜在危险，为营救被困人员创造条件。同时使用液压救援顶杆、液压剪、扩张器、气动切割器、无齿锯、双向异动切割刀、牵引器等破拆器材破拆变形的车厢外壳，积极抢救车厢内的遇险人员，并根据需要调集大型牵引起重车辆到场协助救助。破拆车体时，使用雾状水掩护，防止金属碰撞产生火花，引起油蒸气爆炸，对事故次生的化学事故，消防人员采取关阀断料、器具堵漏、稀释降毒、筑堤导流等措施，有效控制有毒有害物质的扩散和易燃易爆物品爆炸燃烧事故的发生，并按照化学危险品性质做相应处置。

2. 转移处置法

当失事火车、汽车位于隧道纵深处，灭火救援行动无法展开，且有爆炸、毁洞潜在危险时，要用机车、拖车等将正在燃烧或泄漏的肇事车辆牵引出洞，并且置于安全地带，而后再采取灭火、制止泄漏等措施。

3. 封洞窒息法

当隧道内发生火灾时，内部人员已全部撤出，且失事火车、汽车无法进洞或牵引至洞外灭火时，即可采取封堵隧道进出口及其他相关孔洞，断绝空气，窒息灭火。封洞窒息法能否成功，关键看能否将火势压进洞内。可首先用水炮向洞口上下左右射水，降低洞口四周燃烧强度后，用泡沫炮喷射泡沫覆盖洞口内的流淌火，最后实施封堵。在封洞时必须实行统一指挥，不能中断供水，以切实加强掩护。随时观察洞口烟雾情况，若涌现的烟雾增浓、量加大，且黑色浓烟中有紫红色出现时，即为爆炸征兆，应下令暂停堵洞作业，加强射水。待险情消除后，再实施封堵。

4. 泡沫灌注法

当发生火灾的隧道空间较小时，可先将下风方向、低洼处洞口封堵住，而后在上风向、高端处洞口灌注高倍数泡沫覆盖灭火。

5. 注水排险法

在隧道灭火先期已采取了封洞措施的情况下，为降低隧道内部温度、可燃气体浓度、可燃液体残流量、洞体和铁轨等设施的毁坏度，缩短灭火救援时间，可采取在低端洞口开口或插管（用于排水）、在高端处洞口注水的方法，尽快灭火、结束战斗。

九、隧道事故通信及编成

由救援人员深入隧道内部，组织群众疏散，寻找起火位置，扑灭火点是最常用、最有效的方法。但是，由于隧道本体的屏蔽作用，造成无线通信的阻断，形成盲区，现场指挥通信受制，直接影响救援人员的行动。

常用的应急通信保障措施有临时基站法、通信漏缆法、人工接力法和连续链路法四种。

1. 临时基站法

在隧道外部临时架设无线基站，一般要求配备电源、天线高架、使用大功率发射设备。一般的消防应急通信车也属于这个概念，只不过把相关设备事先集成在车辆上。这种方法，对沟通隧道内外通信有一定作用，但是，由于救援人员的手持电台和临时基站的通信参数不对等，易造成现场上、下行通信的不对称，表现形式为手持电台在靠近外墙体的位置通信正常，随着救援人员深入隧道内部，上行信号首先受到影响，最后，上、下行信号均被阻断。

2. 通信漏缆法

通信漏缆法常用于隧道、地下室、矿井等类型的现场保障。由于信号沿着通信漏缆向四周扩散，只要漏缆足够长、功率足够大，可以很好地解决漏缆附近的信号覆盖问题；不足之处在于作为天线使用的漏缆本身就容易遭到损坏。当采取临时敷设的方法补救时，在烟雾充斥、光线不良的环境里，漏缆在确保进攻方向通信的同时，极易成为绊索，妨碍人员行动。

3. 人工接力法

人工接力法要求在通信的关键点（如门口、楼梯、拐角等位置）设置人员，携带电台接力传话装置。这种方法由于需要多个环节，速度慢。同时要求中间传话不能有偏差，而在嘈杂的救援环境下，要确保这一点极其困难。因此，人工接力法时间长、效果差。

4. 连续链路法

连续链路法是在自组网技术日益成熟之后提出的概念，一般的方法为自组网负责提供数据链路，专网射频信号中的音频部分被检出，在链路中被传递。节点基站、自组网、手持电台组成一个小型判选系统，按照设定的法则来转发电台信号，确保指令通达。该类型产品可以有效克服隧道本体的屏蔽和同频信号的干扰问题，是针对复杂建筑物的有效手段，但由于节点设备功率小、覆盖范围有限，较适用线状区域的短时间通信保障。

综上所述，在传统应急保障模式下，难度高、信号差，不能从根本上解决救援现场的通信问题。

无线通信信号在隧道中存在四种空间传输，具体如下：

（1）直射。

直射如图6.1所示，是天线和手持终端在视距范围内的传输方式。但是，在隧道中，视距范围通常只能维持在一个很小的范围内。所以，在隧道情况中，这种方式很少存在。

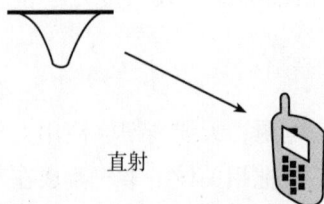

图6.1　直射示意图　　　　　　图6.2　反射示意图

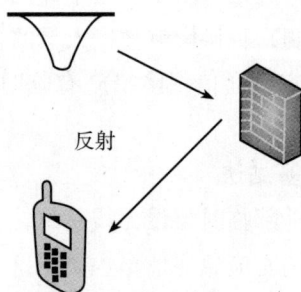

（2）反射。

反射如图6.2所示，主要是通过信号阻挡物对无线信号的反射来实现信号传输。但是反射只存在于只有1个阻挡物的情况下。在隧道中，这种方式使用不多，但确实是无线信号在隧道的传输方式之一。

（3）穿透。

穿透如图6.3所示。在隧道环境下，穿透是无线信号主要的传输方式。信号损耗的大小取决于穿透阻挡物的材质、厚度和数量。

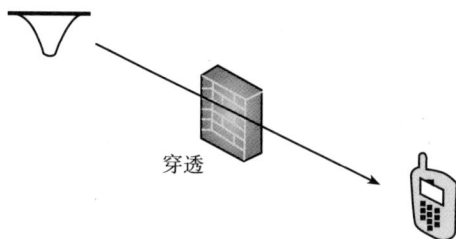

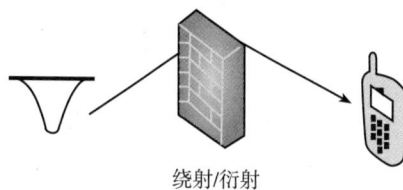

图6.3　穿透示意图　　　　　图6.4　绕射/衍射示意图

（4）绕射/衍射。

绕射/衍射如图6.4所示，绕射是绕过阻挡物的一种传输方式，衍射是通过阻挡物之间的缝隙的一种传输方式。在隧道环境下，绕射/衍射也基本只通过1个阻挡物，若阻挡物多于1个，其传输效果也不好。所以，绕射/衍射是一个次要的传输方式。

消防无线通信系统是工作于专用350 M频段的无线通信系统，300～3000 M为特高频（Ultra High Frequency，UHF）。UHF频段的无线电波主要靠地波传输，而地波分地表面波和地面空间波。由于特高频频率超过300 MHz，地面（土壤或海水）造成的衰减随频率增加迅速加大，地表面波在较短的距离上就已衰减掉，因而只存在高出地面的直射波。

结合上述350 M频段无线电波的传输特性，可知消防350 M频段无线信号只能以地面空间波的形式进行有效传播。这会涉及两方面的问题，一个是隧道内，一个是隧道外。

在隧道外，消防350 M频段无线信号通过架设在高层隧道楼顶的基站向地面空间辐射信号，通信的范围和通信质量取决于发射天线的高度、输出功率、接收天线的高度和接收机的接收灵敏度。在理想情况下，通信距离可达到数千米，但是由于城市中的密集隧道对无线信号的衰减，消防350 M无线通信系统基本只能保证隧道外地面的正常呼叫，而进入隧道内，则基本无法实现消防350 M无线通信系统的正常呼叫。

隧道物对无线信号的衰减如表6.9所示。

表6.9　各类隧道墙体对无线信号的综合衰减

序号	类别	频率段	
		350 M	900 M
1	一般隔墙	5 dB	10 dB
2	承重隔墙	15 dB	20 dB
3	金属墙	25 dB	30 dB
4	楼板	25 dB	30 dB

根据消防无线通信系统的设计要求，可知无线信号的最弱覆盖场强是-95 dBm。另外，消防无线手持终端的动态接收灵敏度为-105 dBm。所以，在室外基站的边缘覆盖区域，经过1层楼板的信号衰减（-95 dBm - 25 dB = -110 dBm < -105 dBm）就已经无法实现通信连接了。在室外基站的中间覆盖区域（一般是接收场强在-65 dBm至-85 dBm），经过1条隧道（假定隧道内外无金属墙，且只经过1堵一般隔墙、1堵承重隔墙和1层楼板）的信号损耗（-65 dBm - 45 dBm = -110 dBm < -105 dBm）也依旧无法实现通信连接。

根据上述消防350 M无线通信信号在隧道空间的传输特点，可以选择在隧道内的天花板设置天线，将无线信号覆盖至隧道，如表6.10所示。

表6.10　各类隔断综合损耗

序号	类别		频率段	
			350 M	900 M
1	隧道墙体	一般隔墙	5 dB	10 dB
2		承重隔墙	15 dB	20 dB
3		玻璃墙（内部）	0～2 dB	5～7 dB
4		金属墙	25 dB	30 dB
5		楼板	25 dB	30 dB
1	天花板	非金属	1～3 dB	6～8 dB
2		金属	25 dB	30 dB
1	装修材料	一般材料	不计列（和墙体一起考虑）	
2		金属	25 dB	30 dB
3		密致材料	0～3 dB	5～8 dB
1	其他	家具不考虑，大型门按照墙考虑，消防门（隔音门）按照承重隔墙考虑		

各终端主要损耗如下：

（1）终端1：信号直射和反射，损耗主要来自自由空间的损耗。

（2）终端2和终端3：信号穿透和衍射/绕射，损耗主要来自墙体和装修材料。

（3）终端4和终端5：信号穿透，损耗来自墙体、装修材料和楼板。

对于终端2，3，4，5来说，在长度100 m的隧道空间，5～6 m就会设置一堵墙，如果墙体为一般隔墙，那么经过8堵墙的损耗也不是很大，大约40 dB。但是，隧道内有很多承重墙，上下层还有楼板。所以，在多数情况下，终端2和终端3会经过至少3堵承重墙，损耗会达到70 dB以上；终端4和终端5不仅会经过3堵承重墙还会经过楼板，损耗会达到95 dB以上。

另外，自由空间损耗值如表6.11所示。

表6.11　不同传播距离下的自由空间损耗

电波频率/MHz	1 m	2 m	4 m	8 m	16 m	32 m
350	23.38 dB	29.3 dB	35.3 dB	41.34 dB	47.46 dB	53.4 dB

结合上述穿透墙体的分析和自由空间的损耗，终端2和终端3的总体损耗在123 dB以上，终端4和终端5的总体损耗在140 dB以上。而消防无线手持终端的动态接收灵敏度为−105 dBm，所以，为了实现一个天线覆盖上下层并实现半径50米的要求天线的输出功率需要达到140 − 105 = 35 dBm。

考虑到一个20 W基站的输出功率只有46 dBm，如果将天线的输出功率设定在35 dBm，则一个基站最多只能带6个天线，如果要覆盖面积更大的区间，则需更多的基站和天线，这是一种不经济的方式。另外，我国对于隧道电磁波辐射也是有要求的，要求天线的输出功率不能大于15 dBm，因此上述方式是一种不环保的方式。

所以，结合上述分析，需要采用小功率多天线的方式，这种方式既能够实现覆盖面积最大化，又能兼顾环保。

通过低损耗的射频馈线和无源器件将天线连接起来，最终形成一个小功率多天线的隧道分布反馈系统，将无线信号覆盖在隧道的各个角落。

从理论和实践经验中都可知，消防350 M无线通信系统通过室外基站在隧道内的信号覆盖效果是非常差的，特别是在隧道密集区的市中心，其覆盖效果更差。为了解决消防350 M无线通信系统在隧道内的通信问题，必须设法将消防350 M无线通信信号延伸覆盖至隧道内部，即采用隧道内信号覆盖的方式进行无线信号的无缝覆盖。

第二节　隧道处置程序

前文着重对城市道路隧道基本结构、处置难点和消防设施进行分析研究，并根据隧道火灾特点和处置难点，提出了力量编成、快速到达、疏散、灭火、通信等应对策略。本节通过归纳总结以上内容，形成了城市隧道火灾扑救全流程行动指南，该指南可作为扑救城市隧道火灾决策指挥和行动展开的参考依据。

一、力量调集

在接到火警之后，指挥部门应按照"等级调派、就近调派、双向调派、优先调派"原则调集救援力量。按照灾情等级，以隧道出口两侧消防队站为主战力量，以邻近队站为增援力量，加强消防摩托车第一出动作为侦察、前突机动力量，充分把握初战处置时机。隧道出口两侧消防救援站应作为隧道处置专业队伍，加强执勤实力配置，保障初战主战单元作战力量。初战主战单元最低配备2辆消防车（2泡或1泡1枪）、1辆消防摩托车，人员由指挥员、战斗员、通信员和驾驶员构成。支援力量以供水保障单元、通信保障单元、战勤保障单元为补充。供水保障单元以大功率泡沫水罐消防车和远程供水系统为主，根据起火位置、隧道长度等确定供水形式，保障火场供水不间断。通信保障单位通过预设网络、自组网设备、架设中继等方式，保障隧道内部与外部、现场指挥部与指挥中心的信号传输，保障通信畅通。一次性调集消防摩托车、低平消防车、双头消防车、泡沫水罐消防车、抢险救援消防车、排烟消防车、照明消防车、通信保障车到场。视情况调派多功能灭火机器人、消防灭火侦察机器人、远程供水系统、氧气呼吸器、单兵综合定位系统等装备到场。

根据隧道火灾对象和灾情规模，确定力量调派等级。根据现场需要，调集隧道运营、公安、医疗救护等应急联动力量，以及隧道设计单位、建筑结构专家到场配合处置。

二、途中决策

在前往火灾现场的途中，与报警人、隧道监控中心联系，了解或核实以下情况：① 确认起火位置是处于盾构段还是明挖暗埋段，根据隧道内部起火位置桩号号码确认准确位置。② 确认燃烧物质（车辆、随车货物、内部电力等），事故占用车道（单车道事故、双车道事故、多车道事故）。③ 确认烟火扩散情况，人员疏散和被困情况。④ 确认隧道内部疏散通道、泡沫–水喷雾系统、排烟系统等消防设施开启、隧道封闭管控、隧道应急处置队伍出动、处置情况等。⑤ 与隧道运营单位、交警部门加强沟通联络，掌握隧道拥堵情况，视情况封闭单（双）侧隧道入口，获取快速到达起火位置的路径。⑥ 掌握增援力量出动情况和交警、医疗、隧道设计单位等应急联动单位调集情况。

出动途中，消防救援站指挥员应向本站出动车辆，隧道另一侧消防救援站指挥员通报已掌握的情况，结合预先部署的车辆行进路线、停靠位置和初步作战分工，提示处置行动的注意事项。

在接近火场时应加强对隧道进出口的火光、烟雾情况和车辆拥堵情况的观察。查阅隧道建筑情况、灭火救援预案和结构图或火场平面图，了解疏散通道及工作井结构布局情况。综合火场信息，预判火灾规模，视情况请求调派增援力量。并向隧道运营值班领导（负责人）提供开启水喷雾、排烟系统、横通道卷帘门、封闭隧道入口、应急处置队伍处置等的初期处置意见，要求隧道利用广播、交通信号引导等方式疏导隧道内部车辆，保障消防车辆快速、安全到达现场。

三、车辆停靠

车辆停靠应遵守以下规则：城市隧道火灾扑救应在隧道出入口就近道路设置集结点。隧道两侧属地消防救援站车辆优先停靠隧道出入口。正压排烟车停靠在上风方向出入口处，负压排烟车停靠在下风方向出入口处。大功率泡沫水罐消防车应停靠在水泵接合器区域。消防摩托车要发挥灵活机动的特点，第一时间从上风方向进入，到达起火区域开展火情侦察和初期处置。

四、灾情评估

灾情评估主要从五个方面进行。一是在外部观察隧道出入口烟雾浓度和流速、排烟竖井开启情况。二是询问知情人了解人员被困、燃烧位置、事故占用车道、车辆拥堵等情况。三是在事故发生后，隧道监控中心所在地消防救援站，调派1名干部进驻监控中心，利用隧道监控中心重点查明消防应急广播系统引导人员疏散情况、燃烧区域附近横通道开启情况、燃烧区域内的自动喷水灭火系统启动情况、防排烟系统动作情况和交通组织方案实施情况。四是深入内部查明起火点位置、燃烧物质、烟火扩散的主要途径和方向，确定现场被困人员数量、所在位置和疏散救人路线，确认有无易燃易爆物品、毒害品，查明横通道开启情况及烟火是否扩散至非事故隧道。确认自动报警和自动喷水灭火系统是否发挥作用，以及排烟系统是否发挥作用。五是检测有毒气体成分与浓度、空气含氧量和现场温度。

根据灾情评估情况，建议主要从以下五个方面考量初期力量部署。一是根据出入口烟雾流动方向、浓度和风向，确定进攻入口和排烟出口。二是根据被困人员位置、数量和营救路线情况，确定搜救组数量和疏散路线。三是根据火势扩散情况，确定人员器材编成、灭火组数量、进攻的路线和阵地位置。四是根据盾构段、明挖暗埋段着火位置，确定上风向、下风向区域，确定排烟风机开启情况和排烟效果。确认人员疏散情况，根据是否疏散完毕，调整排烟系统运行方式。根据隧道内交通拥堵情况，确认人员搜救重点区域，组成攻坚组进入重点区域搜救人员。五是根据有无易燃易爆、毒害品情况，确定战术措施及防护等级。

五、组织指挥

隧道两侧消防救援站分别在隧道内部前沿阵地、出入口设置指挥员，在火情侦察的基础上，部署灭火救援行动，交代注意事项，落实灭火战斗保障，及时反馈现场情况。在隧道监控中心设置消防救援力量专职监控点，与前方作战力量协同配合，共同完成火情侦察、设施启动、交通疏导等辅助工作。

上级指挥员到场前，辖区消防救援站实施属地指挥，将隧道划分为隧道入口、隧道出口、隧道内部起火位置区域3个战斗区（段），由辖区消防救援站指挥员执行总指挥职务，由隧道另一侧消防救援站指挥员实施协助指挥。增援消防救援站按照停靠位置向隧道两侧消防救援站指挥员领受作战任务，指挥本单位作战行动。

全勤指挥部到场后，将火场划分为隧道入口、隧道出口、隧道内部起火位置区域、市政水源区域4个战斗区（段），确定专人负责每个战斗区（段）的搜救、灭火、排烟、供水、通信和后勤保障等行动。

公安、医疗、供水、供电等应急力量由政府领导实施统筹指挥或授权指挥。消防指挥员主要负责灭火救援专业指挥，将隧道运营单位负责人统一纳入指挥体系，充分发挥隧道专业处置力量效能，确保科学、高效地处置隧道灾害。

六、单位处置

单位处置流程总体上被分为三个阶段：先期处置、配合处置和后期处置。单位处置流程如图6.5所示。

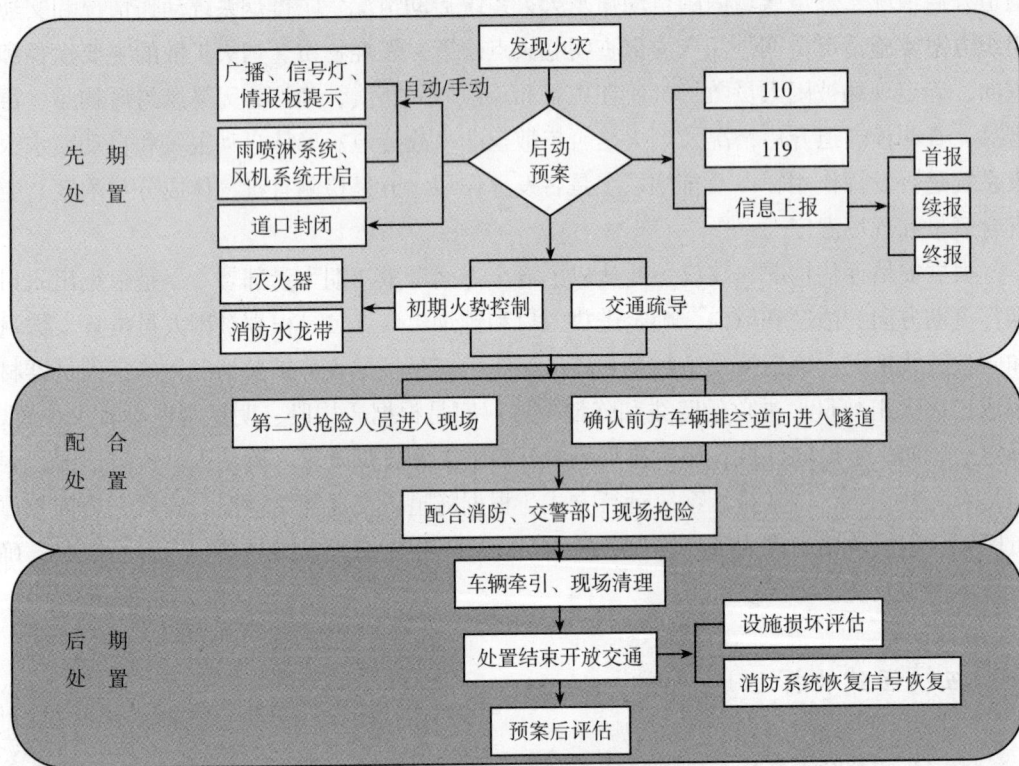

图6.5 单位处置流程图

（1）隧道火灾事故处置的第一阶段：先期处置。隧道运营单位在先期处置阶段，通常按照"通知、启动、响应、自救、抢险"五阶段开展救援，即通知——报告上级领导、有关救援部门；启动——快速确认火情，启动预案；响应——各岗位或抢险人员在行动上迅速作出响应；自救——在救援人员未到达的情况下，引导当事者进行自救；抢险——到达现场尽最大努力扑救，减少人员伤亡和对设施的损害。接下来详细给出该阶段的一些具体内容。

启动预案。监控员发现隧道内车辆冒烟/起火，第一时间报值班长启动应急预案。

首先确认隧道内消防系统联动情况，如未有效联动，人工开启/切换风机、广播、信号灯等，提示禁行信息。开启广播引导事故点前方车辆在安全情况下迅速驶离隧道，提示后方车辆隧道内情况。预案启动后，第一时间电话通知110、120和属地消防等部门。

封闭交通。值班长根据隧道火灾交通组织方案，指令道口人员实施封道。道口人员使用安全路锥及安全连杆等设施对隧道进口实施封闭。道口人员配合交警对道口车辆进行疏导，避免隧道口积压大量车辆引起交通堵塞，影响救援车辆到达现场。同时打开"生命通道"，通过广播等方式，引导后方社会车辆右侧停靠，留出消防救援通道。

车辆疏散。道口人员、抢险人员、值班长第一时间就近赶赴现场进行疏导。现场交通疏导，指引事故点前方车辆，迅速沿行车道驶离隧道。事故点后方车辆，可根据火势情况，快速经过事故车辆驶离隧道。如车辆需要后退出隧道，由现场人员指挥后退，驶离隧道。

人员疏散。如隧道内大面积拥堵，车辆无法移动，火灾无法控制，随时有可能引发爆炸，或现场浓烟剧烈，抢险人员报告中控室，通过广播告知其他滞留车辆司乘人员，将滞留车辆熄火，拉好手刹，弃车离开隧道，并告知司乘人员保持镇定、捂住口鼻、避开浓烟。根据逃生指示尽快离开隧道。

现场救援。事故车辆后方30~50 m处设置安全隔离区，禁止车辆紧靠事故车，防止二次灾害发生。抢险人员利用现场消防设备（灭火器、消防水带等），在保障自身安全情况下对初期火势进行控制。

（2）隧道火灾事故处置的第二阶段：配合处置。抢险人员（牵引员、巡检员、应急抢险人员）进入现场必须佩戴面具保护自身安全。当消防救援力量无法顺向及时到达现场，需逆向进入隧道进行抢险时，抢险人员、道口人员需做好协助工作。逆向进入隧道前，中控室必须确认事故前方车辆已清空，在视线清晰、无浓烟危害的安全情况下方可逆向进入。应急抢险人员待消防、交警到达现场后做好消防设施开启、疏散通道引导等协助工作。

（3）隧道火灾事故处置的第三阶段：后期处置。明火扑灭后，将事故车辆牵引撤离，对现场进行清理，配合交警逐步开放交通。配合做好现场取证工作，清点设施设备损坏情况，并将火灾联动系统复位。

七、设施应用

利用防火分区控制火势发展。隧道每孔车道空间为一个防火分区，应最大程度避免事故隧道烟气扩散至疏散通道、非事故隧道、附属用房等其他防火分区。隧道火灾发生后，要慎重开启隧道下游疏散横通道，如确需开启，要确认疏散通道内部正压送风设施已启动并发挥作用。

利用应急广播和疏散通道加强人员和车辆疏散。确认火灾位置、规模等信息后，隧道监控中心应利用应急广播系统稳定被困人员情绪，现场应急处置人员可根据预案和现场实际情况，在疏散通道口、疏散路线处利用荧光棒引导人员快速疏散。利用交通标示、情报板等引导车辆疏散，指引车辆快速驶离事故隧道，同时为消防救援车辆快速到场提供便利。疏散通道包括出入口、匝道口、人（车）行横通道、人（车）行疏散通道、下滑辅助逃生口、双层隧道上（下）通道的楼梯、工作井等。

利用消防供水设施保障火场供水。具体要求：上海城市道路隧道消火栓设计用水量不小于 20 L/s，间距不大于 50 m，可满足同时开启 4 支水枪出水要求。水枪压力不足时，可远程或现场启动消防泵向室内管网供水。根据设计要求，隧道消防泵房附件和隧道出入口处应设置水泵接合器，并在接合器的 15~40 m 范围内设置室外消火栓。供水车辆应第一时间停靠在水泵接合器区域，利用水泵接合器向隧道内消防管网补水。补水时注意消火栓泵接合器、水喷雾接合器的区分，选择正确管路进行供水。

利用防排烟设施对隧道内烟气进行控制。隧道一般会根据隧道长度、隧道结构、交通状况等确定排烟方式和排烟分区，具体分为纵向排烟、纵向分段排烟和重点排烟等排烟方式。上海道路隧道大多采取纵向排烟方式，北横通道采用纵向分段排烟和重点排烟相结合的排烟方式，虹梅南路隧道将隧道划分为 8 个排烟分区，利用电脑进行程序化烟气控制设计。如隧道火灾形成较长的烟气逆流现象，或者疏散通道内发生烟气扩散，要现场确认防排烟设施启动情况，指令隧道监控中心远程启动或在单位人员指引下现场启动，确保烟气以最小路径、最低影响排出。当隧道采取纵向排烟时，在人员疏散阶段要关闭起火点附近的排烟风机，防止排烟机破坏稳定的烟气分层造成火势扩大，纵向气流速度要高于临界风速，防止发生烟气回流影响人员疏散。在灭火处置阶段要全面启动排烟风机，以最快速度将烟气排出。

八、进攻路线选择

为了快速实施灭火救援活动，消防车辆和消防人员都需要确定其进攻路线。

消防车辆快速进攻路线。紧急情况下的交通组织方案是救援路线和疏散路线的组合。在实际救援过程中，消防车辆虽有优先通行权，但逆向行驶时，进攻路线在隧道排烟路径上，存在安全隐患，且发生事故后，事故隧道的顺向车流不利于消防车辆的行进。非事故隧道因实施隧道封锁和上游车辆疏导管制，将可提供消防车辆顺畅的行车路径，故有关进攻路径的选择，原则上以非事故隧道的顺行路径并辅以回车道或车行横通道为第 1 选择路线，事故隧道的顺行路径为第 2 选择路线，其后再以非事故隧道的逆行路径并辅以回车道为第 3 选择路线。进攻路线有限顺序如图 6.6 所示。

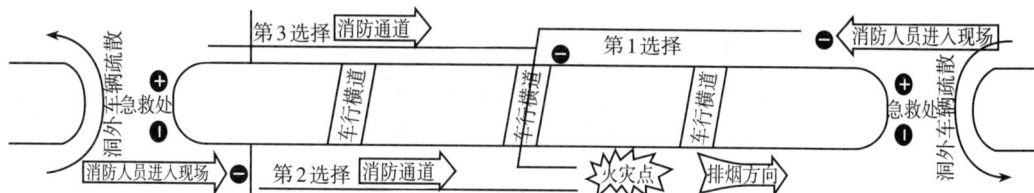

图6.6 进攻路线有限顺序图

消防人员快速进攻路线。以人民路越江隧道为例，图6.7～图6.9展示了该隧道的基本信息。根据起火位置，侦查人员和后续进入的消防救援人员可以选择的进入路线主要有：从起火隧道的入口上风方向直接进入隧道；若起火位置在明挖暗埋段，消防人员先进入非着火隧道，到达距火源较近的人行横通道时，通过中间隔墙上的甲级防火门进入着火隧道；若起火位置在盾构段，消防人员从地面进入工作井地下的专用疏散（救援）通道，步行或乘坐救援车辆到达火源附近，再通过疏散楼梯或爬梯到达行车层着火点附近。

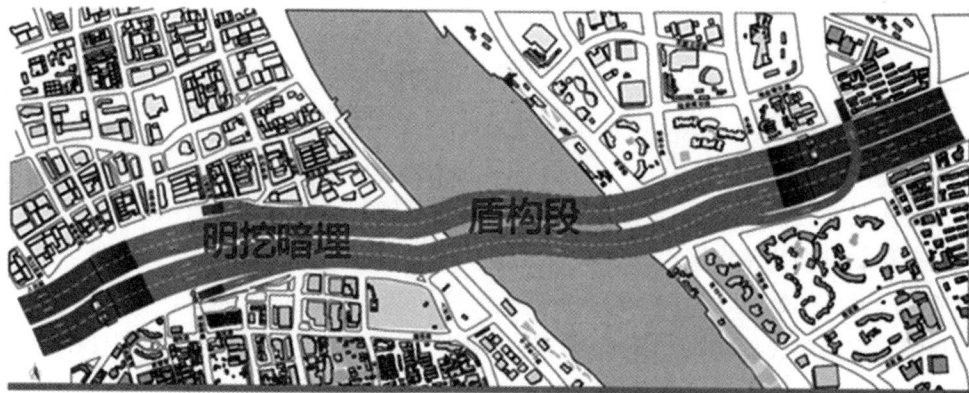

图6.7 人民路越江隧道分段示意图

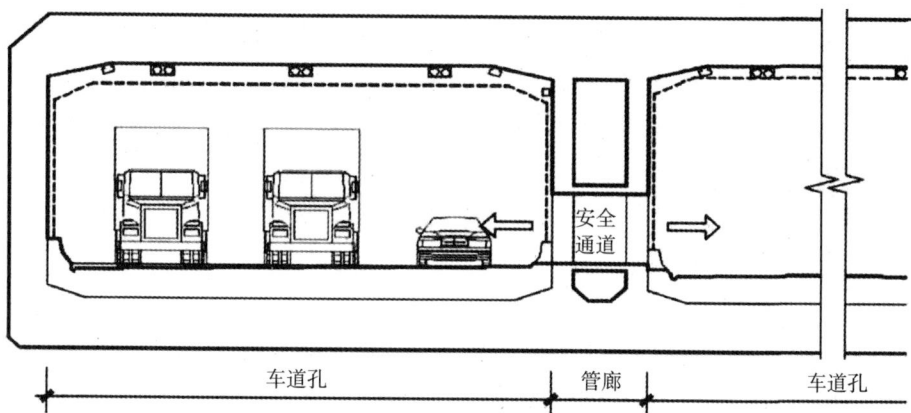

图6.8 明挖暗埋段横截面示意图

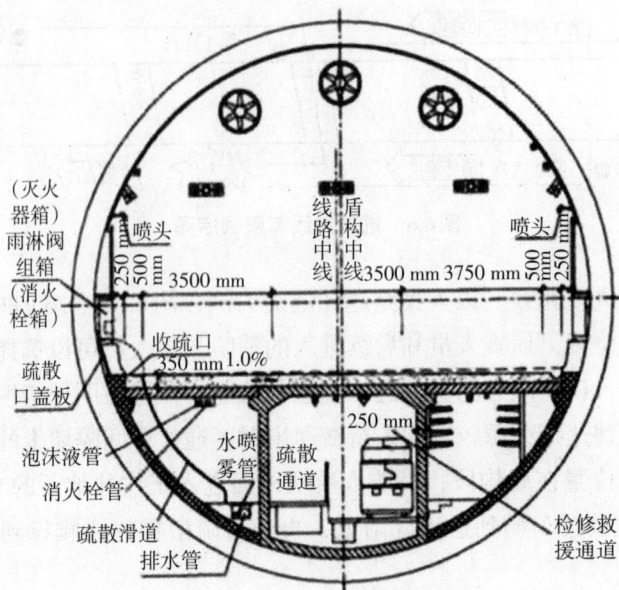

图6.9　盾构段横截面示意图

九、火场排烟

消防人员在隧道运营部门人员的配合下，应正确利用隧道内设置的通风排烟系统，同时发挥移动排烟装备作用，科学高效组织排烟，为火灾扑救提供支撑。此处以上海越江隧道纵向通风排烟方式为例，总结分析上海道路隧道火场排烟方法。

利用固定消防设施排烟。上海越江隧道划分为进口暗埋段、盾构段、出口暗埋段3个部分，工作井位于盾构段与暗埋段之间。进口暗埋段发生火灾时，启动暗埋段射流风机实施正压通风，启动进口侧工作井轴流风机排烟；盾构段发生火灾时，启动工作井风机进行送风排风。出口暗埋段发生火灾时，启动出口段射流风机排烟。

利用移动排烟设备排烟。固定消防设施损坏或排烟量不能满足要求时，应利用大功率排烟车、大型多功能灭火机器人、大流量遥控消防机器人、陆虎60雪炮车、涡喷消防车、水驱动排烟机、电动排烟机采取"串联""并联"方式，向隧道内实施正压通风、负压排风。

十、疏散救人

隧道发生火灾后，隧道运营单位应立即启动疏散预案，视情封控隧道入口，根据进口暗埋段、盾构段、出口暗埋段不同起火位置，确定人车疏散方案。进口暗埋段发生火灾时，火灾下游车辆应迅速向前驶出隧道，上游车辆立即停车，所有司乘人员下车后根据广播提示，有序通过隔墙上甲级防火门进入非着火隧道。盾构段发生火灾时，火灾下游车辆迅速向前驶出隧道，后方车辆停止行驶，暗埋段车辆经车行横通道进入非着火隧道。盾构段受困人员通过工作井、人行横通道、专用疏散通道、疏散楼梯等通道疏散至安全区域。暗埋段被困人员就近通过横通道疏散。出口暗埋段发生火灾时，火灾上游车辆停止行驶，隧道入口至暗埋段车辆可通过车行横通道进入非着火隧道，车行横通道至火源被困人员通过横通道疏散。

城市道路隧道在车流高峰时段发生火灾，火灾下游车辆不能快速顺利驶出隧道时，或因交通事故引发火灾后，火灾下游部分车辆被堵，火灾下游靠近火源区域的车辆、人员应作为重点加以关注，应派出攻坚力量对该区域人员进行引导疏散和营救。有人员被困的火灾现场，攻坚队员应携带铁铤、撬门器、玻璃破碎器、液压剪扩钳等破拆器材，热成像仪、红外探测器等侦检器材和救生照明线、通信工具、标识工具等进行搜救。为防止浓烟高温受阻，每个搜救组要与灭火组协同作战。搜救组适时向指挥员报告搜索及疏散进度、所处位置，以及区域火势发展情况。搜救组的纵深长度不得超过60 m，搜救组人员要密切留意撤退路线，根据空气呼吸器气量和个人耗气量，计算到达安全地点的距离和所需时间，留足撤离所需气量，确保自身安全。

十一、灭火行动

坚持"以固为主、固移结合"的作战原则，充分发挥隧道内部消防设施效能，当隧道内部消防设施不能满足用水需要时，铺设移动供水线路予以补充，确保供水不间断。采用直接灭火法难以扑灭火灾时，可采用转移处置法、封洞窒息法等方式开展灭火。转移处置法，即视情况利用牵引车、拖车将正在燃烧（泄漏）的车辆在消防车出水掩护下牵引至安全区域，而后再采取灭火措施。封洞窒息法，即当内攻灭火困难，且无人员被困时，可视情况采取灌注高倍数泡沫或封闭窒息灭火等方法。

对于火灾初起阶段，应充分发挥消防摩托车灵活机动的特点，快速到场、快速处置，将火灾消灭在萌芽状态。对于处在发展阶段的隧道火灾，应在排烟散热、准备充分的情况下实施内攻；对处于猛烈燃烧阶段的火灾，不能贸然组织内攻，应先排烟排热，待火势减弱、温度下降后再组织内攻。

建立安全组织架构，多点设置安全员，掌握内攻人员数量和内攻时间，加强内外联络，按照比例设置紧急救援小组，适时组织力量替换。灭火组内攻应形成梯次掩护，采用止水器、多功能水枪等，采用直流射流清理隧道上方可能掉落的构件，防止人员伤害。

十二、注意事项

在实施灭火救援活动时应注意以下事项：① 所有参战人员均应按照各自分工和任务，佩戴空气呼吸器、隔热服、防毒面罩，携带通信、照明、导向绳、呼救器等器材，按照预定的路线和位置进入火场。优先选择氧气呼吸器，保障深入隧道内部及安全返回所需时间。②充分利用消防控制室对火情进行动态侦察，反馈现场情况。消防控制室设备的操作应由其值班员或技术工作人员实施。③冷却时宜采用开花射流，严禁向被高温炙烤的隧道拱顶、围岩和衬砌射水，防止隧道主体结构因温差热胀冷缩发生局部结构掉落，威胁内攻人员安全。④禁止非战斗人员进入，内攻人员行动中应同进同退，协同配合。⑤设置进攻或防御阵地必须确保内攻人员能够顺利撤退到安全地带，连接安全绳、铺设发光照明设备，并在转角处设置泛光灯，防止人员迷失。⑥预先约定撤离信号，空气呼吸器接近工作时限时，立即通知内攻人员撤出。一旦发生紧急情况，立即发出撤离信号。⑦做好火场警戒，对火场周边道路实施交通管制。

第三节 不同车辆数量对隧道火灾发展的影响

当隧道内某一辆车发生燃烧时，由于火焰的快速传播和蔓延，通常会引燃其邻近的其他车辆，造成多台车辆同时燃烧，这一现象可以理解为火灾规模的扩大，可造成热释放速率值的增大。按照我国《公路隧道设计规范》（JTG-D70—2018）给出的不同车辆的热释放速率，以一辆小型客车燃烧时的热释放速率为 5 MW 进行计算，每辆车的长度定义为 4 m，设置了以下四组 FDS（fire dynamics simulator）软件模拟的工况，如表 6.12 所示。

表 6.12 不同燃烧车辆数量工况表

工况编号	隧道情况	隧道长度/m	车辆数/辆	热释放速率值/MW
1	单洞	200	2	10
2			5	25
3			10	50
4			20	100

为考虑火灾发生时最不利于烟气疏散的情况，着火车辆火源设置在 200 m 道区段中间位置，而后火焰沿隧道两端出口方向蔓延。为方便得到烟气场和温度场的变化规律，简化计算，将各燃烧车辆简化为 2 m × 4 m 的平面矩形火源。

通过在隧道纵断面 $X = 5.2$ m 处设置温度和一氧化碳浓度切片，可得到不同时刻隧道内部的温度和一氧化碳的分布云图，接下来在不同燃烧车辆数量的情况下，比较隧道纵断面和火源附近温度和一氧化碳的分布情况，并进行综合分析讨论，得出温度和一氧化碳浓度随车辆数量的变化趋势，以及隧道内不同位置处的数值差异。

图 6.10 显示了在 600 s 时，不同燃烧车辆数量（工况 1~工况 4）条件下未加救援调派的隧道中央纵断面区域的沿程温度分布云图。由图可知，在隧道纵断面上，隧道火灾的温度值以火源为中心，向隧道两端温度逐渐减小，呈近似对称分布；距离火源处越远的位置，温度越低。随着燃烧车辆数量的增加，火源热释放速率由 10 MW 转变为 100 MW，隧道内的温度明显升高，火源拱顶位置的温度由 620 ℃升高至 1000 ℃以上，隧道

内的高温区域主要集中在隧道拱顶位置。

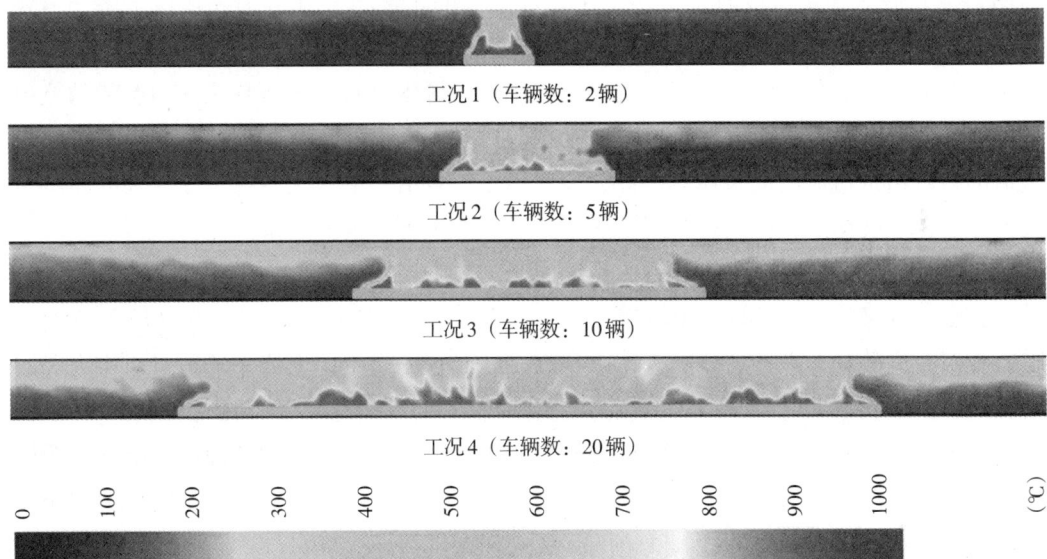

工况1（车辆数：2辆）

工况2（车辆数：5辆）

工况3（车辆数：10辆）

工况4（车辆数：20辆）

图6.10　600 s时不同车辆数量条件下未加救援调派的隧道纵断面温度云图分布

　　图6.11显示了600 s时，不同燃烧车辆数量条件下未加救援调派的隧道内部火源附近一氧化碳浓度分布，可以发现，随着燃烧车辆数量的增加，一氧化碳浓度明显增加。当燃烧车辆数为2辆时，拱顶分布的一氧化碳浓度约为60 mg/L，火源附近的一氧化碳浓度达到150 mg/L附近；而当燃烧车辆数量为20辆时，拱顶分布的一氧化碳浓度为175 mg/L附近，火源附近的一氧化碳浓度达到250 mg/L附近，火源附近处的一氧化碳浓度相比于拱顶处更高。

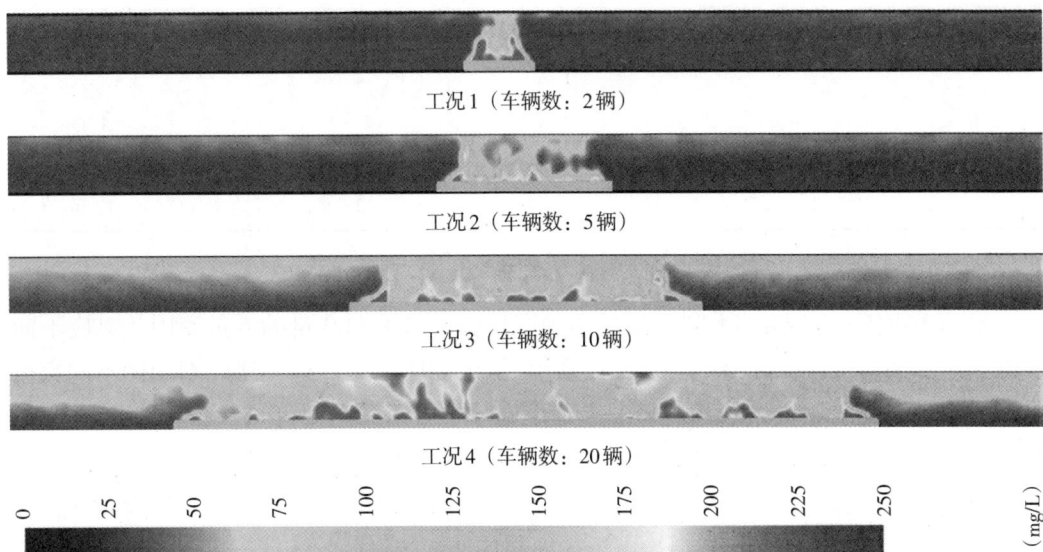

工况1（车辆数：2辆）

工况2（车辆数：5辆）

工况3（车辆数：10辆）

工况4（车辆数：20辆）

图6.11　600 s时不同车辆数量条件下未加救援调派的火源附近一氧化碳浓度云图分布

从以上模拟的结果可以推断出：随着燃烧车辆数量的增加，隧道内火灾的发展更加猛烈，当发展到稳定阶段时，更多处于燃烧状态的车辆将会在隧道内产生更多一氧化碳，暴露在较高一氧化碳浓度环境下，会给隧道内疏散的人员和进入隧道救援的人员带来不利影响，一氧化碳浓度较高区域主要集中在火源附近；较大规模火灾也会导致隧道内温度的急剧上升，高温区域主要集中在拱顶区域，随着隧道拱顶温度的上升，也会对隧道的衬砌结构造成巨大破坏。因此，应施以足够且恰当的灭火救援力量，及时将隧道火灾控制在发展初期，杜绝火灾规模扩大，避免产生更严重的后果。

根据五级火警分级，火警处置力量编成分为九个层级，依次为0级、1级、2级、3-级、3级、3+级、4级、4+级和5级。不同层级按照火灾规模大小、燃烧设备危险程度、受困人员数量等进行划分。表6.13和表6.14展示的是不同燃烧车辆数量对应火警层级和消防救援调派工况，当消防救援力量到达现场并开展相关灭火救援措施后，隧道纵断面和火源附近温度与一氧化碳的分布情况发生变化，通过与未加任何消防措施的图像进行对比，可以看出消防救援力量的调派对火灾发展控制的显著影响。最后，根据相关分析结论，对消防救援人员进入隧道的路线选择提供指导。

表6.13　不同燃烧车辆数量对应火警层级工况表

工况编号	车辆数/辆	受困人数/人	火警层级
5	2	1～10	2
6	5	11～25	3-
7	10	26～50	3
8	20	51～100	4

表6.14　不同燃烧车辆数量对应消防救援调派工况表

工况编号	初战主战单元/个	供水保障单元/个	主战消防车/辆	消防摩托车/辆
5	2	1	4～6	1～2
6	4	2	8～12	2～4
7	4	3	8～15	2～4
8	6	3	12～19	6～12

注：每个初战主战单元和主战消防车分别对应2～4支水枪（喷头），水枪流量设定为600 L/min。

根据工况5～工况8，不同数量的车辆燃烧会导致不同数量的人员受困，对应不同火警层级和消防救援调派措施。图6.12显示了600 s时，工况5～工况8对应的不同救援调派力量下，隧道中央纵断面区域的沿程温度分布云图。由图可知，在隧道纵断面上，隧道火灾的温度值分布与之前未加救援调派力量的工况1～工况4类似，均以火源为中心，向隧道两端温度逐渐减小，呈近似对称分布；距离火源越远的位置，温度越低，隧道内高温区域仍然集中在拱顶位置。但随着救援调派力量的加入，隧道内的火灾发展形势得到了明显控制，高温区域的范围较工况1～工况4，有明显缩小，尤其是靠近隧道出口两端的位置，温度减小得最为明显，这是由于消防救援调派力量从隧道两端出入口进入隧道展开灭火措施，作战位置如图6.13所示。

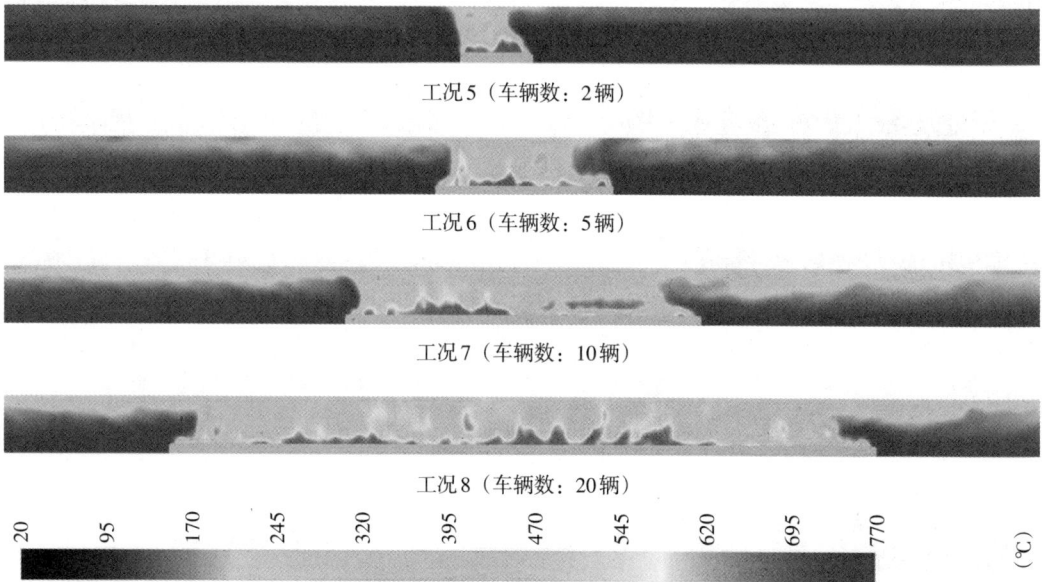

工况5（车辆数：2辆）

工况6（车辆数：5辆）

工况7（车辆数：10辆）

工况8（车辆数：20辆）

20　95　170　245　320　395　470　545　620　695　770　（℃）

图6.12　600 s时不同车辆数量条件下加入救援调派的隧道纵断面温度云图分布

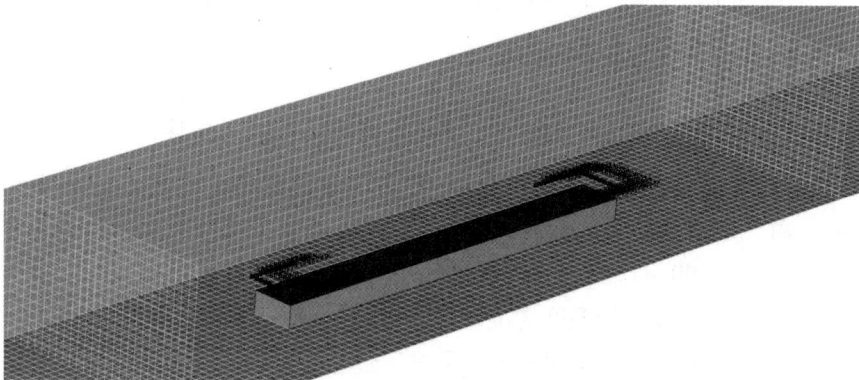

图6.13　救援调派力量到达火灾现场后作战位置示意图

图6.14显示了600 s时，工况5～工况8对应不同救援调派力量下，隧道内部火源附近一氧化碳浓度分布，与工况1～工况4未加调派力量的情况类似，随着燃烧车辆数量的增加，一氧化碳浓度有明显增长。当燃烧车辆数为2辆时，拱顶分布的一氧化碳浓度降低至约50 mg/L，火源附近的一氧化碳浓度降低到100 mg/L附近；而当燃烧车辆数量为20辆时，拱顶分布的一氧化碳浓度降低至125 mg/L附近，火源附近的一氧化碳浓度降低到200 mg/L附近，火源附近处的一氧化碳浓度相比于拱顶处仍更高。但与之前未加调派力量的情况相比，加入调派力量后的较高浓度一氧化碳区域明显减少，救援力量部署的靠近隧道出入口两端的位置尤为明显，且一氧化碳烟气层的高度也有了显著升高，

使得救援人员能够更安全地深入火场进行救援作战。

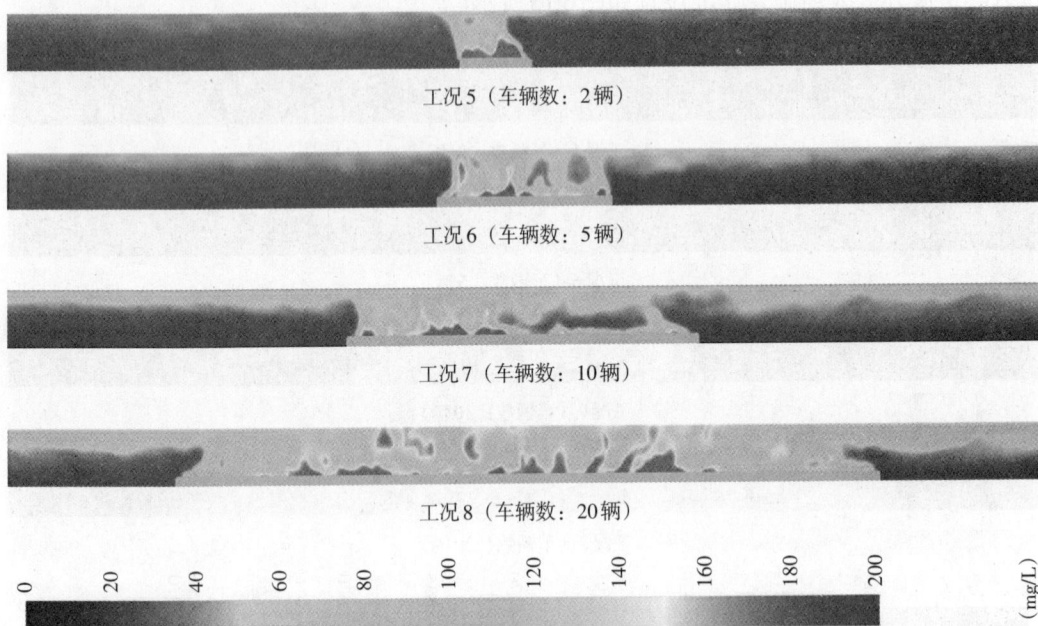

工况5（车辆数：2辆）

工况6（车辆数：5辆）

工况7（车辆数：10辆）

工况8（车辆数：20辆）

0　20　40　60　80　100　120　140　160　180　200　（mg/L）

图6.14　600 s时不同车辆数量条件下加入救援调派的火源附近一氧化碳浓度云图分布

接下来，根据工况5～工况8的模拟结果，对消防救援人员进入火场执行扑救作业的路线选择进行推荐指导。相关研究结果表明，火场中极高的热辐射会大大降低常用的灭火防护服的耐热极限时间，灭火战斗服在260 ℃的热环境下能给消防员不少于5 min的保护，但实验结果证明在10～60 s内消防员就可能会受到二级烧伤，同时，消防员在火灾环境中的耐热能力也非常有限，当作业环境中热辐射超过10 kW/m²或平均温度超过260 ℃时，就无法继续立足。因此，后续将以260 ℃作为消防救援人员进入火场的限制温度。通过在$Y = 100$ m位置处设定温度切片，可以获取隧道中部横断面，即距离两侧救援调派部署位置最远处的温度情况。图6.15展示了600 s时，工况5～工况8分别对应的隧道中部火源附近横断面，即救援人员进入隧道方向断面的温度情况，黑色实线区域为温度达到260 ℃的区域。

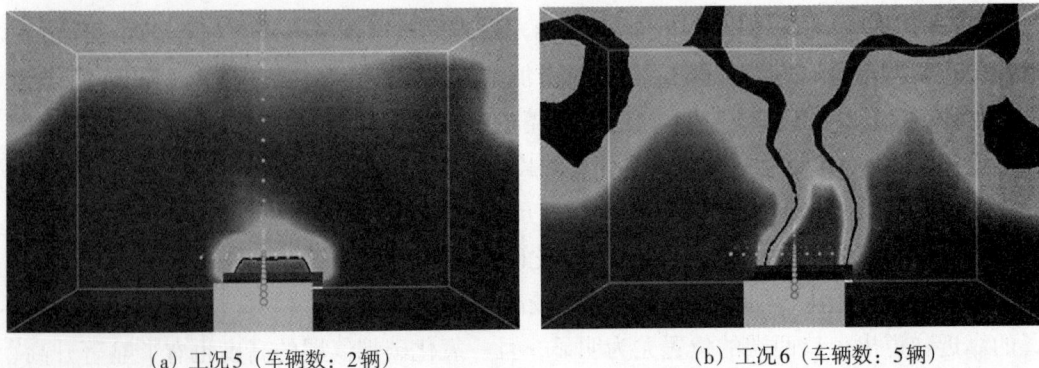

（a）工况5（车辆数：2辆）　　　　　　（b）工况6（车辆数：5辆）

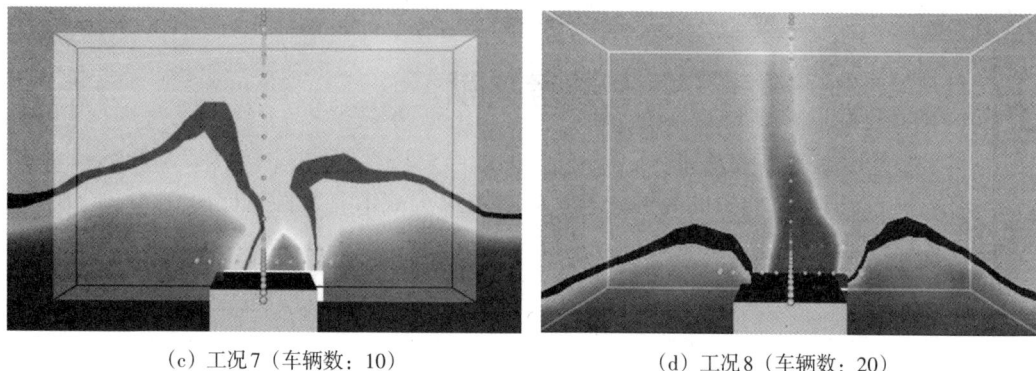

(c) 工况7（车辆数：10）　　　　　　　(d) 工况8（车辆数：20）

图6.15　600 s时不同车辆数量条件下（加入救援调派）的隧道中部横断面温度云图分布

根据美国国家职业安全与保健研究所（NIOSH）的相关指导意见，人体暴露在200 mg/L一氧化碳浓度环境下2～3 h后会轻微头痛、疲劳、头晕、恶心，长期暴露可能会危及生命。结合以上工况5～工况8的一氧化碳浓度模拟结果和目前消防救援人员进入火场的防毒装备情况，以上四种工况下的一氧化碳浓度对穿戴性能良好的防护设备的救援人员进入火场的人身安全不构成较大威胁，因此接下来的路线选择指导仅考虑温度造成的影响。

当燃烧车辆数量为2辆时，260 ℃以上高温区域仅出现在燃烧车辆附近，救援人员可以在与火源保持安全距离的情况下，直接进入火场执行救援任务；燃烧车辆数量为5辆时，260 ℃以上高温区域出现在燃烧车辆附近和隧道顶棚高度较高的部分区域，但靠近隧道左右两壁的区域温度较高，部分靠近墙壁的中部区域已达限制温度，救援人员可在与火源和左右壁面保持安全距离的情况下，进入火场中部执行救援任务；燃烧车辆数量为10辆时，限制温度区域已经几乎沉降至隧道中部，救援人员应确保与火源保持安全距离，在壁面与火源中间车道以低姿态进入中部执行救援任务；燃烧车辆数量为20辆时，限制温度区域已经几乎降至与燃烧车辆高度等高，此时救援人员应尽量贴近地面，从壁面与火源中间车道尽量靠近中部，此时不建议救援人员过于靠近中部燃烧区域附近执行救援任务。

本章小结

城市隧道一旦发生火灾，会严重威胁人员的生命和财产安全。因此，需要建立一套隧道火灾扑救全流程行动指南，作为扑救城市隧道火灾决策指挥和行动展开的参考依据。本章提出的城市隧道火灾处置程序主要包括力量调集、途中决策、车辆停靠、灾情评估、组织指挥、单位处置、设施应用、进攻路线选择、火场排烟、疏散救人和灭火行动几个部分。

参考文献

[1]　张羽杨. 基于数值模拟的高层住宅室内火灾灭火战术有效性对比研究[D]. 合肥：中国科学技术大学, 2021.

第七章　城市隧道灭火救援技术项目操作规程

第一节　个人训练科目

一、消防摩托车出泡沫

（一）四轮消防摩托车出泡沫操作

1. 训练目的

通过此项目训练，使参训队员掌握在隧道火灾救援中，利用四轮消防摩托车出泡沫胶管水枪扑灭初期火灾的方法。

2. 场地设置

在平地一侧标出起点线，距起点线 10 m 处标明处置区。起点线上停放四轮消防摩托车一辆（摩托车尾部向前）。

3. 操作程序

1 名参训队员做好操作前装备器材检查。

参训队员依次开启气瓶供气阀、空气开关、泡沫开关，持胶管泡沫枪从摩托车尾部施放胶管至处置区，呈立姿射水姿势，打开泡沫胶管水枪开关，举手示意喊"操作完毕"。

4. 操作要求

① 参训消防员穿戴灭火救援防护装备 11 件套。

② 气瓶工作压力不得低于 26 MPa。

③ 开启空气开关后，要等压力表指针与气瓶压力相同时，才能开启泡沫开关；

④ 根据燃烧对象选择干型或湿型泡沫，开启干型或湿型泡沫开关；

⑤ 铺设胶管时，应尽量避免与地面摩擦。

（二）两轮消防摩托车出泡沫操作

1. 训练目的

通过此项目训练，使参训队员掌握在隧道火灾救援中，利用两轮消防摩托车出泡沫胶管水枪扑灭初期火灾的方法。

2. 场地设置

在平地一侧标出起点线，距起点线 10 m 处标明处置区。起点线上停放两轮消防摩托车一辆（摩托车尾部向前）。

3. 操作程序

1 名参训队员检查器材，做好操作准备。

参训队员开启气瓶供气阀，打开胶管托架的安全插销，持胶管泡沫枪从摩托车尾部施放胶管至处置区，呈立姿射水姿势，打开泡沫胶管水枪开关，举手示意喊"操作完毕"。

4. 操作要求

① 参训消防员穿戴灭火救援防护装备 11 件套；

② 气瓶工作压力不得低于 26 MPa；

③ 操作时必须从摩托车尾部拖放胶管，不得斜拉，防止拉倒摩托车；

④ 铺设胶管时，应尽量避免与地面摩擦；

⑤ 摩托车应使用双脚撑架，保持车辆稳定。

二、隧道灾害事故侦察组织指挥操作

1. 训练目的

通过此项目训练，使参训队员掌握隧道灭火救援侦察的组织指挥程序，提高参训队员作战行动侦察环节的组织指挥能力。

2. 场地设置

结合实地训练、模拟设施训练和图上推演等方式进行。设起点线和操作区，起点线上停放装备齐全的消防车 1 辆、辅助参训队员操作的战斗员 5～7 名、辅助教练员操作的人员若干、任务提示板若干、绘图板 1 块、绘图笔 1 套，操作区设置模拟隧道火灾或应急救援事故处置对象 1 个。

3. 操作程序

1 名参训队员做好操作前装备器材检查。

参训队员通过现场指挥战斗员动作、手持台报消息和现场绘图等方式完成以下任务。

（1）现场报到。

参训队员向教练员报到，报告到场车辆装备、人员数量等情况。

（2）领受任务。

① 教练员介绍灾情基本情况，下达侦察任务。

② 参训队员核对教练员下达的任务内容。

（3）侦察准备。

① 参训队员根据领受的侦察任务，确定侦察对象、方式、入口、路线和区域，明确战斗员任务分工、所携器材、与前后方通信联络方式，确定预备人员、安全观察哨的位置和任务。

② 参训队员在绘图板上标出侦察小组出入路线、侦察位置和侦察中所需询问的人员。

③ 教练员根据绘图板所列询问的人员设辅助人员（可用任务提示板提示）。

（4）侦察实施。

① 外部侦察，参训队员带领侦察小组通过电台、电话、监控室等途径询问了解事故现场情况：有无被困人员情况，有无易燃、易爆车辆及物品，事故单位初期处置情况，事故现场建筑结构特点，等等，将消息反馈给教练员。

② 内部侦察，参训队员带领侦察小组通过内部侦察、仪器探测和利用隧道管理单位的监控系统等详细了解现场情况：确定被困人员所在位置及数量，隧道内部起火部位、燃烧范围，隧道内部烟气扩散方向，隧道内部固定消防设施运行等情况，危险化学品的种类、数量、泄漏部位、危害范围，查明受火势威胁的方向、车辆数量等情况，将消息反馈给教练员。

③ 完成侦察任务，参训队员带领侦察小组按原路返回，将消息反馈给教练员。

（5）随机处置。

教练员根据灾情变化规律设置随机处置内容，如安全员报告某战斗员失去联系、泄漏点压力突然增大等，参训队员采取合理的侦察方式，调整内部侦察人员分工，重新选择侦察行进路线，完成随机处置内容，并及时反馈侦察信息。

完成任务后，向教练员报告"侦察完毕"。

4. 操作要求

① 参训队员向现场指挥部报告现场消息及时，信息了解全面，领受任务明确。

② 任务下达具体，人员分工合理，装备携带齐全。

③ 侦察全面细致，报告情况及时清晰，续报信息连续详细。

④ 指挥意图明确，绘图正确完整。

⑤ 随机处置准确高效，要点提问回答正确。

三、隧道灭火救援供水组织指挥操作

1. 训练目的

通过此项目训练，使参训队员掌握隧道灭火救援供水的组织指挥程序，提高参训队员作战行动供水环节的组织指挥能力。

2. 场地设置

结合实地训练、模拟设施训练和图上推演等方式进行。设起点线和操作区，起点线

上停放装备齐全的消防车1辆、辅助参训队员操作的战斗员5~7名、辅助教练员操作的人员若干、任务提示板若干、绘图板1块、绘图笔1套,操作区设置模拟隧道火灾或应急救援事故处置对象1个。

3. 操作程序

1名参训队员做好操作前装备器材检查。

参训队员通过现场指挥战斗员动作、手持台报消息和现场绘图等方式完成以下任务。

(1)现场报到。

参训队员向教练员报到,报告到场车辆装备、人员数量等情况。

(2)领受任务。

① 教练员介绍灾害事故现场基本情况和周边水源情况,下达供水任务。

② 参训队员核对教练员供水任务内容。

(3)供水准备。

参训队员根据现场情况领受供水任务。

① 正确选择水源,确定车辆停靠位置和水源连接方法。

② 估算供水距离(高度)和携带的水带数量。

③ 明确铺设水带的方式、供水路线、灭火剂类别。

④ 明确战斗员的名次分工和所携器材。

⑤ 水带沿隧道一侧铺设,水带铺设时不得打绞,各连接处不得脱落。

参训队员在绘图板上标出供水线路图(车辆停靠位置、供水路线、分水阵地、水枪阵地和水带固定位置等)。

(4)供水实施。

① 参训队员指挥车辆停靠水源处,确认取水安全可靠。

② 参训队员检查纠正供水线路,确认分水阵地、线路铺设正确合理。

③ 参训队员用手持台下达"供水"的口令,并明确供水压力。

供水线路正常供水后,将消息反馈给教练员。

(5)随机处置。

教练员根据现场变化设置随机处置内容,如水带爆破、潮汐变化等,参训队员调整战斗员分工,完成随机处置内容。

完成任务后,向教练员报告"供水完毕"。

(6)操作要求。

① 参训队员向现场指挥部报告现场消息及时,信息了解全面,领受任务明确。

② 水源停靠合理,水源连接方式正确,人员分工合理,装备携带齐全。

③ 线路铺设安全可靠,供水压力合理,灭火药剂选择正确。

④ 随机处置得当,要点回答正确,供水线路示意图准确完整。

四、隧道灾害事故警戒组织指挥操作

1. 训练目的

通过此项目训练，使参训队员掌握隧道灾害事故警戒的组织指挥程序，提高参训队员作战行动警戒环节的组织指挥能力。

2. 场地设置

结合实地训练、模拟设施训练和图上推演等方式进行。设起点线和操作区，起点线上停放装备齐全的消防车1辆、辅助参训队员操作的战斗员5~7名、辅助教练员操作的人员若干、任务提示板若干、绘图板1块、绘图笔1套，操作区设置模拟火灾或应急救援事故处置对象1个。

3. 操作程序

1名参训队员做好操作前装备器材检查。

参训队员通过现场指挥战斗员动作、手持台报消息和现场绘图等方式完成以下任务。

（1）现场报到。

参训队员向教练员报到，报告到场车辆装备、人员数量等情况。

（2）领受任务。

① 教练员介绍灾害事故类型和周边范围的情况，下达警戒任务。

② 参训队员核对教练员警戒任务内容。

（3）警戒准备。

参训队员根据现场情况领受警戒任务。

① 综合知情人、侦察（检）小组提供的信息和温度、风力、风向等气象情况，合理划分警戒区域及范围。

② 明确战斗员分工和所携器材。

③ 明确战斗员的防护等级。

参训队员在绘图板上标出警戒区域划分图（化学事故处置现场划分为重危区、轻危区和安全区，其他事故现场分为处置区、隔离区、人员救助和疏散区等。）

（4）警戒实施。

① 参训队员带领战斗员按照安全到危险的顺序依次划定警戒范围，设置警戒区域及警戒标志，设置安全管控出入口。

② 在出入口设立警戒人员，控制人员、车辆、物资出入警戒区，检查和记录进出入人员的空气呼吸器压力、个人防护等情况。

③ 完成警戒任务，将信息反馈给教练员。

（5）随机处置。

教练员根据灾害变化规律设置随机处置内容，如危险范围扩大、风向突变等，参训

队员调整人员分工，完成随机处置内容。

完成任务后，向教练员报告"警戒完毕"。

4. 操作要求

① 参训队员向现场指挥部报告现场消息及时，信息了解全面，领受任务明确。

② 任务下达具体，人员分工合理，装备携带齐全。

③ 指挥意图明确，绘图正确完整。

④ 随机处置准确高效，要点提问回答正确。

⑤ 危化品事故处置优先启动辅助决策系统，危险区域入口应留有足够区域建立洗消点，警戒人员按照等级进行防护。

⑥ 夜间应设置带反光或发光功能的警戒标志。

五、隧道灭火救援强攻组织指挥操作

1. 训练目的

通过此项目训练，使参训队员掌握隧道灭火救援强攻的组织指挥程序，提高参训队员作战行动强攻环节的组织指挥能力。

2. 场地设置

结合实地训练、模拟设施训练和图上推演等方式进行。设起点线和操作区，起点线上停放装备齐全的消防车1辆、辅助参训队员操作的战斗员5~7名、辅助教练员操作的人员若干、任务提示板若干、绘图板1块、绘图笔1套，操作区设置模拟隧道火灾或应急救援事故处置对象1个。

3. 操作程序

1名参训队员做好操作前装备器材检查。

参训队员通过现场指挥战斗员动作、手持台报消息和现场绘图等方式完成以下任务。

（1）现场报到。

参训队员向教练员报到，报告到场车辆装备、人员数量等情况。

（2）领受任务。

① 教练员介绍灾情基本情况，下达强攻任务。

② 参训队员核对教练员强攻任务内容。

（3）强攻准备。

参训队员根据现场情况领受强攻任务。

① 了解强攻对象基本信息。

② 确定强攻的入口、路线、方向和位置。

③ 明确强攻队形、名次分工和所携器材。

④ 确定供水的线路和负责人员。

⑤ 明确前后方通信联络方式。

⑥ 确定预备人员、安全观察哨的位置和任务。

参训队员在绘图板上标出强攻示意图。

（4）强攻实施。

① 参训队员带领强攻组至入口处，做好强攻准备，安全员检查和记录强攻人员的防护情况。

② 参训队员观察判断灾情情况，选择适合强攻的时机，请示教练员准备进入内部实施强攻。

③ 参训队员带领强攻组实施强攻，并将强攻进展情况不间断反馈给教练员。

④ 完成强攻任务后，参训队员带领强攻组返回入口处，将消息反馈给教练员。

（5）随机处置。

教练员根据灾情变化规律设置随机处置内容，如出现爆炸、倒塌、毒害、供水中断等危险情况，参训队员采取相应措施，完成随机处置任务，并及时反馈信息。

完成任务后，向教练员报告"强攻完毕"。

4. 操作要求

① 参训队员向现场指挥部报告现场消息及时，信息了解全面，领受任务明确。

② 任务下达具体，人员分工合理，装备携带齐全。

③ 指挥意图明确，绘图正确完整。

④ 随机处置得当，要点回答正确。

⑤ 报告消息及时、准确。

六、隧道灭火救援排烟组织指挥操作

1. 训练目的

通过此项目训练，使参训队员掌握隧道灭火救援排烟的组织指挥程序，提高参训队员在作战行动排烟环节的组织指挥能力。

2. 场地设置

结合实地训练、模拟设施训练和图上推演等方式进行。设起点线和操作区，起点线上停放装备齐全的消防车1辆、辅助参训队员操作的战斗员5～7名、辅助教练员操作的人员若干、任务提示板若干、绘图板1块、绘图笔1套，操作区设置模拟隧道火灾或应急救援事故处置对象1个。

3. 操作程序

1名参训队员做好操作前装备器材检查。

参训队员通过现场指挥战斗员动作、手持台报消息和现场绘图等方式完成以下任务。

（1）现场报到。

参训队员向教练员报到，报告到场车辆装备、人员数量等情况。

（2）领受任务。

① 教练员介绍灾情基本情况，下达排烟任务。

② 参训队员核对教练员排烟任务内容。

（3）排烟准备。

参训队员根据现场情况领受排烟任务。

① 了解排烟对象基本信息。

② 确定排烟的方法。

③ 确定送排风口和架设移动排烟机的位置。

④ 明确战斗员的名次分工和所携器材。

参训队员在绘图板上标出排烟示意图。

（4）排烟实施。

① 参训队员检查实施排烟的战斗员个人防护情况，带领移动机械排烟小组至排烟口，架设并启动排烟机。

② 掌握固定排烟设施动作情况，通知相关人员调整固定排烟设施动作工况。

③ 不间断观察排烟对象的排烟情况，适时调整排烟位置和排烟方式，将消息反馈给教练员。

④ 完成排烟任务，将消息反馈给教练员。

（5）随机处置。

教练员根据灾情变化规律设置随机处置内容，如固定排烟设施停止动作、风向发生变化等，参训队员采取相应措施，完成随机处置内容，并及时反馈排烟信息。

完成任务后，向教练员报告"排烟完毕"。

4. 操作要求

① 参训队员向现场指挥部报告现场消息及时，信息了解全面，领受任务明确。

② 排烟方法选择合理，送排风口和架设移动排烟设备位置选择正确。

③ 任务下达具体，人员分工合理，装备携带齐全。

④ 进入充烟区域照明，战斗员须做好个人防护。

⑤ 指挥意图明确，绘图正确完整。

⑥ 随机处置得当，要点回答正确。

⑦ 报告消息及时、准确。

七、隧道灾害事故照明组织指挥操作

1. 训练目的

通过此项目训练，使参训队员掌握隧道灾害事故照明的组织指挥程序，提高参训队员作战行动照明环节的组织指挥能力。

2. 场地设置

结合实地训练、模拟设施训练和图上推演等方式进行。设起点线和操作区，起点线上停放装备齐全的消防车1辆、辅助参训队员操作的战斗员5～7名、辅助教练员操作的人员若干、任务提示板若干、绘图板1块、绘图笔1套，操作区设置模拟隧道火灾或应急救援事故处置对象1个。

3. 操作程序

1名参训队员做好操作前装备器材检查。

参训队员通过现场指挥战斗员动作、手持台报消息和现场绘图等方式完成以下任务。

（1）现场报到。

指挥员向教练员报到，报告到场车辆装备、人员数量等情况。

（2）领受任务。

① 教练员介绍灾情基本情况，下达照明任务。

② 参训队员核对教练员照明任务内容。

（3）照明准备。

参训队员根据现场情况领受照明任务。

① 了解照明对象基本信息。

② 确定车辆的停靠位置。

③ 确定架设移动照明器材的方式及照明线路的铺设路线。

④ 明确战斗员的名次分工和所携器材。

（4）照明实施。

① 参训队员指挥车辆停靠于合适位置，确定车载灯照射角度，启动供电设备，实施外部照明。

② 参训队员带领战斗员携带移动照明器材至建筑内部相应位置，铺设供电线路，架设移动照明灯组，调整灯光照射角度和方向，实施内部照明。

③ 完成照明任务，将消息反馈给教练员。

（5）随机处置。

教练员根据灾情变化规律设置随机处置内容，如移动照明供电中断、增加照明区域等情况，参训队员采取相应措施，完成随机处置内容，并及时反馈照明信息。

完成任务后，向教练员报告"照明完毕"。

4. 操作要求

① 参训队员向现场指挥部报告现场消息及时，信息了解全面，领受任务明确。

② 照明车辆停车位置选择正确。

③ 移动照明方式选择合理，位置选择正确。

④ 任务下达具体，人员分工合理，装备携带齐全。

⑤ 指挥意图明确，绘图正确完整。

⑥ 随机处置得当，要点回答正确。

第二节　班组训练科目

一、隧道灭火救援现场警戒操作

1. 训练目的

通过此项目训练，使消防队员熟练掌握隧道交通事故现场警戒的方法。

2. 场地设置

在空旷的平地上标明起点线，距起点线20 m处标明处置区，并停放事故模拟车辆。

3. 器材准备

抢险救援车1辆、事故模拟车1辆、扩音器1个、发光指挥棒1根、警戒标志若干、警戒带若干。

4. 操作程序

检查器材装备，做好训练准备，将器材装备放置在起点线后举手示意喊"好"。

1号战斗员：携带1个扩音器、1根发光指挥棒、若干警戒标志至消防车辆后侧50 m处适当位置面向来车方向实施警戒。

2号战斗员：携带1盘隔离警示带、1个手持式照明灯，会同3号战斗员至消防车后侧30 m处，面向来车方向设置隔离警示带。

3号战斗员：携带若干警示带和警示标志，于处置区内设置安全警戒，操作完毕后举手示意喊"好"。

5. 操作要求

① 消防队员需穿着整套抢险救援服饰。

② 实施警戒的人员应该安全站位，注意周围的来往车辆。

③ 雨雪天气和能见度低的天气，警戒范围适当扩大。

④ 如需全面交通管制，应在交警部门的协同下实施。

二、移动炮架设操作

1. 训练目的

通过此项目训练，使消防队员熟悉在隧道中架设移动炮的方法。

2. 场地设置

在空旷的平地上标明起点线，距起点线50 m处标明终点线，于起点线前1 m处标明器材线。

3. 器材准备

干线水带6盘（φ90 mm）、移动炮1门。

4. 操作程序

检查器材装备，做好训练准备，将器材装备放置起点线后器材线处举手示意喊"好"。

1号战斗员：铺设3盘干线水带至终点线并连接移动炮右侧进水口后，原地待命。

2号战斗员：铺设3盘干线水带至终点线并连接移动炮左侧进水口后，原地待命。

3号战斗员：携带移动炮跑至终点线架设并掌控移动炮。

5. 操作要求

① 参训消防队员穿戴灭火救援防护装备11件套。

② 移动炮支架要全部展开，架设要平稳。

③ 水带各连接处要牢固。

④ 连接移动炮进水口的水带要留有至少5 m的机动长度。

三、环形铺设水幕水带操作

1. 训练目的

通过此项目训练，使消防队员掌握在隧道中铺设水幕水带的方法，熟悉操作程序。

2. 场地设置

在空旷的平地上标明起点线，距离起点线3 m处设置分水器线，距离起点线20 m处设置终点线。

3. 器材准备

水幕水带1盘、四分水器1个、多动能水枪1支。

4. 操作程序

检查器材装备，做好训练准备，将器材装备放置于起点线后举手示意喊"好"。

1号战斗员：携带水枪1支、水幕水带1盘，跑至分水器线，铺设水带到终点并连接多功能水枪，将水枪关闭，放置于地面，举手示意并喊"供水"。

2号战斗员：携带四分水器1个，跑至分水器线，建立分水阵地，与1号战斗员水带连接，并控制四分水器，听到1号战斗员"供水"口令后，打开分水器，操作完毕后举手示意喊"好"。

5. 操作要求

① 参训消防队员穿戴灭火救援防护装备11件套。

② 水带必须平直铺设，不得缠绕、打绞。

③ 水带各连接处不得脱落。

④ 出水时控制泵浦压力，要缓慢加压。

四、设置屏风水枪操作

1. 训练目的

通过此项目训练，使消防队员熟练掌握在隧道中铺设水带连接屏风水枪出水的操作程序。

2. 场地设置

在空旷的平地上标明起点线，距起点线20 m处标出终点线，在距起点线3 m处标明分水器线。

3. 器材准备

支线水带1盘（ϕ65 mm）、四分水器1个、屏风水枪1支。

4. 操作程序

检查器材装备，做好训练准备，将器材装备放置于起点线后举手示意喊"好"。

1号战斗员：携带1支屏风水枪、1盘支线水带，跑至分水器线，铺设支线水带连接屏风水枪后放置于地面后，向后方举手喊"供水"；

2号战斗员：携带四分水器跑至分水器线并建立分水阵地，将1号战斗员水带与四分水器连接后控制四分水器，听到"供水"口令后，打开四分水器，操作完毕后举手示意喊"好"。

5. 操作要求

① 参训消防队员穿戴灭火救援防护装备11件套。

② 水带铺设不得缠绕、打绞。

③ 装备器材连接不得脱落。

④ 供水时要控制好供水压。

五、中（高）倍数泡沫发生器出泡沫操作

1. 训练目的

通过此项目训练，使消防队员熟练掌握在隧道中利用泡沫发生器出泡沫的操作程序及方法。

2. 场地设置

在空旷的平地上标明起点线，距起点线20 m处标出终点线，在起点线前10 m处标出发泡线，距起点线前1 m处标明器材线并预先设置四分水器1个。

3. 器材准备

支线水带1盘（ϕ65 mm）、泡沫发生器1门。

4. 操作程序

检查器材装备，做好训练准备，将器材装备放置起点线后举手示意喊"好"。

1号战斗员：协同2号战斗员将泡沫发生器抬至发泡线，听到"进攻"口令后，抬起泡沫发生器进攻至终点线。

2号战斗员：协同1号战斗员将泡沫发生器抬至发泡线，听到"进攻"口令后，抬起泡沫发生器进攻至终点线。

3号战斗员：携带1盘支线水带，连接预先设置的四分水器，铺设水带连接泡沫发生器后跑至分水器处打开分水器并喊"进攻"，协助输送水带，等到1号、2号战斗员进攻至终点线操作完毕后举手示意喊"好"。

5. 操作要求

① 参训消防队员穿戴灭火救援防护装备11件套。

② 水带铺设不得缠绕、打绞。

③ 装备器材连接不得脱落。

六、破拆车门操作

1. 训练目的

通过此项目训练，使消防队员熟练掌握在隧道中破拆车门的方法和操作程序。

2. 场地设置

在空旷的平地上标明起点线，在起点线前2 m处设置10 m×5 m的操作区，器材区内放置事故车1辆。

3. 器材准备

液压破拆工具组1套、事故车1辆

4. 操作程序

检查器材装备，做好训练准备，将器材装备放置于起点线后举手示意喊"好"。

1号战斗员：协同2号战斗员将液压破拆工具组放至操作区内，连接软管后启动液压泵，听到"供压"的口令后，进行供压。

2号战斗员：协同1号战斗员将液压破拆工具组放至操作区，等到液压软管与扩张器连接好后，举手示意"供压"，并使用扩张器从事故车辆后窗的位置斜45°向下切入；利用扩张器损坏车门锁芯，再将扩张器伸入车门的缝隙内实施扩张，等到后车门打开后，交替使用液压剪和扩张器剪断事故车辆B柱，将车门整体完全打开，操作完毕后举手示意喊"好"。

5. 操作要求

① 参训消防队员穿戴灭火救援防护装备11件套并佩戴护目镜。

② 破拆前应清除车窗玻璃。

③ 液压软管尽量避免与尖锐物体接触，避免导致软管损坏。

七、破拆挡风玻璃操作

1. 训练目的

通过此项目训练，使消防队员熟练掌握在隧道中破拆挡风玻璃的方法和操作程序。

2. 场地设置

在空旷的平地上标明起点线，在起点线前2 m处设置10 m×5 m的操作区，器材区内放置事故车1辆。

3. 器材准备

弹钉若干、玻璃切割刀1把、事故车1辆。

4. 操作程序

检查器材装备，做好训练准备，将器材装备放置于起点线后举手示意喊"好"。

1号战斗员：携带弹钉分别在事故车辆的挡风玻璃的四个角处破拆小洞，完成后协助2号战斗员切割挡风玻璃。

2号战斗员：携带玻璃切割刀，以1号战斗员破拆的小洞为切入口，依次分别对挡风玻璃的四边进行切割，直至取下整块挡风玻璃，操作完成后举手示意喊"好"。

5. 操作要求

① 参训消防队员穿戴灭火救援防护装备11件套并佩戴护目镜。

② 切割挡风玻璃时，应按照先切上方，再切两侧，最后切玻璃下延的顺序切割。

八、车辆仪表板顶撑操作

1. 训练目的

通过此项目训练，使消防队员熟练掌握在隧道中顶撑车辆仪表板的方法和操作程序。

2. 场地设置

在空旷的平地上标明起点线，在起点线前2 m处设置10 m×5 m的操作区，器材区内放置事故车1辆并设置被困人员腹部被方向盘顶住，或者脚被加速踏板或脚制动卡住。

3. 器材准备

液压破拆工具组1套、事故车1辆、假人1具。

4. 操作程序

检查器材装备，做好训练准备，将器材装备放置于起点线后举手示意喊"好"。

1号战斗员：协同2号战斗员将液压破拆工具组放至于操作区内，连接软管后启动液压泵，听到"供压"口令后，进行供压，协助2号战斗员实施救人。

2号战斗员：协同1号战斗员将液压破拆工具组放至于操作区，等到液压软管与扩张器连接好后，举手示意"供压"，使用液压撑杆将驾驶室车门铰链和锁扣于适当部位实施撑顶，待方向盘撑开后，利用液压剪切事故车辆的加速踏板或脚制动的连杆根部，完成后协同1号战斗员救出被困人员并举手示意喊"好"。

5. 操作要求

① 参训消防队员穿戴灭火救援防护装备11件套并佩戴护目镜。

② 撑顶位置选择应准确。

③ 在救援过程中救援人员应该时刻注意救援动作以免造成被救援人员的二次伤害。

九、小型车辆侧翻扶正操作

1. 训练目的

通过此项目训练，使消防队员在隧道中熟练掌握小型车辆侧翻后扶正的方法和操作程序，提高消防队员之间的协同作战能力。

2. 场地设置

在空旷的平地上标明起点线，距起点线前1 m处标明器材线，在起点线前2 m处设置10 m×5 m的操作区并设置侧翻的事故车。

3. 器材准备

起重气袋（5×10^4 Pa）1套、起重气垫（8×10^5 Pa）2套、气瓶3个、侧翻事故车1辆。

4. 操作程序

检查器材装备，做好训练准备，将器材装备放置于起点线后举手示意喊"好"。

1号、2号战斗员：携带起重气袋1套至操作区适当位置。

1号战斗员：将2个起重气袋分别平放于车底一侧中央位置，将供气软管分别与起重气袋连接后，铺设供气软管连接控制盘，并示意2号战斗员"供气"。

2号战斗员：将控制盘、气瓶、减压器分别连接，听到1号战斗员"供气"的指令后，操作控制盘，将起重气袋充起。待车辆落在起重气袋上，操作控制盘进行泄压，直至车辆扶正。

3号、4号战斗员：携带起重气垫2套至操作区适当位置。

3号战斗员：在车顶一侧前后车门位置分别放置2套起重气垫，将供气软管与起重气垫连接后，铺设供气软管连接控制盘，起重气袋充气后示意4号战斗员"供气"。

4号战斗员：将控制盘、气瓶、减压器分别连接，听到3号战斗员"供气"的指令后，分别操作两个控制盘进行供气。将车辆顶起，使车辆落在起重气袋上。待车辆扶正操作完毕后举手示意喊"好"。

5. 操作要求

① 消防队员需穿着整套抢险救援服饰。

② 8×10^5 Pa起重气垫叠加时，必须先充下面的气垫。

③ 8×10^5 Pa起重气垫一个控制盘应控制同一层面的两个气垫。

④ 安全员由1号、3号战斗员担任，防止操作中发生意外。

十、梯次掩护进攻操作

1. 训练目的

通过此项目训练，使消防队员在隧道中熟悉纵深灭火时水枪阵地延伸和梯次掩护进攻等方法和操作程序。

2. 场地设置

在空旷的平地上标明起点线，距起点线15，17，30，32，45 m处分别标明第一伸长点、独木桥设置点、第二伸长点、烟火封锁区设置点、射水线。

3. 器材准备

水罐（泡沫）消防车1辆、支线水带6盘（ϕ65 mm）、多功能水枪2支、止水器4支、独木桥1座（长10 m、宽1 m）、烟火封锁区1座（地笼长10 m、宽1 m、高1.8 m）。

4. 操作程序

检查器材装备，做好训练准备，将器材装备放置于起点线后举手示意喊"好"。

指挥员：携带支线水带1盘，协同4号、7号战斗员向射水线推进；在第二伸长点放下支线水带后，继续协同4号、7号战斗员向射水线推进。

驾驶员：连接泵浦出水口后，保持供水不间断。

1号战斗员：携带支线水带1盘、多功能水枪1支、止水器1个，在起点线铺设水带连接止水器和水枪，等到水枪出水后，在2号战斗员的配合下推进至第一伸长点后关闭止水器拆下水枪，连接2号战斗员铺设的支线水带，等到水枪出水后，掩护4号、7号战斗员伸长水带；等到4号、7号战斗员水带伸长完毕并出水后，与2号战斗员配合继续向前推进并穿越独木桥到达第二伸长点，掩护4号、7号战斗员伸长水带；等到4号战斗员水枪出水后关闭止水器拆下水枪，连接2号战斗员铺设的支线水带，等到水枪出水后，与2号战斗员配合继续推进并穿过烟火封锁区（地笼）至射水线。

2号战斗员：携带支线水带1盘、止水器1个，配合1号战斗员推进至第一伸长点；铺设支线水带，辅助1号战斗员伸长水带后，推进穿越独木桥至第二伸长点；铺设由3号战斗员放下的支线水带，辅助1号战斗员伸长水带后，推进并穿过烟火封锁区（地笼）至射水线。

3号战斗员：携带支线水带1盘，协同1号、2号战员推进；在第二伸长点放下手中的支线水带后，继续协同1号、2号战斗员向前推进。

4号战斗员：携带支线水带1盘、多功能水枪1支、止水器1支，在起点线铺设水带连接止水器和水枪，等到水枪出水后，在7号战斗员的配合下推进至第一伸长点后，掩护1号、2号战斗员水带伸长；等到1号、2号战斗员水带伸长完毕并出水后，关闭止水器拆下水枪，连接7号战斗员铺设的支线水带；等到水枪出水后，与7号战斗员配合继续向前推进并穿越独木桥到达第二伸长点；关闭止水器拆下水枪，连接 7 号战斗员铺设的支线水带，水枪出水后，掩护 1 号、2 号战斗员伸长水带；等到 1 号、2 号战斗员水带伸长完毕并出水后，与 7 号战斗员配合继续推进并穿过烟火封锁区（地笼）至射水线。

7 号战斗员：携带支线水带 1 盘、止水器 1 个，配合 4 号战斗员推进至第一伸长点；铺设支线水带，辅助 4 号战斗员伸长水带后，推进穿越独木桥至第二伸长点；铺设由指挥员放下的支线水带，辅助 4 号战斗员伸长水带后，推进并穿过烟火封锁区（地笼）至射水线。

5. 操作要求

① 参训消防队员穿戴灭火救援防护装备 11 件套。

② 驾驶员着备勤服、灭火防护靴，佩戴抢险救援头盔。

③ 参训消防队员须全程佩戴空呼面罩并保持空气呼吸器处于正常供气状态。

④ 要注意水枪射流并保持机动可进行随时调整，保持适当的掩护距离。

⑤ 水带爆裂须及时更换或采取堵漏措施。

十一、变换水枪阵地强攻灭火操作

1. 训练目的

通过此项目训练，使消防队员熟悉任务安排，掌握在隧道中水枪阵地变换及强攻灭火操作程序和方法。

2. 场地设置

在空旷的平地上标明起点线，距起点线 60，100，120，140，160，180 m，分别标明二道分水器线、1 号四分水器线、2 号四分水器线和 1 号水枪线、强攻线 2 号水枪线、掩护线、终点线。

3. 器材准备

水罐（泡沫）消防车 1 辆、干线水带 8 盘（ϕ90 mm）、支线水带 7 盘（ϕ65 mm）、多功能水枪 3 支、止水器 1 个、二道分水器 1 个、四分水器 1 个。

4. 操作程序

检查器材装备，做好训练准备，将器材装备放置于起点线后举手示意喊"好"。

指挥员：携带干线水带 2 盘，跑至二道分水器线，待主供水线路 2 支水枪全部出水后，铺设副供水线路第 1，2，3 盘干线水带，并与四分水器连接后，协助 2 号战斗员进行支线水带分水器前伸长。

驾驶员：将第 1 根干线连接出水口，打开出水阀门供水。

1 号战斗员：携带支线水带 4 盘、多功能水枪 1 支，跑至 1 号四分水线处，放下 3 盘支线水带，铺设 1 根支线连接水枪至 1 号水枪线；听到"拆枪"指令后，拆下水枪，并携带 2 盘支线水带，跑至 2 号四分水器线处，待副供水线路的 2 支水枪全部出水后，听到"进攻"指令且2号战斗员完成分水器前支线水带伸长后，至强攻线连接3号战斗员的止水器，铺设二支线水带连接水枪至终点线。

2号战斗员：携带干线水带3盘、多功能水枪1支，连接车辆泵浦出水口，铺设干线水带第1，2，3根，连接二道分水器后，取支线水带1盘，跑至1号四分水线，铺设支线连接水枪至1号水枪线；听到"拆枪"指令后，拆下水枪并取支线水带2盘至2号四分水线，铺设1个支线水带连接水枪至强攻线；听到"强攻灭火"的指令后，会同指挥员实施支线水带分水前伸长，将水枪伸长至掩护线。

3号战斗员：携带干线水带2盘、多功能水枪1支、止水器1个，至二道分水线，铺设主供水线路第1、第2根干线水带，并连接1号四分水器；听到"拆枪"指令后，取支线水带1盘，跑至2号四分水线，铺设1跟支线连接水枪至强攻线；听到"强攻灭火"指令后，将止水器关闭，并拆下水枪，连接1号战斗员铺设的支线水带，并协助1号战斗员铺设二带一枪至终点线。

4号战斗员：携带干线水带1盘、支线水带1盘、二道分水器1个，跑至二道分水器线处放下器材，并控制二道分水器。

7号战斗员：携带支线水带2盘、四分水器1个，跑至1号四分水器线处，并建立分水阵地，控制四分水器供水；待2支水枪全部出水后，听到"拆枪"指令后，将四分水器拆下，并放至2号四分水器线处建立分水阵地，并控制四分水器。

5. 操作要求

① 参训消防队员穿戴灭火救援防护装备11件套。

② 器材装备逐一摆放，不得提前连接和接触。

③ 水带铺设不得缠绕、打绞，装备器材连接不得脱落。

④ 主供水线路2支水枪未出水，副供水线路不得提前展开；副供水线路2支水枪都出水后，强攻水枪方可展开。

⑤ 出水时控制泵浦压力，要缓慢加压。

十二、枪炮协同灭火操作

1. 训练目的

通过此项目训练，使消防队员熟悉任务安排，掌握在隧道中水桥炮协同的操作程序和方法。

2. 场地设置

在空旷的平地上标明起点线，距起点线60，100，120，140，160 m处分别标明1号四分水器线、移动炮阵地线、2号四分水器线、进攻线、终点线。

3. 器材准备

水罐（泡沫）消防车1辆、干线水带6盘（φ90 mm）、支线水带8盘（φ65 mm），多功能水枪2支、四分水器2个、止水器2个、移动炮1门。

4. 操作程序

检查器材装备，做好训练准备，将器材装备放置于起点线后举手示意喊"好"。

指挥员：携带干线水带2盘，铺设副干线水带第4、第5盘后，至2号四分水器线处，等到2号四分水器线上的2支水枪全部出水后，辅助1号战斗员进行水枪前伸长后推进至终点线。

驾驶员：连接泵浦出水口后，保持供水不间断。

1号战斗员：携带支线水带4盘、多功能水枪1支、止水器1个，跑至1号四分水器线处，放下2盘支线水带后铺设2盘支线水带并连接四分水器出水口和移动炮，返回1号四分水器处；等到移动炮射流越过进攻线后，携带支线水带2盘，跑至2号四分水器处，铺设一带一枪至进攻线；等到2支水枪都出水后，与指挥员实施水枪前伸长后推进至终点线。

2号战斗员：携带支线水带4盘、多功能水枪1支、止水器1个，跑至1号四分水器线处，放下2盘支线水带后铺设2盘支线水带并连接四分水器出水口和移动炮，返回1号四分水器处；等到移动炮射流越过进攻线后，携带支线水带2盘，跑至2号四分水器处，铺设一带一枪至进攻线。

3号战斗员：携带干线水带3盘，连接车辆泵浦出水口，铺设主干线水带第1，2，3盘并连接1号四分水器线上的四分水器后，返回起点线；等到移动炮射流越过进攻线后，携带干线水带3盘，连接另一侧的车辆泵浦出水口后，铺设副干线水带第1，2，3盘，跑至2号四分水器线处待命。

4号战斗员：携带四分水器1支、移动炮1门，跑至1号四分水器线处，放下四分水器后，跑至100 m移动炮阵地线处，负责操控移动炮。

7号战斗员：携带干线水带1盘、四分水器1个，铺设副干线水带第6盘至2号四分水器线处，连接并控制四分水器。

5. 操作要求

① 参训消防队员穿戴灭火救援防护装备11件套；驾驶员着备勤服、灭火防护靴，佩戴抢险救援头盔。

② 器材装备逐一摆放，不得提前连接和接触。

③ 水带铺设不得缠绕、打绞，装备器材连接不得脱落。

④ 出水时控制泵浦压力，要缓慢加压。

十三、初战快速出水控火操作

1. 训练目的

通过此项目训练，使消防队员熟悉任务安排，掌握在隧道中初战快速出水控火的操作程序和方法。

2. 场地设置

在空旷的平地上（可设置于环形田径运动场）标明起点线，距起点线170 m，200 m分别标明四分水器线和射水区线（宽5 m，长10 m）。

3. 器材准备

水罐（泡沫）消防车1辆、干线水带9盘（φ90 mm）、支线水带6盘（φ65 mm），多功能水枪2支，四分水器1个。

4. 操作程序

检查器材装备，做好训练准备，将器材装备放置于起点线后举手示意喊"好"。

指挥员：携带支线水带2盘，跑至四分水器线处放下水带后协助1号战斗员射水。

驾驶员：将第1盘干线连接出水口铺设干线水带第1，2，3盘，打开出水阀门供水。

1号战斗员：携带支线水带2盘、多功能水枪1支，跑至四分水器线处，连接四分水器，铺设二带一枪至射水区。

2号战斗员：携带干线水带2盘、多功能水枪1支，铺设干线水带第4，5盘后跑至四分水器线处携带支线水带2盘，连接四分水器，铺设二带一枪至射水区。

3号战斗员：携带干线水带2盘、多功能水枪1支，铺设干线水带第6，7盘后跑至四分水器线处携带支线水带2盘，连接四分水器，铺设二带一枪至射水区。

4号战斗员：携带干线水带2盘、多功能水枪1支，铺设干线水带第8，9盘后跑至射水区协助3号战斗员射水。

7号战斗员：携带支线水带2盘、四分水器1个，跑至四分水器线处建立分水阵地，操作四分水器。

5. 操作要求

① 参训消防队员穿戴灭火救援防护装备11件套；驾驶员着备勤服、灭火防护靴，佩戴抢险救援头盔。

② 器材装备逐一摆放，不得提前连接和接触。

③ 水带铺设不得缠绕、打绞，装备器材连接不得脱落。

④ 出水时控制泵浦压力，要缓慢加压。

十四、单车连接消火栓双干线二号操作

1. 训练目的

通过此项目训练，使消防队员熟悉任务安排，掌握在隧道中，利用单车连接消火栓双干线二号的操作程序和方法。

2. 场地设置

在空旷的平地上标明起点线，距起点线100 m标明四分水器线和移动炮线，在起点线后6 m处设置消火栓。

3. 器材准备

水罐（泡沫）消防车1辆、干线水带6盘（ϕ90 mm）、支线水带3盘（ϕ65 mm），多功能水枪3支，四分水器1个、移动炮1门、拖车1辆。

4. 操作程序

检查器材装备，做好训练准备，将器材装备放置起点线后举手示意喊"好"。

指挥员：携带移动炮1门，与4号战斗员利用拖车内的干线水带铺设主供水线路后跑至移动炮线处设置移动炮，负责现场指挥和供水。

驾驶员：携带干线水带用于连接消火栓和车泵进水口，负责现场供水。

1号战斗员：携带支线水带2盘、多功能水枪1支，等到主供水线路上的移动炮出水后，跑至四分水器线处铺设一带一枪至终点线。

2号战斗员：携带干线水带3盘、多功能水枪1支，等到主供水线路上的移动炮出水后，连接车泵出水口，铺设副供水线路干线水带第1，2，3盘后跑至四分水器线处铺设一带一枪至终点线。

3号战斗员：携带干线水带2盘、多功能水枪1支，等到主供水线路上的移动炮出水后，跑至60 m处，铺设副供水线路干线水带第4，5盘并连接四分水器后铺设一带一枪至终点线。

4号战斗员：与指挥员利用拖车内的干线水带铺设主供水线路后跑至移动炮线处设置移动炮，连接并控制移动炮。

7号战斗员：携带支线水带1盘、四分水器1个，等到主供水线路上的移动炮出水后，跑至四分水器线处建立分水阵地并控制四分水器。

5. 操作要求

① 参训消防队员穿戴灭火救援防护装备11件套；驾驶员着备勤服、灭火防护靴，佩戴抢险救援头盔。

② 器材装备逐一摆放，不得提前连接和接触。

③ 水带铺设不得缠绕、打绞，装备器材连接不得脱落。

④ 移动炮出水后，副干线方可展开。

⑤ 出水时控制泵浦压力，要缓慢加压。

十五、连接消火栓拖车四号操作

1. 训练目的

通过此项目训练，使消防队员熟悉任务安排，掌握在隧道中使用拖车长距离铺设水带连接水枪的操作程序和方法。

2. 场地设置

在空旷的平地上标明起点线，距起点线200 m标明四分水器线、220 m处标明终点线，在起点线后6 m处设置消火栓。

3. 器材准备

水罐（泡沫）消防车1辆、干线水带6盘（φ90 mm）、1号拖车（含φ90 mm水带5盘）、2号拖车（含φ65 mm水带3盘、多功能水枪3支、四分水器1个）。

4. 操作程序

检查器材装备，做好训练准备，将器材装备放置起点线后举手示意喊"好"。

指挥员：携带干线水带3盘，连接车泵出水口，铺设干线水带第1，2，3盘并连接第4盘后，负责现场指挥和下达供水指令。

驾驶员：携带干线水带1盘，用于连接消火栓和车泵进水口，负责现场供水。

1号战斗员：运送1号拖车跑至100 m处，利用拖车内的干线水带铺设第6，7，8，9，10盘至四分水器处，后携带2号拖车内支线水带1盘和多功能水枪1支，铺设一带一枪至终点线。

2号战斗员：携带干线水带2盘，铺设干线水带第4，5盘后连接1号拖车内的第6盘水带，随后跑至四分水器线处携带2号拖车内支线水带1盘和多功能水枪1支，铺设一带一枪至终点线。

3号战斗员：运送2号拖车跑至四分水器线处，携带2号拖车内支线水带1盘和多功能水枪1支，铺设一带一枪至终点线。

4号战斗员：与1号战斗员配合运送1号拖车至100 m处，利用拖车内的干线水带铺设第6，7，8，9，10盘至四分水器处，辅助1号战斗员控制水枪。

7号战斗员：与3号战斗员配合运送2号拖车至四分水器线处，携带2号拖车内四分水器1只，建立分水阵地并控制四分水器。

5. 操作要求

① 参训消防队员穿戴灭火救援防护装备11件套。

② 驾驶员着备勤服、灭火防护靴，佩戴抢险救援头盔。

③ 器材装备逐一摆放，不得提前连接和接触。

④ 水带铺设不得缠绕、打绞，装备器材连接不得脱落。

⑤ 拖车之间保持安全距离，防止碰撞、侧翻。

⑥ 出水时控制泵浦压力，要缓慢加压。

十六、连接消火栓长距离（260 m）拖车架设移动炮操作

1. 训练目的

通过此项目训练，使消防队员熟悉任务安排，掌握在隧道中使用拖车长距离铺设水带连接移动炮的操作程序和方法。

2. 场地设置

在空旷的平地上标明起点线、在距起点线60，260 m处分别标出二道分水器线、移动炮线，起点线后6 m处设置1个消火栓。

3. 器材准备

水罐（泡沫）消防车1辆、干线水带4盘（$\phi90\,mm$）、二道分水器1个、移动炮1门、拖车［含5盘干线水带（$\phi90\,mm$）］2辆。

4. 操作程序

检查器材装备，做好训练准备，将器材装备放置于起点线后举手示意喊"好"。

驾驶员：携带干线水带用于连接消火栓和车泵进水口，负责现场供水。

指挥员：携带二道分水器1个，跑至60 m处，放下二道分水器，辅助7号战斗员携带移动炮跑至160 m处，利用拖车内的干线铺设第9，10，11，12，13盘；建立移动炮阵地，负责现场指挥。

1号战斗员：运送1号拖车跑至60 m处，将拖车内的干线连接二道分水器，铺设拖车内干线水带第4，5，6，7，8盘，连接2号拖车内第9盘水带。

2号战斗员：连接车泵出水口，携带3盘干线铺设第1，2，3盘，连接并控制二道分水器。

3号战斗员：配合1号战斗员运送1号拖车至60 m处，并配合1号战斗员铺设拖车内干线第4，5，6，7，8盘后配合4号战斗员携带的2号拖车至移动炮阵地。

4号战斗员：携带移动炮1门，配合7号战斗员携带移动炮跑至160 m处，利用拖车内的干线铺设第9，10，11，12，13盘后跑至260 m处放下移动炮。

7号战斗员：携带移动炮跑至160 m处，利用拖车内的干线水带铺设第9，10，11，12，13盘，连接并控制移动炮。

5. 操作要求

① 参训消防队员穿戴灭火救援防护装备11件套。

② 驾驶员着备勤服、灭火防护靴，佩戴抢险救援头盔。

③ 水带铺设不得缠绕、打绞，装备器材连接不得脱落。

④ 拖车之间保持安全距离，防止碰撞、侧翻。

⑤ 出水时控制泵浦压力，要缓慢加压。

十七、泵浦（水罐）车双泵串联供水操作

1. 训练目的

通过此项目训练，使消防队员熟悉任务安排，掌握在隧道中，利用两辆消防车双泵串联长距离接力供水的操作程序方法。

2. 场地设置

在空旷的平地上标明起点线、二道分水器线、停车线、四分水器线、水枪线、终点线，在起点线上设置消火栓1个、终点线设置射水靶。

3. 器材准备

装备齐全的消防车2辆（车头向前）、干线水带若干（$\phi90\,mm$）、支线水带4盘

（φ65 mm）、二道分水器1个、四分水器1个、多功能水枪2支。

4. 操作程序

检查器材装备，做好训练准备，将器材装备放置于起点线后举手示意喊"好"；

驾驶员：协同战斗员取吸水管或水带，连接消火栓与消防车进水口，等到指挥员下达供水指令后负责现场供水。

1号战斗员：携带二道分水器1个、干线水带1盘，跑至二道分水器线处，放下二道分水器，铺设水带连接二道分水器与接力消防车的进水口，然后返回控制二道分水器。

2号战斗员：根据二道分水器线的位置携带相应数量的干线水带，依次配合铺设干线水带，连接供水车辆的出水口与二道分水器。

指挥员：等到供水线路水带连接完毕后，下达供水指令。

驾驶员：启动消防车，等到指挥员下达供水指令后负责现场供水。

4号战斗员：携带支线水带3盘、四分水器1个，跑至四分水器线处放下四分水器，并控制四分水器。

5号战斗员：根据四分水器线的位置携带相应数量的干线水带，相互配合铺设水带连接消防车出水口与四分水器。

3号、5号战斗员：跑至四分水器处各携带支线水带1盘、多功能水枪1支，分别出一带一枪。

指挥员：负责下达供水指令并指挥供水。

5. 操作要求

① 参训消防队员穿戴灭火救援防护装备11件套；驾驶员着备勤服、灭火防护靴，佩戴抢险救援头盔。

② 铺设水带应视情况优先选择拖车，拖车满足不了需求时，可采取先徒手铺设后拖车铺设相结合的方法。

③ 水带铺设不得缠绕、打绞，装备器材连接不得脱落。

④ 携带器材、铺设水带严禁夹带附件。

⑤ 水带拖车内装有5根（或100 m长）折叠式干线水带，行进中战斗员要控制好拖车车速。

⑥ 两辆消防车接力供水的最小距离不应小于300 m。

⑦ 待供水车辆接到接力车辆进水口后，接力车辆方能供水。

⑧ 供水车辆和接力车辆的指挥员要加强联系，并控制好供水压力。

十八、大功率消防车供水操作

1. 训练目的

通过此项训练，使消防队员熟悉任务安排，在隧道中掌握大功率消防车取水、供水的操作程序和方法。

2. 场地设置

在空旷的平地上标明起点线、终点线，距起点线5 m处设置水源区。

3. 器材准备

大功率消防车1辆（车头向前）、干线水带若干（φ90 mm）、二道分水器4个、吸水管若干、滤水器1个。

4. 操作程序

检查器材装备，做好训练准备，将器材装备放置于起点线后举手示意喊"好"。

驾驶员：协同战斗员根据水源的位置和高度，分别连接滤水器、吸水管、消防车进水口，分别将滤水器投放于水源区内并用绳索固定，等到指挥员下达供水指令后负责现场供水。

1号战斗员：携带4个二道分水器，分别放置于终点线二道分水器位置处。

2号战斗员和指挥员：根据终点线位置携带相应数量的干线水带，分别铺设四路干线水带用于消防车出水口与二道分水器之间的连接；四路供水线路连接完毕后，指挥员负责下达供水指令并指挥供水。

5. 操作要求

① 参训消防队员穿戴灭火救援防护装备11件套；驾驶员着备勤服、灭火防护靴，佩戴抢险救援头盔。

② 吸水管接口连接处要紧密。

③ 滤水器应全部投入水源区，滤水器绳子必须拴系牢固。

④ 二道分水器须由战斗员控制。

⑤ 根据车辆的泵浦额定流量可适当增减供水线路的数量。

⑥ 操作中，可采用多辆水罐（泡沫）消防车向大功率消防车串联供水的方式补水。

十九、平地双干线出水（泡沫）操作

1. 训练目的

通过此项目训练，使消防队员熟悉任务安排，掌握在隧道中平地双干线出水（泡沫）的操作程序和方法。

2. 场地设置

在空旷的平地上标明起点线，并在相应位置分别标明四分水器线、二分水器线、水枪线、终点线并设置射水靶，起点线处设置消火栓。

3. 器材准备

水罐（泡沫）消防车1辆、干线水带若干（φ90 mm）、支线水带5盘（φ65 mm），多功能水枪（泡沫）5支，四分水器1个、二分水器1个、大变小（φ90 mm雄卡—φ65 mm雌卡）接头1个。

4. 操作程序

检查器材装备，做好训练准备，将器材装备放置在起点线后举手示意喊"好"。

驾驶员：协同战斗员取吸水管或水带，连接消火栓与消防车进水口，根据指挥员下达的指令实施供水（泡沫）。

1号、2号、3号战斗员：根据四分水器线的位置携带相应数量的干线水带、四分水器1个、支线水带3盘、水（泡沫）枪3支，互相配合铺设干线水带连接消防车一侧出水口与四分水器后，在四分水器处分别出一带一枪；等待四分水器处水枪全部出水（泡沫）后，战斗员根据二分水器线的位置携带相应数量的干线水带、支线水带2盘、二分水器1只、水（泡沫）枪2支、大变小接头1个，互相配合铺设水带连接消防车另一侧出水口与二分水器，于二分水器处分别出一带一枪。

指挥员：负责指挥供水（泡沫）。

5. 操作要求

① 参训消防队员穿戴灭火救援防护装备11件套；驾驶员着备勤服、灭火防护靴，佩戴抢险救援头盔。

② 铺设水带应视情况优先选择拖车，拖车满足不了需求时，可采取先徒手铺设后拖车铺设相结合的方法。

③ 水带拖车内装有5根（或100 m长）折叠式干线水带，行进中战斗员要控制好拖车车速。

④ 水带铺设不得缠绕、打绞，装备器材连接不得脱落。

⑤ 第一路供水线路未出水，第二路供水线路不得展开。

⑥ 战斗员少于7人时，可视情况减少水（泡沫）枪数量。

⑦ 出水（泡沫）时控制泵浦压力，要缓慢加压。

第三节　队站训练科目

一、城市公路隧道火灾扑救初战处置程序

（一）3泵协同处置

1. 训练目的

通过此项目训练，使消防指战员掌握消防救援车辆（水罐/泡沫）编成扑救隧道火灾的处置程序，提升各参战班组单元之间协同作战效能。

2. 场地设置

在隧道入口一侧标出起点线，起点线上依次停靠消防救援车3辆，压缩空气泡沫消

防车1辆为1号车、水罐（泡沫）消防车2辆为2号车和3号车，假设隧道内发生火灾，并有被困人员。

3. 操作程序

消防救援车辆在起点线处集结，参训消防员按规范要求穿戴全套个人防护装备，在车内待命。

1号车指挥员通过电台、电话、监控室等途径了解事故现场情况，并向各参战车辆下达具体作战指令。

1号车：负责深入隧道内部侦察灾情、内攻近战打击火势、快速营救被困人员。

2号车：负责控火、救人。

3号车：负责警戒、保障。

4. 战斗展开

1号车：就近停靠水源，编成2个作战小组。第1作战小组实施隧道内部灾情侦察，启动隧道内部固定消防设施，利用隧道内部灭火装置快速出水打击火势；第2作战小组利用水泵接合器或墙式消火栓向隧道消防管网供水，引导疏散群众，搜救被困人员。

2号车：就近停靠水源，编成2个作战小组。第1作战小组铺设移动供水线路，在上风方向合理位置设置分水阵地，出泡沫（水）枪进行灭火；第2作战小组引导疏散群众，搜救被困人员。

3号车：就近停靠水源，编成2个作战小组。第1作战小组根据灾害事故现场划定警戒范围，设立安全员并确定现场安全管控区域；第2作战小组携带水带、空气呼吸器气瓶等器材至入口处备用，做好救人、灭火的轮换准备。

1号车指挥员确认各救援车辆任务分工完成后，向参训力量下达"操作完毕"的指令，各车辆指挥员清点人员、器材装备并复位。

5. 操作要求

① 参训消防员穿戴灭火救援防护装备11件套。

② 操作中，指挥员应采用有效措施保持通信畅通，并及时、准确、不间断报告火场消息。

③ 指挥员应根据隧道出入口的烟气特征和人员疏散情况，合理选择出入口实施战斗展开。

④ 警戒区内须设置疏散逃生人员集结点和现场救护站。

⑤ 应充分利用隧道消防监控室进行火情侦察，启动排烟、照明、广播等固定设施协助救人与灭火。

⑥ 参训消防队员进入充烟环境侦察、救人时，应严格按照作战行动安全准则侦察、救人。

⑦ 向水泵接合器或墙式消火栓供水时，要注意区分消防管网分区、分段。

⑧ 安全员须对出入现场安全管控区域的参训队员进行检查、登记，并记录救出的伤员情况。

（二）2泵1枪协同处置

1. 训练目的

通过此项目训练，使消防指战员掌握消防救援车辆（水罐/泡沫消防车、抢险救援车）编成扑救隧道火灾的处置程序，提升各参战班组单元之间协同作战效能。

2. 场地设置

在隧道入口一侧标出起点线，起点线上依次停靠消防救援车3辆，压缩空气泡沫消防车1辆为1号车、水罐（泡沫）消防车1辆为2号车、抢险救援消防车1辆为3号车，假设隧道内发生火灾，有被困人员。

3. 操作程序

消防救援车辆在起点线处集结，参训消防员按照规范要求穿戴全套个人防护装备，在车内待命。

1号车指挥员通过电台、电话、监控室等途径了解事故现场情况，并向各参战车辆下达具体作战指令。

1号车：负责深入隧道内部侦察灾情、内攻近战打击火势、快速营救被困人员。

2号车：负责控火、警戒、保障。

3号车：负责强攻、救人。

4. 战斗展开

1号车：就近停靠水源，编成2个作战小组。第1作战小组实施隧道内部灾情侦察，启动隧道内部固定消防设施，利用隧道内部灭火装置快速出水打击火势；第2作战小组利用水泵接合器或墙式消火栓向隧道消防管网供水，引导疏散群众，搜救被困人员。

2号车：就近停靠水源，编成2个作战小组。第1作战小组铺设供水线路至着火处附近，出泡沫（水）枪进行灭火；第2作战小组根据灾害事故现场划定警戒范围，设立安全员并确定现场安全管控区域，并作为内攻预备人员根据现场情况进行轮换。

3号车：停靠隧道内部合理位置，编成2个作战小组。第1作战小组携带照明、救生器材，疏散、搜救被困人员；第2作战小组携带电动液压剪扩器、电动液压剪、多功能撬棒等器材对无法正常开门的车辆进行破拆救人。

1号车指挥员确认各救援车辆任务分工完成后，向参训力量下达"操作完毕"的指令，各车辆指挥员清点人员、器材装备并复位。

5. 操作要求

① 参训消防员穿戴灭火救援防护装备11件套。

② 操作中，指挥员应采取有效措施保持通信畅通，并及时、准确、不间断报告火场消息。

③ 指挥员应根据隧道出入口的烟气特征和人员疏散情况，合理选择出入口实施战斗展开。

④ 警戒区内须设置疏散逃生人员集结点和现场救护站。

⑤ 应充分利用隧道消防监控室进行火情侦察，启动排烟、照明、广播等固定设施协助救人与灭火。

⑥ 参训队员进入充烟环境侦察、救人时，须沿行进路线铺设救生照明线。

⑦ 向水泵接合器或墙式消火栓供水时，要注意区分消防管网分区、分段。

⑧ 安全员须对出入现场安全管控区域的参训队员进行检查、登记，并记录救出的伤员情况。

（三）3泵1枪协同处置

1. 训练目的

通过此项目训练，使消防指战员掌握消防救援车辆（水罐/泡沫消防车、抢险救援车）编成扑救隧道火灾的处置程序，提升各参战班组单元之间协同作战效能。

2. 场地设置

在隧道入口一侧标出起点线，起点线上依次停靠消防救援车4辆，压缩空气泡沫消防车1辆为1号车、水罐（泡沫）消防车2辆为2号车和4号车、抢险救援消防车1辆为3号车，假设隧道内发生火灾，有被困人员。

3. 操作程序

消防救援车辆在起点线处集结，参训消防员按规范要求穿戴全套个人防护装备，在车内待命。

1号车指挥员通过电台、电话、监控室等途径了解事故现场情况，并向各参战车辆下达具体作战指令。

1号车：负责深入隧道内部侦察灾情、内攻近战打击火势、快速营救被困人员。

2号车：负责控火、疏散。

3号车：负责强攻、救人。

4号车：负责警戒、保障。

4. 战斗展开

1号车：就近停靠水源，编成2个作战小组。第1作战小组实施隧道内部灾情侦察，启动隧道内部固定消防设施，利用隧道内部灭火装置快速出水打击火势；第2作战小组利用水泵接合器或墙式消火栓向隧道消防管网供水，引导疏散群众，搜救被困人员。

2号车：就近停靠水源，编成2个作战小组。第1作战小组铺设移动供水线路，在上风方向合理位置设置分水阵地，出泡沫（水）枪进行灭火；第2作战小组引导疏散群众，搜救被困人员。

3号车：停靠隧道内部合理位置，编成2个作战小组。第1作战小组携带照明、救生器材，疏散、搜救被困人员；第2作战小组携带电动液压剪扩器、电动液压剪、多功能撬棒等器材对无法正常开门的车辆进行破拆救人。

4号车：就近停靠水源，编成2个作战小组。第1作战小组根据灾害事故现场划定警戒范围，设立安全员并确定现场安全管控区域；第2作战小组作为内攻预备人员根据现场情况进行轮换。

人员搜救完毕，火势扑灭，1号车指挥员确认现场任务完成后，利用手持台下达"操作完毕"的指令，参训队员将器材复位。

5. 操作要求

① 参训消防员穿戴灭火救援防护装备11件套。

② 操作中，指挥员应采用有效措施保持通信畅通，并及时、准确、不间断报告火场消息。

③ 指挥员应根据隧道出入口的烟气特征和人员疏散情况，合理选择出入口实施战斗展开。

④ 警戒区内须设置疏散逃生人员集结点和现场救护站。

⑤ 应充分利用隧道消防监控室进行火情侦察，启动排烟、照明、广播等固定设施协助救人与灭火。

⑥ 参训消防队员进入充烟环境侦察、救人时，应严格按照作战行动安全准则侦察、救人。

⑦ 向水泵接合器或墙式消火栓供水时，要注意区分消防管网分区、分段。

⑧ 安全员须对出入现场安全管控区域的参训队员进行检查、登记，并记录救出的伤员情况。

二、城市道路隧道车辆火灾扑救初战处置程序

（一）3泵协同处置

1. 训练目的

通过此项目训练，使消防指战员掌握消防救援车辆（水罐/泡沫消防车）编成扑救隧道火灾的处置程序，提升各参战班组单元之间协同作战效能。

2. 场地设置

在隧道入口一侧标出起点线，起点线上依次停靠消防救援车4辆，压缩空气泡沫消防车1辆为1号车、水罐（泡沫）消防车2辆为2号车和3号车，假设隧道内发生火灾，有被困人员。

3. 操作程序

消防救援车辆在起点线处集结，参训消防员按规范要求穿戴全套个人防护装备，于车内待命；

1号车指挥员通过电台、电话、监控室等途径了解事故现场情况，并向各参战车辆下达具体作战指令。

1号车：负责深入隧道内部侦察灾情、内攻近战打击火势、快速营救被困人员。

2号车：负责控火、救人。

3号车：负责警戒、保障。

4. 战斗展开

1号车：通过逆向车道停靠合理位置，编成2个作战小组。第1作战小组实施隧道内部灾情侦察，启动隧道内部固定消防设施，利用隧道内部灭火装置快速出水打击火势；第2作战小组利用水泵接合器或墙式消火栓向隧道消防管网供水，引导疏散群众，搜救被困人员。

2号车：停靠于1号车后方合理位置，编成2个作战小组。第1作战小组携带救生、照明、破拆等器材协同1号车第2作战小组救助被困人员；第2作战小组铺设水带串联1号、2号、3号车，利用1号车铺设供水线路，出泡沫（水）枪灭火。

3号车：停靠于2号车后方合理位置，编成2个作战小组。第1作战小组根据灾害事故现场划定警戒范围，设立安全员并确定现场安全管控区域；第2作战小组引导疏散事故车辆后方被困人员至逆向车道。

1号车指挥员确认各救援车辆任务分工完成后，向参训力量下达"操作完毕"的指令，各车辆指挥员清点人员、器材装备并复位。

5. 操作要求

① 参训消防员穿戴灭火救援防护装备11件套。

② 操作中，指挥员应采用有效措施保持通信畅通，并及时、准确、不间断报告火场消息。

③ 事故车辆在隧道内部时，1号车指挥员应利用电话、电台等通信工具确定事故车辆的具体位置，联系隧道管理单位封闭逆向车道，消防车辆利用逆向车道行驶至现场。

④ 事故车辆在隧道入口处时，消防车辆应直接在入口外道路右侧停靠，携带灭火、救生、破拆、起重等器材跑至事故现场实施战斗展开。

⑤ 通过逆向车道进入隧道的参训队员应就近选择靠近火场的安全通道（旁通道）到达事故现场。

⑥ 应根据事故车辆位置，正确选择水喷淋（泡沫）灭火系统等固定消防设施的工作区域。

⑦ 应根据被困人员数量、现场环境、伤势情况，合理确定救人方案。

⑧ 在对事故车辆有效固定后方可实施破拆、撑顶作业，破拆时应对伤员做好安全保护。

⑨ 停靠在逆向车道的消防车辆应打开警灯，按要求在车辆前后方设置警戒人员。

⑩ 必要时，可利用隧道墙式消火栓向消防车补水。

⑪ 现场处置完毕后，迅速收整器材、清点人员，恢复交通。

（二）2泵1枪协同处置

1. 训练目的

通过此项目训练，使消防指战员掌握消防救援车辆（水罐/泡沫消防车、抢险救援车）编成扑救隧道火灾的处置程序，提升各参战班组单元之间协同作战效能。

2. 场地设置

在隧道入口一侧标出起点线，起点线上依次停靠消防救援车3辆，压缩空气泡沫消防车1辆为1号车、水罐（泡沫）消防车1辆为2号车、抢险救援消防车1辆为3号车，假设隧道内发生火灾，有被困人员。

3. 操作程序

消防救援车辆在起点线处集结，参训消防员按规范要求穿戴全套个人防护装备，在车内待命。

1号车指挥员通过电台、电话、监控室等途径了解事故现场情况，并向各参战车辆下达具体作战指令。

1号车：负责深入隧道内部侦察灾情、内攻近战打击火势、快速营救被困人员。

2号车：负责现场供水、灭火、救人。

3号车：负责侦察、破拆、救人、警戒。

4. 战斗展开

1号车：通过逆向车道停靠合理位置，编成2个作战小组。第1作战小组实施火情侦察，启动固定消防设施，利用隧道墙式消火栓出水掩护救人、灭火；第2作战小组引导疏散事故车辆后方被困人员至逆向车道。

2号车：停靠于1号车后方合理位置，编成2个作战小组。第1作战小组携带救生、照明、破拆等器材协同3号车第1作战小组救助被困人员；第2作战小组铺设水带串联1号、2号车，利用1号车铺设供水线路，出泡沫（水）枪灭火。

3号车：停靠合理位置，编成2个作战小组。第1作战小组携带机动破拆工具实施灾情侦察、破拆、救人；第2作战小组根据灾害事故现场划定警戒范围，设立安全员并确定现场安全管控区域。

1号车指挥员确认各救援车辆任务分工完成后，向参训力量下达"操作完毕"的指令，各车辆指挥员清点人员、器材装备并复位。

5. 操作要求

① 参训消防员穿戴灭火救援防护装备11件套。

② 操作中，指挥员应采用有效措施保持通信畅通，并及时、准确、不间断报告火场消息。

③ 事故车辆在隧道内部时，1号车指挥员应利用电话、电台等通信工具确定事故车辆的具体位置，联系隧道管理单位封闭逆向车道，消防车辆利用逆向车道行驶至现场。

④ 事故车辆在隧道入口处时，消防车辆应直接在入口外道路右侧停靠，携带灭火、救生、破拆、起重等器材跑至事故现场实施战斗展开。

⑤ 通过逆向车道进入隧道的参训队员应就近选择靠近火场的安全通道（旁通道）到达事故现场。

⑥ 应根据事故车辆位置，正确选择水喷淋（泡沫）灭火系统等固定消防设施的工

作区域。

⑦ 应根据被困人员数量、现场环境、伤势情况，合理确定救人方案。

⑧ 在对事故车辆有效固定后方可实施破拆、撑顶作业，破拆时应对伤员做好安全保护。

⑨ 停靠在逆向车道的消防车辆应打开警灯，按要求在车辆前后方设置警戒人员。

⑩ 必要时，可利用隧道墙式消火栓向消防车补水。

⑪ 现场处置完毕后，迅速收整器材、清点人员，恢复交通。

（三）3泵1枪协同处置

1. 训练目的

通过此项目训练，使消防指战员掌握消防救援车辆（水罐/泡沫消防车、抢险救援车）编成扑救隧道火灾的处置程序，提升各参战班组单元之间协同作战效能。

2. 场地设置

在隧道入口一侧标出起点线，起点线上依次停靠消防救援车4辆，压缩空气泡沫消防车1辆为1号车、水罐（泡沫）消防车2辆为2号车和4号车、抢险救援消防车1辆为3号车，假设隧道内发生火灾，有被困人员。

3. 操作程序

消防救援车辆在起点线处集结，参训消防员按规范要求穿戴全套个人防护装备，于车内待命。

1号车指挥员通过电台、电话、监控室等途径了解事故现场情况，并向各参战车辆下达具体作战指令。

1号车：负责深入隧道内部灾情侦察、内攻近战打击火势、快速营救被困人员。

2号车：负责救人、供水、灭火。

3号车：负责侦察、救人、破拆。

4号车：负责警戒、保障。

4. 战斗展开

1号车：通过逆向车道停靠合理位置，编成2个作战小组。第1作战小组实施火情侦察，启动固定消防设施，利用隧道墙式消火栓出水掩护救人、灭火；第2作战小组引导疏散事故车辆后方被困人员至逆向车道。

2号车：停靠于1号车后方合理位置，编成2个作战小组。第1作战小组携带救生、照明、破拆等器材协同3号车第1作战小组救助被困人员；第2作战小组铺设水带串联1号、2号、4号车，利用1号车铺设供水线路，出泡沫（水）枪灭火。

3号车：停靠合理位置，编成2个作战小组，第1作战小组携带机动破拆工具实施灾情侦察、破拆、救人；第2作战小组引导疏散事故车辆后方被困人员至逆向车道。

4号车：停靠于2号车后方合理位置，编成2个作战小组。第1作战小组根据灾害事故现场划定警戒范围，设立安全员并确定现场安全管控区域；第2作战小组协助2号车铺设供水线路，运送备用器材。

1号车指挥员确认各救援车辆任务分工完成后，向参训力量下达"操作完毕"的指令，各车辆指挥员清点人员、器材装备并复位。

5. 操作要求

① 参训消防员穿戴灭火救援防护装备11件套。

② 操作中，指挥员应采用有效措施保持通信畅通，并及时、准确、不间断报告火场消息。

③ 事故车辆在隧道内部时，1号车指挥员应利用电话、电台等通信工具确定事故车辆的具体位置，联系隧道管理单位封闭逆向车道，消防车辆利用逆向车道行驶至现场。

④ 事故车辆在隧道入口处时，消防车辆应直接在入口外道路右侧停靠，携带灭火、救生、破拆、起重等器材跑至事故现场实施战斗展开。

⑤ 通过逆向车道进入隧道的参训队员应就近选择靠近火场的安全通道（旁通道）到达事故现场。

⑥ 应根据事故车辆位置，正确选择水喷淋（泡沫）灭火系统等固定消防设施的工作区域。

⑦ 应根据被困人员数量、现场环境、伤势情况，合理确定救人方案。

⑧ 在对事故车辆有效固定后方可实施破拆、撑顶作业，破拆时应对伤员做好安全保护。

⑨ 停靠在逆向车道的消防车辆应打开警灯，按要求在车辆前后方设置警戒人员。

⑩ 必要时，可利用隧道墙式消火栓向消防车补水。

⑪ 现场处置完毕后，迅速收整器材、清点人员，恢复交通。

三、消防救援站多车接力供水操作

（一）3泵协同接力供水操作

1. 训练目的

通过此项目训练，使消防指战员掌握3辆消防救援车辆编成接力供水扑救隧道火灾的处置程序，提升各参战班组单元之间协同作战效能。

2. 场地设置

在隧道入口一侧标出起点线，起点线上依次停靠消防救援车辆3辆，假设一定范围内无水源或仅有一处水源，指战员需铺设干线水带实施接力供水。

3. 操作程序

消防救援车辆在起点线处集结，参训消防员按规范要求穿戴全套个人防护装备，于车内待命；1号车指挥员通过电台向各参战车辆下达具体作战指令。

1号车（泵浦消防车）：停靠距水源480 m位置，编成2个作战小组，分别为水带铺设组、供水保障组，主要负责铺设14盘φ90 mm水带组成供水线路、供水线路维护、现场警戒及连接二道分水器。

2号车（泵浦消防车）：停靠距水源大概240 m位置，编成2个作战小组，分别为水带铺设组、供水保障组，主要负责铺设13盘φ90 mm水带、供水线路维护、现场警戒。

3号车（泵浦消防车）：停靠水源，编成2个作战小组，分别为保障供水组、水带铺设组，主要负责连接水源、保障及铺设13盘φ90 mm水带、现场警戒及供水线路维护。

4. 任务分工

3号车水带铺设组依次铺设13盘φ90 mm水带连接2号车泵浦进水口，2号车水带铺设组依次铺设13盘φ90 mm水带连接1号车泵浦进水口，1号车水带铺设组依次铺设14盘φ90 mm水带连接二道分水器。

水源保障组携带水带护桥木、警戒带、滤水篮、吸水管3根（消火栓钥匙），保证供水不间断。

5. 重要提示

① 参训消防指战员穿戴灭火救援防护装备11件套；驾驶员佩戴灭火救援头盔，着灭火防护靴。

② 指挥员、驾驶员可协助操作，使用水带拖车施放水带。

③ 个人防护到位，通信联络畅通。

④ 干线水带必须按照操作规程车辆顺序连接铺设。

⑤ 水带必须平直铺设，不得缠绕、打绞。

⑥ 天然水源取水位置合理，吸水管连接紧密。

⑦ 二道分水器位置设置合理。

⑧ 驾驶员要缓慢加压并控制好供水压力。

⑨ 供水时，消防员不得正对泵浦进（出）水口。

（二）2泵1枪协同接力供水操作

1. 训练目的

通过此项目训练，使消防指战员掌握3辆消防救援车辆编成接力供水扑救隧道火灾的处置程序，提升各参战班组单元之间协同作战效能。

2. 场地设置

在隧道入口一侧标出起点线，起点线上依次停靠消防救援车3辆，假设一定范围内无水源或仅有一处水源，指战员需铺设干线水带实施接力供水。

3. 操作程序

消防救援车辆在起点线处集结，参训消防员按规范要求穿戴全套个人防护装备，在车内待命；1号车指挥员通过电台向各参战车辆下达具体作战指令。

1号车（泵浦消防车）：停靠距水源240 m位置，编成2个作战小组，分为水带铺设组、供水保障组，主要负责铺设13盘φ90 mm水带、线路维护、现场警戒及连接二道分水器。

2号车（泵浦消防车）：停靠水源，编成2个作战小组，分为供水保障组、水带铺设组，主要负责寻找水源、保障水源及铺设13盘φ90 mm水带、现场警戒及线路维护。

3号车（抢险救援消防车）：停靠合理位置，协助1号、2号车完成线路铺设、现场警戒及线路维护。

4. 任务分工

2号车水带铺设组依次铺设13盘φ90 mm水带连接1号车泵浦进水口，1号车水带铺设组依次铺设13盘φ90 mm水带连接二道分水器。

水源保障组携带水带护桥木、警戒带、滤水篮、吸水管3根（消火栓钥匙），保证供水不间断。

四、隧道（车辆）火灾扑救初战展开程序

（一）3泵协同展开处置

1. 训练目的

通过此项目训练，使消防指战员掌握3辆消防救援车辆编成处置隧道（车辆）火灾的处置程序，提升各参战班组单元之间协同作战效能。

2. 场地设置

在隧道入口一侧标出起点线，起点线上依次停靠消防救援车辆3辆，假设隧道内发生车辆火灾，有被困人员。

3. 操作程序

消防救援车辆在起点线处集结，参训消防员按规范要求穿戴全套个人防护装备，于车内待命；1号车指挥员通过电台向各参战车辆下达具体作战指令。

1号车（泵浦消防车）：停靠合理位置，编成2个作战小组，分别为火情侦察组、灭火救人组，主要负责深入隧道内部侦察灾情、内攻近战打击火势、快速营救被困人员。

2号车（泵浦消防车）：停靠水源，编成2个作战小组，分别为灭火救人组、破拆排烟组，主要负责控火救人、破拆、排烟。

3号车（泵浦消防车）：停靠水源，编成2个作战小组，分别为疏散警戒组、保障供水组，主要负责救援现场警戒、保障。

4. 任务分工

火情侦察组：通过电台、电话、监控室等途径了解事故现场情况，携带热成像仪等

器材，侦察火势情况；启动隧道内部固定消防设施。

灭火救人组：携带墙式消火栓转换接头，利用隧道内部墙式消火栓出水灭火、控制燃烧、救助被困人员。

破拆排烟组：实施破拆排烟。

疏散警戒组：引导人员、车辆疏散，负责现场警戒。

保障供水组：铺设移动供水线路，实施灭火，保障1号车供水。

5. 重点提示

① 参训消防指战员穿戴灭火救援防护装备11件套；驾驶员佩戴灭火救援头盔，着灭火防护靴。

② 采用多种途径保持作战现场通信畅通。

③ 事故车辆在隧道内部时，1号车指挥员应利用电话、电台等通信工具确定事故车辆的具体位置，联系隧道管理单位视情封闭逆向车道，消防车辆利用逆向车道行驶至现场。

④ 通过逆向车道进入隧道的参训队员应就近选择靠近火场的安全通道（旁通道），及时到达事故现场。

⑤ 停靠在逆向车道的消防车辆应打开警灯，按要求在车辆前后方设置警戒人员。

（二）2泵1枪协同展开处置

1. 训练目的

通过此项目训练，使消防指战员掌握3辆消防救援车辆编成处置隧道（车辆）火灾的处置程序，提升各参战班组单元之间协同作战效能。

2. 场地设置

在隧道入口一侧标出起点线，起点线上依次停靠消防救援车3辆，假设隧道内发生车辆火灾，有被困人员。

3. 操作程序

消防救援车辆在起点线处集结，参训消防员按规范要求穿戴全套个人防护装备，于车内待命；1号车指挥员通过电台向各参战车辆下达具体作战指令。

1号车（泵浦消防车）：停靠合理位置，编成2个作战小组，分别为火情侦察组、灭火救人组，主要负责深入隧道内部灾情侦察、内攻近战打击火势、快速营救被困人员。

2号车（泵浦消防车）：停靠水源，编成2个作战小组，分别为保障供水组、疏散警戒组，主要负责救援现场警戒，供水、灭火。

3号车（抢险救援消防车）：停靠1号后方合理位置，编成2个作战小组，分别为灭火救人组、破拆排烟组，主要负责灭火救人、破拆、排烟。

4. 任务分工

火情侦察组：通过电台、电话、监控室等途径了解事故现场情况，携带热成像仪等器材，侦察火势情况；启动隧道内部固定消防设施。

灭火救人组：携带墙式消火栓转换接头，利用隧道内部墙式消火栓出水灭火，控制燃烧，救助被困人员。

保障供水组：铺设供水线路，实施灭火，保障1号车供水。

疏散警戒组：引导人员、车辆疏散，负责现场警戒。

破拆排烟组：实施破拆排烟。

本章小结

本章节主要介绍了城市隧道灭火救援相关的个人、班组和队站训练科目。主要包括各训练科目的训练目的、场地设置、器材准备、操作程序和操作要求；对于队站训练科目，本章还详细介绍了战斗展开流程、任务分工和重点提示。本章所涉及的主要训练科目内容涵盖了使用消防摩托车、架设移动炮、环形铺设水幕水带、设置屏风水枪、使用中高倍数泡沫发生器、破拆车门、破拆挡风玻璃、顶撑车辆仪表板、扶正侧翻小型车辆、梯次掩护进攻、变换水枪阵地强攻、枪炮协调灭火、初战快速出水控火、单车连接消火栓双干线、连接消火栓拖车、连接消火栓长距离拖车架设移动炮、泵浦车双泵串联供水、大功率消防车供水、平地双干线出水和泡沫、消防救援站多车接力供水；隧道灾害事故侦察组织、警戒组织、照明组织；隧道灭火救援供水组织、强攻组织、排烟组织、现场警戒；城市公路、越江公路隧道火灾扑救初战处置程序。

第八章　城市隧道灭火救援预案

第一节　隧道运营单位预案介绍

城市运行应急预案体系可划分为三个层次：综合应急预案、专项应急预案、现场处置预案，见图8.1。隧道运营单位预案是结合所管辖设施的具体情况和人员、物资力量水平，在严格按照城市运营突发事件综合应急预先制订的综合性工作方案的管控下，为应对道路交通事故、火灾事故等各项突发事件而编制的专项应急预案。

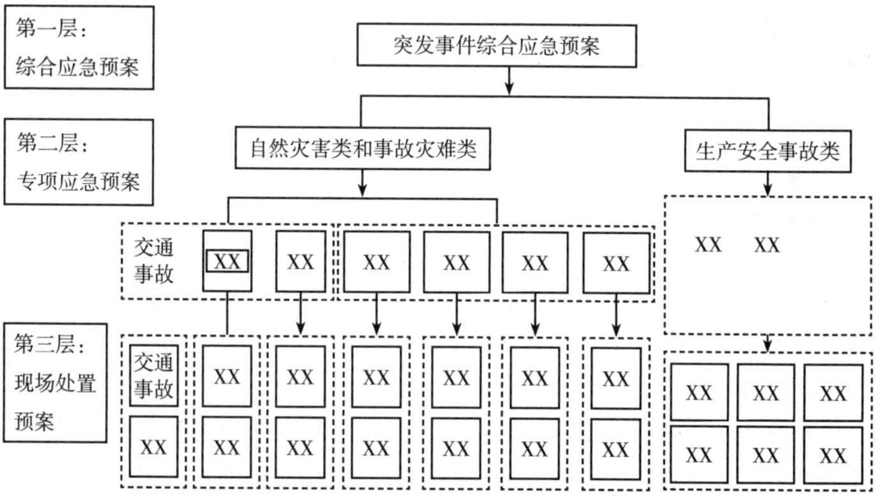

图8.1　城市运营应急预案体系框图

一、应急处置管理组织体系

为了快速有效地组织事故抢险、救援，确保突发事件发生后能最大限度减少人员伤亡和财产损失，隧道运营单位均建有突发事件应急救援队伍。各部门分工协作，共同参与城市运营突发事件的处置和管理工作，确保在应急处置过程中能承担起相应的职责。

1. 应急处置工作小组

明确应急指挥和抢险组织架构、人员职责、24小时应急处置人员组成等，应急处置工作小组是整个紧急救援活动的总指挥，负责组织协调工作的同时进行资源调配，必要时还要作为扩大紧急救援活动的信息中枢。应急处置小组组织架构如图8.2所示。

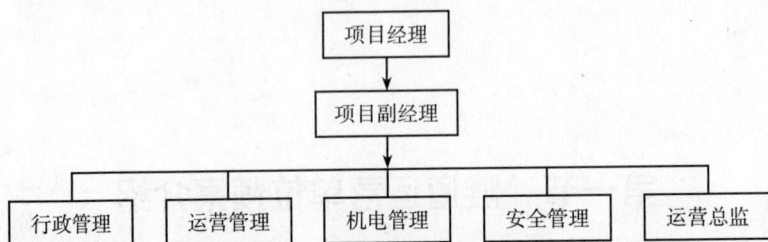

```
            ┌──────────┐
            │  项目经理  │
            └────┬─────┘
                 │
            ┌────▼─────┐
            │ 项目副经理 │
            └────┬─────┘
    ┌───────┬────┼────┬───────┐
┌───▼──┐┌──▼──┐┌─▼──┐┌──▼──┐┌──▼──┐
│行政管理││运营管理││机电管理││安全管理││运营总监│
└──────┘└─────┘└────┘└─────┘└─────┘
```

图8.2 应急处置小组组织架构

（1）项目经理：全权负责隧道事故应急处置指挥协调；接受行业、上级管理部门及运管中心的指令和调令调动，负责施救力量、抢险资源的调配，批准预案的启动与终止，授权现场指挥权。负责抢险人员、资源配置、应急队伍调整；负责突发事故、事件现场处置的协调，负责预案启动后的评估和持续改进工作，组织应急预案演练。

（2）项目副经理：配合经理接受行业、上级管理部门及运管中心的指令和调令调动，组织制定隧道事故应急处置预案，现场组织紧急抢险措施的落实，负责相关技术数据的收集，负责设施设备受损调查分析、检测及处置评估。

（3）行政管理：负责保障救援活动的应急物资、信息畅通、医疗卫生、后勤工作等，督导检查抢险物资储备和信息传递。

（4）运营管理：负责现场指挥，负责所管设施事故处置分管工作，是突发事故、事件应急处置具体实施者和现场指挥者；参与制定突发事故、事件应急处置预案；执行该预案的启动与终止活动；负责应急处置信息畅通和信息上报工作。

（5）机电管理：负责事故损坏设施设备抢修工作。

（6）安全管理：负责做好应急处置过程的安全指导，及时消除安全隐患，保障应急处置工作安全开展，负责事故损坏设施设备抢修，现场安全措施管控。

（7）运营总监：接受项目经理的授权，负责现场指挥和应急物资调配。负责隧道日常运行，是突发事件处置夜间临时（包括双休日、节假日等日间）总指挥，待应急处置小组组长到场后移交指挥权。

2. 指挥平台

隧道运营单位指挥中心使用智慧运营养护管理平台，包含应急指挥模块，搭配智慧化应急指挥体系，依托智能化预警设备和中央监控系统，通过信息化手段实现快速、畅通、准确、充分了解隧道设备运行状况，隧道监控设备运行情况，隧道图像监测，环境指标，特别情况，提前预判设施险情发展情况，及时处置，实现事前监测预判、事中指挥调度、事后总结评估，真正做到靠前指挥、统筹协调、集中调度，保证应急指挥的效率性和科学性。

3. 应急专家组

城市运营建有应急专业人才库，组织隧道事故专业人员，负责制订和完善有关方案。每年组织一次专家小组会议，进行关于预防重大突发事件的调查研究或给出专业建议。根据突发事件等级和类型，专家组适时远程或者赶往现场进行工作指导。

二、应急处置响应程序

隧道发生突发事件，应尽最大努力减少事故所造成的人员伤亡和对隧道管辖区域设施的损坏，保障人民群众的生命安全和隧道的安全运行。应急处置响应程序作为应急预案中的核心内容，是检验紧急救援综合能力的集中表现。

为了确保应急工作的顺利、有序进行，隧道管理中会根据不同事故类型、不同地点、不同事故次数的特点，制订相应的具体应急救援实施方案。图8.3为隧道火灾事故应急处置流程图。

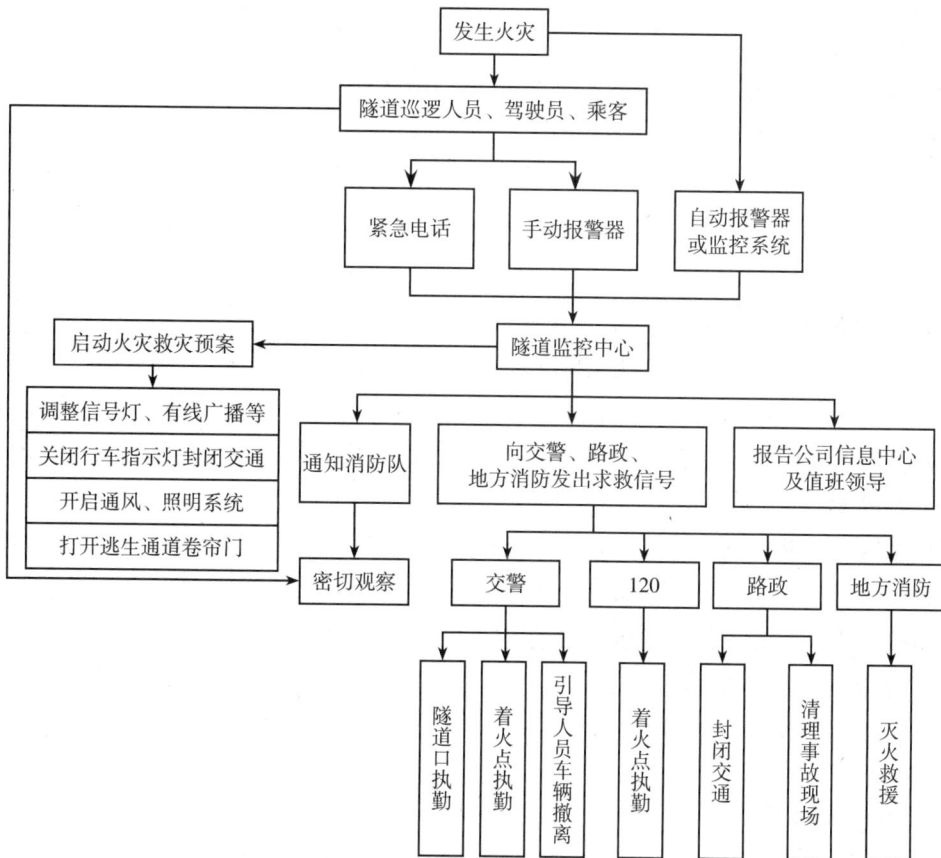

图8.3　隧道火灾事故应急处置流程图

把以上因素串联起来形成一个可实施的应急处置程序，程序分为六个步骤，下面就各个阶段的工作进行详细介绍。

1. 事故发生与确认

当隧道发生危险（火灾）时，驾驶员可以使用隧道内布设的应急电话、手动报警按钮或自己的手机进行报警，隧道内的监测设备可以自动检测报警。还可以通过事故的异常检测报警，驻地交通警察和驻地公路管理人员也可以报警。监控中心的工作人员在接到报警后，应立刻将监控屏幕调到相应的摄像头监控区域，以备不时之需。火灾自动报警系统无须人工操作，会立即自动进行录像。根据事故的紧急程度、发展态势，在确定了火险级别后，项目经理启动现场应急方案，监控中心的工作人员立即开展相应的灭火救灾方案，也就是说，此时隧道的控制系统从常规模式变为对应的消防控制状态。中控第一时间在智慧运营管理平台——应急模块填报相关内容，同时，项目部相关人员立即赶赴现场，并判断险情受控情况。

2. 通报派遣及人员疏散

监控中心马上打电话给上级，同时向驻地交警、驻地路政、隧道消防队、养护部门、当地消防队伍、医院、环保部门、吊车公司等有关部门说明情况。同时，监控中心利用广播系统对隧道内的人员进行疏散，并对紧急情况进行指导。

3. 初期应对

隧道项目部由24小时应急处置人员组成的应急处置小组应以最快速度赶往事故现场；维护部门在到达现场后，与监控中心一起进行隧道设备的维护，并协助营救和清障工作。监控中心要对事故现场进行实时监测，随时与现场的工作人员联络，并将情况通知上级。如有需要，应立即呼叫支援，并随时调整救援计划，使救援人员能在紧急情况下进行撤离。

4. 事故处置及人员救助

交警在接到报警后，对现场实施交通管制，设立应急警戒线，并将人员撤离至非事故隧道，向监控中心报告情况；路政部门在到达现场后，配合交通部门进行疏散工作，驻地路政若配备清障车，在到达现场后，须立即清理出故障车辆、散落物品等，以确保救援线路的安全。

当辖区消防队伍抵达现场后，隧道管理部门应将指挥权转移给辖区消防队伍到场的最高行政领导，火场人员必须服从灭火指挥员的统一指挥。灭火指挥员负责指挥受困人员的救援和火灾扑救工作，掌握事故的实时信息，并汇报给监控中心。环保部门到达洞口随时待命，并咨询相关情况。

医院接到报警后，立即派出120急救车，在隧道洞口对伤者进行急救，并将伤者迅速送到医院。

5. 善后处理

扑灭火灾后，隧道管理中心或管辖范围内的消防部队向监控中心汇报扑灭火灾的情况；交警对伤亡、失踪人员展开调查；路政拆除路障；养护人员清理路面、勘查隧道损坏情况；维修损坏的结构、器材；医院上报伤员送医记录；环保部门开展环保评估。

6. 恢复交通

等有关工作结束后，监控中心再打开隧道，隧道设备正常运行。

三、应急保障

根据事件特点及危害程度，隧道运营单位综合考虑各方面需要，从队伍、经费、应急保障体系、交通运输、通信等方面提供全方位保障，确保有序应对突发事件。

1. 队伍保障

市运营、直属单位和基层单位应根据突发事件应急处置工作具体需要，以各职能部门为依托，组建专、兼职应急保障队伍，做好应急救援准备工作，其主要职能是检测预警、信息传递、处置救援、区域响应、协调联动。以城市运营基层单位工程技术与施工作业队伍（专兼职队伍）为重点，扩大基层单位应急救援队伍的规模，全面提高处置各种突发事件的能力。

2. 经费保障

自然灾害、事故灾难类突发事件的应急处置，由专项经费予以保障，用于自备应急物资采购、商业应急物资租用、人员培训等。

3. 应急保障体系

根据潜在自然灾害、事故灾难类突发事件的性质和后果，隧道运营单位均配备了一定数量的个体防护、救援机械、监测仪器、交通工具、医疗设备；储备一定数量的物资，定期检查、维护与更新，保证处于完好状态。《隧道专项应急预案》对应急处置所需应急物资及设备的种类、数量、性能、存放地点、管理责任人及联系方式均有明确规定。以上内容保障了发生自然灾害和事故灾难等突发事件时，隧道运营单位能做到快速精准调度和快速应急处置。

4. 交通运输保障

为确保事故应急处理过程中的车辆使用需要，运营单位在工作日期间，严格遵循车辆调度管理机制，确保突发情况下有车可用。如遇突发事故，对外发出支援请求后，明确专人指引救援车辆快速驶入事故现场，保障救援队伍和物资入口通畅，确保救援及时高效。

5. 通信保障

专项应急预案、现场处置方案应包含明确可为本单位提供应急保障的相关单位或人员联系方式和途径，预案每年至少更新1次，并提供备用方案，同时整合现有信息网络资源到智慧运营管理平台，形成完善的应急指挥平台；自然灾害、事故灾难类突发事件预警及应急处置期间，值班人员在事故现场实行24小时轮班，确保各有关部门的通信。

四、预案管理

隧道应急预案包含编写、审核、批准、发放、修改、检测和更新等程序，并通过预案演练和评估对预案实现持续改进。

1. 预案评估

在预案评估中，认真做好启动预案的评估和持续改进工作，并以书面形式报城投高速公路运营管理中心、城市运营智能运维事业部备案。

2. 预案演练

建立应急预案演练机制，为了保证应急预案的有效执行，加强应急响应体系在实战中的应对能力，要根据设施实际情况，定期组织事故应急处置演练。

3. 预案培训

为进一步验证应急措施与预案的符合性、应急预案的正确性与不足、应急能力的等级，需要制订防火灾事故应急处置预案培训计划，组织隧道消防事故应急处置预案的培训工作，加强对抢险人员事故应急抢险的培训，提高应急抢险水平。

4. 预案修订

隧道运营单位以保证城市运行安全的大交通、大应急观念，立足每条隧道特点，进行定期的危险评价和紧急情况调查，评估应急预案。并根据评估结果或实际情况的变化进行修订和完善，提升预案质量和实战性，从根本上提高整体应急处置能力。

第二节　城市隧道灭火救援预案重点内容

城市隧道火灾应急预案是一套透明的、规范化的应急预案，是应急响应、有效救援的根本保障，所以要有完整的设计，有效的运作流程，不断完善的运作机制。它能有效地防止盲目地开展救援工作，减少救援人员和人员的伤亡与损失，从而降低救援费用。

一、城市隧道灭火救援基本原则

（1）首先要保证人员的撤离和救援的安全，其次是降低隧道设施的损失，保持交通畅通。

（2）以内部应急力量为先，灭早灭小。在灾害发生的初期，强化隧道管理站单位的应急救援力量，作为主力发挥先锋救援作用，待消防队伍到场后第一时间反馈现场人员情况、火势情况、先期处置情况和火势发展趋势，为消防快速、精准扑灭火灾，打下坚实基础。

（3）具有完善的作战力量体系：隧道中发生火灾时，能否快速、高效地扑救，与行之有效的灭火救援作战编成和健全的多部门联络协调区域联动机制密不可分。

（4）以隧道固定消防设施（如自动报警系统、排烟系统、消火栓系统、喷淋系统等）为主，移动消防装备为辅的原则，固移结合进行灭火。

（5）具备完善的通信方案：由于隧道的狭长密闭结构特点，在救灾过程中，若没有良好的通信和中继设备，很容易造成隧道与外界的通信不畅，从而影响救援工作的顺利进行，因此必须制订一套完整的通信保障计划，以保证救灾单位之间的通信畅通。

（6）具有健全的通风和人员疏散方案。在隧道发生火灾时，正确的通风方案是保证人员、车辆逃生和消防安全的重要因素。同时，被困在隧道内的民众和救援人员均需要合理的救援路线，必须在适当的时间内，尽可能避开烟雾和热浪，并在火灾现场的上风区进行紧急疏散和救援。

二、城市隧道预案基础信息

（1）隧道基本建筑信息。主要包括隧道建造形式（单洞双向、双洞单层单向、双洞双层单向、单洞双层等）、长度、高度、行车道形式（单向单车道、单向双车道、双向双车道、双向四车道、有无应急车道等）和宽度，车行横道的宽度、数量、间距，人行横道的宽度、数量、间距等。预案中的隧道基本建筑信息应当精练、简洁，便于消防指挥员在制订作战方案时能够快速掌握所需的隧道信息，从而确保灭火救援行动的快速、准确、科学、可行。

（2）管理单位内部情况。主要包括单位内部救援力量构成、24小时值守部门、监控中心的位置、值班电话、管理单位消防主管联系方式、隧道设计施工专家联系方式等信息，便于消防队伍途中精确掌握现场灾害发生的具体位置、人员被困等现场具体情况，并依据单位内部值守情况，指导单位合理利用值守力量，开展有效先期处置。

（3）隧道消防设施情况。主要包括隧道防火分区和固定消防设施（排烟系统、喷淋系统、消火栓系统等）的设置情况，以及灾害发生后消防设施的启动与运作模式等。并着重介绍消防控制室的位置，消火栓系统供水形式、流量等关键信息，让管理单位和消防队伍依靠固定消防设施快速开展初战救灾，为灾害控早控小打下坚实基础。

（4）外部资源情况。一方面是消防水源情况，主要包括消防水池、天然水源、市政消火栓等，标明具体位置，提前规划好供水组织方案。另一方面是社会联动力量情况，主要包括应急办、应急联动中心、交警、水务、电力、医疗救护、气象、环境保护等部门24小时值班电话，根据灾害现场情况，及时协调、指挥、调度社会各方面的力量投入到消防救援工作中来。

三、灭火救援指挥机制

专业的灭火救援组织是确保紧急情况下的专业救援的先决条件，要建立统一的指挥、协调和决策机制，以利于快速、高效地反应和决策；指挥、协调、组织消防紧急疏散、合理分配、利用各类应急资源，可以有效防止在紧急情况下发生盲目行为，在事故救援中，尽量减少人员伤亡和救助成本。

应急机构可以划分为场内与场外两种类型，场内机构主要在应急救援活动全过程的信息系统中起核心主导作用，负责组织协调、资源调配、拓展应急救援活动指挥等工作；而场外机构主要担负灾害控制、人员救护、项目建设等方面的具体工作。

1. 应急机构组织体系

为确保灭火救援工作迅速、协调有序，应健全应急机构、应急指挥机构、应急响应中心和有关机构的指挥体系，并对各单位作出明确规定。

作为交通管理和运行的中枢，监控中心承担着监测灾情、处理道路交通信息、制订交通管理与控制方案、协调指挥等工作。当隧道内发生意外时，指挥中心可以通过实时的交通监控和信息系统进行处理，同时协调消防、交警、路政、抢险、清障人员前往现场处置和救援。

如图8.4所示，可以建立紧急救援组织结构。在发生突发事件时，指挥中心对所属单位的所有人员进行统一指挥，并在必要的时候进行调度。在消防等专业救援力量到场之前，主要由相关部门的交通监控中心负责组织指挥单位内部常备救援力量开展初期灾情处置，启用相关设施设备，同时利用监控、设备、系统等各项技术手段开展侦察，了解、掌握灾情发展具体情况，待消防部门等专业力量到达后，指挥中心应准确、全面地告知现场灾情，在接到指挥中心的命令后，各个单位根据自己的职能和职责，迅速、准确、有效地进行扑救工作。因为救援指挥部的人员来自各个部门，所以他们可以随时调动交通、路政、医院、消防等各种救援力量，从而快速、高效地进行救援。当然，紧急事件指挥中心的此类权限必须预先由政府制定法律；各部门间的合作，也应预先达成协议。图8.5是隧道管理站事件处理流程图。

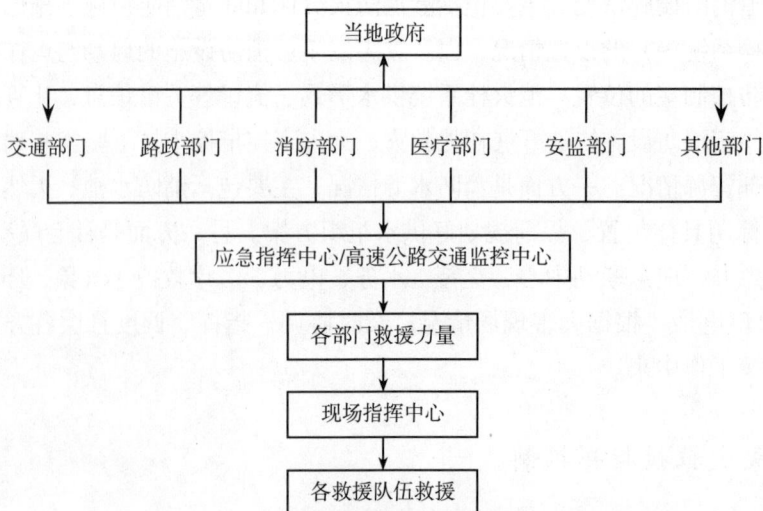

图8.4 应急救援组织结构图

事故 → 火灾、交通流动缓慢或停滞

车辆检测器
COVI检测器
闭路电视
光强检测器
火灾检测器
巡逻车

道路使用者 → 紧急电话

收费站
交警
养护工区
隧道管理站

监控室
监控设施
值班操作员

可变情报版 ── 隧道改道或警告
交通信号灯 ── 隧道入口前交通控制
车道指示器 ── 隧道车道控制
有线、无线广播 ── 改道或警示
风机 ── 开启、停止或转向
照明 ── 调整或全部开启
巡逻车 ── 疏导交通
责任医院 ── 人员救护
托吊服务 ── 车辆转移
速递管理 ── 现场指挥及清理

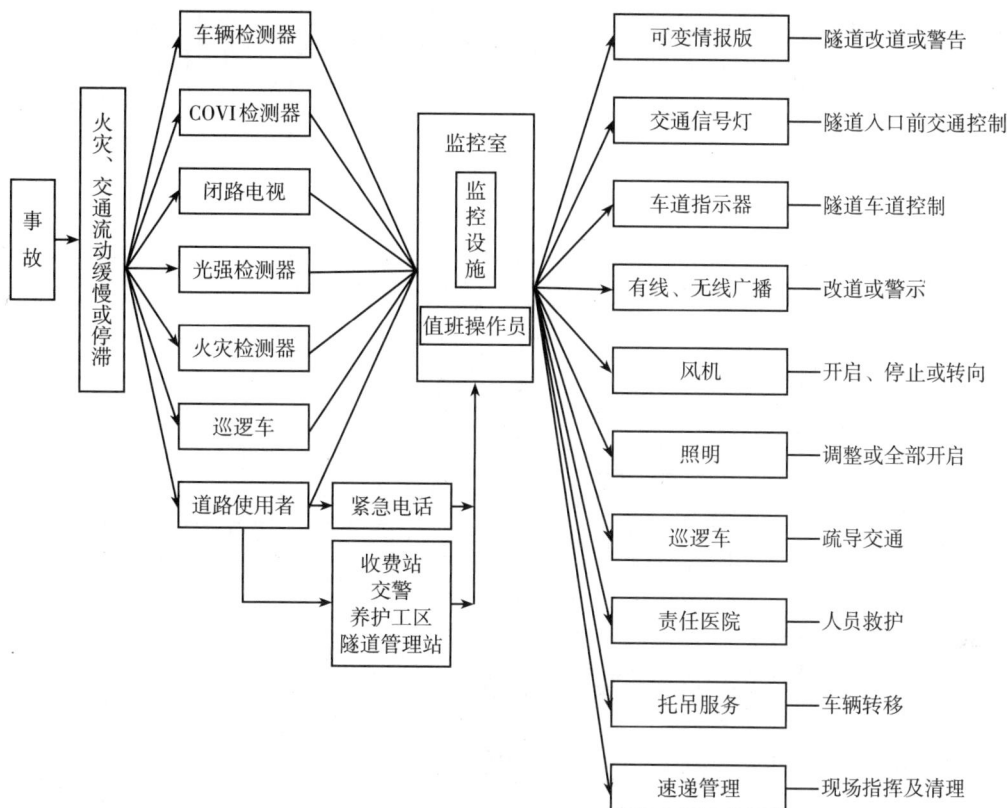

图8.5　隧道管理站事件处理流程图

2. 现场指挥

现场指挥的作用是掌握灾害信息，对灾情及其可能引起的问题进行评估，并作出全面的应急决策。在灾难发生之初，首先到达事故现场的是隧道管理站工作人员，他们了解和掌握灾情，因此，隧道管理站就是事故的第一阶段现场指挥；交通部门到达后，指挥权转交交警单位；之后，随着救援部队和救灾资源的不断增加，以及灾情的发展，现场指挥权逐渐转移到具有主要救灾资源、人力和专业人员的消防队；当发生意外事件时，应整合行政指挥和现场指挥，由政府统一协调。

四、灭火救援流程

由于救援工作是根据事件的发展而进行的，所以在制订紧急救援程序时，必须根据每个救援单位的工作任务和时间安排制订，以便在紧急情况下，能够有效地进行紧急处置。可按照图8.6所示的程序，进行隧道事故的救援工作。

| 事故社会学与报告（1） | 紧急电话 | 手机 | 交警巡逻车 | 路政巡逻车 | 闭路电视、侦测器（车流、烟雾、温度） |

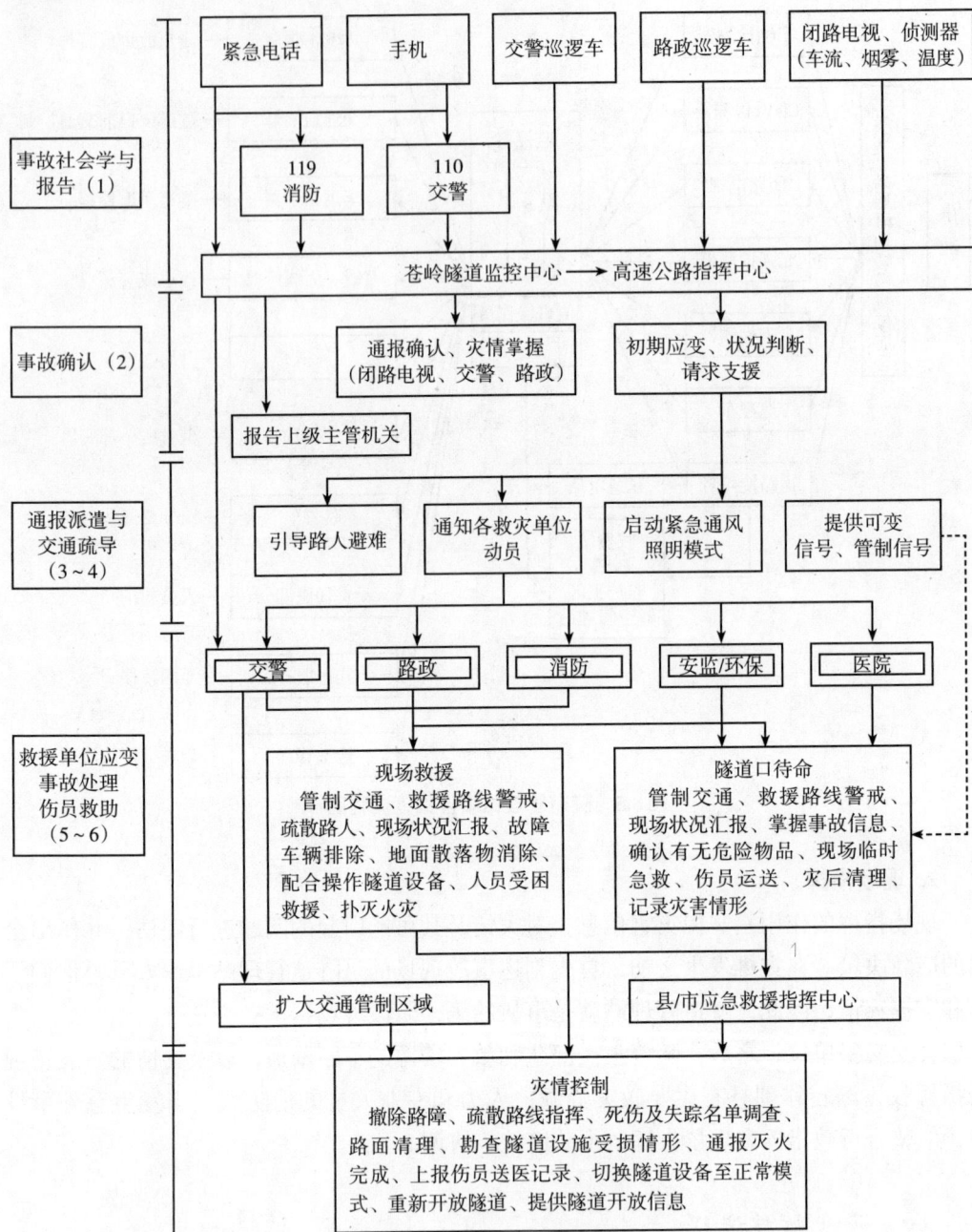

图8.6　隧道应急救援流程图

以下是在隧道紧急处理过程中，各个阶段需要清楚的主要职能和任务：

1. 事故发生与察觉

事故发生与察觉主要有两类，即系统的自动检测和人工报警。系统的自动检测主要是通过交通控制系统中的车辆侦测器来发现交通事故，或者是通过隧道的机电系统侦测器检测到火灾、空气质量恶化等；通常情况下，人工报警一般是行人通过手机或应急电话呼叫当地消防队或隧道管理单位，或由交警、路政巡逻车、闭路电视监控系统来发现。

2. 受理确认

准确了解火灾的位置、大小等初始信息，对于灭火的启动、紧急撤离起着至关重要的作用。隧道监控中心的工作人员必须保证及时准确地向报警者询问有关火灾的情况。接警人员接警后，按照事先设定的报警流程，及时将发生的事件通知相关单位，并使用闭路电视进行灾害确认。隧道管理站要在第一时间启动警报系统，通知所有人，并通过广播等方式发布紧急通知，说明可能出现的危险、自我保护方式、撤离路线、安全防范措施等，以确保人员安全。

3. 通报派遣及前导作业

（1）通报派遣。

隧道监控中心应向交警、消防、路政等部门通报。在收到通知并确定现场情况和驰援路线后，迅速赶赴现场；各医疗机构根据伤员人数、伤情、火势等信息，将就近的救护车辆、人员和救援设备派遣到现场，并在必要时启动邻近区域相关支持协议。

（2）前导作业。

根据监控中心的意见，交警部门确定汇合的地点和路线（顺向或逆向），同时通知其他相关部门，由交警采取交通管制，一旦前导作业发现异常，立刻通知其他救援机构。

4. 人员避难指导及交通疏导管制

交警部门要了解现场行人的避险情况和周边道路情况，由隧道管理中心确定是否进行大范围交通变更方案；道路管理部门负责协调通信和各种设备的使用，当消防队员到达时，必须与交通部门或隧道管理部门的工作人员汇合，以确定有关地点和灾害情况。

5. 救援单位初步应变

由区应急指挥中心的负责人担任事故指挥官，制订紧急情况指挥方案，任命指挥组成员，并指定经验丰富的消防队员担任灭火救援指挥官。其他救护机构到达现场后，必须立即派代表到事故指挥官处报到，事故指挥官负责指挥人员和设备的调配。随时协助消防指挥官获取所需信息，随时与其保持密切联系。

6. 事故处置及受困者、伤员救助

（1）事故处置。

各单位共同组成现场联合指挥中心，区应急救援指挥中心领导担任事故指挥官，消防单位担任灭火救援指挥官，派遣部分力量进驻隧道口机房监控各项设备，辅助消防设施正常开启进行灭火作业。

路政协助隧道内救灾人员的无线电通信、各项机电设备的操作、配合消防单位的消防车或供水车接驳水源。区应急救援指挥中心要与现场所有救灾单位保持畅通联系，了解事故发展情况，及时通知现场救护车及救援车驶离路线，联系医疗单位、卫生局并定

时向上级单位汇报。如有危险品泄漏，由环保单位将紧急情况报告给现场指挥员，并划分危险区域，通知毒性化学物质联防小组协助救灾。通信是指挥、协调、对外联络的重要保证，现场指挥、指挥中心、各应急单位之间要有良好的通信网络，在救火和紧急撤离时，通信网络要始终保持畅通。

（2）受困者、伤员救助。

救灾作业指挥官确定受困人员的位置和情况、火灾情况、有毒物质的危害程度，收集有关隧道内的信息，向现场指挥报告，调集合适的救援设备，派出救护车及医疗人员进行现场伤员救援工作，并通过适当的运送途径送往医疗院所。

7. 灾后恢复

灾后恢复是指在火势得到控制和扑灭后，进行的短暂复原，也就是救援工作完成后重新回到正常的工作状态。许多经验告诉我们，在现场的修复工作中，经常会有一些隐患，比如，燃烧后的余烬，倒塌的建筑，等等。事故指挥官应确认事故恢复情况，统计伤亡和失踪人员名单，确认所有的救援人员、装备车辆、散落物、控制标志和信号，并向指挥中心报告；消防单位应当全面、细致地检查、确认现场情况，确保人员全部搜救、疏散完毕，排除现场危险隐患，然后统计人员和设备，向事故指挥官及指挥中心报告后离开；路政部门协助拆除交通控制标志、交通圆锥、勘查道路设施损坏情况、清理道路上的碎石和障碍物。

五、灭火救援响应程序制订

灭火救援响应程序是应急预案的重要组成部分，它反映了应急处置的整体水平。参考国内外相关资料，并根据我国应急机构的组成和职责，将隧道突发事件应急处理分为7个阶段，每个阶段又分为3项处置措施：所需信息、决策过程、行动方案。这3项处置措施旨在解决不同救援队在每个工作阶段，所面临的资讯不足、无法及时决策等问题，并提出应急处理的基本原理，以便每个救援队在采取行动之前，都能充分掌握信息。表8.1为火灾危险事故的应急救援程序。

隧道内各种突发事件之间存在交叉和联系，不同类型的突发事件可以与其他类型的事件同时发生，或者引发次生事件，要具体分析、综合处理。所以，现场指挥与管理部门，应对突发事件的应急策略不能一成不变，要根据灾情的发展变化，进行有效的指挥和调度。

表8.1　火灾危险事故的应急救援程序

阶段	处理措施	救灾单位应急救援处理							备注
		路人	隧道管理中心	警察	消防	路政	医院	安监/环保	
1 事故察觉与通报	所需信息	①应急电话位置；②目前所在位置；③发展异常（气味，浓烟，吵闹声，呼救声等）	①车流侦测器显示异常；②自动监测设备（火灾侦测器）动作；③应急按钮触动；④交通、消防等处得知事故发生；⑤由闭路电视得知事故可能状况	交警巡逻平时应密切注意有无以下症状或情况：①行车停止；②黑烟；③火焰；④路人通报	消防指挥中心接到路人报警电话（尚未按下应急按钮通报隧道管理站）	车辆巡逻时注意有无切症状或情况：①行车停止；②黑烟；③火焰	接到隧道管理站通报（应急救护）	接到隧道中心（危险物品泄漏）管理处考虑应派遣何种支援单位	所有报案信息应迅速汇报至隧道监控中心
	决策过程	①自己或他人有无受伤情况；②有无立即危险性	①查觉；②确认；③确认事故地点最近的单位、人员及位置	①接到信息；②判定灾害可能种类；③与隧道管理站信息联络；④现场灾害确认	①接到信息；②判定灾害可能种类；③与隧道管理站信息联络；④现场灾害确认	①接到信息；②判定灾害可能种类；③与隧道管理站信息联络	向隧道管理站查证确实，掌握事故情形	依发生事故的危险物品考虑应派遣何种支援单位	
	行动方案	①停靠事故车辆于安全位置并打开故障警示灯；②使用隧道内应急电话通报或使用应急电话通知事故情况	①监测车流状况及闭路电视监视，判定危险事故；②协助指导民众设置的应急通报按钮；③派遣工作人员前往确认；④立即播报相关信息，尚未进入隧道的车辆继续驶入隧道，人员则遵循隧道管理人员或可变信号牌的指示避难	执勤警车随时注意各种可能发生的危险事故	①协助指导民众按下隧道内设置的应急通报按钮；②通知隧道管理站	巡逻车随时注意各种可能发生的危险事故			

表8.1（续）

救灾单位应急救援处理

阶段	处理措施		路人	隧道管理中心	警察	消防	路政	医院	安监环保	备注
2 事故受理与确认	所需信息		①最近的疏散出口位置；②灭火器的设置位置	①确定事故位置；②事故车辆车型、数量；③有无人员伤亡；④有无人员受困；⑤车辆是否需要拖吊处理；⑥有无危险物品	①受理民众报案；②受理地方消防或警察所转报的事故报案电话	①确定事故位置及车型；②事故车辆车型、数量；③有无人员伤亡；④有无人员受困；⑤有无危险物品；⑥交通状况描述	①确定事故位置；②事故车型、数量；③有无人员伤亡；④有无人员受困；⑤车辆是否需要拖吊处理	确认相关置等情形	确认事故相关情形	
	决策过程		考虑留在车内等待或下车查看	①受理报案；②受理消防、交警等的转报；③监测车流状况及闭路电视监视判定危险事故；④确认事故是否发生	①记录报案内容；②转报指挥中心；③派员前往事故地点确认	记录所需信息	记录所需信息			
	行动方案		①收听广播；②若仍有车道可通行，应减速小心通过	①需向报案人（路人、交警、消防）详细询问内容以确认；②用闭路电视进行危险事故确认；③自动监测设备（火灾侦测器）是否正常动作；④确认联动系统是否动作（闭路电视、应急照明、避难方向指示及交通风系统由正常运行模式切换为应急状况的逃生运转模式）；⑤确认事故发生，启动应急广播危险事故	①转报受理报案内容至隧道监控中心；②派遣警员前往处理勘查；③按下附近火警报知器	立即通报时间、事故种类、规模、事故地点、伤员人数、伤员伤势及受波及车辆数量等资料	①派遣人员前往处理、勘查；②按下附近火警报警器	①召集相关医护人员；②准备适当器材待命	①查询危险物品的种类、编号；②指导救灾人员配合应变	隧道监控中心集合各单位汇报灾情信息，以确认事故发生

项目									
所需信息	①可变信息系统告知隧道内发生事故;②最近的疏散出口位置;③逃生疏散方向	①危险事故地点;②危险事故种类;③危险事故规模;④各单位支援需求;⑤交警及路政的驰援路线路线选择	①接到派遣通报;②危险事故地点;③危险事故种类;④危险事故规模;⑤事故车辆大小、数量;⑥有无人员伤亡或受困人数;⑦有无爆炸、危险物品;⑧驰援路线	①接到派遣通报;②危险事故地点;③危险事故种类;④危险事故规模	①接到派遣通报;②危险事故地点;③危险事故种类;④危险事故规模;⑤驰援路线	①接到派遣通报;②危险事故地点;③危险事故种类;④危险事故规模;⑤驰援路线	①接到派遣通报;②事故地点;③事故种类;④事故规模;⑤有无危险有毒物品;⑥驰援路线	①查询危险物品的种类、编号;②指导救灾人员配合应变单位注意事项,灭火方式、警戒范围、可能危害等	①由现场交警人员及路政单位建议驰援单位路线;①指挥中心负责整合信息
决策过程	是否需要进行初期灭火或立即避难	①根据通报判定危事故等级;②整合事故内容及请求配合事项;③考虑相关救求单位的派遣	①交通管制作业;②受困人员救援;③驰援路线的规划;④危险物品辨识及初步处理;⑤支援需求通报	依据伤员人数,伤势及火势大小等资料,派遣消防车、救护车及特殊灭火装备或救援器材前往现场	①接到通报;②确认事故状况及驰援路况;③驰援人员及设备车辆及设备	①确认事故状况及驰援路况;②确认支援医疗人员及护车辆	①确认事故状况及驰援路况;②确认支援医疗人员及护车辆		
行动方案	①收听广播;②若事故地点旁仍有空间可通行,驾驶人员应减速通过后快速驶离;③若前方事故堵塞、路人前往应急逃生出口	①通报内容需说明危险事故状况及请求配合事项;②通报警察、消防、路政、安监、环保、医疗等单位;③确认事故发生、播报危险事故,通管制措施	①确认驰援路线规划、安全与否,并分别通报各救援单位;②出动警员布置现场指挥行动,协助现场处理,并执行其他救援单位驰援	①派遣消防车辆及救护人员赶赴现场或调派特殊装备、救护车及设备器材前往现场	①派遣消防人员赶赴现场备勤;②随时掌握危险事故状况及驰援路线;③必要时启动跨区支援	①派人速往事故地点;②派遣人员及设备前往处理	救护人员车辆出动待命	②指导救灾人员配合应变单位注意事项,灭火方式、警戒范围、可能危害等	指挥中心负责通报相关救援单位驰援

3.1 事故通报

表8.1（续）

救灭单位应急救援处理

阶段	处理措施	路人	隧道管理中心	警察	消防	路政	医院	安监环保	备注
3.1 事故通报	行动方案			③在各隧道口待命，配合指挥官命令进行交通管制作业； ④协助受困人员脱困； ⑤初步判定火灾类型，视情况进行初步灭火并通报消防单位； ⑥如为特殊物品车辆引发的火灾，通知消防单位及其他专业人员，并疏散路人至上风处； ⑦依通报记录及现场汇报，进行支援需求通报援路线的清道作业；					
3.2 事故前导作业	所需信息	①最近的应急出口位置； ②逃生疏散方向	①事故现场状况； ②受灾人数	①了解前导服务对象； ②会合地点； ③事故上游交通状况； ④对向隧道交通状况	①交通管制措施； ②交警建议路线	①交通管制措施； ②事故上游交通状况； ③对向隧道交通状况	①交通管制措施； ②交警建议路线	交警建议路线	交警掌握前导作业的对象及路线

阶段	项目						
3.2 事故前导作业	决策过程	是否需要进行初期灭火或直接避难	①决定前导管制作业；②通报相关救援单位前导作业；③前导路线（同向或对向）	①接到交通管制措施通知；②配合执行交通管制作业	现场依据交警人员的指示布设交通管制措施	决定前往会合地点的行驶路线	交警单位负责执行前导作业
	行动方案	①收听广播；②若事故地点旁仍有空间可通行，驾驶人员应减速通过后快速驶离；③若前方事故应急在即路人前往应急逃生出口；④关闭引擎熄火，将钥匙留置车内，车门（勿上锁）离开，退至后方安全区域或退入避难隧道等待救援	①指导路人利用人行、车行横通道进行疏散；②指导路人利用现场消防设备进行初步灭火	①决定会合地点；②拟订行进路线；③拟订人员疏散路线；④通报相关单位；⑤前导作业应立即告知相关救灾及支援单位。	①决定救灾会合地点，人员依据交警的指示布设交通管制措施；②根据交警策略拟订行进路线	现场依据交警策略拟订行进路线	决定前往会合地点的行驶路线
4 人员避难及交通疏导	所需信息	①可变信息系统告知隧道内发生事故；②上游可以等待车辆是否可以继续前进的指示；③指示隧道内路人避难的时机；④引导疏散避难方向	掌握隧道内人员状况及路人及救援人员位置	①区域交通改道计划；②确认路政人员及完成改道路径的布设作业；③隧道内路人员状况	①交通管制措施；②人员疏散作业；③隧道内各项设备的操作方式	确认路政人员及其相关位置确认危险事故状况	确认路政人员及其相关位置及危险事故状况
					①交通管制措施；②人员疏散作业；③隧道内各项设备的操作方式	现场依据交警策略拟订行进路线	交警、路政现场人员掌握人员情况及路况
					①交通管制措施；②接到通报现场；②是否有人员伤亡	交警通报现场	按交警提供的驰援路线到达现场

表 8.1（续）

救灾单位应急救援处理

阶段	处理措施		路人	隧道管理中心	警察	消防	路政	医院	安监环保	备注
4 人员避难及交通疏导	决策过程		①隧道内路人考虑是否继续等待; ②隧道外车辆考虑是否原地等待	①协助交通管制; ②协助人员避难; ③协助设备操作	①汇报现场状况以便决策是否进行大区域交通改道计划; ②掌握隧道内人员状况; ③支援通报	①了解救灾人员位置; ②掌握隧道状况	①协助交通管制; ②协助人员避难; ③协助通讯联络及汇报; ④协助设备操作	是否需要其他医院支援		指挥中心及交警决策判断是否进行改道计划
	行动方案		①离开车辆、引擎熄火,自行进行疏散避难活动; ②隧道外车辆禁止进入隧道 ③隧道内、上游车辆进行引流	①操控可变信息系统及交通管制信号,警告后方车辆禁止进入; ②指示隧道内路人利用人行或车行联络道进行疏散; ③及时广播路人与附近车辆,配合行驶管制	①指导路人利用人(车)行联络隧道避难; ②调派警力执行交通疏导管制并派遣警车担任救灾车辆的前导; ③拟定交通疏导管制计划,联络警察单位协助周边道路的交通管制; ④利用替代道路疏散车辆; ⑤向指挥中心汇报现场避难状况及所在位置	①支援灭火作业; ②伤员救援; ③危险事故环境控制(若为大型隧道火灾,应先于洞口集结、收集相关信息)	①依交警的指示布设交通管制设施; ②配合交警指示执行人员疏散、拖吊及交通疏导作业; ③协助隧道内各项设备的操作	通知邻近其他医院待命		现场由交警进行避难及交通疏导作业

现场由消防单位指挥官统筹指挥，并随时与指挥中心保持通信

	所需信息	决策过程方案	行动方案	
	①持续显示引导信息；②控制中心灾情处理状况；③是否继续疏散的信息	遵循隧道管理中心或现场指挥人员提供的信息，继续等待或寻求其他离开方式	①等待救援单位施救；②隧道内路人往应急出口或安全地区移动；③协助其他路人脱困或避难；④通报灾情变化	
	①现场人员受困情形；②火灾种类及控制状况；③通风设备状况；④排烟设备状况；⑤其他机电设备的运作状况	①判定火灾种类以决定疏散需求；②是否要求人力增援；③确保通风、排烟等机电、交控设备等运作正常	①掌握救援人员数量、位置；②持续监控所有设备的运作是否正常；③工作人员立即开启通风、排烟等防灾灭火设备；④如现场为小型车辆自燃引火，视情况进行初步灭火并通报消防单位	
	接到总部出动命令，指令的出动地区应包含危险内容、事故地区、危险事故规模、出动车辆的资料、火灾状况，有无特殊考虑需求	①现场火势是否允许初期灭火；②现场人员是否有立即危险	消防人员应变指导原则：①在隧道口外设置现场指挥站，统筹指挥并随时与指挥中心保持联系；②随时掌握救援作业人员的行踪及任务执行状况；③协助受困人员脱困；④现场协助初期灭火	①流散路人；②对不听所引导人员的处置；③协助受困人员脱困；④现场协助初期灭火
	①路况情形；②现场人员受困情形	向指挥中心咨询有关公路管理单位对危险事故现场附近道路进行交通管制情况	①初期灭火；②协助人员脱困避难	
	①抵达现场，向事故指挥官（交警单位）报告；②掌握现场人员伤亡情形	①现场医疗人力是否足够；②是否须通报上级主管卫生单位协助支援	现场应变指导原则：①抵达现场后，立即派员至事故指挥官处报告；②协调必要的罹难者善后处理，包含罹难者相貌及死亡辨认；③收集相关信息及伤亡人数情况，向上属	①散落物清除；②切断交通管制作业；③人员受伤救援
	①确认地点；②确认危险；③确认事故种类；④确认有无危险物品			

（行：所需信息／决策过程方案／行动方案；5 救援单位初步应变）

表8.1（续）

阶段	处理措施		路人	隧道管理中心	警察	消防	路政	医院	安监/环保	备注
					救灾单位应急救援处理					
5 救援单位初步应变	行动方案					⑤警戒且通知其他相关单位可能发生危害的危险区域		医疗机关与事故指挥官汇报		
6 人员避难及交通疏导	所需信息		①救援单位出动情形；②持续显示引导信息；③通知上游车辆隧道内可能处理时间	①各单位初报；②应考虑隧道口消防栓的水量是否足够提供救灾所需；③送风机是否开始运转及运转方向；④严重程度汇报；⑤路人伤亡情形；⑥各单位续报；⑦与指挥中心保持联系，随时掌握最新消息	①共同组成现场联合指挥中心；②消防车辆接驳水源是否需交警引导；③事故严重程度（大概估计事故时间）及伤亡情形；④事故证据；⑤人员受困状况；⑥所需救灾资源；⑦送医路线	①共同组成现场联合指挥中心；②确认民众受困情形；③火灾状况；④有无受事害污染等；⑤掌握现场救灾单位进入方向，便于指挥人路径，调度后续支援单位	①共同组成现场联合指挥中心，确保救灾安全及抢救行动的进行；②人员受困状况；③所需救灾资源	①共同组成现场联合指挥中心；②伤员的最新状况	①共同组成现场联合指挥中心；②随时与现场人员保持通信	①共同组成现场联合指挥中心，确保救灾及救灾行动的进行；②现场联合指挥中心应设于隧道口外等适当位置；③各救灾单位间可利用特定通信系统相互通信；④救灾单位内部以自身通信系统联系指挥

决策过程	隧道外车辆树酌等待时间是否须利用疏导道路	①保持与现场各救灾单位的通信联络；②考虑其他救作业的配合措施；③人员是否受严重挤压；④判定事故发展情形；⑤协助救灾通信	①随时与现场人员保持通信机能，确保信息流通；②评估（事故处理时间）事故程度及伤亡情形；③事故证据整理；④配合送医路线管制	①集结准备适当的救援装备；②进入路线的（进入时间）选择；③是否采两端共同作战方式	①协助伤员救助；②协助整合资源	登记伤员人数、伤势、可能病因等资料	①损坏修复设备的问题；②是否重新恢复通车的问题；③避难车辆清除的问题；④评估所需支援；⑤决定支援的人力物力
行动方案	①具备活动能力者自行疏散避难；②协助其他路人脱困或避难；③受伤者等待救援告知救援人员事故情形；④服从指挥人员处理指示；⑤通报救援人数及还需救援人数	①随时播报最新状况；②通知其他路人避开事故路段；③配合执行各项管制措施（现场人车秩序）；④近监视各项设备运行；⑤协同进入隧道、协助无线电通讯；⑥协助操作各项设备	①确认交通管制措施，通报现场救护车及救援车的进出路线；②引导消防车接取水源；③现场救灾车辆的交及其他支援车辆戒维持；④评估事故处理时间并汇报送交控中心；⑤警告将进入隧道的车辆；⑥进行现场伤员救援工作；⑦伤员后送路线应确保畅通	①进行灭火作业；②协助伤势分类；③进行现场伤员救援工作；④确认事故救援控制通报救灾指挥中心	①配合执行各项管制措施（现场人车秩序）；②协助进行现场伤员救援工作	①进行救护作业；②在事故现场进行伤员抢救，并送往医院；③人数清册统计通报救灾指挥中心；④若伤员人数过多，应请求其他医院支援；⑤伤者护送作业	①划定禁区和救援区；②协助运送单位进行灾后清理

6 人员避难及交通疏导

表 8.1（续）

阶段	处理措施	路人	隧道管理中心	救灾单位应急救援处理						备注
				警察	消防	路政	医院	安监环保		
	所需信息	告知事故处理完毕	①事故处理完毕；②确认相关设备及信号是否可正常运作	①现场警力；②确认所有事故人员、散落物、设施信号等的状况；③离开现场及驶离的路人员及驶离的路线	确认事故恢复、确认中心确认人力，装备清点资料	①交通管制撤除情形；②交通设施设备损坏情形	①救护车优先行驶权；②送至医院的人数清册统计	确认事故恢复情况	
	决策过程		解除局部或全面管制措施	①汇报警力情况；②决定拖救车进场时机；③决定是否进行车辆改道疏散策略；④解除局部或全面管制	①是否有复燃危险性；②确认完全排除危险事故情形	①撤除交通管制；②清理路面；③勘查交通设施损坏情形	死者状况再次确认		由指挥中心将灾情归整及发布
7 灾后恢复	行动方案	①避难人员返回隧道；②依照现场指挥人员指示依序移动车辆	利用广播、交控设施告知路况解除、恢复通行	①汇报指挥中心（现场警力）；②通报救车辆进场；③撤除路障重新开放隧道行或配合车辆疏散改道；④死伤及失踪者名单的调查统计；⑤通报指挥中心确认所有救援人员和事故散落物均已离开、管制标志信号已离开，信号已正常运作	①清点装备，完成灭火作业；通报交控中心离开现场的车辆、人员及路线；②离场结报	①依交警指示撤除交通锥制标志及交通管制现场隧道路面障碍物或散落物的清理；②会同交警单位勘查道路交通设施设备状况	①协助护送伤员的送至医院、人数清册的统计及呈报；②离场结报	灾情总资料的归整并发布新闻	现场由警察单位指挥管统筹指挥，并随时与指挥中心保持通信

第三节　城市隧道演练介绍

应急救援预案能否在事故应急中发挥积极有效的作用，不仅取决于预案本身的完善程度，还取决于应急预案的实施情况，包括落实预案中所需的机构、人员及各种资源，开展培训，进行定期演习，等等。各应急救援单位须通过定期演习才能熟悉不同类型事故的处理方式，所以平时的演习应着重于事故判断、所需支持的决断与通报及熟练初步应变等各项行为。因此，平时的演习计划应以危险事故及应急事故为演习重点，旨在使城市隧道所有相关单位人员（含隧道管理中心、消防、交警单位、路政及救援支持单位人员），熟悉应变程序及各种应变动作、并检验演习流程的优缺点，进而反馈修正救援标准作业程序。

当前隧道管理单位一般注重开展多部门协同配合的综合性演练，但是由于各部门的工作方式、性质不同，演练往往达不到预期效果。因此，依据灭火预案，可以从某一方面、某一力量或某一项技术与战术措施开展专题演练，根据各部门协同配合情况，适时开展多部门协同配合的综合性演练，全面提升多部门协调联动处置水平，夯筑坚实基础。

一、应急通信保障演练

隧道应急救援指挥通信系统是城市隧道灾害抢险救援及时、顺利进行的重要保障。应当加强应急通信保障能力建设，提升隧道救援相关部门的通信保障人员应急通信保障的能力，确保突发情况下应急指挥调度顺利进行。通信保障演练相关内容如表8.2所示。

表8.2　通信保障演练表

演习项目	目的	演习内容	演习单位
应急通信保障演练	通过开展现场演练，检验隧道灾害事故现场综合运用多种通信方式、第一时间采集上传现场信息的能力，充分发挥了现有通信装备的效能，检验和锻炼人员装备操作能力和应急保障水平	① 利用4G公网建立图像传输和音视频连接，模拟现场通信调度与指挥； ② 利用卫星电话、短波电台通信指挥和信息实时交互，特别是在隧道中间等通信信号最不利点时的接力通信方案检验； ③ 检验无人机在隧道射流风机及排烟风机开启状况下的飞行使用效能	隧道管理中心消防单位

二、固定消防设施演练

隧道成灾时间短，浓烟大，温度高，救灾难度大。因此，在火灾发展的初期，如果提高固定消防设施在灭火救援中的利用率，有效运用喷淋系统、机械排烟设施、消火栓系统等，对于准确定位火点，遏制火势发展蔓延，具有重要意义。固定消防设施演练相关内容如表8.3所示。

表8.3　固定消防设施演练表

演习项目	学习目的	演习内容	演习单位
固定消防设施演练	通过开展现场演练，检验固定消防设施的操作能力和工作状况，充分发挥固定消防设施的作用，提升隧道管理单位初期火灾扑救能力	① 消防排烟设施操作； ② 消防水泵操作； ③ 喷淋泵操作； ④ 消火栓系统操作； ⑤ 消防控制柜操作； ⑥ 利用消防报警模块，远程定位起火范围	隧道管理中心

三、交通诱导控制演练

城市隧道发生灾害事故，事故上游的车辆和人员将会被滞留在隧道内，给人员生命安全带来严重威胁，并且滞留的车辆还会堵塞后续救援车辆的救援通道。因此，开展交通诱导控制演练，有利于固化快速疏散隧道内事故下游滞留的人员和车辆的工作机制，对拯救生命，打通救援通道具有重要意义。交通诱导控制演练内容如表8.4所示。

表8.4　交通诱导控制演练内容

演习项目	目的	演习内容	演习单位
交通诱导控制演练	通过开展现场演练，检验车道控制、声音和影像显示等系统的工作状况，同时有效检验不同车辆和人员疏散方案的最优选择。提升隧道管理单位和交警单位等的交通诱导协同配合能力	① 隧道周边交通控制； ② 隧道内车道控制、声音和影像显示等系统控制与测试； ③ 下游车辆、人员的快速疏散； ④ 利用车行横道、人行横道有序疏散上游滞留车辆和人员； ⑤ 牵引、拖拽车辆集结、使用	隧道管理中心 交警单位 路政单位

四、火情侦察演练

快速定位灾害发生的具体位置、侦察具体情况，对于高效开展灭火救援行动具有重大意义。因此，隧道管理单位应当第一时间依托监控中心和设施设备掌握灾害具体情况，为消防等救援单位尽可能提供准确、翔实的信息，为救援精准开展筑牢基础。火情侦察演练相关内容如表8.5所示。

表8.5 火情侦察演练内容

演习项目	目的	演习内容	演习单位
火情侦察演练	通过开展现场演练，促使监控中心值班人员能够利用车流侦测器、人员报警、闭路电视系统、火灾报警模块等快速定位事故点，侦察情况，掌握具体信息	① 车流侦测器的运用； ② 闭路电视系统定位； ③ 火灾报警模块运用； ④ 消防单位到场后，协助消防操作，并提供相应信息	隧道管理中心 消防单位

五、综合演练

结合专题演练，应在适合的时机组织进行实战的多方面、多层次、多种力量、多项措施的协调综合演练，检验各部门协同配合的默契程度，查找不足，突出解决实际问题。

（一）演习方案

1. 车辆故障或事故造成隧道单向全部车道封闭

（1）一小客车于隧道内故障或事故阻碍车流通行，范围为事故车辆所在车道。

（2）隧道监控中心依据路人报案或交警转报或由闭路电视直接得知车辆故障及其所在位置。

（3）监控中心通报交警、消防及路政前往处理。

（4）隧道监控中心改变标志及信息显示系统，以告知后续车辆隧道目前状况，并引导隧道内其他车辆平顺行驶，必要时封闭单向全部车道，避免碰撞。

（5）开展现场救助，科学处置事故。

（6）事故车辆拖离现场，隧道监控中心改变信息显示系统，告知路人恢复正常交通运作。

2. 火灾事故

（1）小货车于隧道内因引擎过热起火燃烧。

（2）隧道监控中心依据接到路人报案或交警转报或由闭路电视直接得知起火车辆的种类、位置。

（3）监控中心通报交警、消防及路政前往处理。

（4）监控中心依计划程序封闭隧道，改变标志及信息显示系统，告知后续车辆隧道目前状况，并引导隧道内人员逃生避难。

（5）交警管制交通并引导救灾单位车辆前往事故地点。

（6）消防等救灾单位到达现场向交警或管理单位了解情况，决定救灾灭火行动。

（7）火势扑灭后将事故车辆拖离现场，隧道管理中心改变信息显示系统，告知路人恢复正常交通运作。

（二）演习内容

根据上述两种演习方案，将可能发生的假设情景列表，如表8.6和表8.7所示。

表8.6　车辆故障演习内容

演习项目	状况	演习内容	演习单位
车辆故障或事故	一小客车于隧道内故障或事故阻碍车流通行	① 驾驶人员用应急电话向隧道管理站请求支援； ② 隧道监控中心指导驾驶人员就近将车辆推至附近停车带，严重情况下，应先指导人员撤离； ③ 隧道监控中心以闭路电视监视现场状况	① 路人； ② 交警； ③ 消防； ④ 路政； ⑤ 隧道管理中心
	后方路人用手机向110报警："隧道右洞有车辆事故"	① 后方路人向110报警； ② 110转报隧道管理中心	
	隧道管理中心下达隧道机电交控模式，并通报相关单位前往救援	隧道监控中心通报交警前往处理	
	交警接到隧道监控中心通报后，派人至现场查看并排除事故	① 交警单位调派线上巡逻车前往现场，引导后续车辆改道； ② 如有人员被困，由消防人员处置； ③ 交警调派拖吊车前往事故现场； ④ 隧道监控中心以可变资讯系统告知路人前方车辆故障，避免碰撞，并调整信号指示改道	
	事故车辆拖离现场，监控中心恢复正常交控模式	① 现场交警人员汇报事故处理情况； ② 拖吊车将事故车辆拖离现场； ③ 监控中心恢复正常交控模式； ④ 广播通报事故解除	

表8.7　火灾状况演习内容

演习项目	状况	演习内容	演习单位
火灾事故	一小型货车在隧道左洞因引擎过热起火燃烧	① 驾驶人员拨打110向交警请求支援； ② 驾驶人员拨打119向消防请求支援； ③ 后方路人通报隧道管理中心； ④ 交警转报隧道管理中心； ⑤ 消防转报隧道管理中心	① 路人； ② 交警； ③ 消防； ④ 路政； ⑤ 隧道管理中心； ⑥ 医院
	隧道管理中心确认火灾事故，登录电脑系统启动反应计划	① 隧道管理中心以闭路电视监视现场状况，确认火灾位置、形式； ② 隧道管理站通报交警、消防、路政等相关单位； ③ 监控中心播报相关讯息提醒驾驶人员注意	
	隧道管理中心下达隧道机电交控模式，并通报相关单位前往救援	① 启动应急照明、通风等机电设备； ② 改变信号灯禁止上游车辆进入隧道，使用广播告知路人事故状况	

表8.7（续）

演习项目	状况	演习内容	演习单位
火灾事故	救灾单位接到隧道监控中心通报后，派人前往现场排除事故	① 路政派遣人员、设备救灾并协助交通管制； ② 交警单位管制交通并引导救灾单位车辆前往事故地点； ③ 消防队到场执行灭火救援任务	
	清理作业完成，监控中心恢复正常交控模式	① 事故车辆拖离现场； ② 隧道监控中心恢复正常交控模式； ③ 交警协助疏导堵塞车流； ④ 广播通报事故解除	

参考文献

［1］ 姜学鹏.特长公路隧道事故灾害与应急救援研究［D］.长沙：中南大学，2008.

［2］ 世界道路协会隧道专业技术委员会.2006年公路隧道运营管理与安全国际学术会议论文集［M］.重庆：重庆大学出版社，2006.

［3］ 钱超.公路隧道突发事件交通控制与紧急救援预案研究［D］.西安：长安大学，2009.

［4］ 张琪，张磊.管道施工应急处置预案演练应该注意的问题［J］.安全、健康和环境，2010，10(10)：32-34.

［5］ 王明刚.适于山区条件高速公路互通立交类型及模式的研究［D］.重庆：重庆交通大学，2010.

［6］ 邵景干，钱超.公路隧道突发事件应急救援管理机制研究［J］.中国交通信息产业，2009(10)：91-95.

［7］ 韩直，杨荣尚，易富君.公路隧道运营安全技术［M］.北京：人民交通出版社，2012.

［8］ 张立媛.高速公路隧道安全评价与应急管理技术研究［D］.重庆：重庆交通大学，2011.

附　录

附录一　外滩隧道火灾灭火救援预案模板

一、隧道概况

1. 隧道基本情况（见表附1.1）

表附1.1　隧道基本情况

建筑概况	隧道名称		监控中心电话		监控中心位置		消控室位置	
	隧道入口位置				隧道出口位置			
	隧道建造形式		隧道净高		隧道净长			
	行车道形式				行车道宽度			
	车行横通道数量		车行横通道净高		车行横通道间距		车行横通道净宽	
	人行横通道数量		人行横通道间距		人行横通道净宽			
备注								

2. 隧道管理单位情况（见表附1.2）

表附1.2　隧道管理单位情况

内部力量情况	内部应急救援力量组成				
	隧道管理中心24小时值守部门及联系方式				
	隧道消防安全负责人		联系方式		
	隧道设计施工专家及联系方式				
备注					

3. 固定消防设施情况（见表附1.3）

表附1.3　固定消防设施情况

类别	项别	主要情况	
消防控制室	消防控制室	消防控制室的具体位置、联系电话、可控制的固定设施等	
室外消火栓	隧道入口室外消火栓	入口200米范围内室外消火栓数量、位置、供水流量、管网形式等	
		入口500米范围内室外消火栓数量、位置、供水流量、管网形式等	
	隧道出口室外消火栓	出口200米范围内室外消火栓数量、位置、供水流量、管网形式等	
		出口500米范围内室外消火栓数量、位置、供水流量、管网形式等	
消火栓系统	消火栓	室内消火栓箱设置形式及数量	
	灭火剂	消火栓箱内存放的灭火剂情况	
	报警设施	消火栓箱中手动报警按钮、光纤光栅记温探测系统、消防泵启动按钮等设施情况	
	消防管网	管网设置形式及流量	
排烟系统	轴流风机	设置形式，位置及操作方式	
	射流风机	设置形式，总数量及操作方式	
泡沫系统	泡沫系统	泡沫系统设置形式、储量及流量	
喷淋系统	水喷淋/泡沫-水喷淋	喷淋系统设置形式、防火分区设置、工作情况等	
其他设施	有线广播	设置形式、数量及广播室位置	风速风向测定仪	无
	通信保障	隧道内应急电话、通信保障等情况	
备注			

4. 外部资源情况（见表附1.4）

表附1.4　外部资源情况

	单位	电话	任务	地址
应急联动中心	应急联动中心	分别记录热线、专线和值班电话	参与灭火救援工作，协调、指挥、调度各社会联动力量	
公安	公安分局	分别记录热线、专线和值班电话	根据灭火救援需要，调派警力维护现场秩序，实施交通管制	
	交警支队	分别记录热线、专线和值班电话	灭火救援现场交通的管制	
	治安支队	分别记录热线、专线和值班电话	灭火救援现场秩序的维持	
	派出所	分别记录热线、专线和值班电话	疏散人员和相关信息统计	
供水	自来水公司	分别记录热线、专线和值班电话	根据灭火救援需要，实施市政管网增压措施，并视情除道路积水	
供电	市区供电所	分别记录热线、专线和值班电话	根据灭火救援需要，实施供电、断电措施	
	辖区供电所	分别记录热线、专线和值班电话	根据灭火救援需要，实施供电、断电措施	

表附1.4（续）

	单位	电话	任务	地址
供气	大众燃气工业办事处(非居民类)	分别记录热线、专线和值班电话	根据灭火救援需要，实施断气、关阀措施，并视情进行防爆检测	
	大众燃气黄浦办事处(居民类)	分别记录热线、专线和值班电话	根据灭火救援需要，实施断气、关阀措施，并视情进行防爆检测	
医疗	隧道附近医院	分别记录热线、专线和值班电话	派遣救援力量，对伤员进行救治	
市政	市政工程管理	分别记录热线、专线和值班电话	根据灭火救援需要，提供特种工程车辆、装备	
	园林绿化	分别记录热线、专线和值班电话	根据灭火救援需要，利用洒水车进行水源运输	
备注				

二、组织指挥（指挥网络图）（见图附1.1）

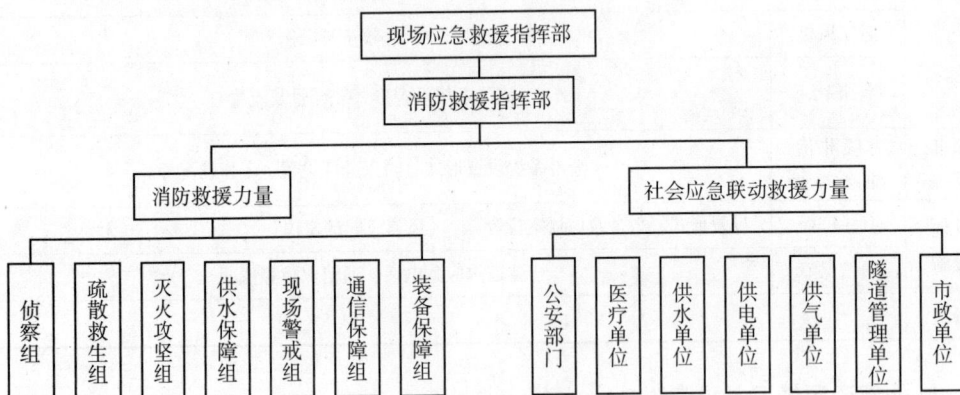

图附1.1　指挥网络图

三、作战行动（三个梯队进行力量布置）

综合考虑隧道火灾发展规律、燃烧阶段和蔓延趋势等方面因素，应当以消防作战力量到达现场的时间为标准，统筹考虑现场灭火救援力量、灾情主要方面和战术重点，合理建立救援梯队，梯次开展作战行动，一般按照三个梯次进行考虑。

（1）第一救援梯队为事故发生之后10 min内到达现场的应急救援力量，主要包括隧道管理单位、消防、公安、交警等。第一梯队总是最早发现和最快面临火灾的，也是能否精准定位火点，将火势灭早灭小的关键。因此，第一梯队的主要作战侧重点有：

①交通诱导控制：消防、隧道管理单位、交警应第一时间实施交通管制，封闭事故隧道，严禁后续车辆驶入，对隧道口实施警戒，并根据事故的性质和危害程度，合理确定警戒范围。

②人员疏散：消防、隧道管理单位、公安应当利用广播提示，人工引导等方式，按照由易到难的顺序，快速疏散隧道内被困人员。

③固定消防设施启用：隧道管理单位应第一时间启用固定消防设施，为初期火灾扑救、控制和被困人员疏散创造条件。

④定位火点：消防队伍初战力量到场后应单独指定一辆消防车前往隧道管理中心、监控中心和消防控制室，检查固定灭火、通风排烟等固定消防设施的启动情况，利用隧道监控中心的视频监控系统开展前期火场侦查，重点确认起火部位及物品、人员被困情况、车辆滞留情况、灾情发展趋势和可利用的救援途径，为现场灾害快速、精准、科学处置提供科学依据。

（2）第二救援梯队为事故发生之后20 min内到达现场的应急救援力量，主要包括首批增援的消防、公安、交警等力量。第二梯队到场后，现场灾害处于发展上升阶段。因此，要科学布置作战力量，防止灾害进一步扩散，第二梯队的主要作战侧重点有：

①扩大交通管控：根据现场情况，逐步扩大警戒范围，做好邻近道路的交通管制和围观、疏散人员的管理，为应急救援力量出入现场创造条件。

②安全评估：消防队伍快速、准确、合理评估灾情发展对隧道构件、承重、设备等的影响，确保作战行动安全。

③内攻近战：增援力量应迅速组织攻坚力量，配合主管队站，结合前期监控室、现场侦查结果，深入隧道内部，开展重点部位人员搜救和灾情处置。

④重点设防：一部分消防力量应当根据灾情发展趋势，在重点部位设置多个阵地进行设防，控制火势蔓延，防止进一步扩大。

（3）第三救援梯队为事故发生之后40 min内到达现场的应急救援力量，主要包括后续到场增援的消防、公安、交警、隧道管理单位等力量。第三梯队到场后，现场灾害已得到全面充分发展。因此，要科学分析，综合考虑现场灾情态势，统筹安排全体应急救援力量，决战决胜。第三梯队的主要作战侧重点有：

①全面评估：管理单位和隧道结构专家到场后，消防队伍应依托他们再次系统地开展全面评估，确认隧道安全性能和灾情处置时机。

②隧道排烟：火灾现场的高温烟气流动，一方面影响隧道内部的温度和可见度，另一方面降低驾乘人员和救援人员的判断和行动能力。隧道的通风、排烟系统能否发挥作用，一定程度上决定人员逃生和灭火救援的成功率。消防队员在隧道管理部门人员配合下，应正确利用隧道内设置的通风、排烟系统，同时使所携带的移动排烟装备发挥作用，有效地组织通风、排烟，保障人员疏散和灭火救援的安全。

③同步推进：根据现场灾情状况，组织多个进攻力量，一般选择进风口作为进行内攻灭火的主攻口，在开花或喷雾水枪的交替掩护下，进攻小组通过梯次进攻形成"梯队"内攻态势。接近火源后，内攻队员首先要利用隧道已有的消火栓系统出水灭火，同时利用手抬机动泵由消防水罐车补充出水。救援小组同时对被困人员进行施救，有效及时地开展救援行动。

四、特别警示

（1）公路隧道发生火灾，在接警出动的同时，必须与隧道管理处、交管部门联系，及时对道路实行交通管制，为安全、快速地实施灭火救援创造条件。

（2）隧道内发生火灾后，隧道内工作人员应及时关闭隧道，并通过内部应急广播引导车辆迅速驶离隧道，以及利用隧道内疏散措施进行安全疏散；公安交警部门应在隧道进出口设置警戒，严禁车辆继续驶入，并尽可能引导堵塞车辆进行疏散。如遇隧道内车辆严重堵塞时，应适时调集牵引车强制疏散，尽可能为前来灭火的消防车辆开辟通道。

（3）公路隧道发生火灾时，应加强调集第一出动力量，同时根据火势发展情况及现场信息，及时调派增援车辆，同时要加强与社会力量的联动，及时通知相关管理部门，发挥各自优势，协同作战。

（4）辖区队站出动时，指挥员应考虑充分利用隧道内部监控设施，初步掌握事故情况，了解固定灭火设施运作情况，以及火灾发生时隧道内工作人员初期处置情况。

（5）隧道监控中心在启动内部排烟通风设施和改变排（通）风方向时，必须与抢险救援行动相一致，避免高温和浓烟逆转方向而伤害消防人员，导致无法继续灭火。

（6）战斗员进入事故隧道时必须充分做好个人安全防护，在实施人员疏散营救时，应携带一定数量的简易逃生面罩、救护担架；对于没有受伤或伤势较轻的人员可先组织自行疏散，引导其从最近的旁通道或逃生通道进行疏散；伤势较重的人员要及时抬出事故隧道，进行现场急救；对于被困车内无法逃生的人员，应进行破拆救助。

（7）隧道内火势较大，应先利用固定灭火设备（如水喷雾灭火系统等），控制火势，再迅速组织力量使用水枪。

（8）在隧道火灾处置中，主管队站应将主要力量放在疏散人员和防止火势扩大等方面，以避免火势进一步扩大或造成更多的人员伤亡。

（9）灭火战斗过程中，尽量避免向隧道顶部射水，以免烟气下沉扩大扩散面，伤及人员和车辆装备。

（10）隧道内车辆火灾处置时，战斗员应注意对燃油箱进行冷却和防护，防止燃油箱破裂和爆炸。

（11）由于现场回旋余地小、后援车辆多、远距离供水车辆多，隧道出入口中心地带应留足回车场，保证畅通无阻。

（12）隧道火灾处置时，应加强后勤保障，包括及时建立现场通信网络和移动充气站，及时调集后勤保障车，确保油料、灭火剂充足。

（13）隧道火灾扑灭后，要及时将事故车辆拖出隧道，并对火灾现场进行彻底清理，收集隧道地表的燃油，重点对隧道内死角、下水道等处的残液进行清理，防止残留燃油复燃复爆。

（14）慎重发布灾情和相关新闻。

附录二　隧道消防救援装备

一、个人防护装备

1. 消防头盔

（1）装备名称：消防头盔（如图附2.1所示）。

（2）装备用途：主要用于消防员在灭火及抢险救援现场中保护头部、面部、颈部免受火焰灼伤、撞击和高空坠落物砸伤。

（3）装备参数：头箍尺寸为中号（M）：52~62 cm，大号（L）：57~65 cm；重量为M：1.555 kg，L：1.701 kg；帽壳由耐高温热塑性材料制成，表面涂有水基涂层，可提供头部和侧翼冲击保护。内衬抗冲击隔热的泡沫衬垫，带超模压芳纶增强材料。整个头盔在经过预处理后进行冲击吸收性能测试，帽壳所受的最大冲击力小于3500 N。双层内置面罩：外层镀金防高温辐射，内层防风，抗冲击、穿刺、内置近距离照明系统，4个LED灯，外置强光手电，有CCCF认证，符合《消防头盔》（GA 44—2015）标准。

图附2.1　消防头盔

2. 消防员灭火防护靴

（1）装备名称：消防员灭火防护靴（如图附2.2所示）。

（2）装备用途：具有绝缘、防刺穿，以及隔热、保温、御寒、不浸水、不渗水的功能。

（3）装备参数：整靴内部采用棉布和氯丁橡胶发泡海绵复合面料，在试验中被加热30 min时靴内表面的升高温度不大于6 ℃；阻燃大底采用耐高温阻燃耐酸碱耐磨防滑橡胶，新型防滑纹路提高靴底摩擦系数，增加抓地力，提高防滑性能；整靴靴面及靴底均采用进口天然橡胶，具有良好阻燃性能，其阻燃性能可达到FV-0级，并具有耐油及耐酸碱性能；绝缘层在防穿刺层上面增加一层不小于16000 V的抗电压材料，击穿电压不小于5000 V，泄漏电流小于3 mA（0.098 mA）；防砸层采用轻质新型铝合金，靴头分别经10.78 kN静压力试验和质量为23 kg冲击锤、落下高度为300 mm的冲击试验后，其间隙高度均不小于15

图附2.2　消防员灭火防护靴

mm（20/20.1 mm）；靴面经总质量为（800±5）g的刀头切割后不被刺穿；靴面经辐射热通量为（10±1）kW·m²，辐射1 min后，内表升温升不高于4.7 ℃；浸泡在温度为（23±2）℃的3.7 mol/L的硫酸、3.7 mol/L的盐酸、6.0 mol/L的氢氧化钠溶液中（70±2）h后，物理机械性能无显著变化；在温度为（23±2）℃的标准油中浸泡24 h，体积变化在−2%~+10 ℃范围内。

3. 正压式消防空气呼吸器

（1）装备名称：正压式消防空气呼吸器（如图附2.3所示）。

（2）装备用途：主要是在消防员或受过专业培训的人员在浓烟毒气、蒸气或缺氧等环境中，从事灭火、抢险救灾和救护工作时对其呼吸器官进行保护。

（3）装备参数：工作压力30 MPa，供气流量不低于500 L/min；气瓶水容积为6.8 L，全缠绕式碳纤维复合材料；水压试验压力为50 MPa，爆破压力为102 MPa。面罩的内外表层应用永久防雾涂层，且有耐刻耐划硬质涂层。头罩采用网状KEVLAR阻燃材料制成；罩前侧配传声器，正对口腔；中压管与供气阀为活动式连接。配备压力平视显示装置，包含侦测模组和压力平视显示器两部分，正常使用状态下，侦测模组的自带电池可维持空气呼吸器的使用时间达3年以上。配有5个指示灯，依次为绿、黄、红、黄、蓝。3个显示气瓶剩余气压值，1个显示对码功能，1个显示电源电量；3个显示气瓶剩余气压值指示灯，当气瓶压力在30~10 MPa时，绿灯常亮；当气瓶压力在10~6 MPa时黄灯常亮；当气瓶压力在6 MPa以下时，红灯一直闪亮；当压力平视显示装置电源处于低电压时，黄灯一直闪亮；当发射装置与显示装置配对时，蓝灯一直闪亮；当配对成功后，蓝灯熄灭。后置式他救接头可连接供气阀及面罩。当减压器输出压力超过设定安全压力时，中压安全阀会自动泄压。最大输出流量可达到500 L/min，输出压力稳定为0.7 MPa左右；压力显示器的连接为活动式，表盘荧光显示。

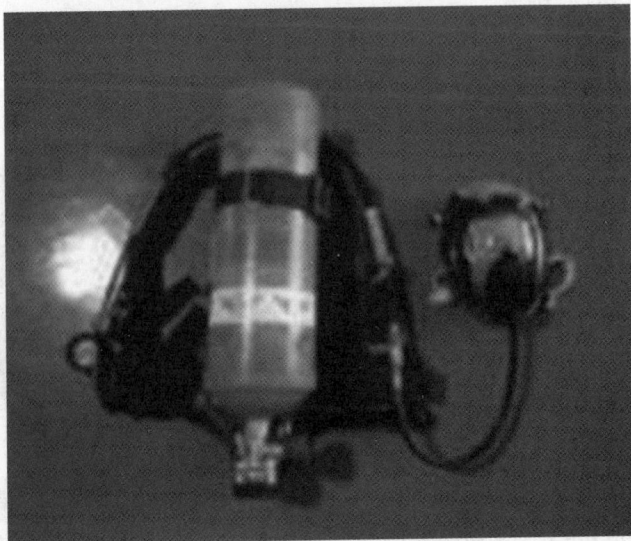

图附2.3　正压式消防空气呼吸器

4. 消防员呼救器后场接收装置

（1）装备名称：消防员呼救器后场接收装置（如图附2.4所示）。

（2）装备用途：用于消防员在户外及室内救援现场的呼救报警，具有后场报警、北斗定位、实时监测人员运动状态、手动/自动报警、温度超限报警、电池低压报警等功能。

（3）装备参数：防水设计；外壳材料耐高温、耐腐蚀、抗强烈碰撞与冲击。后场接收装置配8寸真彩色TFT液晶显示触摸屏；每套配8个呼救器，远距离通信；呼救器有中继功能，具有正常报警、预报警、强报警、手动报警、断线等功能，并用不同颜色进行显示；采用充电电池，当电池电压低于额定电压80%时，会发出声光报警；自动记录现场战斗员操作、运行的数据，便于事后统计和分析；内置大功率锂电池，保证长时间工作不断电，满电连续工作时间不少于24 h，满电连续报警时间不少于4 h，电池电压为DC7.4 V，电池容量为1300 mAh，充电方式为充电箱座充，充电时间为3 h，尺寸为55 mm×65 mm×144 mm，质量不大于250 g；配外接车载充电器，可以使用车载电源进行工作；主机和子机相互间可实行非语言性联络，传输距离不少于1 km；主机1台（含天线）、液晶屏8寸（800×600分辨率）、触摸笔1支、充电器（12.6 V/1 A）1个、车载充电（12.6 V/1 A）1个、内置电池容量为8 Ah、内置锂电池充电中止电压为12.6 V，重量小于5 kg寸370 mm×310 mm×120 mm；呼救器8个，呼救器充电器1套；工作电压为8.4 V。

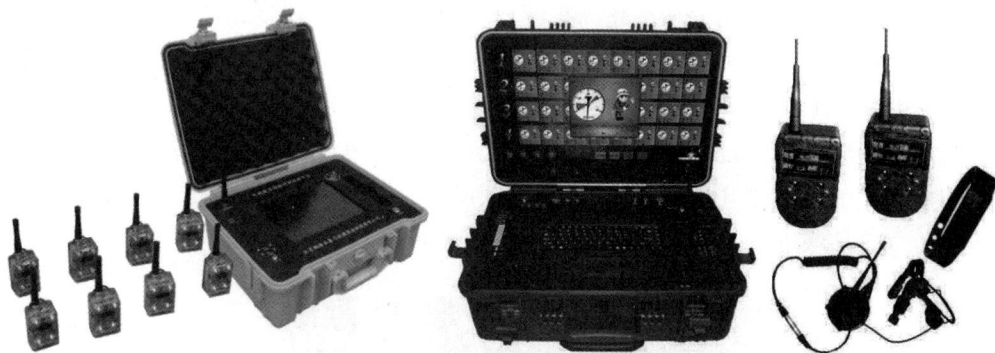

图附2.4　消防员呼救器后场接收装置

5. 消防手套

（1）装备名称：消防手套（如图附2.5所示）。

（2）装备用途：主要用于消防员在火场作业时，抵御明火、辐射热、水浸、一般化学品和机械伤害。

（3）装备参数：手背外层采用芳纶或同等性能材料，手掌部分为凯夫拉附加防火防高温的硅氧烷涂层，指尖部分由防磨损防刺伤的凯夫拉材料加固。隔热层采用芳纶或同等性能材料，采用防水透气膜，具有防水、透气性能，并防止细菌、血液和化学制剂侵害；手套的整体热防护性能大于38 cal/cm²。手套接触250 ℃物体的热传导时间为干燥时不小于22 s，湿润时不少于13 s。热收缩率测试后长度宽度变化均不超过1%；手套拉重力比不小于95%，在干、湿两种状态下，手套穿戴时间均小于2 s。

图附2.5　消防手套

6. 消防员呼救器

（1）装备名称：消防员呼救器（如图附2.6所示）。

（2）装备用途：消防员在灭火救援过程中随身携带，在穿戴者静止或者受困时，通过发出高分贝报警声发出求救信号，确保队友快速有效识别并采取救援行动。

（3）装备参数：采用大功率超高亮度LED固态光源作为发光信号，发光亮度达到 1.78×10^5 cd/m²，使用寿命不小于10万h；充电式，具有低电压自动报警功能，当电池电量低于满电量的80%时，发出声光报警；防爆等级为Exib Ⅱ CT5。强报警声强达到101 dB。音频频率为（3.5 ± 0.3）kHz。外壳防护等级为IP67，能抵抗高压水炮的直射。外壳材料采用的防弹胶阻燃材料，耐高温、耐腐蚀、抗强烈碰撞与冲击。报警时间不少于120 h，连续报警时间不少于1 h，符合人的生命极限。

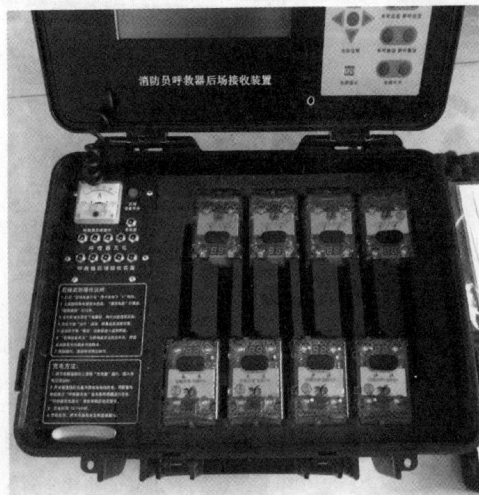

图附2.6　消防员呼救器

7. 消防员灭火防护服

（1）装备名称：消防员灭火防护服（如图附2.7所示）。

（2）装备用途：灭火战斗中的基本防护服，可阻止燃烧、隔热、防水透气，外层可防静电、耐酸碱、强力大、耐高温且热稳定性好。

（3）装备参数：① 外层采用间位芳纶和对位芳纶及防静电丝混纺的蓝盾面料（即53% Nomex，45% Kevlar，2% P140），克重为（230±10）gsm，颜色为藏青色。经过25次洗涤后，损毁长度不超过15 mm，续燃时间0 s，无熔融。经（260±5）℃热稳定性能试验后，沿经、纬向尺寸变化率不超过2%，试样表面无明显变化。经过5次洗涤后，沿经、纬向缩水率仅为0.1%～0.9%。经过5次洗涤后，沾水层级为3级。经向干态断裂强力为3144 N，纬向干态断裂强力为2603 N。经向撕破强力为904 N，纬向撕破强力为995.9 N。耐洗沾色、耐水摩擦及光照色牢度均为4级。② 防水透气层采用芳纶无纺布覆合阻燃PTFE膜。克重为（125±6）gsm。经（260±5）℃热稳定性能试验后，沿经、纬向尺寸变化率不超过2%，且试样表面无明显变化。沿经向尺寸变化率为1.9%，沿纬向尺寸变化率为0.9%；耐静水压性能不小于50 kPa。透湿率为5217 g/(m²·24 h)。拒油性能为4级。③ 舒适层为金羽即70%的对位芳纶和不小于20%的间位芳纶的混纺面料，克重为（110±5.5）gsm，续燃时间为0 s，损毁长度不超过50 mm，无熔融、滴落现象。经（180±5）℃热稳定性能试验后，沿经、纬向尺寸变化率不超过2%，且试样表面无明显变化。沿经向尺寸变化率为0.9%，沿纬向尺寸变化率为0.9%，经向为3874 N，纬向为995.9 N。

图附2.7　消防员灭火防护服

8. 消防员单兵定位系统

（1）装备名称：消防员单兵定位系统（如图附2.8所示）。

（2）装备用途：用于追踪室内外应急救援人员实时三维运动轨迹、方位距离、高度、姿态等信息的装置，用于辅助现场指挥员为迷途队员导航、确定遇险队员的位置并快速组织搜救。可对室外及各种复杂构筑物室内环境（甚至密闭的环境）建立三维模型，为活动在该环境内且佩戴微型定位装置的消防员提供准确的定向定位和推估导航，同时为指挥者提供全视角的消防人员方位信息，有助于实现指挥员和消防员之间的高效联动。

图附2.8　消防员单兵定位系统

（3）装备参数：可在 240 min 内保证水平精度不超过 ±2 m，垂直精度不超过 ±0.2 m，运动轨迹闭合精度不超过 2′。随时显示目标精准运动姿态（静止、倒地、行走、跑步、上下楼梯），具备 30 s 静止报警、撤退报警功能。系统延迟小于 1 s，系统展开时间小于 90 s。定位模块体积小于 8 cm×3.6 cm×1 cm，重量小于 35 g，防护等级超过 IP67，采用鞋垫嵌入式，连续工作时间可长达 50 h，待机时间为 6 个月；支持视频对讲功能，双向音视频技术；配有专属蓝牙手环，可将消防员的心率数据实时传输到后场。后场接收机采用工作站形式，主机为工控机 I7-5500 u，8 GB，DDR3，1600 mhz，128 GB，SSD，64 键一体军工键盘，21.5 寸高亮屏，1080 p TN 1200 nit 16∶10。支持远程 24 h 大屏监控及指挥。

二、侦检装备

1. 测温仪

（1）装备名称：测温仪（如图附 2.9 所示）。

（2）装备用途：主要用于测量火灾现场建筑物室内、门、闷顶、电缆管井温度，测量着火油罐罐壁、事故车表面温度等，为火灾指挥员决策提供科学依据。

（3）装备参数：

测温范围：−25℃～1200℃。

测量精度：读数值的 ±1%。

重复精度：读数值的 ±0.5%。

温度分辨率：1℃或 1°F。

响应时间：小于 200 ms。

工作波段：8～14 μm。

辐射率：0.10～1.00。

距离系数：80∶1。

瞄准方式：同轴激光瞄准。

环境温度：−18～50℃。

图附 2.9　测温仪

环境湿度：10%～90%RH，不冷凝。

2. 消防用红外热像仪（单兵）

（1）装备名称：消防用红外热像仪（单兵）（如图附 2.10 所示）。

（2）装备用途：用于灭火救援、抢险救灾现场中寻找隐藏火源及被困人员。

（3）装备参数：

热像仪尺寸：220 mm×110 mm×100 mm。

重量：860 g（含电池重量）。

电池：充电电池，充电次数大于1000次，每块电池使用时间不低于2 h，屏幕显示电池电量。

屏幕为不小于6.86 cm的LCD显示屏，分辨率为384×288，2倍和4倍数字变焦。

探测器：非晶硅探测器。

热灵敏度：NETD < 50 mK（0.05 ℃）。

色彩模式：多于5种，适用于不同情况。

如火场、人员搜救、预估、检测、失踪人员、火情模式。

防护等级：IP67。

工作温度：-20～85 ℃可持续工作，150 ℃环境下工作15 min，260 ℃环境下工作5 min。测温范围：-40～600 ℃。

屏幕具有温度显示并有高低温搜索功能。具有拍照录像功能，可拍摄1000张照片或录制4 h视频。

图附2.10　消防用红外热像仪（单兵）

3. 搜救联络系统

（1）装备名称：搜救联络系统（如图附2.11所示）。

（2）装备用途：针对消防人员安全保障的无中心自组网定位搜救系统，把通信电台、传感器芯片，以及智能穿戴设备有机结合，实现对抢险人员的身份识别、动态监测、温度检测、主动报警、定位搜救等功能。

（3）装备参数：

性能参数：F4采用核心的分辨率为320×240。

设备带有空呼面罩、头骨震动、穿透式目镜。

探测距离：100～150 m。

重量小于：2.5 kg。

待机时间超过8 h，启动时间3 s，温度达到150 ℃开启高温预警功能。

N2采用自主网络，不需要借助其他网络。可录制，回放。待机时间超过2 h，调制技术为COFDM。

图附2.11　搜救联络系统

三、警戒装备

1. 警戒标志杆

（1）装备名称：警戒标志杆（如图附2.12所示）。

（2）装备用途：用于灭火救援、抢险救灾等现场设立警戒区域。

（3）装备参数：材质采用不锈钢材料，外敷3 M反光材料。

标杆红白相间颜色分明，标杆顶部可任意与胶链连接或隔离警示带配套使用，形成任意长度的防护栏，方便实用，能抵抗7级以上大风，单柱高度为0.85 m，加地盘固定。

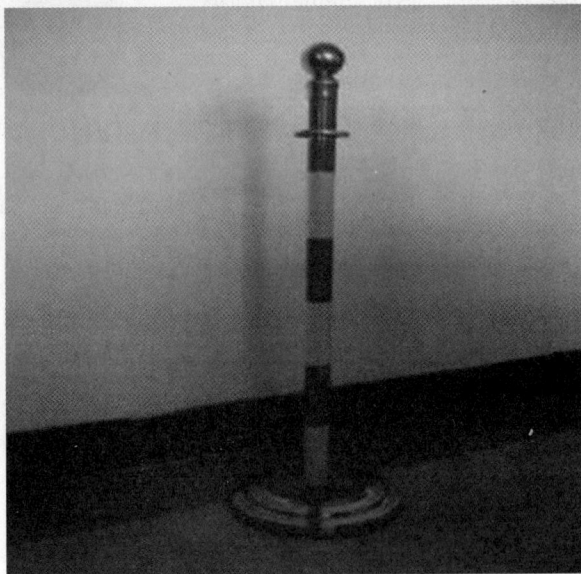

图附2.12　警戒标志杆

2. 锥形事故标志柱

（1）装备名称：锥形事故标志柱（如图附2.13所示）。

（2）装备用途：用于灭火救援、抢险救灾等现场设立警戒区域。

（3）装备参数：

产品性能：耐晒度为8.5级（最高级别）。$-40 \sim 70$ ℃温度使用时无脆裂、软化现象，耐候性超过2年，其中上锥采用反光牛津布，底座为PE。

可配套产品：有内置、外插、外挂式闪灯、各种护栏带、护栏杆及各种标志牌等。

筒高：60 cm。

材质：防水牛津布。

重量：0.63 kg。

本体颜色：红色锥体，红色底座，银灰反光晶格。

图附2.13　锥形事故标志柱

3. 消防用荧光棒

（1）装备名称：消防用荧光棒（如图附2.14所示）。

（2）装备用途：可作为应急照明及标志信号等。

（3）装备参数：

工作时间：12 h。

颜色：红光/黄光/绿光/橙光可选。

材质：塑料。

尺寸：约15 cm×1.5 cm。

重量：约20 g。

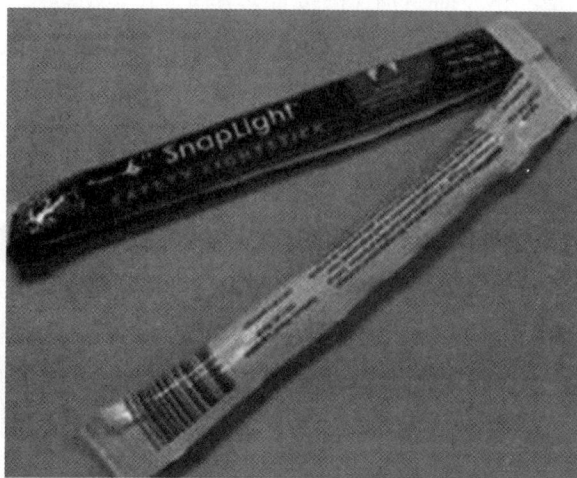

图附2.14　消防用荧火棒

4. 隔离警示带

（1）装备名称：隔离警示带（如图附2.15所示）。

（2）装备用途：用于灭火救援、抢险救灾等现场设立警戒区域。

（3）装备参数：

颜色：蓝色、红色、黄色。

材质：外壳由PVC材料制作，警示带由尼龙荧光布制造。

每盘长度不小于125 m。

图附2.15　隔离警示带

5. 出入口标志牌

（1）装备名称：出入口标志牌（如图附2.16所示）。

（2）装备用途：用于指示疏散方向。对安全疏散起到很好的作用，可以更有效地帮助群众在浓烟弥漫的情况下及时识别疏散位置和方向，迅速沿标示牌指示顺利疏散。

（3）装备参数：图案、文字、边框均为反光材料，与标志杆配套使用。

反光材质：工程级蓝色、白色反光膜。

材质：铝板。

规格：35 cm×25 cm。

图附2.16　出入口标志牌

6. 闪光警示灯

（1）装备名称：闪光警示灯（如图附2.17所示）。

（2）装备用途：用于道路、特定场所、灾害事故现场警戒警示。

（3）装备参数：

颜色及特点：黄色、频闪型，光线暗时自动闪亮；壳体为红色、黄色、白色；反光色为红色、黄色、白色；发光色为红色、黄色、白色；中部为十边形反光面灯罩。

材质：PC。

灯座材质：ABS，梅花形。

电压：3V，电池持续使用时间大小120 h。

电源：2节1号电池。

规格：300 mm×135 mm×70 mm。

闪烁方式：单面五齐闪，双面十齐闪。

夜间可视距离：超过200 m。

重量：0.36 kg。

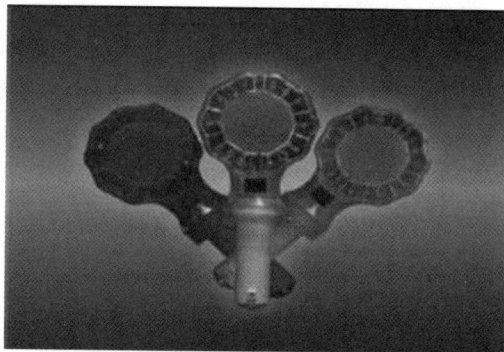

图附2.17　闪光警示灯

7. 手持扩音器

（1）装备名称：手持扩音器（如图附2.18所示）。

（2）装备用途：用于灾害事故现场指挥、引导疏散等。

（3）装备参数：

电池：AAx8。

工作电压：9.6～12 V。

最大功率：30 W。

输出声级：大于120 dB。

频率特性：300 Hz～20 kHz。

录音时间：12 s。

充电时间：约5 h。

外形尺寸：325 mm×210 mm×235 mm。

产品重量：680 g。

图附2.18　手持扩音器

8. 危险警示牌

（1）装备名称：危险警示牌（如图附2.19所示）。

（2）装备用途：警示牌用来指示工作人员何处可以工作及提醒工作时必须注意的其他安全事项。

（3）装备参数：分为有毒、易燃、泄漏、爆炸、危险5种标志，图案用反光材料绘制。

规格：400 mm等边三角形。

颜色：黄色、黑色。

材质：铝板，反光材质；工程级黄色、黑色反光膜。

图附2.19　危险警示牌

四、破拆装备

1. 电动液压剪切钳

（1）装备名称：电动液压剪切钳（如图附2.20所示）。

（2）装备用途：用于在灭火救援、抢险救灾现场破拆障碍物。

（3）装备参数：

最大剪断力：680 kN。

剪切圆钢直径：35 mm。

最大开口距离：160 mm。

外形尺寸：905 mm×237 mm×281 mm，重量18.5 kg。

NFPA剪切等级：A7/B8/C7/D7/E7。

图附2.20　电动液压剪刀钳

2. 电动液压救援顶杆

（1）装备名称：电动液压救援顶杆（如图附2.21所示）。

（2）装备用途：用于救护被困于受限环境中的受害人或抢救处于危险环境中的受害物。

（3）装备参数：活塞行程387 mm，撑顶力125 kN，闭合长度597 mm，伸出长度984 mm，外形尺寸597 mm×135 mm×313 mm，重量17.1 kg。

图附2.21　电动液压救援顶杆

3. 电动液压扩张器

（1）装备名称：电动液压扩张器（如图附2.22所示）。

（2）装备用途：用于在灭火救援、抢险救灾现场扩张牵引障碍物。

（3）装备参数：额定工作压力7×10^7Pa，扩张力42～836 kN，扩张距离600 mm，挤压力144 kN，牵拉距离400 mm，牵拉力56 kN，液压油量150 cm³，外形尺寸905 mm×255 mm×258 mm（长×宽×高），重量17.3 kg。

图附2.22　电动液压扩张器

4. 手持式钢筋速断器

（1）装备名称：手持式钢筋速断器（如图附2.23所示）。

（2）装备用途：用于在灭火救援、抢险救灾现场破拆障碍物。

（3）装备参数：

头部能360°旋转。

切断速度：不超过8 s（16 mm）。

切断能力：钢筋、软铁棒、钢索、圆管等直径20 mm。

电源：18 V/DC。

充电器电源：220 V，50～60 Hz。

配置主机1台、备用刀头1个、充电机1个、镍氢电池两块、工具箱1个。

总重量：5.7 kg。

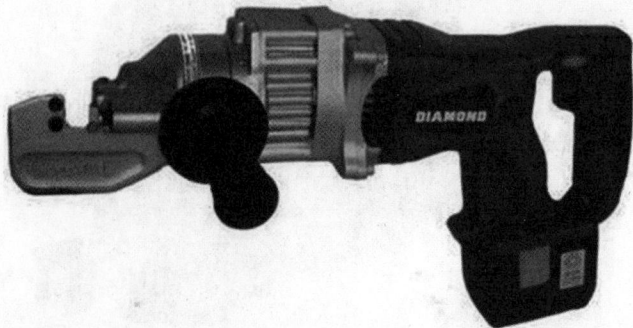

图附2.23　手持式钢筋速断器

5. 机动链锯

（1）装备名称：机动链锯（如图附2.24所示）。

（2）装备用途：用于在灭火救援、抢险救灾现场破拆障碍物。

（3）装备参数：

发动机排量：50.2 mL。

发动机最大功率：2.4 kW。

手感震动：4.2 m/s²。

导板尺寸：45.72 cm。

链条最大转速：25 m/s。

油箱容积：0.5 L。

重量（除去导板链条）：5.1 kg。

图附2.24　机动链锯

6. 绝缘剪断钳

（1）装备名称：绝缘剪断钳（如图附2.25所示）。

（2）装备用途：主要用于电线电缆、其他带电物体及2～8 mm的铁丝或钢筋的剪切。

（3）装备参数：

80 cm电绝缘剪，把手部分由绝缘材料（橡胶）组成，把柄部分由绝缘套管组成。重量轻，便于携带及使用。

特性：剪刃口硬度HRC55—60，绝缘380 V，剪柄（橡胶）耐电压3000 V。

7. 机动液压破拆工具组

（1）装备名称：机动液压破拆工具组（如图附2.26所示）。

（2）装备用途：用于在灭火救援、抢险救灾现场破拆、顶升、牵引障碍物。

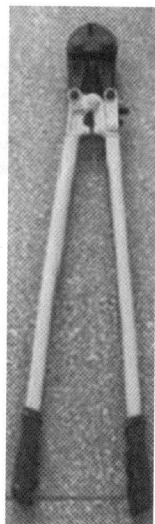

图附2.25　绝缘剪断钳

（3）装备参数：

多功能钳：额定工作压力7×10⁷ Pa，剪切力492 kN，剪切圆钢直径35 mm，扩张力43～780 kN，扩张距离368 mm，牵拉距离382 mm，牵拉力62 kN，液压油量73.5 cm³ 外形尺寸774 mm×228 mm×172 mm，重量14.8 kg，NFPA剪切等级为A7/B8/C7/D8/E7。

剪切钳：额定工作压力$7×10^7$ Pa，剪切力680 kN、剪切圆钢直径35 mm、开口距离160 mm、液压油量110 cm³、外形尺寸724 mm×228 mm×172 mm，重量14.5 kg，NFPA剪切等级为A7/B8/C7/D7/E7。

扩张器：额定工作压力$7×10^7$ Pa，扩张力63～600 kN，扩张距离813 mm，挤压力122 kN，牵拉距离655 mm，牵拉力60 kN，液压油量240 cm³，尺寸898 mm×309 mm×202 mm（长×宽×高），重量19.7 kg。

救援顶杆：

R410：额定工作压力$7×10^7$ Pa，行程300 mm，升举力135 kN，伸出长度750 mm，回缩长度450 mm，液压油容量477 cm³，重量13 kg，尺寸86 mm×174 mm；

R412：额定工作压力$7×10^7$ Pa，行程500 mm，升举力135 kN、伸出长度1180 mm，回缩长度680 mm，液压油容量795 cm³，重量17.7 kg，尺寸86 mm×174 mm。

泵：额定工作压力$7×10^7$ Pa，汽油发动机额定功率2.2 kW，可同时连接使用两件工具，低压输出2×3.0 L/min，高压输出2×0.7 L/min，双倍流量模式低压流量1×5.8 L/min，双倍流量模式高压流量1×1.35 L/min，液压油量3.0 L，外形尺寸495 mm×360 mm×445 mm（长×宽×高）、重量24.3 kg。

胶管：双油管单接口连接，既可轻松目测油管的使用情况又能带压插拔；接口采用机械螺纹旋转式连接，连接安全可靠；长度为10 m，一端进油，一端回油。

（a）泵

（b）多功能钳

（c）剪切钳

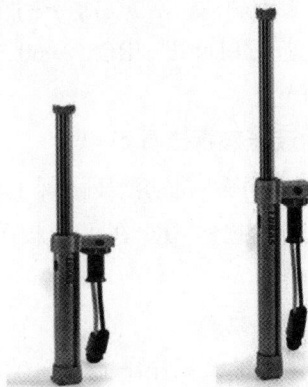

（d）救援顶杆

（e）扩张器

（f）胶管

图附2.26　机动液压破拆工具组

8. 电动液压破拆工具组

（1）装备名称：电动液压破拆工具组（如图附2.27所示）。

（2）装备用途：用于在灭火救援、抢险救灾现场破拆、顶升、牵引障碍物。

（3）装备参数：

剪扩器：最大剪断力280 kN，剪切圆钢直径25 mm，最大扩张力700 kN，最大扩张距离320 mm，最大牵拉力35 kN，牵拉距离330 mm，重量15 kg。

剪切钳：最大剪断力680 kN，剪切圆钢直径35 mm，最大开口距离160 mm，重量18 kg。

救援顶杆：活塞行程390 mm，撑顶力125 kN，闭合长度600 mm，伸出长度980 mm，重量17 kg。

扩张器：额定工作压力70 Mpa，扩张力50～660 kN，扩张距离730 mm，挤压力120 kN，牵拉距离570 mm，牵拉力60 kN，重量20 kg。

（a）剪切钳

（b）救援顶杆

（c）剪扩器

（d）扩张器

图附2.27　电动液压破拆工具组

9. 手动破拆工具组

（1）装备名称：手动破拆工具组（如图附2.28所示）。

（2）装备用途：用于在灭火救援、抢险救灾现场破拆障碍物。

（3）装备参数：工具箱1个、工具手柄1把、破拆斧2把、14寸冲击钻头1把、10 cm（宽）凿1把、3.33 cm（宽）凿1把、金属切割刀1把、破锁刀1把。

图附2.28　手动破拆工具组

10. 无电切割刀

（1）装备名称：无电切割刀（如图附2.29所示）。

（2）装备用途：用于在灭火救援、抢险救灾现场切割障碍物。

（3）装备参数：

切断直径不超过22 mm建筑用螺纹钢（材质为Q235A）用时不超过30 s。

切断ϕ19 mm×0.3 mm不锈钢圆管（材质为201）用时不超过3 s。

切断25 mm×25 mm×0.4 mm不锈钢方管（材质为201）用时不超过5 s。

在0.8 mm厚钢板（单层）上切割160 mm长的缺口用时不超过30 s。

在1 mm厚铝合金板上切割70 cm长的缺口（材质为6063）用时不超过30 s。

在2 mm厚铝合金板上切割50 cm长的缺口（材质为6063）用时不超过30 s。

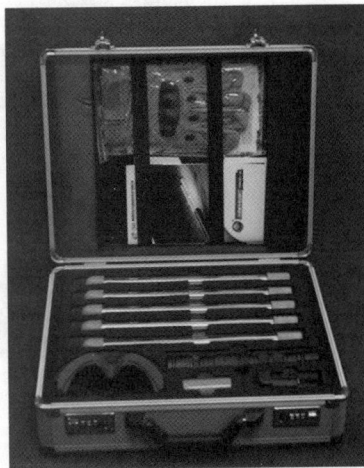

图附2.29　无电切割刀

在 3 mm 厚铝合金板上切割 30 cm 长的缺口（材质为 6063）用时不超过 30 s。

在 4 mm 厚铝合金板上切割 20 cm 长的缺口（材质为 6063）用时不超过 30 s。

在 5 mm 厚铝合金板上切割 10 cm 长的缺口（材质为 6063）用时不超过 30 s。

在 6 mm 厚铝合金板上切割 5 cm 长的缺口（材质为 6063）用时不超过 30 s。

11. 玻璃破碎器

（1）装备名称：玻璃破碎器（如图附 2.30 所示）。

（2）装备用途：主要用于救援现场切割各种汽车玻璃、建筑玻璃等。

（3）装备参数：材料为钢制材料，设计合理、使用方便，含玻璃切割锯和冲击笔各一把。

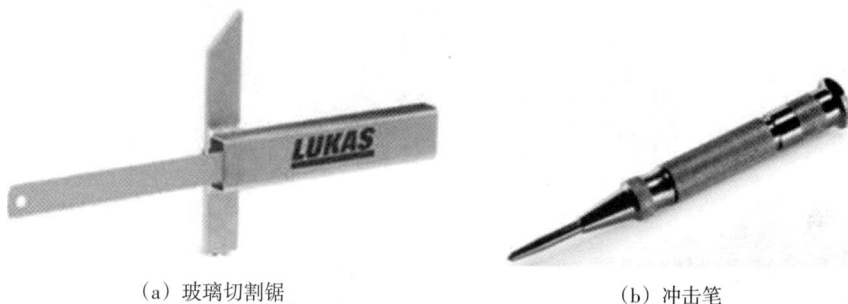

(a) 玻璃切割锯　　　　　　　　(b) 冲击笔

图附 2.30　玻璃破碎器

12. 撬棒

（1）装备名称：撬棒（如图附 2.31 所示）。

（2）装备用途：主要用于火场撬门、破窗、翘起被压物品，方便救援。

（3）装备参数：直径 28 mm 优质钢，长度 1.05 m，一头为带弧度羊角开口，一头为加强型带锥形尖角。

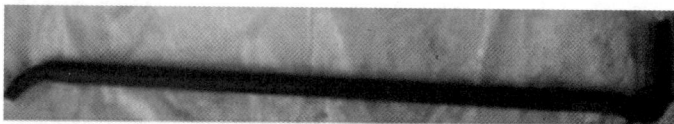

图附 2.31　撬棒

五、救生装备

1. 移车器

（1）装备名称：移车器（如图附 2.32 所示）。

（2）装备用途：用于安全快捷地抬升和移动汽车，可使汽车向任意方向移动。

（3）装备参数：

移车器：4 只/套。

产品净重：18 kg/个。

单个产品尺寸：50 cm × 60 cm × 15 cm。

抬升重量：680 kg/个。

使用范围：直径 70 cm 以下车轮。

图附 2.32　移车器

2. 消防过滤式自救呼吸器

（1）装备名称：消防过滤式自救呼吸器（如图附 2.33 所示）。

（2）装备用途：通过吸附、吸收、催化及直接过滤等去除一氧化碳、烟雾等有害气体，供人员在发生火灾时逃生用。

（3）装备参数：产品由防护头罩、过滤装置和面罩组成。防护头罩的额部设置环绕头部一周的反光标志以提升安全保障；过滤装置与防护头罩间的连接牢固可靠，不借助工具时不易拆开；呼吸器滤毒装置的密封，在不借助工具的情况下能快速打开；佩戴迅速、简洁；系带能快速拉紧且脱卸方便；面罩与脸部贴合紧密、舒适。

有效使用时间 30 min；保持期 3 年。

眼区漏气系数 20%，呼吸区漏气系数 5%，双目视野 65%。

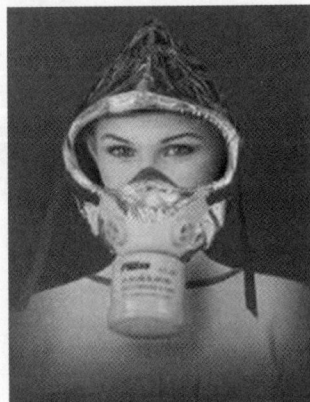

吸入气体二氧化碳含量 1.8%，佩戴质量不超过 460 g。

一氧化碳透过浓度不超过 200 mL/m³，一氧化碳累积量不超过 200 mL，烟雾透过防护性能不大于 5。

吸气温度 65 ℃，吸气阻力 800 Pa，呼气阻力 300 Pa。

图附 2.33　消防过滤式自救呼吸器

3. 灭火毯

（1）装备名称：灭火毯（如图附 2.34 所示）。

（2）装备用途：隔氧灭火，控制灾情蔓延，还可以作为及时逃生用的防护物品。

（3）装备参数：尺寸 1.5 m × 2 m；材料 100%KANOX 防火纤维；使用轻便，并有包装袋。

图附**2.34**　灭火毯

图附**2.35**　消防通用安全绳

4. 消防通用安全绳

（1）装备名称：消防通用安全绳（如图附2.35所示）。

（2）装备用途：用于消防员火场自救逃生及救援。

（3）装备参数：直径12.7 mm，最小断裂强度41.3 kN。

5. 救生照明线

（1）装备名称：救生照明线（如图附2.36所示）。

（2）装备用途：适用于浓烟、无照明场所，以及水下作业，也可在有毒及易燃易爆气体的环境中使用。

（3）装备参数：

① 多功能手提电源：采用小型手提12 V的移动直流电源，带有高亮度灯管在环境黑暗的情况下提供照明，重量为7 kg，工作电流不大于600 mA，使用时效长，200 m线常亮使用时间约8 h，闪亮时间为12 h，并且对人体没有触电危险。自带电量显示功能，随时可显示剩余电量，以便及时充电，确保在救援中高效发挥指引疏导作用。

② 设有明显三角形夜光导向块，火场逃生导向有明确指引，采用高亮度蓄光材料，可连续发光10 h以上，在全无电源情况下仍清晰可见逃生方向。

③ 冷光源、高亮度的救生照明线具有功耗低的特点，每百米耗能不超过15 W，热辐射低，不会产生高温，绝对不会有自燃烧毁的危险。无需将发光线全部拉出就可以通电使用，长期通电不自燃。

④ 卷轴外置强光闪烁信号，可吸引逃生人员认清逃生出口，百米远距离清晰可见。

⑤ 200 m线常亮使用时间7～8 h，闪亮时间为12 h（最新高效能电源），使用寿命1万 h，每100 m线重量不超过3 kg。

⑥ 安全救生照明导向线柔软、可折叠弯曲，其折角可以达到5°以下，并不会影响发光性能，弯曲可以实现360°，长度为200 m。

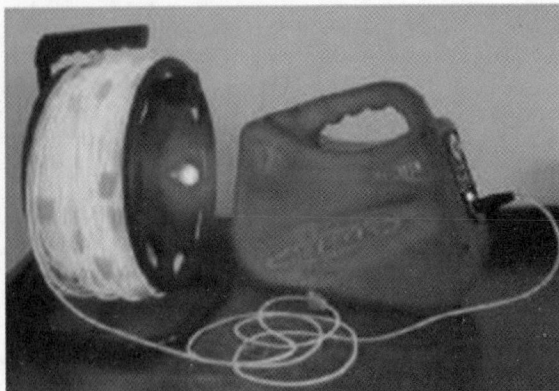

图附**2.36** 救生照明线

六、照明、排烟装备

1. 背负式电动排烟机

（1）装备名称：背负式电动排烟机（如图附2.37所示）。

（2）装备用途：高速排烟。

（3）装备参数：用于火灾现场特定区域的快速排烟通风，连接选配的泡沫发生器还可打泡沫。防护罩格栅间隙小于9 mm，符合欧盟安全标准。配有镍氢充电电池，驱动排烟机可连续运行1 h 30 min（全速的60%）；同时可连接220 VAC/50 Hz交流电，用于电池充电及直接运行；电流泄漏小于3.5 mA（符合欧盟EN 50178安全标准）。折叠式设计，大大缩小了排烟机的体积；新材料的使用降低了排烟机的重量；配有肩带和提手，既可单人背负，也可手提；便于快速移动，特别适合于高层建筑的排烟通风。

排烟量：28050 m^3/h。

发动机：功率600 W，可变速且防尘防水（防护等级达IP65）。

电池运行时间：排烟机全速运行时20 min，60%转速时可运行1 h 30 min。

电池充电时间：充满电仅需4 h（配有充电指示灯）。

风扇：直径40 cm，加固型合成树脂叶片；风扇摆动角度-90°~65°，适用于不同场合。

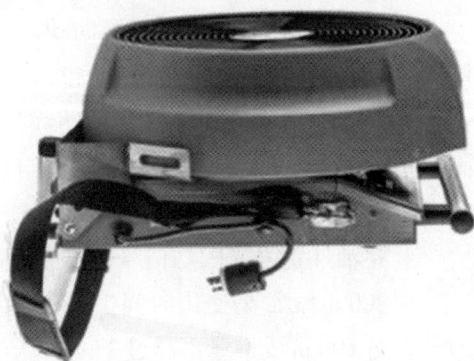

图附**2.37** 背负式电动排烟机

产品尺寸及重量：540 mm × 530 mm × 270 mm，23.5 kg。

2. 移动式排烟机（水驱动/机动）

（1）装备名称：移动式排烟机（水驱动/机动）（如图附2.38所示）。

（2）装备用途：高速排烟。

（3）装备参数：用于火灾现场的正压排烟及送风，通过水雾发生器，可喷水雾并可出高倍数泡沫液。

功率：9 HP。

排烟量：40300 m³/h。

风扇直径：40 cm。

最大水压：10^8 Pa。

最大水流量：620L/min。

产品尺寸：55 cm × 55 cm × 49 cm。

产品重量：33 kg。

配有脚轮、移动方便；拉起扶手后、可自动调节排烟机的倾斜度。并配各类配件。

图附2.38　移动式排烟机（水驱动/机动）

图附2.39　移动发电机

3. 移动发电机

（1）装备名称：移动发电机（如图附2.39所示）。

（2）装备用途：便携发电。

（3）装备参数：

型式：冲程空冷OHV（自然风冷）。

频率：50 Hz。

额定供电参数：230 VAC，50 Hz，10A。

额定输出功率：2 kW。

燃油容量：4.6 L，93号汽油。

噪声：（空载—全载），63 ~ 72 dB（A）/7 m。

外形尺寸：50 mm × 240 mm × 380 mm。

重量：12.7 kg。

4. 坑道小型空气输送机

（1）装备名称：坑道小型空气输送机（如图附2.40所示）。

（2）装备用途：适用于将罐内、隧道内有毒气体、烟、粉尘排出或输送新鲜空气。

（3）装备参数：使用电压220 V，使用电流1.2 A，发动机重量7.3 kg，风管20.32 cm，排气量1666 m³。各类接口或插座符合中国制式。狭小空间排气送风。可快速实现正负压模式转换，有配套风管。正负压电驱动排烟机，可在需要的时候进行正负压的快速转换，采用高强度塑料外壳。

图附2.40　坑道小型空气输送机

5. 佩戴式防爆照明灯

（1）装备名称：佩戴式防爆照明灯（如图附2.41所示）。

（2）装备用途：为消防员在各种易燃易爆场所消防作业时提供不须手持的移动照明灯具。

（3）装备参数：

① 外壳采用进口高硬度合金材料可承受强力碰撞和冲击；灯具有强光、工作光两种工作模式，可一键任意转换；智能充电器设有过充、短路保护及充电显示。

② 配专用支架，可佩戴在消防头盔或安全帽上使用。

③ 额定电压3.7 V；额定容量2 Ah。

④ 采用超高亮度LED光源，平均使用寿命不少于10万小时。

⑤ 充满电强光连续工作时间不少于4 h；充满电工作光连续工作时间不少于8 h；电池耗尽后充电时间不超过8 h。

⑥ 防爆标志：Exib Ⅱ CT4 Gb。

⑦ 防护等级：IP66，IP67。

⑧ 重量：不超过150 g。

图附2.41　佩戴式防爆照明灯

6. 消防移动式照明装置（拖箱式/背负式）

（1）装备名称：消防移动式照明装置（拖箱式/背负式）（如图附2.42所示）。

（2）装备用途：提供大面积照明。

（3）装备参数：

① 采用热塑型高分子材料，抗酸、碱、盐的腐蚀能力强，也可在一定程度上耐受有机溶剂溶解；特制合金外壳确保灯头能经受强力碰撞和冲击。可以在−25 ~ 60 ℃的环境下可靠工作。

② 箱盖内侧边缘装有特制的防水防尘密封条，保证箱体内的防水性。灯头采用全密封性工艺，可置于雨中正常工作；充电口配有专门的防水盖，防水盖内有橡胶填塞物。防护等级IP65。

③ 灯具为可组装结构，灯头、伸缩杆、充电器可分体装入箱体内，箱体设有手拉杆，底部有行走轮，便于携带及运输；箱子的上盖采取特殊的减震设计，既能达到减震效果还能起到固定组装件的作用。箱体开启处预留有可以上锁的孔槽，用户可根据需要为其上锁。开关大按钮设计，冬天穿戴手套时仍可方便、准确地操作灯具。

④ 采用LED光源，光源连续使用寿命不低于10万h，灯头功率2 W × 24 W，可实现聚、泛光切换，并设有强光及工作光两种工作模式。单灯连续放电时间不低于16 h，双灯连续放电时间不低于8 h。

⑤ 额定电压14.4 V，额定容量20 Ah电池使用寿命循环约1000次，重量不超过18 kg。

⑥ 灯头外形尺寸170 mm × 290 mm × 85 mm；箱体外形尺寸575 mm ×

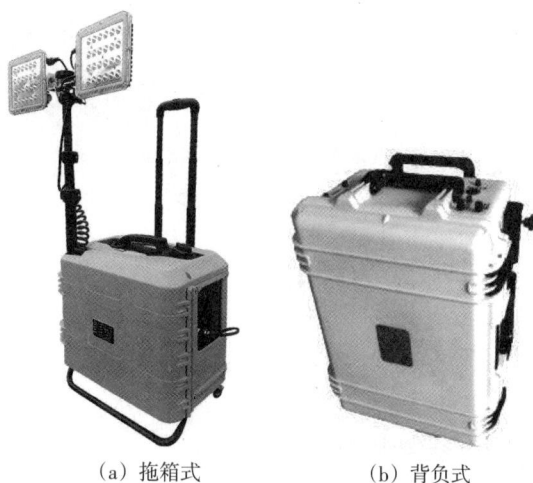

（a）拖箱式　　　（b）背负式

图附2.42　消防移动式照明装置

400mm × 230 mm；竖直放置照明高度最小1.2 m，最大1.7 m；横向放置照明高度最小0.76 m，最大1.33 m。

7. 多功能报警灯

（1）装备名称：多功能报警灯（如图附2.43所示）。

（2）装备用途：适用于各种特殊场所作警示标志。

（3）装备参数：

① 壳体、灯罩和散光罩采用优质的高强度PC合金材料，可承受强力碰撞，防护等级IP65；采用超高亮度LED和高透光率散光罩并配合爆闪设计，报警信号可视距离不小于4800 m，在浓烟浓雾中警示信号穿透力可达300 ~ 500 m。

② 具有光、声光两种工作模式，光信号（频闪）模式连续工作时间不低于8 h；声

光信号（频闪）模式连续工作时间不低于6 h，两种工作模式可快速切换。

③ 报警声采用芯片控制，选取穿透力强的音色，并可根据用户的特殊要求定制报警声音；报警声强不小于110 dB。

④ 智能型充电器设有过充、短路及充电保护装置。

⑤ 重量650 g，电池容量4 Ah，外形尺寸90 mm×106 mm×77 mm。

图附2.43　多功能报警灯

七、供水类器材

1. 遥控水（泡沫）炮

（1）装备名称：遥控水（泡沫）炮（如图附2.44所示）。

（2）装备用途：水（泡沫）灭火。

（3）装备参数：

① 具有防冻结冰自泄水装置，水压低于0.2 MPa时，30 s内自动将炮身内积水泄放掉。

② 水炮上安装无线接收装置，具备变量炮头，防止水炮在工作压力变化时射程发生大的改变，使炮整体结构更紧凑。

③ 在30°～70°俯仰角和1.2 MPa水压下喷射时不会倾翻和位移。

④ 具有遥控、炮位电控和手动三种工作方式。

⑤ 喷射流量不小于2400 L/min，射程远，达到70 m（国家标准是60 m），在0.5 MPa压力下射程也能达到55 m，能保障消防车远距离供水状态下水炮也能保持良好的灭火战斗力。适用AFFF或A类泡沫，密闭电机；重量轻不超过25 kg；体积小，占据

消防车更小的空间。

⑥ 具备自摆功能，自摆角度可调控，自摆中心位置由电脑芯片控制，可任意选定。

⑦ 工作时间：连续工作时间不低于5 h。

⑧ 附件：常规充电器一只、车载电源充电器一只、备用电源一套，及其他必备附件。

⑨ 遥控系统电池电源独立放置，且可不用工具从炮体上进行快速脱卸与安装，由于电源电池可脱离炮本体进行充电，使得充电极其方便。通过快速更换电池增加遥控炮连续作战时间。

⑩ 开机后，炮头可自动回到安全位置（70°），避免在启动时因为操作人员操作不当而使供水压力突然增大，而炮头处于小仰角状态下炮体可能产生位移，最大程度上保证了遥控炮的操作安全性。

⑪ 可装上泡沫喷管，直接喷射蛋白泡沫或清水泡沫。且泡沫管与炮头连接为快速接扣形式，使用方便。

⑫ 配小推车。

参数：工作压力0.8 MPa；射程不小于70 m；俯仰角30°~70°；无线遥控距离不小于150 m；流量40 L/s；最大喷雾角不小于120°；水平回转角-45°~+45°；自摆角度40°，60°，80°；泡沫射程不小于60 m；工作时间不少于5 h。

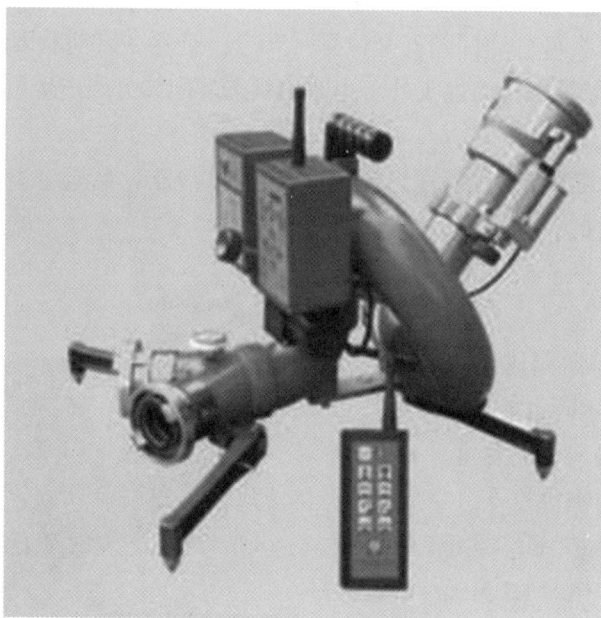

图附2.44　遥控水（泡沫）炮

2. 遥控水（泡沫）炮（大流量）

（1）装备名称：遥控水（泡沫）炮（大流量）（如图附2.45所示）。

（2）装备用途：水（泡沫）灭火。

（3）装备参数：80 L大流量移动式自摆电控消防炮，炮头和底座经过硬质化处理，能耐酸、碱及泡沫液，更加适应严酷环境下消防作战。设计时在满足国家标准要求的前提下，充分考虑了灭火战斗中实际会遇到的困难与解决办法，如本产品采用分体式结构，运输时可将炮体分解成两部分（炮头和支座），既方便携带，又可减轻重量。便携底座，在安装车载连接法兰后可作车载炮使用，可实现355°任意设置自摆角度，俯仰旋转角35°～85°，使用车载法兰时，在炮头进口压力10.5 kg时射程可达约90 m。

电池连续工作时间为5 h，且电池可拆卸。

① 射程可达到85 m。

② 具备变量炮头，在0.6～1.0 MPa 能保障消防车远距离供水状态而水压下降较大的情况下，水炮也能保持良好的灭火战斗力。

③ 具有防冻结冰自泄水装置，水压低于0.2 MPa时，30 s内自动将炮身内积水泄放掉。

④ 无线接收装置安装在水炮炮身上，使水炮整体结构更紧凑。

⑤ 具备自摆功能，自摆角度可以在40°，60°，80°中自由切换，且自摆中心位置由电脑芯片控制，可以任意选定。

⑥ 遥控系统电池电源独立放置，且可从炮体上不用工具进行快速脱卸与安装，由于电源电池可脱离炮本体进行充电，使得充电极其方便。通过快速更换电池增加了遥控炮连续作战时间。

⑦ 开机后，炮头可自动回到安全位置（70°），避免在启动时因为操作人员操作不当而使供水压力突然增大，而炮头处于小仰角状态下炮体可能产生位移，最大程度上保证了遥控炮的操作安全性。

⑧ 可装上泡沫喷管，直接喷射蛋白泡沫或清水泡沫。且泡沫管与炮头连接为快速接扣形式，使用方便。

⑨ 工作时间不少于5 h，使用选配增补电源可延长到12 h。

⑩ 因设计了单向阀进水口，使得4个进水口不同时供水时也能正常工作。

⑪ 为方便运输与消防作业，每台消防炮特送一个不锈钢小推车。额定电压DC24 V；遥控距离150 m；额定工作压力1.0 MPa；最大工作压力1.2 MPa；流量不低于80.5 L/s；俯仰角30°～70°；射程不少于85 m；自摆角度为40°，60°，80°；最大喷雾角不少于120°；水平回转角90°；质量70 kg；泡沫射程不小于75 m。

图附2.45　遥控水（泡沫）炮（大流量）

3. 快速攻击炮

（1）装备名称：快速攻击炮（如图附2.46所示）。

（2）装备用途：扑灭一般固体物质火灾和油类火灾。

（3）装备参数：

① 快攻移动式消防炮主要由炮体、炮头等组成。

② 炮体材料为经过硬质阳极氧化处理的铝合金材质，防腐蚀。

③ 流量不低于30 L/s，固定流量炮头，射程（水）不小于60 m。

④ 射流形式：直流、开花、喷雾。

⑤ 俯仰角度为30°～70°，通过上下扳动炮头调整俯仰角，停止扳动时自动锁定俯仰角。

⑥ 内置球阀，阀体与炮体流道融为一体，球阀关闭时可以自锁，防止阀门自动关闭，炮体正面标出阀门开启"ON"和阀门关闭"OFF"的位置。

⑦ 与炮体一体化铸造而成的T形把手，便携快速攻击。

⑧ 可折叠式撑脚，碳化钨材料防滑钉；撑脚表面标配橡胶膝盖撑垫，减轻消防员工作时的负担。

⑨ 标配安全带，安全带有收纳装置。

⑩ 360°旋转消防接口。

图附2.46　快速攻击炮

4. 手抬泵

（1）装备名称：手抬泵（如图附2.47所示）。

（2）装备用途：用来扑救一般物质火灾和小型油类火灾。

（3）装备参数：

① 发动机类型：立式、单缸、手动、电动、风冷、二冲程；输出功率12 kW；流量570升/M@5.0BAR，转速6000 r/min；油箱容量3.5 L（标准耗油量每小时约3.5 L）；润滑供应为分离吸油；点火方式为飞轮永磁电机（C.D.L）；启动系统方式有电力启动、自动反冲系统、绳拉式。

② 水泵类型：单泵单程离心泵、真空泵、碳纤维活片无油式（最大吸尘为9 m）；

抽真空时间1 m吸尘（0.7 s），7 m吸尘（11 s）；吸水口φ65 mm；出水口φ65 mm（可转动180°）；吸水管长度8 m；吸水3 m喷水量571 L/min(5 kg/cm²)；吸水7 m喷水量286 L/min（5 kg/cm²）；体积555 mm×470 mm×523 mm；重量49 kg。

图附2.47　手抬泵

5. 泡沫管枪（PQ16/8/4）

（1）装备名称：泡沫管枪（PQ16/8/4）（如图附2.48所示）。

（2）装备用途：用于扑救甲、乙、丙类液体火灾，或用于扑救一般固体火灾。

（3）装备参数：

① 额定喷射压力0.7 MPa，额定混合液量16 L/s。

② 射程：泡沫液或水不小于32 m，使用压力0.6～0.8 MPa，发泡倍数不小于6。

③ 外形尺寸677 mm×225 mm×225 mm，质量5 kg，所有螺纹、配件与上海市消防局现有接口或供水器材配套。

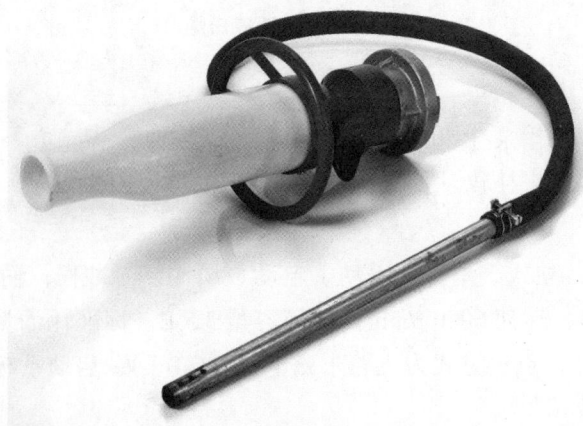

图附2.48　泡沫管枪（PQ16/8/4）

6. 水幕水带

（1）装备名称：水幕水带（如图附2.49所示）。

（2）装备用途：用于火场隔离，降低救火现场温度。

（3）装备参数：

① 能稀释、阻挡有毒有害气体、液体，使用简便灵活，在0.6 MPa压力下开始形成水幕，高度不低于6 m，宽度不少于5 m。

轻质柔软：提高灭火速度，减轻工作负荷，使用轻便，易操作、安全可靠，适合长距离长时间、高负荷使用。

耐磨损：水带外层立体绫纹编织，两侧易磨损耳部加强编织工艺，有效提升耐磨系数12%，确保耐磨性能长久优异。

耐油、耐酸碱、耐低温、抗水解：使产品内壁毛糙度降低49%，同等工作压力，出水速度提升38%，水带铺设延长32%的距离。

出水快，低压损：特殊工艺编织及采用水带专用聚氨酯，降低内壁毛糙度，提升10%的出水速度。

色泽鲜艳：水带外观鲜艳醒目，便于火场指挥官辨别，可添加反光标识、染色、彩色编织等，常用配色为红、蓝、黄、绿、橙、紫等12种颜色。

② 口径65 mm，长度20.1 m/条；工作压力1.60 MPa，爆破压力不低于4.80 MPa，延伸率不大于5%。

耐低温性能：−42 ℃低温正常使用，能立即展开，无卷曲现象，并能再次卷紧，且在设计工作压力下无渗漏。

织物层与衬里附着强度不小于20 N(25 mm)。

耐磨性能：不少于100次。

水带与接口连接处采用机械捆扎，每凹槽大于5圈，配护套。

图附2.49　水幕水带

7. 高倍数泡沫发生器

（1）装备名称：高倍数泡沫发生器（如图附2.50所示）。

（2）装备用途：产生大量空气泡沫。

（3）装备参数：

供液压力：0.3～0.8 MPa。

发泡量：30～90 m³/min。

流量：240 L/min。

发泡倍数：200～400倍。

尺寸395 mm×615 mm×610 mm。

工作压力：0.8～2.1.0 MPa。

混合比：3.0%～3.9%。

额定流量：4 L/s。

压力损失不大于35%。

质量：17 kg，含比例混合器及各类附件，配有PHF4型管线式比例混合器。

可串联在泡沫设备的供水管线上，利用压力供水喷射产生负压面吸入泡沫液，形成规定比例的混合液。

重量轻、体积小、操作方便、是中小型高倍和中倍泡沫产生器及B类泡沫枪的配套产品。

图附2.50　高倍数泡沫发生器

8. 橡胶护桥木

（1）装备名称：橡胶护桥木（如图附2.51所示）。

（2）装备用途：用于水带横穿马路。

（3）装备参数：由橡胶合成，放平后开口处可通过90 mm水带，水带放入后不超过护桥上部平面，凹槽两边为斜坡。

图附2.51　橡胶护桥木

9. 65型无后坐力消防水枪

（1）装备名称：65型无后坐力消防水枪（如图附2.52所示）。

（2）装备用途：喷射密集充实的水流。

（3）装备参数：

① 重量不足1.9 kg、长度310 mm。

② 流量为2.5～8 L/s流量可调，工作压力2～16 kg范围。

③ 直流射程为32～37 m，喷雾角度可调0°～120°，反作用力为1.0 kg。

④ 有激流功能。360°旋转接头，可以防止水带扭结。

⑤ 马蹄形开关便于启闭水流，便于携带，人体工程学手柄便于操持，便于把握方向。

图附2.52　65型无后坐力消防水枪

10. 多功能压缩空气泡沫（水）枪

（1）装备名称：多功能压缩空气泡沫（水）枪（如图附2.53所示）。

（2）装备用途：产生和喷射空气泡沫。

（3）装备参数：

① 360°旋转接头，可以防止水带扭结。

② 原材料采用6061铝合金T5热处理，强度高，防磕碰，高质量阳极氧化电镀防腐处理，耐腐蚀。

③ 流线型设计流道，内壁光滑无阻，精度高，射程远。

④ 压铸橡胶枪头抗日晒，设计避震，防撞击，转动型齿轮，雾化效果好。

⑤ 铝合金和隔热橡胶包覆手柄，强度高，表面花纹设计，防滑处理，方便湿手操作。

⑥ 马蹄形开关便于启闭水流，便于携带，人体工程学手柄便于操持，便于把握方向。

⑦ 额定压力和最大压力分别为6 kg，16 kg，流量调节（额定压力）5.5—7.5—10—13—15 L/s。

图附2.53　多功能压缩空气泡沫（水）枪

11. 自卫型（式）多功能水枪

（1）装备名称：自卫型（式）多功能水枪（如图附2.54所示）。

（2）装备用途：远距离喷射灭火及关闭水流的功能。

（3）装备参数：多功能自卫进攻水枪适用于A，B类火灾消防灭火作业，本产品采用双流道结构，具有导流式直流、充实直流和直流喷雾，喷雾双重自保护，且可喷射低倍泡沫和压缩空气A类泡沫6种功能，适用于各种火灾灭火作业。该产品各射流状态均可独立操控；喷雾射流可无级调控喷雾角度，喷口具有雾化齿圈，雾化效果好。具有直流喷射和喷雾复合功能，有效降低消防员直面灭火的热辐射；采用全进口技术，中外合资生产，水枪整体采用 6061 高强度铝合金制造，表面经过硬质阳极氧化处理，硬度和耐腐蚀效果出色。

最大射程：45 m。

流量：13 L/s，最大可达16 L/s。

工作压力：0.6 MPa。

充实流量：13 L/s。

充实水流射程：40 m。

导流直流流量：8 L/s。

导流直流射程：45 m。

最大喷雾角度：120°。

低倍泡沫射程得到股份28 m。

重量：4.5 kg。

喷雾双重自保护，边直流边喷雾，形成屏障，同时对操作员的手进行冷却保护，以便消防员前沿灭火进攻时达到有效的防卫保护作用。

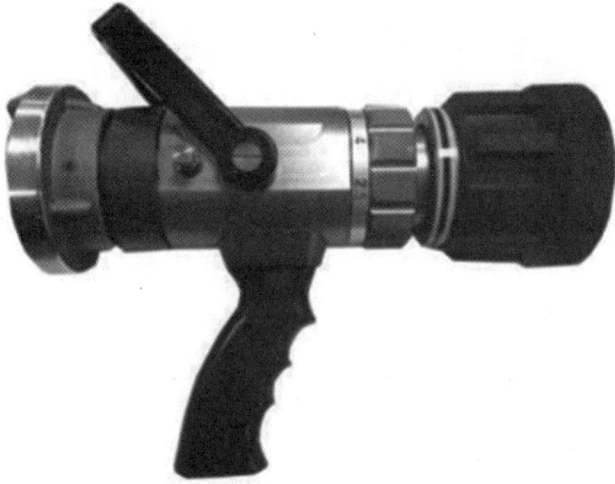

图附 2.54　自卫型（式）多功能水枪

12. 屏风水枪

（1）装备名称：屏风水枪（如图附 2.55 所示）。

（2）装备用途：喷射出扇面形的水雾，形成水幕保护屏。

（3）装备参数：

① 进水接口：KYKA65Z，通径为 65 mm。

② 密封性能不小于 1.6 MPa，强度不小于 2.4 MPa。

③ 该水枪由铝合金枪体、消防接口和扇形铝板组成，枪体下设有固定脚桩与扇形铝板形成三角立角。

④ 0.5 MPa 公称压力下，扇面不小于 9 m×5 m×9 m；流量为 2.0～16.6 L/s。

⑤ 铝制件表面进行阳极氧化处理。

⑥ 材料：《铸造铝合金》（GB/T 1173—2013）标准中 104 稀土铝合金。

图附 2.55　屏风水枪

（4）操作方法：

①将屏风水枪放置在水带支线末端或需要水幕保护处。

②屏风水枪接口插入进水支线水带雌接口内。

③开启供水阀门，调节供水压力即可形成扇面水幕进行保护。

④可用于火场阻止火势扩散及隔离热辐射，使消防队员能更接近火源而不受伤害。枪体上设有提把，便于携带提取。

八、车辆、机器人

1. 抢险救援消防车

（1）装备名称：抢险救援消防车（如图附2.56所示）。

（2）装备用途：主要用于各类地震救援、交通事故、城市建筑坍塌、大型火灾浓烟事故等各类受灾现场，同时具有处理初期化学类事故的能力。

（3）装备参数：

①型号：SHT15000。

②最大功率：13.2 kW。

③升降照明系统型号：YZH4-5.10CFA，举升高度为离地8 m，主灯功率2 W×2000 W，水平回转角360°，俯仰回转角不小于300°，主灯工作电压380 V。

④牵引绞盘型号：FEW-16500，钢丝绳直径为11.5 mm。

⑤最大牵引力：7 T。

⑥随车起重机型号：HYVA HB110E3，最大起重能力10 t。

⑦最大工作半径：9.70 m。

⑧支腿跨距：4.92 m。

图附2.56　抢险救援消防车

2. 压缩空气泡沫消防车（隧道）

（1）装备名称：压缩空气泡沫消防车（隧道）（如图附2.57所示）。

（2）装备用途：该车主要用于扑救A，B类火灾。

（3）装备参数：

消防泵型号：WSAC4010。

类型：常压消防泵。

额定工作压力1.0 MPa。

流量：60 L/s。

吸水深度：7 m。

底盘型号：LWLYURGKSBL002683型底盘。

功率：191 kW。

载剂量：水，4 t；A类泡沫，0.2 t；B类泡沫，1.5 t。

图附2.57　压缩空气泡沫消防车（隧道）

3. 重型排烟消防车

（1）装备名称：重型排烟消防车（如图附2.58所示）。

（2）装备用途：该车主要用于火场排烟。

（3）装备参数：

底盘型号：MAN TGS33.480。

水罐容积：2.5 m³。

水罐尺寸：1750 mm×925 mm×1620 mm。

排烟装置：正压风量大于50万 m/n。

风压：大于1500，水雾流量大于540 L/min，最大距离大于80 m（无风或顺风时），正压送风距离大于200 m（连接排烟管后），负压送风距离大于100 m（连接排烟管后），细水雾最远喷射距离大于65 m（无风或顺风时）。

升降系统：最大工作高度大于5 m（距离地面）。

图附 2.58 重型排烟消防车

4. 双向驾驶消防救援车

（1）装备名称：双向驾驶消防救援车（如图附 2.59 所示）。

（2）装备用途：无需掉头倒车转弯、省时便捷，特别适合狭窄街巷隧道事故救援中抢险救灾。

（3）装备参数：

满载质量：18 t。

载液量：2400 L（水 2000 L + A 类泡沫 200 L + B 类泡沫 200 L）。

柴油发动机最大功率：250 kW。

图附 2.59 双向驾驶消防救援车

5. 防汛排涝排水移动泵车

（1）装备名称：防汛排涝排水移动泵车（如图附 2.60 所示）。

（2）装备用途：代替消防员进入火场。同时应用于市政排污工程、住宅排污、工业废水处理、应急防汛排涝工程。

（3）装备参数：

最大流量：5000 L/min。

输送能量：50万 m³/h。

公称压力：3.5 MPa。

图附2.60　防汛排涝排水移动泵车

6. 大流量遥控消防机器人

（1）装备名称：大流量遥控消防机器人（如图附2.61所示）。

（2）装备用途：代替消防员进入火场。

（3）装备参数：

① 机器人水炮最大流量9000 L/min，约150 L/s。

② 水炮射程90 m，水炮俯仰角−10°～90°。

③ 尺寸200 cm×150 cm×125 cm（长×宽×高，水炮收起状态）。

④ 总重量920 kg，机器人底盘发动机马力32 HP。

⑤ 机器人底盘发动机类型柴油，油箱容积40 L。

⑥ 整机运行时间8～12 h，机器人最大行进速度7.6 km/h。

⑦ 最大涉水深度45 cm，最大爬坡角度35°。

⑧ 遥控距离300 m（开阔地带）。

⑨ 机器人具备前后高清摄像远距离传输功能。

⑩ 针对地面火和流淌火，具备前置喷淋、自保喷淋和履带喷淋降温功能。

⑪ 具备远距离遥控发动机启停功能。

⑫ 具备远距离遥控发动机转速调节功能。

⑬ 具备夜间照明和警报爆闪功能，具备便携式外部充电功能。

⑭ 配备有电动绞盘，方便进入地下空间灭火。

⑮ 绞盘牵引绳长14 m，盘最大牵引力6.3 kN。

⑯ 水炮配备中低倍数泡沫炮管，可喷射中低倍数泡沫。

⑰ 具备有线控制和无线控制切换功能。

⑱ 配备油温表、油压表、油量表、电压表、累计运行时间表、液压油油压反馈表。

⑲ 配备专业防火帽和外部充电线缆。

⑳ 标配1路150 mm远程供水进水口、6路90 mm进水口。

图附2.61 大流量遥控消防机器人

7. 消防灭火机器人

（1）装备名称：消防灭火机器人（如图附2.62所示）。

（2）装备用途：代替消防员进入火场。

（3）装备参数：

① 产品符合《消防机器人 第1部分：通用技术条件》（GA 892.1—2010）标准要求，适用于易燃易爆、有毒有害、大跨区厂房、罐区等高危场所，进行灭火、探测等作业。

② 本产品履带底盘行走机构设计，具有良好的通过性能，以及避震和跨越障碍的能力，具有喷淋冷却、防倾覆报警和自动识别避障物等三大自保护功能。同时具有灭火机器人温度显示、多摄像头无线图像传输、消防炮水压、行驶方向和电池电量显示等功能，配备5种有毒有害气体检测与报警装置，数据无线传输至后场遥控器。

③ 动力系统大，无级调速，具有更强的越障力。带压情况下，可遥控机器人进入火灾现场进行灭火作业。

④ 可选配多传感器耦合的感知系统、有毒气体检测报警与无线传输装置、目标物距离测量传输系统、多传感器耦合的感知系统，最多可配置2个摄像头（1个红外热成像仪加1个彩色摄像头或2个彩色摄像头）。

⑤无线遥控有效距离不小于200 m，行走速度不小于4 km/h（可调速3~6 km/h），爬坡能力不小于40%（坡度）。

⑥额定功率：1700 W，电压（DC）48 V；续航时间不短于2 h。

⑦行走机构形式履带型；原地旋转，拖曳能力单管满水90 mm水带≥40 m。

⑧最大跨越垂直物高度不小于160 mm。

⑨消防炮最大工作压力1.0 MPa，消防炮额定工作压力0.8 MPa，消防炮喷射流量40 L/s；消防炮回转角（水平）180°、俯仰角30°~70°；消防炮喷雾角不小于120°。

⑩外形尺寸1340 mm×820 mm×790 mm，最大总质量不大于180 kg。

⑪消防灭火机器人尤其适用于易燃、易爆、有毒、有害、易坍塌的化工、油库、大跨区厂房、罐区等高危场所，进行灭火、探测、侦察等作业。

图附2.62　消防灭火机器人

图附2.63　便携型履带式机器人

8. 便携型履带式机器人

（1）装备名称：便携型履带式机器人（如图附2.63所示）。

（2）装备用途：代替消防员进入火场。

（3）装备参数：此款消防侦察机器人是一种实用型消防机器人，它能替代消防救援人员遥控进入易燃、易爆、有毒、有害、易坍塌建筑物、大型仓库堆垛、缺氧、浓烟等室内外危险灾害现场，进行现场探测、侦察，并可将采集到的信息（数据、图像）进行实时处理和无线传输。有效地解决消防人员在上述场所面临的人身安全、持续侦察时间短、数据采集量不足和不能实时反馈信息等问题。

9. 遥控消防机器人

（1）装备名称：遥控消防机器人（如图附2.64所示）。

（2）装备用途：代替消防员进入火场

（3）装备参数：

①外形尺寸：180 cm×110 cm×140 cm。

②总重量：690 kg（整备质量，不含拖车）。

③25 HP水冷柴油发动机，马力强劲，适合长时间、高强度作业。

④ 发动机怠速挡、低速挡、中速挡、高速挡可远程遥控调节。

⑤ 发动机具备遥控启停功能。

⑥ 油箱容积：30 L。

⑦ 工作时间：8~10 h。

⑧ 可通过及翻越常规角度和尺寸的地面、通道和楼梯。

⑨ 机器人后部集成电动牵引绞盘，适用于地铁火灾灭火救援。

⑩ 通体坚固耐用，采用A440优质钢，5度高韧性航空铝材。

⑪ 采用水炮遥控器、机器人遥控器和视频传输显示屏一体化集成设计。

⑫ 机器人遥控距离：500 m（开阔地带）。

⑬ 机器人最大行进速度：8 kg/h。

⑭ 机器人整机启动时间：5 s。

⑮ 可连接水带尺寸：65 mm 或 80 mm。

⑯ 最大可拖曳100 m双干线带压水带（80mm）长距离作业，实现边行进边打水。

⑰ 最大爬坡角度：35°。

⑱ 配备多功能远距离遥控水（泡沫）两用炮头并配备中倍数泡沫炮头。

⑲ 水炮流量：4500 L/min，约75 L/s。

⑳ 水炮射程：喷射水时不小于75 m（7 kg），喷射泡沫时不小于65 m（7 kg）。

㉑ 水炮旋转角度180°（水平旋转），35°~90°（垂直旋转）。

㉒ 针对履带地面火和流淌火具有前置喷淋和履带喷淋自保降温功能。

㉓ 针对高温环境，机器人具备整体喷淋降温功能。

㉔ 机器人搭载超高清多角度摄像头，实现图像画面无线传输，适合后方指挥。

㉕ 机器人两侧旁路支线水带设计，可连接消防炮和消防枪，增大灭火面积。

图附2.64　遥控消防机器人

10. 大型多功能灭火机器人

（1）装备名称：大型多功能灭火机器人（如图附2.65所示）。

（2）装备用途：代替消防员进入火场。

（3）装备参数：

① 底盘参数。

速度：0～3.6 kg/h（1挡），0～9 kg/h（2挡）。

长度：3100 mm。

高度：2150 mm（向下，0°），4280 mm（向上，50°）。

宽度：1614 mm。

重量：3600 kg。

发动机：65 PS。

柴油油箱：75 L。

燃料消耗率：5 h。

爬升动力（最大）：58%（30°）。

侧倾斜（最大）：27%（15°）。

噪声水平（LPA at10 m安全距离）：84 dB(A)。

遥控器距离：不小于300 m。

② 涡轮参数。

功率：25 kW。

发动机：液压。

工作压力：最大1.6×10^6 Pa。

排气风量：12.5 m³/h（水流量在10^6 Pa）。

细水雾模式：0～1500 L/min。

高流量模式炮头（可转换不同炮头）：0～3800 L/min。

倾斜角度：−20°～50°。

射程距离：向前喷射时60 m（水雾），80 m（直流）；向上喷射时30 m（水雾），50 m（直流）。

入水接口：4×Storz B。

推土机刀：可清障，推力达3.7 t。

图附2.65　大型多功能灭火机器人

11. 消防灭火侦察机器人

（1）装备名称：消防灭火侦察机器人（如图附2.66所示）。

（2）装备用途：消防灭火侦察。

（3）装备参数：

① 外形尺寸：2950 mm × 1560 mm × 1430 mm。

② 整备质量：不大于3200 kg。

③ 驱动方式：采用永磁同步电机驱动，行走机构采取双侧独立驱动，每边电机功率为18 kW。

④ 电池：可充电动力锂电池，不小于288 V，不小于100 Ah。

⑤ 操控方式：无线遥控，底盘行走机构控制手柄最多2个。

⑥ 行驶速度：不小于1.6 m/s，行走速度可调。

⑦ 直线行走偏移量：100 m时不高于7%。

⑧ 爬坡角度：不小于40°，上下楼能力不小于38°。

⑨ 侧倾稳定角：30°。

⑩ 离地间隙：不小于135 mm。

⑪ 环境温度：−30 ℃ ~ 70 ℃，在−30 ℃环境中稳定工作。

⑫ 防护等级：IP65，全天候。

⑬ 涉水深度：不小于500 mm。

⑭ 负载能力：不小于2400 kg。

⑮ 待机时长：不小于12 h。

⑯ 连续工作时长：不小于6 h。

⑰ 遥控距离（视距）：不小于1000 m。

⑱ 拖行水带（含水）长度：不小于200 m。

⑲ 水炮头材质采用铝合金硬质氧化。

⑳ 旋转角度：水平旋转角度−30° ~ +30°，俯仰角 0° ~ 75°。

㉑ 工作水压：1.2 MPa。

㉒ 最大流量：150 ~ 200 L/s可调。

㉓ 最大射程：水介质100 m，泡沫70 m。

㉔ 搭载环境探测传感器，实现对现场6种不同高度的有毒、可燃气体的检测：一氧化碳（传感器1）、氨气（传感器2）、硫化氢（传感器3）、氧气（传感器4）、二氧化碳（传感器5），可燃气体（传感器6）。

㉕ 消防机器人防爆一体化云台关节处分别设有水平和垂直两个方向电机。水平电机能够实现水平方向360°旋转，FF1B垂直电机能够实现−90° ~ +90°垂直方向俯仰调节；红外热成像仪工作温度范围为−40 ℃ ~ 550 ℃（±2 ℃），可以自动捕捉视野内最高温度并显示在屏幕上。

图附2.66　消防灭火侦察机器人

附录三　上海长江隧桥及其他隧道通信信号测试情况报告

一、测试目的

为切实做好隧道事故救援通信保障工作，总队紧紧围绕"组成网、随人走、不中断、联得上、听得见、看得清、能图传、能分析"的总要求，着眼隧道事故救援通信保障难点，立足通信最不利点开展公专网、音视频等通信装备的信号覆盖和通信能力极限测试，并针对信号薄弱区域开展通信设备综合应用训练，进一步提升队伍应对隧道事故处置通信保障能力。

二、基本情况

总队在上海长江隧桥开展测试性通信训练，浦东、黄浦、徐汇、虹口、杨浦、闵行、宝山、青浦、奉贤、特勤10个支队在辖区延东、外滩、军工路等24条隧道同步开展测试性通信训练。此次测试历时3天，主要对350 M电台、800 M电台、公网电台等语音通信设备，单兵、可视化终端等视频通信设备开展测试，共覆盖上海区域的25条隧道，获取307条测试数据，从整体情况看，公网信号覆盖较为完善，信号覆盖率能够达到95%以上，专网信号覆盖较弱，普遍无信号，无线自组网设备仅能保障1 kg以内的信号覆盖。

三、测试过程

（一）上海长江隧桥

总队联合浦东、徐汇、长宁、杨浦、宝山、青浦和崇明支队，协同外部单位，携带350 M电台、800 M电台、公网电台、单兵图传、可视化移动终端、自组网通信设备等前往上海长江隧桥进行测试，根据通信装备性能参数不同，按照点对点、点对中继、中继对中继的方式，在隧道入口处设置指挥部，安排专人接收设备传输信号，测试人员携带装备乘坐车辆，按照距离递增方式开始测试，并将测试结果做好记录，形成测试情况表。指挥部及测试点如图附3.1所示。

图附3.1　指挥部队及测试点

（二）其他隧道

各支队携带350 M电台、800 M电台等通信设备前往各自辖区隧道进行测试，在隧道入口处设置接收设备信号人员，测试人员携带装备乘坐车辆，按照距离递增方式开始测试，并将测试结果做好记录。

四、测试结果

（一）测试情况

1. 350 M 电台测试情况

（1）上海长江隧桥测试情况。

从上海长江隧道、上海长江大桥入口处，每隔50 m对350 M电台的一级网、地铁战斗频道、同频点频道的上行接收、下行发射信号强度依次进行测试，并详细记录测试情况。

根据测试得出以下结果，在上海长江隧道300 m处有350 M电台一级网、地铁频道无信号，在400 m处同频点频道无信号；在上海长江大桥350 M电台的一级网、地铁战斗频道、同频点频道传输距离达1 km左右。

（2）其他隧道测试情况。

根据测试得出以下结果，5条隧道350 M电台信号基本覆盖，其他隧道内架设中继覆盖距离达1 km左右。

2. 800 M 电台测试情况

（1）上海长江隧桥测试情况。

从上海长江隧道、上海长江大桥入口处，每隔10 m对800 M电台进行测试，并详细记录测试情况。

根据测试得出以下结果，在上海长江隧道入口处，电台信号信号5分，行进至隧道内10 m处出现不在服务区无信号情况；对上海长江大桥800 M电台信号基本覆盖。

（2）其他隧道测试情况。

根据测试得出以下结果，有20条隧道800 M电台隧道内出现不在服务区无信号情况，有3条隧道800 M电台信号较好。

3. 公网电台测试情况

从上海长江隧道、上海长江大桥入口处，每隔1 km对公网电台的信号强度进行测试，并详细记录测试情况。

根据测试得出以下结果：在长江隧道内1，2，4，6，7，8 km处信号为5分；在隧道内3，5 km处语音出现断续情况；在长江大桥公网电台信号基本覆盖。

4. 单兵图传测试情况

从上海长江隧道、上海长江大桥入口处，每隔1 km对单兵图传的图像及信号强度进行测试，并详细记录测试情况。

根据测试得出以下结果，在长江隧道内1，3，5，6，8 km处信号为5分；在隧道内2，4，7 km处出现信号弱情况；在长江大桥单兵图传音视频情况信号5分，在2 km处出现信号弱的情况。

5. 可视化移动终端（公网）测试情况

从长江隧道入口处，每隔 1 km 对可视化移动终端的信号强度进行测试，并详细记录测试情况。

根据测试得出以下结果，在隧道内 1，2，4，6，7，8 km 处信号为 5 分，在隧道内 3，5 km 处出现卡顿现象。

6. 专网基站测试情况

从长江隧道入口处，每隔 100 m 对专网单兵图传的信号强度进行测试，根据极限通信距离放置专网中继接力传输，并详细记录测试情况。

根据测试得出以下结果：1 号专网基站极限距离为隧道内 100 m 左右，2 号专网基站极限距离为隧道内 300 m 左右，3 号专网基站极限距离为隧道内 500 m 左右，在隧道内 1000 m 处出现无信号情况。

（二）测试数据

1. 上海长江隧桥（隧道部分）测试数据（见表附3.1）

表附3.1　上海长江隧桥（隧道部分）通信信号测试情况表

测试设备	350 M电台	800 M电台	公网电台	单兵图传	可视化终端	专网基站
10 m	信号5分	无信号	信号5分	信号5分	信号5分	信号5分
50 m	信号5分	无信号	信号5分	信号5分	信号5分	信号4分
100 m	信号5分	无信号	信号5分	信号5分	信号5分	放置1号中继
150 m	信号5分	无信号	信号5分	信号5分	信号5分	信号5分
200 m	信号4分	无信号	信号5分	信号5分	信号5分	信号5分
250 m	信号2分	无信号	信号5分	信号5分	信号5分	信号4分
300 m	无信号	无信号	信号5分	信号5分	信号5分	放置2号中继
500 m	无信号	无信号	信号5分	信号5分	信号5分	放置3号中继
1000 m	无信号	无信号	信号5分	信号4分	信号5分	信号3分
2000 m	无信号	无信号	信号5分	信号2分	信号4分	无信号
3000 m	无信号	无信号	信号2分	信号4分	信号2分	无信号
4000 m	无信号	无信号	信号5分	信号2分	信号4分	无信号
5000 m	无信号	无信号	信号2分	信号5分	信号2分	无信号
6000 m	无信号	无信号	信号5分	信号5分	信号5分	无信号
7000 m	无信号	无信号	信号5分	信号3分	信号5分	无信号
8000 m	无信号	无信号	信号5分	信号5分	信号4分	无信号

2. 上海长江隧桥（大桥部分）测试数据（见表附3.2）

表附3.2 上海长江隧桥（大桥部分）通信信号测试情况表

测试设备	350 M电台	800 M电台	公网电台	单兵图传
10 m	信号5分	信号5分	信号5分	信号5分
50 m	信号5分	信号5分	信号5分	信号5分
100 m	信号5分	信号5分	信号5分	信号5分
150 m	信号5分	信号5分	信号5分	信号5分
200 m	信号5分	信号5分	信号5分	信号5分
250 m	信号5分	信号5分	信号5分	信号5分
300 m	信号5分	信号5分	信号4分	信号5分
500 m	信号4分	信号5分	信号5分	信号5分
1000 m	信号3分	信号4分	信号5分	信号4分
2000 m	无信号	信号5分	信号5分	信号3分
3000 m	无信号	信号5分	信号5分	信号4分
4000 m	无信号	信号5分	信号4分	信号4分
5000 m	无信号	信号4分	信号5分	信号5分
6000 m	无信号	信号5分	信号5分	信号4分
7000 m	无信号	信号5分	信号4分	信号5分
8000 m	无信号	信号5分	信号5分	信号5分

3. 上海市其他隧道测试数据（见表附3.3）

表附3.3 上海市其他隧道通信信号测试情况表

隧道名称	350 M电台	800 M电台
北翟路地道	信号5分	信号5分
大连路越江隧道	架设中继台覆盖1 km范围	无信号
四平路下立交	架设中继台覆盖1 km里范围	信号5分
虹梅南路越江隧道	信号5分	无信号
郊环隧道	信号5分，中段有盲区	信号5分
外滩隧道	架设中继台覆盖1 km里范围	无信号
诸光路地道	信号5分，中段有盲区	无信号
打浦路隧道	架设中继台覆盖1.5 km范围	无信号
龙耀路越江隧道	架设中继台覆盖1 km范围	无信号
延安东路隧道	架设中继台覆盖1.5 km范围	信号5分，中段有盲区
人民路隧道	架设中继台覆盖1 km范围	无信号
新建路越江隧道	架设中继台覆盖1 km范围	无信号
陆家嘴地道	架设中继台覆盖1 km范围	信号5分

表附 3.3（续）

隧道名称	350 M 电台	800 M 电台
翔殷路越江隧道	架设中继台覆盖 1 km 范围	无信号
外环越江隧道	架设中继台覆盖 1 km 范围	无信号
周家嘴路越江隧道	架设中继台覆盖 1 km 范围	无信号
军工路越江隧道	信号 5 分，中段有盲区	无信号
长江路隧道	信号 5 分，中段有盲区	无信号
复兴东路隧道	架设中继台覆盖 1 km 范围	无信号
西藏南路越江隧道	架设中继台覆盖 1 km 范围	无信号
上中路越江隧道	架设中继台覆盖 1.5 km 范围	无信号
仙霞西路地道	架设中继台覆盖 1.5 km 范围	无信号
迎宾三路地道	信号盲区较多	无信号

五、测试结论

（一）长江隧桥测试结论

（1）350 M 电台的一级网、地铁战斗频道在长江隧道内 300 m 处无信号，同频点频道在 400 m 处无信号，800 M 电台在隧道内无信号。

（2）公网电台、单兵图传、可视化终端在长江隧道内基本满足通信要求，个别点位存在信号较弱现象。

（3）自组网基站，在长江隧道实际测试传输距离为 1 km 左右。

（4）350 M 电台的一级网、地铁战斗频道、同频点频道在长江大桥传输距离为 1 km 左右。

（5）800 M 电台、公网电台、单兵图传在长江大桥内基本满足通信要求，个别点位存在信号较弱现象。

（二）其他隧道测试结论

（1）350 M 电台架设中继可传输距离为 1 km 左右。

（2）800 M 电台在其他隧道内仍无信号。

六、存在问题

测试过程中发现公网信号基本满足通信覆盖要求，专网信号覆盖存在大范围盲区，隧道专网通信系统的建设状况，早期的隧道建设老旧，改造和维护后通信系统未更新，新的隧道建设标准未统一，造成专网建设不标准，难于管理。消防施救时无法及时投入使用，主要存在如下问题：

（1）缺乏标准化的建设，完全处于社会化状态。

（2）建设后缺乏统一的管理，投入使用时处于瘫痪状态。

七、应对措施

（一）加强固定设施建设

（1）落实城市隧道建设，明确建设主体责任和规范，明确维护保养的责任。要写入地方规范之中，明确建设方主体必须建设和管理维护。缺乏建设的需要及时完善，已经建设的需要统一标准。

（2）形成消防平台和分散的隧道通信系统的互联，给监管和使用提供更方便的途径。在消防指挥平台上实现隧道专网通信系统的状况查询和使用，明确属地消防支队的巡查责任，确保演习中正确投入使用。

（二）公网电台配备

为隧道附近30个消防站配备120个公网电台，每个消防站通信员配备2个可视化移动终端（公网），用于传输隧道内救援画面，其他配备如表附3.4所示。

表附3.4　上海市隧道附近消防站通信装备配备

隧道名称	附近消防站	配备装备
上海长江隧道	崇明支队横沙消防站	4个公网电台、2个可视化终端
	浦东支队曹路消防站	4个公网电台、2个可视化终端
北翟路地道	特勤支队新泾消防站	4个公网电台、2个可视化终端
大连路越江隧道	杨浦支队江浦消防站	4个公网电台、2个可视化终端
	虹口支队北外滩消防站	4个公网电台、2个可视化终端
四平路下立交	杨浦支队大连消防站	4个公网电台、2个可视化终端
	杨浦支队国定消防站	4个公网电台、2个可视化终端
虹梅南路越江隧道	奉贤支队金汇消防站	4个公网电台、2个可视化终端
	闵行支队吴泾消防站	4个公网电台、2个可视化终端
郊环隧道	宝山支队宝山消防站	4个公网电台、2个可视化终端
诸光路地道	青浦支队徐泾消防站	4个公网电台、2个可视化终端
	闵行支队华漕消防站	4个公网电台、2个可视化终端
打浦路越江隧道	黄浦支队卢湾消防站	4个公网电台、2个可视化终端
	徐汇支队东安消防站	4个公网电台、2个可视化终端

表附3.4（续）

隧道名称	附近消防站	配备装备
龙耀路越江隧道	徐汇支队南站消防站	4个公网电台、2个可视化终端
	浦东支队周渡消防站	4个公网电台、2个可视化终端
延安东路隧道	黄浦支队河南消防站	4个公网电台、2个可视化终端
外滩隧道	黄浦支队外滩消防站	4个公网电台、2个可视化终端
人民路隧道		
中山南路地道		
新建路越江隧道	虹口支队虹口消防站	4个公网电台、2个可视化终端
陆家嘴地道 复兴东路隧道	浦东支队铜山消防站	4个公网电台、2个可视化终端
翔殷路越江隧道	杨浦支队翔殷消防站	4个公网电台、2个可视化终端
	浦东支队五洲消防站	4个公网电台、2个可视化终端
外环隧道	宝山支队吴淞消防站	4个公网电台、2个可视化终端
周家嘴路越江隧道	杨浦支队内江消防站	4个公网电台、2个可视化终端
军工路越江隧道	浦东支队庆宁消防站	4个公网电台、2个可视化终端
长江路隧道	浦东支队高桥消防站	4个公网电台、2个可视化终端
西藏南路越江隧道	黄浦支队车站消防站	4个公网电台、2个可视化终端
上中路越江隧道	徐汇支队梅陇消防站	4个公网电台、2个可视化终端
	浦东支队前滩消防站	4个公网电台、2个可视化终端
仙霞西路地道 迎宾三路地道	闵行支队新虹消防站	4个公网电台、2个可视化终端

（三）应对极端情况

假如隧道内公网信号受到车流量增多、周围车辆金属干扰、附近公网基站损坏等极端情况影响，按照以下方案执行：

1. 自组网接力传输

在隧道入口处架设LTE专网基站、Mesh基站和语音基站形成专网环境，通信保障人员利用Mesh单兵图传和专网语音对讲机传输隧道内语音和图像情况，当在隧道内终端信号衰弱达到极限距离时，放置Mesh中继站或语音中继站延长信号传输距离，实现长距离音视频传输。

2. 光纤线缆传输

将网络传输模块连接至摄像机（可外接麦克风），将光纤的一端连接至网络传输模块，另一端连接至装有光纤网卡的笔记本。摄像机进入隧道内部进行拍摄和汇报，在隧道外打开笔记本的播放器，输入网络传输模块的IP地址，即可实时传输音视频。